工学结合新视野高职高专“十二五”规划教材

总主编　王宗湖

旅游学概论

主　编　杨建曾
副主编　谢翠梅　刘　璐　张成会

对外经济贸易大学出版社
中国·北京

图书在版编目（CIP）数据

旅游学概论／杨建曾主编．—北京：对外经济贸易大学出版社，2013
工学结合新视野高职高专“十二五”规划教材
ISBN 978-7-5663-0719-4

Ⅰ．①旅…　Ⅱ．①杨…　Ⅲ．①旅游学－高等职业教育－教材　Ⅳ．①F590

中国版本图书馆 CIP 数据核字（2013）第 144036 号

旅游学概论

杨建曾　**主编**

责任编辑：王文君　黄金华

对外经济贸易大学出版社
北京市朝阳区惠新东街 10 号　　邮政编码：100029
邮购电话：010－64492338　　发行部电话：010－64492342
网址：http://www.uibep.com　　E-mail：uibep@126.com

山东省沂南县汇丰印刷有限公司印装　　新华书店北京发行所发行
成品尺寸：185mm×260mm　　23 印张　　531 千字
2013 年 8 月北京第 1 版　　2013 年 8 月第 1 次印刷

ISBN 978-7-5663-0719-4
印数：0 001－3 000 册　　定价：42.00 元

总 序

经过十几年的跨越式发展，我国高职教育取得了长足进步，无论是办学数量还是招生规模都占了我国高等教育的半壁江山。但是，我们必须清醒地看到，目前我国经济的飞速发展及结构的重大调整，已经对高职教育提出更高的要求。为使高职教育尽快适应新形势，2006 年教育部、财政部联合启动了《国家示范性高等职业院校建设计划》，建设了百余所示范院校。2010 年 7 月教育部再度发布《教育部、财政部关于进一步推进“国家示范性高等职业院校建设计划”实施工作的通知》，新增 100 所左右骨干高职建设院校。两次示范性院校建设计划的实施，主要目的就是通过示范性建设工程，引领、带动所有高职院校，不断提高办学适应能力，提升办学质量和育人水平，增强服务区域经济和社会发展的功能。

最近，国务院颁布的《国家中长期教育改革和发展规划纲要》（2010—2020 年）（以下简称“《规划纲要》”）指出：“职业教育要面向人人、面向社会，着力培养学生的职业道德、职业技能和就业创业能力……”，提出“要把提高质量作为重点。以服务为宗旨，以就业为导向，推进教育教学改革。实行工学结合、校企合作、顶岗实习的人才培养模式”。可见，国家已将提高教育质量作为今后一段时间高职教育教学改革的重点，并将“工学结合、校企合作、顶岗实习”列为人才模式改革的方向，明确提出高等职业教育主要培养具有“职业道德、职业技能和就业创业能力”的人才。

教材作为“整个教育系统的软件”，是培养人才的蓝本。客观地讲，经过十几年的探索，我们已经认识到高职教育的培养目标、课程体系、教学模式与普通本科院校实施的学科教育之间的差异，并进行了多方面的教学改革研究与实践，也试图引进国外先进的课程模式以推动课程改革。但职业教育毕竟与其他高等教育不同，其中，“就业”和“高技能”是其主要的目标指向。因此，职业教育的课程设计应以满足产业发展为宗旨，以新的职业能力内涵为目标构建系统化的课程，突出体现“就业导向”的职业能力培养。但目前，我国职业教育教学和管理模式受传统教育思想和教育模式的影响较深，以能力为本位的教育观还未完全形成，课程改革和教材开发还远远满足不了形势发展对高职教育的要求。因此，为更好地适应我国走新型工业化道路，实现经济发展方式转变、产业结构优化升级需要，高等职业教育必须加快课程体系改革和教材建设的步伐，建立符合时代特征和具有中国特色的职业教育新思维、新模式、新课程体系。

鉴于此，对外经济贸易大学出版社为适应教育发展的新形势，并努力推动高职高专院校的教材建设，委托我们组织全国职业院校的教师及具有企业工作经验的业务骨干，编写这套工学结合新视野高职高专“十二五”规划教材。本系列教材暂包括基础课程、国际经贸、工商管理、财会金融、物流管理、连锁经营、电子商务、旅游与酒店管理等八大专业。

为使教材编写尽量适应高职教育的特点及时代发展的新要求，我们在编写教材过程中，尽可能把最新的研究成果吸收渗透到教材中来，在内容安排、教法选择、编写体例等方面也进行了较多的改革，甚至是新尝试。本套丛书具有以下特点：

1. 以“能力培养”和“创新教育”为主线，架构教材总体框架

本套丛书各册教材，在基础理论讲授之后，每篇均加列“技能训练”专章，通过采用典型案例分析、模拟操作等形式，引导学生对本篇的重点、难点内容进行分析、讨论、练习和模拟训练；每章结束后针对本章重点内容设计了“个案分析、学以致用、讨论思考”等项目，以达到强化学生对基础理论和业务环节处理技巧的掌握。这些新增加的关于“能力培养”和“技能训练”等新内容，约占整本教材篇幅的1/3，体现了国家对职业教育课程改革的诉求。这种编写体例的运用在目前经济类课程的教材中还较少见，希望这种新的尝试能经日后的教学实践验证，是一种“能力培养”和“创新教育”的有效方法。

2. 改革人才培养模式，尝试教学模式与教法创新

《规划纲要》要求各高职院校不断创新人才培养模式，“深化教育教学改革，创新教育教学方法，探索多种培养方式”，“倡导启发式、探究式、讨论式、参与式教学，帮助学生学会学习。激发学生的好奇心，培养学生的兴趣爱好，营造独立思考、自由探索的良好环境”。为此，在本套教材的编写过程中，我们注意到国家对高职院校的这种改革要求，在编写方法上尽量运用提示、启发、引导、讨论和模拟等方法，其目的是使学生运用所学知识在进行初步的分析、综合、比较、分类后，达到将知识、技能抽象概括具体化，提高学生灵活分析和解决问题的能力。这样，既与国家对高职教育培养的目标相吻合，又适合学生的学习思维特点，并容易激发学生的学习兴趣，所以，较之传统的教学方法有了较大的改革与突破。

3. 建立综合性、实践性新课程，提高人才培养的针对性、实效性

江泽民同志在第三次全国教育工作会议上指出：“职业教育和成人教育要使学生在掌握必要的文化知识的同时，具有熟练的职业技能和适应职业变化的能力。”可见，现代职业教育呼唤综合型、应用型、技能型的新课程的设立。为反映这些要求，我们在每个专业都增设了“综合技能”课程，并以《综合技能》作为经济管理类各专业实践课的应用教材。该科目在内容上以各专业的主要业务为线索，将骨干核心课程的知识高度浓缩，有机串联。将主干课中没有系统讲授而实际工作中必然涉及的知识纳入其中，弥补了原来系列教材的欠缺与不足。同时，该系列教材大量采用模拟教学和案例教学，让学生以“业务员、经济师、总经理”的身份参与学习与训练，独自策划交易，进行经济活动等，刻意营造一种仿真情境，让学生在“训练”中学习，在“情景”中增长才干和积累经验，有效地将知识转变为专业性的技能技巧，提高其解决和处理实际问题的综合能力。总之，各专业“综合技能”的设立，是按照国家对教育学科的设置“要多增加综合课”的要求而设立的新型试验科目，其主要目的是通过运用灵活有趣的模拟训练及案例教学等手法，启发诱导学生的立体思维，全面提高其独立操作经济业务的综合实践能力。由于是初次尝试，所以希望大家多加关注，并提出指导性的建议。

本套丛书的编写，得到了有关院校领导和学者、教授的大力支持，并引用了有关作者的部分资料，在此一并表示谢意。

本套丛书无论从体例安排到内容设置，从知识点的归纳到教法的运用，都进行了大胆探索和尝试，意欲为我国财经类高职高专教材的编写与探索尽微薄之力，但由于时间和水平有限，疏漏和不足甚至是错误在所难免，希望广大教师、读者多提宝贵意见，以便日后充实与完善。

工学结合新视野高职高专“十二五”规划教材编委会

2010 年 8 月

前　言

《旅游学概论》是高职高专旅游、酒店类专业的核心专业课程，在课程体系中处于入门和先导地位。该课程系统、全面地介绍旅游学基础知识，对学生了解、学习和掌握旅游工作所需基本知识起到重要的基础作用。

编写过程中，我们从高职高专人才培养目标实际出发，在借鉴、吸收国内外旅游理论研究成果的基础上，注重学生职业素养的提高，积极探索任务驱动、项目导向等新的教学模式。全书设计为四篇，包括：旅游基础认知、旅游活动分析、旅游市场运作、旅游活动管理。教材理论阐述以“必需、够用”为原则，编写体系以任务引导为载体，把培养学生实践动手能力贯穿于始终，每个教学单元开篇都设置引入案例、课后安排讨论思考、案例分析和知识拓展模块，以方便学生理论学习与技能联系同步。

本教材由山东商务职业学院杨建曾担任主编，谢翠梅、刘璐、张成会任副主编。具体分工如下：第一章由谢翠梅编写；第二章由林楠编写；第三章由宋岁岁编写；第四章由刘璐编写；第五章由孙晓莹编写；第六章由杨建曾编写；第七章由张成会编写；第八章由孙琳编写；第九章由曹薇编写。全书由杨建曾统稿。编写过程中我们广泛收集材料，并得到旅游一线从业人员的大力支持。在此，向参考文献的作者、网站和一线专家致以诚挚的谢意！由于编者水平有限，书中难免有疏漏和不妥之处，恳请各位同行和读者批评指正。

编　者

2013 年 1 月

目 录

第一篇 旅游基础认知篇

第二篇 旅游活动分析篇

第三篇 旅游市场运作篇

第四篇 旅游活动管理篇

第一篇

旅游基础认知篇

第一章

[illegible]

模块一　认识旅游活动

课前准备

【任务驱动】

通过本章的学习，认识旅游的定义，学会分析并掌握旅游活动的性质，熟悉旅游活动的特点及意义，了解旅游活动类型的划分以及衡量旅游发展状况的常用指标；同时能够运用所学知识对旅游发展状况进行客观评价。

【导入案例】

旅游六要素完整产业链的形成

德宏傣族景颇族自治州有丰富多彩的民族文化、优越的气候资源、良好的生态资源、独特的地缘条件。州政府高度重视旅游产业的发展，将旅游产业作为特色和支柱产业来培育，全州的基础设施日益完善，各县市（区）城市功能不断增强，公路、铁路、航空等立体旅游交通网络以及边境口岸格局基本形成；宾馆饭店、商场、餐饮、娱乐场所的服务水准和公共信息图形符号逐步实现标准化，逐步形成了德宏旅游业在吃、住、行、游、娱、购六要素全面、协调发展的良好格局，形成了比较完整的旅游产业链。

德宏旅游企业的整体水平和服务质量不断提高。新成立的德宏旅游集团公司发展思路清晰，活力显现，初步实现了多元化、科学化和规范化的经营管理模式；星级酒店总量不断扩大，推星提质工作成效显著，连锁经营、特色经营和引进部分先进酒店管理公司的管理成为行业发展的新趋势；旅行社行业的发展出现从零散型向规模型转变的趋势，实力不断增强；旅游景区点质量提升明显，精品化、特色化发展战略初见成效。

旅游产品日益丰富并呈现体系化特征，加强了对自然和人文景观的开发利用。此外，休闲度假、商务旅游、自驾旅游以及珠宝购物、民俗、宗教等不同类型的旅游产品种类也得到不同程度的开发。如今，围绕美丽边疆、美丽城市、美丽乡村、美丽风情和美丽人生而建设的五大旅游产品，已成为海内外游客领略德宏之美的“明星产品”。“德宏响声”是具有德宏特色的一种旅游文化综合现象，以芒市勐巴娜西珍奇园国家4A级旅游景区为平台，利用原生态的竹林、古树、小桥、流水，配以现代休闲生活方式，构建出以旅游景观、安养游憩、文化体验、购物美食等为一体的新型休闲旅游文化项目。既有德宏民族文化特色的大型精品旅游歌舞盛宴，又有城市喧嚣中心追求心灵平和的人间仙境，该项目占地200亩，总投资3 000万元，自今年投入运营以来，已吸引了上万游客。

同时，德宏州顺应国家南向大通道战略和"中国—东盟自由贸易区"的建设，已培育出了"美丽德宏—中国玉都"、"东方珠宝城—瑞丽"、"珠宝文化城—芒市"、"翡翠毛料城—盈江"等品牌，"玉出瑞丽、玉美德宏"已为业界所认同，德宏俨然成为了全国四大珠宝玉石交易的集散地之一。目前，德宏州珠宝产业持续快速健康发展，国际化趋势日益明显，在德宏从事珠宝经营的来自缅甸、印度、孟加拉国等东南亚、南亚国家的商户超过6 000户，全州珠宝玉石直接从业人员超过50 000人，年交易量数十亿元人民币。

2006～2010年，德宏州旅游累计接待总人数1 879.35万人次。其中国内旅游者1 842.86万人次，海外旅游者36.48万人次。口岸入境一日游人数495.25万人次；旅游业总收入177.48亿元；国内旅游收入151.17亿元；旅游外汇收入达3亿美元。所有经济指标均超额完成"十一五"旅游规划所提出和制定的目标，旅游业已成为德宏经济社会的一个支柱产业和重要的增长点。

资料来源：http：//ccwb.yunnan.cn/html/2011－11/30/content_496547.htm

问题：

1. 什么是旅游？旅游者外出旅游的目的是什么？
2. 请结合案例分析旅游的本质属性有哪些？
3. 案例中是用哪些指标衡量德宏傣族景颇族自治州旅游业发展现状的？
4. 旅游活动的六大构成要素是什么？德宏旅游业在形成比较完整的旅游产业链上是怎样做的？

教学内容

任务一　旅游的定义和特点

一、旅游的涵义

（一）旅游的定义

"旅游"一词，最早见于1600年前的南北朝时期我国诗人沈约的《悲哉行》诗句："旅游媚年春，年春媚游人。徐光旦垂彩，和露晓凝津。时嘤起稚叶，蕙气动初苹。一朝阻旧国，万里隔良辰。"这是迄今为止在中国典籍中最早见到的"旅游"一词，比西方早了1 300多年。在当时就已含有外出游览之意。而在这之前，汉语中表现旅游活动和旅游现象的词主要是用独立的"旅"和"游"。按照唐孔颖达《周易正义》释"旅"字云："旅者，客寄之名，羁旅之称；失其本居，而寄他方，谓之为旅。"它是指一个人在空间上从一个地方到另一个地方的移动过程。而中国古代的"游"，即遨游，也即游览的意思。《礼记·学记》"息焉游焉"中，古人把游解释为

"闲暇无事之为游"。

"旅游"（Tour）这个词来源于拉丁语的"tornare"和希腊语的"tornos"，其含义是"车床或圆圈，围绕一个中心点或轴的运动"。这个含义在现代英语中演变为"顺序"。后缀—ism 被定义为"一个行动或过程；以及特定行为或特性"，而后缀—ist 则意指"从事特定活动的人"。词根 tour 与后缀 —ism 和—ist 连在一起，指按照圆形轨迹的移动，所以旅游指一种往复的行程，即指离开后再回到起点的活动；完成这个行程的人也就被称为旅游者（Tourist）。

迄今为止，关于旅游的定义众多，从人们运用"旅游"一词的语境和习惯上看，无论是汉语中的"旅游"，还是英语中的"tourism"，在使用中都存在一词多义的情况。旅游活动从产生以后，它的旅游实践和内容就在不断丰富变化，所以人们对旅游定义的认识也在不断发展完善。代表性的定义有：

1. "艾斯特"定义

旅游是非定居者的旅行和暂时逗留而引起的现象和关系的总和。这些人不会导致长期定居，并且不会牵涉任何赚钱的活动。（Tourism is sum of phenomenon and relationships arising from non-residents. So far that, they do not lead to permanent stay and are not connected with any earning activities.）

这个定义是 1942 年瑞士圣加仑大学教授亨泽克尔和伯尔尼大学教授克雷夫两位学者提出，70 年代被"旅游科学专家国际联合会"采用，该组织英文缩写为 AIEST，这个定义明确指出旅游是人们短时期离家远行的社会活动，这一活动在接待地必然产生经济关系和广泛的社会关系，这种"现象和关系的总和"即为旅游。这一定义被"旅游科学专家国际联合会"所采用，因为该联合会英文简写为"IAEST"，故又称"艾斯特"定义。这是一个较为完整、科学的概念性的定义，以理论为框架认识旅游的本质特征。"艾斯特"定义在表述上的概括和精炼也使其独具特点。旅行和逗留"引起的现象和关系的总和"的表述不仅包括了旅游者的活动，而且涉及了这些活动在客观上所导致的众多现象和关系，从而反映了旅游内涵的综合性。该定义中关于"非定居者"的表述体现了旅游活动 异地性，强调"这些人不会导致定居"则在原则上指出了旅游活动的 暂时性，并且规定了旅游活动的非定居性或非移民性。至于该定义中关于"不牵涉任何赚钱的活动"的表述，实际上反映的是旅游活动的非就业性。

2. 德国学者蒙根·罗德对旅游的定义

1927 年，德国的蒙根·罗德对旅游的定义。旅游从狭义的理解是那些暂时离开自己的住地，为了满足生活和文化的需要，或各种各样的愿望，而作为经济和文化商品的消费者逗留在异地的人的交往。这个定义强调旅游是一种社会交往活动。

3. 马丁·普雷博士对旅游的定义

1979 年，美国通用大西洋有限公司的马丁·普雷博士在中国讲学时，对旅游的定义。旅游是为了消遣而进行旅行，在某一个国家逗留的时间至少超过 24 小时。这个定义强调的是各个国家在进行国际旅游者统计时的统计标准之一是逗留的时间。

4. 美国密执安大学的伯特·麦金托什和夏西肯特·格波特对旅游的定义

1980 年，美国密执安大学的伯特·麦金托什和夏西肯特·格波特对旅游的定义。

旅游可以定义为在吸引和接待旅游及其访问者的过程中，由于游客、旅游企业、东道政府及东道地区的居民的相互作用而产生的一切现象和关系的总和。这个定义强调的是：旅游引发的各种现象和关系，即旅游的综合性。

5. 我国于光远对旅游的定义

我国经济学家于光远 1985 年对旅游定义为：旅游是现代社会中居民的一种短期性的特殊生活方式，这种生活方式的特点是：异地性、业余性和享受性。

6. 世界旅游组织对旅游的定义

World Tourism Organization（简称 WTO）在 1991 年 6 月加拿大渥太华会议对旅游的定义：旅游是人们为了休闲、商务或其他目的离开他们惯常环境，到某些地方停留在那里，但连续不超过一年的活动。这里所谓的“惯常环境”是指一个人的主要居住地区以及所有常去的地方。一个人旅行到一个其惯常居住环境以外的地方逗留不超过一定限度的时间的活动，这种旅行的主要目的是在到访地从事某种不获得报酬的活动。世界旅游组织关于旅游的定义较全面的概括了旅游的内涵，把商务活动明确的界定在旅游的范畴内。

我们须用发展的观点来认识旅游这一概念。因为现代社会中的旅游不同于古代文人的游山玩水或徐霞客式的旅行和科学考察。它是人类社会中一种不断发展的生活方式。关于这一点，国外一些学者也有同类的叙述。如英国伊什图里金（Estoril）就指出过旅游的性质在逐渐发生变化，主要表现在：① 娱乐旅行概念发生了变化。第二次世界大战前只有社会中的富裕的、有闲空的和受过良好教育的人出国旅行，满足于欣赏外国风景、艺术作品。现在这种概念已完全改变。因为出国旅游者多来自各种不同的背景，对旅游想法很不相同，所好和欲求更加五花八门，在有限的假期内尽量包揽这一切。② 现代旅游是闲暇追享的“民主化”。如冬季旅游，过去是少数富人强占的运动；骑马、划艇、射击，是非大众化运动。但是嗜好和闲暇的“商业化”已使这种活动能为一般人所享用。大量的人到国外去参加更为令人激动和更富有外国情调的活动，如登山、滑冰、水下游泳和马车旅行等。③ 现代旅游发展为“社会旅游”。如英国度假营，既提供传统的旅游胜地具备的一切设施，又不断开辟和发展新的风景区域，组织大群游人观览，建造特别设计的低消费接待设施，并经常就地提供娱乐和其他服务。社会旅游可以把大量旅游者引入偏远和相对不发达地区。伊什图里金讲的这些性质方面的变化，表明旅游的概念是变化的、发展的，旅游这种特殊生活方式是发展中的生活方式，不论规模、范围、内容和性质都起了变化。

综上所述，旅游的定义可以概括为：旅游是人们出于移民、就业和任职以外的其他原因离开自己的常住地，前往某些地方以及在那些地方停留不超过一年的活动，以及由此所引起的现象和关系的总和。

课堂讨论：

无论是汉语中的“旅游”，还是英语中的“Tourism”，在使用中都存在一词多义的情况。请看下列对话：

对话一：“暑假期间你去哪了？”“到西藏旅游去了。”

对话二：“你喜欢从事什么工作？”“旅游。”

对话三："你是学什么专业的?""旅游。"

对话四："你认为当今世界发展中，最突出的现象是什么?""旅游。"

分析：

对话一中的"旅游"是指旅游活动。

对话二中的"旅游"是指旅游行业或旅游业。

对话三中的"旅游"是指旅游学科或专业。

对话四中的"旅游"是指一种内涵更为广泛的发展现象。

由于语境不同，"旅游"一词的含义也不尽相同。对于中文语境我们比较容易理解，但对于英文中的"Tourism"一词，若不认真体会其语境，而一概译为"旅游"，则很可能引起混淆或使人产生误解。

（二）旅游与休闲

随着社会经济的迅猛发展，人们在紧张而繁忙的快节奏生活中，深受诸多压力，颇感身心疲惫。越来越多的人们渴望冲破压力，还自己一份健康的人生。最佳选择就是走出阁楼，回归自然，带上家人，邀上好友，到郊外去享受椰风轻，到海边聆听海浪的欢腾，到异国他乡去……，让自己松弛身心，告别繁华的都市，歇息往日的忙碌，去掉心中的烦恼，缓解紧张的情绪，在随意间尽享自然之美，在自然中体会人伦亲情，享受生活，他们这是在旅游还是在休闲？到底是旅游包括休闲，还是休闲包括了旅游？这两种说法本身都不对，更准确、更清晰的表达应该是：旅游和休闲是两个范畴不同的概念，有相同的内容，但不能相互替代。

1. 旅游

旅游是人们为寻求精神上的愉快感受而进行的非定居性旅行和在游览过程中所发生的一切关系和现象的总和。对于旅游，是众人熟悉的名词，一般是指人们外出的各种游览、观光、考察、购物等各种活动的总称，其显著的特征是：人们必须离开居住的城市，到外地去参加各种活动。人们在自己居住的楼下听音乐，可以成为一种"休闲"，而不能称为"旅游"。

2. 休闲

休闲一般是指人们从事直接生产活动以外进行休息、娱乐和发展个人才能的过程，以求得身心的调节与放松，达到生命保健、体能恢复、身心愉悦的目的的一种业余生活。因此，对于"休闲"一词，是一个十分宽泛的概念，甚至可以说：工作、睡眠以外的活动，可以称之为"休闲"。例如，日常生活中的与朋友饮酒、与家人看电视、听音乐、从事各类体育活动、甚至去购物等活动，甚至国人的外出开会、考察等，都是不同的"休闲"方式。

旅游休闲是人们在闲暇时间离开居住地做非迁居性和暂时的旅行活动，或享受优美的自然风光，或体验独特的风土人情，亦或领略先进的城市文明，甚或凭吊古迹、怀古惜今等。人们通过这些活动，增长见识，愉悦身心，释放工作压力，积蓄新的工作动力。旅游休闲的特点是消费昂贵，对地点有选择性，休闲者体力消耗较大，物质享受与精神享受兼备。阅读休闲是指人们在闲暇时间根据个人喜好，自主选择书、报、刊阅读，起到缓解工作疲劳，愉悦心情，陶冶情操，修身养性，潜移默化地增长知识的作用，其特点是消费低廉，休闲地点随意。

3. 旅游与休闲的关系

显然，休闲的概念比旅游宽泛的多。旅游行业的范围，相对明确：交通运输、旅行社、景区、饭店等构成旅游业的主要行业。当然，人们外出旅游过程中，也可以称为一种广义的休闲方式，但休闲不仅仅包括外出旅游，还包括在居住地的各类休闲活动。因此，休闲产业包括内容十分宽泛，除了上述都可以作为休闲的内容外，为了满足人们的休闲生活，或人们在休闲活动中，为人们提供各种服务的酒店、体育及文化场所，都应该是休闲产业的范畴。甚至广播电视、红酒酿造、摄影、文化艺术鉴赏、高尔夫运动等相关行业，都可以称为休闲产业。

“旅游”从字意上很好理解。“旅”是旅行，外出，即为了实现某一目的而在空间上从甲地到乙地的行进过程；“游”是外出游览、观光、娱乐。即为达到这些目的所作的旅行。二者合起来即旅游。所以，旅行偏重于行，旅游不但有“行”，且有观光、娱乐含义。从这个意义上说，旅游本身就是一种休闲方式。但与其他休闲方式有所不同的在于“行”，要“游”先必需“行”，“行”为“游”服务。因此，人们往往把旅游与旅行结合起来理解。这样，就在理论界引出了一个新的思维与概念——旅游是一种生活方式。

（三）观光与度假

1. 观光旅游

观光旅游是以参观、欣赏自然景观和民俗风情为主要目的和游览内容的旅游消费活动，观光旅游是一种最为常见的、最为普及的旅游。

2. 度假旅游

度假旅游是旅游业发展到一定阶段后出现的旅游形式，度假旅游是利用假日外出以度假和休闲为主要目的和内容、进行令精神和身体放松的康体休闲方式。度假旅游一定得发生在“假日”这个“特定时间”之内，度假旅游开始往往带有保健和治疗的目的，最后才发展成为社会交友、康体休闲和游憩的方式，与观光旅游等其他旅游形式相比，度假旅游具有以下特点：目的地相对固定；更加强调休息；在一地停留时间较长；回头率较高；无需导游陪同；对娱乐设施要求较高。

3. 观光与度假的关系

从消费者也就是旅游者的角度来看，观光和度假是两种完全不同性质、彼此根本无法相互替代的旅游消费需求。观光主要是出于好奇心，离开常居地，到旅游目的地，去看未曾看过的稀罕之物或稀罕之景，满足猎奇心理或获得教益；度假则是以休闲的方式娱乐，获得身心的放松。

其实，观光和度假，只是功能不同，却没有层次之分。也许一个旅游者某一次旅行存在以观光或度假为主的目的，但观光和度假绝对是彼此不可替代的消费需求。无论是旅游消费者个体还是旅游消费者群体，这两种消费行为都会长期存在。只要这两种需求同时存在，就不可能存在从传统观光旅游向度假旅游转化的趋势。的确，观光旅游是一种历史悠久、在一定程度上比较容易实现的旅游形式。但是，不能因此认为这种旅游就是低层次的。任何一种旅游形式都有层次之分，观光旅游也有高层次的（比如南极观光），度假旅游也有低层次的（比如农家乐）。所有的旅游形式都是以作为主体的人的旅游需要为出发点的，“旅游需要就是指当人处于缺乏旅游状态时而出现的个体对旅游愉悦行为的自动平衡倾向和择取倾向，是心理内驱力在潜在旅游者头脑中的意识反映”，自然风光是旅游者感觉器官的直接刺激物，旅游者旅游美感的获得或者旅游者对景观的认知程度，大部分就来源于直接的观光和从景观当中获得的美感。从这个层面来讲，观光旅游也将会永远伴随旅游主体的感知，自始至终地贯穿在人们的旅游活动过程中，这种旅游感知不可能因为度假旅游的出现而被取代或者衰退。

（四）旅行、旅游与迁徙

1. 旅行和旅游

在日常的运用中，我们把旅游等同于旅行，其实旅游与旅行是区别又联系的两个概念。

“旅”是旅行、外出，即为了实现某一目的而在空间上从甲地到乙地的行进过程，是个人出自迁徙以外的任何目的前往异地并在该地做短暂停留所度过的经历。“游”是外出游览、观光、娱乐，即为达到这些目的所作的旅，旅游是人们出于非工作的目的，离开通常居住和工作的地方，前往异地的短期休闲活动，二者合起来即旅游。所以，旅行偏重于行，旅游不但有“行”，且有观光、娱乐含义。除此之外，旅游与旅行最大的区别在于：

（1）目的不同。单纯的旅游是指人们出于消遣性目的而暂时离家外出的活动；而旅行则是泛指人们出于任何目的，商务、求学、打工等，往来于不同地点间的空间转移活动。

（2）离开时间不同。旅游必须是从常住地出发且在一定时间内回到常住地，而旅行则可以是从任何地点出发且不要求回到出发地。

（3）内容不同。旅行仅仅是为完成某个动机的一般空间流动过程，旅游则包含旅行和游览。有旅游必定有旅行，有旅行不一定有旅游；旅游者同时是旅行者，旅行者不一定是旅游者。

2. 迁徙

迁徙是个人出自生活或生存的目的而移居异地的经历。

旅行、旅游与迁徙三者之间的相同点是，都发生了空间位移，所不同的是，旅游与旅行的空间位移是有时间限制的，最终要回归，具有暂时性，迁徙则可能不再回到原居住地；从三者出行的目的看，旅游是到异地的休闲活动，旅行则可能是休闲，也可能是工作，还可能是其他目的，比旅游要宽泛，旅游一定会伴随有旅行，而旅行却不一定都有旅游；迁徙的目的则是为了移居它地。

二、旅游的本质属性

旅游是人类在基本生存需要得到满足后产生的一种精神文化，包括追求休闲、追求新奇、追求体验感受等，所以主要是人类社会的一种文化现象。但与经济、政治联系紧密。

(一)旅游的休闲属性

从旅游的目的、发生时间及旅游活动的构成上看，旅游这种活动具有休闲属性。

1. 旅游活动多发生在自由时间

在我国周末双休日、三天小假期和春节、“十一”两个黄金周是旅游的高峰期，前者适宜于近程旅游休闲，后者则适合到较远的距离之外去体验异域风情。带薪假期是大规模推动度假旅游的有效措施。工作性质的不同，导致人们带薪假期的存在状态也有所不同。例如，教师的寒暑假就是一种典型的带薪假期形式；国家公务员的带薪假期则是一种福利，通常采取轮流制；而一般公司员工的带薪假期更是具有随机性，取决于公司的效益和工作繁忙程度。传统节假日是人们另一种相对完整的自由时间形态，分布在一年中特定的几个时期，由于一般为时较短，又多有传统的节俗活动内容，在很大程度上限制了人们外出旅游，但随着时代的发展和节俗观念的日益淡化，人们利用传统节假日旅游的趋势明显增加。

2. 旅游活动是一种休闲体验

从主观上来讲，人们外出旅游旨在借助各种休闲活动来调节原有的程式化生活。在旅游观光与体验过程中，自然天放的随意性和畅神自娱的目的性始终占据着主导地位，人们短暂地进入一种相对自由状态，没有了生活与工作的压力，也无须劳作，真正达到了“身”与“心”的双重休整。旅游是生活的休闲阶段，是多种休闲活动的集合，旅游者在目的地停留期间，除了吃、喝、睡等满足生理需要的活动之外，所有其他活动，如观光、游览、聊天、购物、棋牌、健身等都具有鲜明的休闲性质，旅游还是人们打发闲暇时间的一种积极手段。不同于其他的一些消闲方式，旅游既可以增长见识，又能够扩大社会交往，许多康体性质的旅游活动还有益于生命机体的调适，因而备受人们的青睐。但是，用于旅游的闲暇时间必须具备一定的完整性，因此，人们的旅游行为往往集中于公休假日。

(二)旅游的消费属性

对个人而言，旅游是一种较高层次的消费活动，现代社会人们除了进一步发展自身的物质需要外，还产生了对精神文化生活的追求和享乐的需要。根据马斯洛的需求层次理论，最反映人的本质的是人的需要；该理论认为人类的需要分为五种，从低层次需要到高层次需要分别是生理需要、安全需要、社交需要、尊重需要和成就需要。旅游则是满足人们社交需要的一种较好的形式。

旅游的消费属性是由社会的经济状况、人们的生活水平和生活质量所决定的。19世纪德国统计学家恩格尔统计资料，对消费结构的变化得出的一个规律：

$$\text{恩格尔系数}=\frac{\text{食物支出金额}}{\text{总支出金额}}\times 100\%$$

众所周知，吃是人类生存的第一需要，在食物需求基本满足的情况下，消费的中心才向用转移。一个国家（地区）越穷，每个国民的平均收入中（或平均支出中）用于购买食物的指出所占比例就越大，随着国家的富裕，这个比例呈下降趋势。恩格尔系数是表示生活水平高低的一个指标。59% 以上为贫困，50 ~ 59% 为温饱，40 ~ 50% 为小康，30 ~40% 为富裕，低于 30% 为最富裕。

所以，人们在基本生活需要相对满足之后，拿出部分收入和时间进行这种较高层次消费的旅游活动是社会发展的必然趋向。

1. 旅游是一种消费行为而非生产行为

生产和消费是人类活动对立统一的两大领域，纯粹地讲，前者是对生活资料的创造和积累，后者则是对生产成果的耗用。在大众旅游活动过程中，必然性地将涉及到食、宿、行、游、购、娱等多种要素，每一要素的发生，显然都是一种典型的消费行为。旅游在其全过程中既不向社会也不向旅游者个人创造任何外在的可供消费的资料，相反，却吞噬着旅游者以往的积蓄和他人的劳动成果。即使在比较极端的情况下，如仅限于个人流连山水，陶醉于大自然的美景，他也是在消磨本可以用于创造财富的生产时间。当然，由于旅游自身的特征使然，旅游消费与人们的日常消费往往存在着诸多的差异。

2. 旅游消费与日常消费不同

从时间维度上说，旅游消费是一种“间歇式消费”，两次消费的发生通常相隔较长一段时间；而日常消费是一种“连续性消费”，年复一年、日复一日地重复性发生。从行为方式上说，旅游消费是一种“井喷式消费”，在短短的旅游期间集中消费额度大，无理性消费成分较多；日常消费则是一种“溪流式消费”，理性色彩较为浓烈，凡事表现为精打细算，小进小出。从实际效用上说，旅游消费主要是一种心理体验过程，谋求精神上的欢娱；日常消费则主要是为了维持人们日常生活的必需所作出的购买行为。从实质上看，旅游消费也不可能完全超脱于一般性的日常消费，因为消费导向及意义的不同，旅游消费在某些方面可能表现为对日常消费的畸变。

（三）旅游的社交属性

旅游活动表现为不同国家或不同地区人们之间相互交往和交流。通过到异地的旅游，人们不仅可以亲身了解其他地区的政治、经济、文化、历史、地理、社会面貌和风俗民情，而且在旅途中可以接触当地不同性别、年龄和职业的居民，通过交往实现情感上的交流。

1. 旅游活动扩展了人的社会交往范围

在旅游中人们也越来越重视社会交往的作用。人们接触到不同地域，甚至不同国度的游客，通过交往拓展了解的途径，结交新友，增长见识，达到思想和感情上的交流，而且这种接触和交往是自由自在的，既不受地域、种族和信仰的限制，又不存有固定的偏见，因而这种交往是自然的、大方的、纯真的，气氛也比较轻松愉快，容易沟通彼此的思想感情，达到相互了解、增进友谊的目的。

2. 旅游活动中的审美活动具有社会性，有鲜明的时代特点

追求身心愉悦，获取最大的审美享受是每个旅游者的愿望。在旅游活动中，自然美、艺术美、生活美、服务美融为一体，审美需求、审美情趣、审美感受贯穿于旅游活动全过程。自然界中的名山大川、峻岭奇石、小桥流水、大漠孤烟、黄昏夕照、松柏竹梅，传统文化中的戏剧绘画、音乐舞蹈、园林建筑乃至各种适应旅游者求新、求奇、求险而出现的娱乐活动，无不处处洋溢着美、渗透着美，滋润着旅游者的心灵。就连烹饪，在人们追求美食、美饮中也成为一种艺术。旅游者外出品尝菜肴，不仅讲究菜点本

身的色美、味美、形美、技术美、意趣美，而且讲究伙食器具的造型美、质地美和饮食环境的优美，包括环境布置美、餐桌摆设美、宴席配乐美、服务美等。旅游活动中的一切，有的表现为静态美，有的表现为动态美，总之都审美化了。旅游者在欣赏自然风光之美、文化艺术之美和社会生活之美中，感受到万物存在与运动的意蕴，从而物我融合，景我融合，最终心灵得到慰藉。

（四）旅游的文化属性

从旅游活动产生的原因看，旅游活动是人类在基本生存需要得到满足后产生的一种精神文化需求，本质属性是文化属性。旅游者是依赖于一定社会文化背景而产生的，旅游管理服务是一定社会文化环境的自我表现形式，旅游业的硬件、软件发展都离不开科学技术以及艺术、建筑等文化因素。

1. 旅游本质上是一种文化体验活动

旅游活动是一种文化现象。旅游者是依赖于一定文化背景而产生的，旅游者自身的文化素养、目的地的社会文化环境影响着人们的旅游动机；旅游活动本身是一种审美。从消费资源的属性分析，旅游资源一般划分为自然资源和人文资源，人文旅游资源是一种文化体现。自然风光如果没有人的审美，也就不能成为旅游资源。根据旅游业发展的趋势，人文资源正在取代自然资源成为旅游最重要的观赏对象。旅游者通过对自然环境、建筑、歌舞、节庆礼仪、餐饮住宿等外显形式的消费，获得内隐的文化所指，从中体验文化提供给人们不同于日常居住地的社会空间、身份的重新确认和文化认同。此外，从消费的角度来说，旅游消费的核心是文化符号，现代旅游产品和服务的核心就是文化符号的提供，因此整个旅游活动的组织与实施也就是一种文化创意活动。综观国内外的旅游热点，无不是以文化符号取胜，既有鲜明的文化表现形式，又蕴含意义丰富的文化内容。

2. 旅游是文化自身存在和发展的重要方式

旅游在促进文化发展方面能发挥重要作用。首先，文化发展应该是一个内容和形式协调共进的过程。其次，文化发展应该是一个继承和摒弃共同存在的过程。此外，旅游对文化发展最直接的作用表现为，它将文化资源转化为社会大众可以消费的商品，随之又为文化的发展提供了资金。

在发挥旅游对文化促进作用的同时，必须注意到，旅游自身的发展并不会带来对文化资源的自觉保护。因此在发展旅游的过程中，首先应提高对保护文化资源的认识，做到合理开发利用，实现旅游与文化双赢。对于少数民族文化遗产，以及那些早已退出我们社会生活的非物质文化遗产来说，旅游的确是一把双刃剑，它既可能因旅游业的兴起而遭遇灭顶之灾，也可能因旅游业的发展而带来传承和发展的机遇。

因此，合理地开发利用文化资源是旅游的可持续发展之道。合理开发利用文化资源的关键是要保持文化资源持有者的主体地位。这个主体地位既表现在经济利益的获取上，也表现在文化的保护创造发展上。文化的保护创造发展都要以当地群众为主体，使保护创造发展的文化仍然是本来的文化，而不是仅仅为吸引游客而生造出来的“伪文化”。

（五）旅游的经济属性

从旅游业兴起的原因看，人们之所以会经营发展旅游，是因为经济利益的驱动，旅游可以产生巨大经济效益，所以从这个意义上说旅游是一种经济现象，本质属性是经济性；而旅游者在旅游活动过程中，不会创造任何外在的可供消费的资料，相反，却吞噬着旅游者以往的积蓄和他人的劳动成果。所以，旅游无疑是消费行为。

1. 提高经济收入

旅游业的大发展，有利于促进经济发达地区的人流、物流和资金流导向欠发达地区，有利于提高区域经济水平，促进区域间经济的合作和社会的协调发展。由于先天的原因，许多旅游资源丰富的地区同时又处在交通不便、产业基础薄弱的贫困地区，在做好规划的前提下投入资金开发这些地区的旅游资源，对于尽快推动当地经济和社会发展，使人民脱贫致富具有显著的作用。除了天赋的“扶贫”功能外，旅游发展推动地区经济发展的价值还体现在对乡村城市化的促进上，在城市边缘的一些乡村旅游区，旅游开发不但帮助该地留住了将要外迁务工的人员，而且将那些寻求工作与发展机会的外来人才也吸引进来，人口数量的增多和基础设施的扩充使得这些非城市旅游地渐渐初具城镇规模。

2. 回笼货币，积累资金

旅游收入的另一重要部分是国内旅游收入。国内旅游收入对于国家回笼货币，积累资金起着积极的作用。据统计，我国群众手里的节余资金超过2万亿人民币，而且每年以30%左右幅度增长。如何引导消费，更有效地回笼货币，渠道很多，而旅游就是一个新的渠道。随着人们物质生活水平的提高，闲假时间的增多，人们对精神的需求和消费日益迫切。

3. 增加国民就业机会

作为一个重要的社会问题，就业问题不仅关系到每个劳动者的生存发展和享受，而且关系到社会的稳定；作为一个综合性的服务行业，旅游业比其他行业具备更强的就业吸纳能力，不仅能为旅游饭店业、旅行社业和旅游交通运输业提供大量的工作岗位，还可为众多关联行业造就新的工作机会。据世界旅游组织资料显示，旅游部门每直接收入1元，相关行业的收入就能增加4.3元；旅游部门每增加1个直接从业人员，社会就能增加5个就业机会。旅游业是典型的劳动密集型行业，主要表现为从业人员直接地对客服务，因而比以资金密集和技术密集为特征的工业企业及高新产业具有更大的就业吸收空间，旅游业中就业岗位层次众多，很多基层接待服务工作并不需要很高的技术，只需进行较短时间的培训便可胜任，所以可为广大妇女和刚步入社会的青年提供就业机会。

三、旅游活动的特点

从古至今人们对旅游的认识，我们可以看出尽管诸位学者对旅游定义表述上不同，但对旅游这一现象的特点有着以下共同的认识：

（一）综合性

旅游是人们的旅行和暂时居留而引起的各种现象和关系的总和，它不仅包括旅游者的活动，而且涉及这些活动在客观上所产生的一切现象和关系。旅游在广泛而深刻地影响着社会，成为引人注目的一种社会经济现象，旅游是以经济活动形式表现出来的经济、文化、社会、政治等多元化、多层次的复杂的综合体。

旅游与古代旅行、观光的不同之处在于对社会影响深度和广度的差别。古代旅行和观光由于人数有限，除帝王、官吏外，需求都很低，对社会影响也很有限。当今社会生产力高度发展，人民生活水平不断提高，余暇时间增加，旅游是现代人生活的组成部分，已成为大众性活动，成为一种社会现象。当衣食住行的需求得到满足后，人们就会有更高的文化需求，其表现为：不断扩大自己的生存空间；追求更多的知识；欣赏更美的事物，这些旅游人群，构成临时“小社会”，整个社会各有关部门也要为他们的需求创造物质条件和提供各方面的服务。旅游者由来自不同国家、民族、职业、性别、年龄、文化程度和爱好的人群组成；旅游资源除自然山水外，还有人文古迹；旅游业即满足吃、住、行、游、娱、购的酒店、餐馆、交通、景点、商店等企业，可以覆盖社会各个部门。所以，旅游者与旅游企业、接待地区政府和居民将发生复杂的关系，出现各种社会现象。这种社会现象、关系即为旅游。

（二）大众性

现代旅游首先表现为它的大众化。一是指旅游参加者的范围已扩展到普通的劳动大众，旅游活动在世界各地各个阶层都普遍开展起来。大众旅游的另外一层含意则是现代旅游活动开始形成的，以有组织的团体包价旅游为代表的大众型旅游模式，并且形成广大民众中占支配地位的旅游形式，旅游者在旅行社的组织和安排下，借助各类旅游企业提供产品和服务，按照规定的时间、线路和活动的内容，有计划的完成全程旅游活动。二是参加旅游的人数越来越多，旅游去处越来越远。三是群体性、规范性旅游增加。四是旅游作为一种激励员工的手段，已被企业或各种组织所广泛采用，即奖励旅游。

奖励旅游的英文是 Incentive Travel，奖励旅游的目的是协助企业达到特定的目标，并对达到该目标的参与人士，给予一个尽情享受、难以忘怀的旅游假期作为奖励，用旅游这一形式作为对员工的奖励，会进一步调动员工的积极性，增强企业的凝聚力。奖励旅游的历史可以追溯到20世纪二三十年代的美国，如今已有50%的美国公司采用该方法来奖励员工。在英国商业组织给员工的资金中，有2/5是以奖励旅游的方式支付给员工的。在法国和德国，一半以上资金是通过奖励旅游支付给员工。奖励旅游种类包括：商务会议旅游、海外教育训练、颁奖典礼、主题晚宴或晚会等形式来增强员工荣誉感，加强企业团队建设的作用。

（三）异地暂时性

旅游同旅行相似之处在于二者都是人类离开日常生活圈，到异地他乡作短暂的逗留的空间活动。旅游不同于旅行之处在于：旅游是有目的、有计划、有组织的空间活动，而且旅游者同异地接待单位是商品交换关系，按着异地的特点、接待标准进行购买，并到实地去完成买卖关系。旅游者购买的是异地的感受、记忆和阅历。因此，一个地区异地性越强，对域外的旅游者产生的吸引力就越大，旅游产品的价值就越高，该地旅游业也会更加兴旺。

旅游在时间上的特点，就是旅游者在旅游目的地做短暂的逗留，有别于移民性的永久居留。因为对于大多数旅游者来讲，只有在完成所承担社会工作之余，有充分闲暇时间，才能参加旅游活动。旅游只能占用闲暇时间的一部分。对于接待地来说，旅游者只是来去匆匆的过客。由于休闲在人的生产、生活中只占全部时间的一小部分，旅游对每个人只能是短时间的行为。可以说，没有休闲，就没有旅游。

（四）业余享受性

业余性就是许多国家学者讲的闲暇性。这种提法，从主观目的上是想把旅行、考察等活动摒弃于旅游之外，但是作为科学目的的考察，不论在古今中外都是一种旅游项目。因为旅游目的之一就是“求知”，既包括业余性的求知，也包括业务范围内的旅游求知活动。因此，对旅游的业余性规定大体是正确的，但在实际中又难以区分。特别是在我国，利用开会、出差旅游的人很多。据统计，到北京来旅游的人，41% 是会务旅游者。外国利用国际会议旅游的人也很多，如 1985 年，在法国巴黎召开的国际会议有 274 个，英国伦敦 238 个，比利时布鲁塞尔 219 个、瑞士日内瓦 212 个。这些参加国际会议的人，既是为了某一专业目的而去的会务者，也是一个利用会议参加旅游活动的游览者。英、法、比等国家正是利用这种方式，获得了一笔可观的旅游收入。如 1985 年巴黎举行国际会议收入 70 亿法郎，其中 30 亿法郎为专题会议收入。

旅游是一种高级的精神享受，是在物质生活条件获得基本满足后出现的一种追享欲求。旅游的目的主要是为了游览、消遣和娱乐，这部分人群也是旅游的主体。人们追求游览、消遣和娱乐是实现自我发展和完善的手段，同时对吃、住、行、游、购、娱也有更高的要求。这种活动是现代人的文化消费，也是在追求精神和物质的享受，因而享受性这一特点同古代的旅行、观光有根本的不同。近几十年来，由于社会经济发展，各国、各地区联系密切，以商务和公务为目的旅游者大量增加。我们称之为“旅游者”的原因是：其一，他们到所在国或地区，要同旅游部门、企业打交道，通过有关人员安排和接待；其二，他们在完成公务之余也会去游览、娱乐和消遣。因此，说旅游是享受性旅行，有一定的道理。

（五）地理集中性

随着现代科学技术的发展和交通运输工具的进步，各地空间方面的时间距离不断缩小，现代旅游者已经几乎是无处不到，但是，现代旅游者不是较平均地分布在地球表面各个地区，他们往往集中到某些地区或国家去旅游，甚至集中到某些景点参观游览或从事其他旅游活动。现代旅游的地理集中性不仅反映在全世界国际旅游的分布格局上，具体到一个国家同样也呈现这一特性。就全球来看：在全世界的国际旅游活动总人次中，在欧洲地区旅游的人次最多，其次是美洲，这两个地区合到一起，每年接待的国际旅游者数量都占该年全世界国际旅游者总量的 80% 以上；旅游活动的地理集中性具体到某一个国家，旅游活动在该国各省（州、郡）及各城市间的分布情况同样也呈现出这一特点，例如，到我国来旅游的国际游客也不是平均分散到各个省市去活动，而是沿着他们所理想的旅游线路到他们所理想的地区去旅游，其中，需求较大的线路和游客数量比较集中的地区也形成了所谓的旅游热线和旅游热点。我国的北京、上海、深圳、南京等 28 个主要旅游城市占到总量的 75.5%；即使是在同一个旅游城市中，旅游者集中访问某些区域的现象也屡见不鲜。例如，英国的首都伦敦是世界上著名的旅游城市之一，市区内的特拉法格广场、西敏寺、白金汉宫和伦敦塔等都是有名的参观游览点，也是外来游客集中活动的地方，据调查，在伦敦接待的旅游者中，大约有93%的人都前往特拉法格广场游览，85%的人都参观西敏寺，83%的人都前去白金汉宫观看皇家卫兵换岗仪式，82%的人都去伦敦塔参观。换言之，访问伦敦的旅游者并非平均分布在市内各处活动。

（六）季节性

旅游活动的季节性，通常是指旅游活动的开展数量在一年内不同时段出现旅游淡季、旺季、平季的波动性。通常人们把旅游客流量明显较多的时段称为旺季，把旅游客流量明显较少的时段称为淡季，其余时期则称为平季。其实游客流量随时间的波动变化不仅存在于一年之中，而且也存在于一月甚至一周之内。就旅游区域看，无论是一个大的国家还是一个小的旅游景区，都表现出明显的季节性。

旅游季节性的形成原因，一是旅游者自身工作、学习、休息的时间、节假日的影响可能呈现某种规律性，对于旅游地来说，旅游流的发生时间自然就会大不相同，这就形成了旅游者出游的时间有一定时间上的集中性分布，例如，节假日外出旅游的人多。二是旅游资源的不同性质和不同的旅游类型，现代旅游的季节性非常突出。一般来说，主要依赖自然旅游资源吸引游客的国家和地区，旅游接待量的季节性波动比较大，例如，到阿尔卑斯山滑雪的旅游流，发生时间在入冬以后；到我国北方海滨度假胜地北戴河旅游的游客，却不能在这个时间出行。主要依靠人文旅游资源吸引游客的国家和地区，旅游接待量的季节性波动就比较小。消遣型旅游受季节性制约多一些，事务型旅游几乎不受季节性影响。四季分明的国家和地区，四季中接待游客的波动量比较大些；四季不太分明的国家和地区，四季中接待游客量就比较稳定一些。以九寨沟为例，进入淡季以后，成都各大旅行社每天发往九寨沟的游客人数从高峰时期的每天1万人，下降到每天3 000人左右，门票旺季是220元，淡季80元。

由于旅游的发生和持续的时间有季节性，势必要造成旅游流在一定时间上的超量运动，而在另一些时间里却又只能维持在极低水平上。这自然会给旅游目的地的旅游基础设施建设与运行、旅游产品开发、旅游企业经营造成很大的压力。

（七）持续性

现代旅游的另一个特点是增长趋势的持续性。自20世纪50年代起，全世界旅游（包括国际旅游和国内旅游）活动的发展呈逐年持续增长的趋势。持续增长的总趋势是针对全世界整体情况而言的。局部地区和特殊的地区也许不符合这条规律。如当今世界局部地区的战争对旅游市场的负面影响，对旅游地的破坏。例如，20世纪70年代以前，中东地区曾是国际旅游的热点地区，但中东战争的爆发和政治局势的动荡，使这一地区许多国家的旅游业受到致命的打击。1997～1998年亚洲金融危机导致东亚地区旅游接待人数下降1.6%，旅游收入下降10.2%。但局部地区的停止和倒退并不能改变和影响整个世界旅游持续增长的总趋势。

万事达卡国际组织日前公布全新“世界旅行目的地指数”调查显示，北京及上海已经成为全球及区域中重要旅行目的地城市，且增长迅速。该指数针对全球132个受调查城市的国际旅游人次和入境消费金额进行排名，是了解全球经济及商业活动的又一新途径。

在入境人次排名前20位的世界城市中，伦敦在2011年接待约2 010万人次入境旅行，成为全球最热门的旅行目的地城市，而巴黎和曼谷分别以1 810万人次和1 150万人次位居第2、3位。上海则以约550万人次位居第18。在前20个城市中，按照2011年旅游人次增长率来排名，上海以18.6%的增长率位居全球第4。在亚太地区排名前10的旅行目的地中，曼谷位居第1，上海和北京分别排名第6及第9位。（资料来源：羊城地铁报）

任务二　旅游活动的构成要素和类型

一、旅游活动的构成要素

关于旅游活动的构成要素有三种说法：三要素、六要素、地域系统说。

（一）旅游活动的三要素构成

有专家认为旅游活动是由三要素构成：旅游者、旅游资源、旅游业。

1. 旅游者是旅游活动的主体

1937年国际联盟专家统计委员会第一次对“国际旅游者”作出了解释：“旅游者就是离开自己的所在国到另一个国家访问超过24小时以上的人。”1963年“罗马会议”提出了“游客”这个概念。游客包括旅游者及一日游游客两类。旅游者旅游的目的：一是为了消遣闲暇时间（如娱乐、度假、宗教和体育运动等）以及为健康、研究等；二是为了工商业务、探亲、公务出使和开会等。

旅游活动的要素中，旅游者处于主体地位。旅游活动的发展历史表明，旅游实践乃是先有旅游者的旅游活动，后有为旅游者服务的旅游从业队伍。旅游者是旅游活动的主导因素，他们的数量、消费水平、旅游方式等等是决定旅游业内部各种比例关系及其相应协调的主要因素，因而是旅游活动的主体。

2. 旅游资源是旅游活动的客体

旅游资源是指自然界和人类社会凡能对旅游者产生吸引力、可以为发展旅游业所开发利用，并能产生经济效益、社会效益、环境效益的各种事物和因素。旅游资源分为两种类型：

（1）自然旅游资源。自然旅游资源指能使人们产生美感的自然环境或物象的地域组合，是由地球的大气层、山川、河流、海洋、岩层、土壤、植物和动物等自然界的物质组成的。

（2）人文旅游资源。是指能够吸引人们前往的古今中外人类活动的文明成就和民族风貌，是人类创造的资源，包括文化遗址、古建筑、宗教信仰、民族民俗等。

在旅游活动构成的各要素中，旅游资源处于客体或对象的地位。当一个人有了足够用于旅游花费的金钱和时间，并且有外出旅游以满足娱乐和求知的愿望之后，他首先考虑的是去哪个国家或地区才能满足自己的旅游需求，这时，吸引旅游者的决定性因素就是合乎其口味的旅游资源。固然，一个人准备去某国或地区旅游时，同时也会考虑到那里的生活条件和服务设施，但这只是第二、三位的需要。而那些具有不同民族特色和地区特色的旅游资源，没有别的办法可以替代，必须自己亲临其境才能获得真正的精神满足。所以，旅游资源是旅游活动的客观基础，是一个国家招徕客源、开拓市场、发展旅游的重要的物质基础和条件。

3. 旅游业是旅游活动的媒体

旅游业是实现旅游活动的媒介、手段和条件。相对于旅游者和旅游资源来讲，旅游业是旅游活动构成的媒体。现代旅游中，完成旅游活动的要素已不再只是旅游者和旅游资源，而是将旅游业这一中介也包括进来，因为大众旅游的特点之一便是利用旅游业提供的便利服务完成旅游活动，这已经成为一种规范化的模式。在现代大众旅游阶段，几乎没有旅游者不再利用旅游业提供的旅游服务。虽然使用旅游业提供的旅游服务并非是旅游者的旅游目的，但旅游业在客源地与目的地之间以及在旅游动机与旅游目的的实现之间架起一座便利的桥梁。

（二）旅游活动的六要素构成

有专家认为“吃、住、行、游、购、娱”六个字构成了旅游活动的基本要素，它的形成过程经历了半个世纪，凝聚了几代人的心血，集中了成千上万旅游工作者的智慧。这六个要素，现在是我国发展旅游业的根本，指导旅游业的规范，衡量旅游业的标准，同时，也是广大导游员进行导游安排时必须考虑的六个方面。

1. “游”是旅游的中心环节

它是旅游者动机和目的之所在。有了“游”的动机、旅游者就会离开习惯了的常住地，去获取新的知识，去享受生活的美。“游”也是旅游者外出旅游的主要内容，有的旅游者喜欢投身到大自然的怀抱，以享受山川的壮美、阳光的明媚；有的旅游者喜欢凭吊历史古迹，追溯人类社会历史的变迁，尽管旅途劳累，但人们通过“游”而得到精神的陶冶和物质享受。

2. “行”是旅游的基本环节

“行”是指旅游的空间转移，要实现旅游的目的离不开“行”。首先，旅游者离开常住地实现空间转移是由“行”实现，旅游过程中的一个景点到另一个景点的转移，从住宿地到景点间的转移都要通过“行”来完成。其次，“行”在旅游的全过程中也是花时间最长，需用支出最多的项目。据不完全统计，在一天10小时的旅程中，平均每天约有5～6小时用于乘车船，即在旅游的全过程中，几乎有一半是在“行”中度过的，远距离旅游或景点间距离较远的话，“行”的比重还会上升。在现代旅游中，旅游者的旅程一般都比较远，因此“行”的条件也会影响到“行”的时间及旅游活动的质量。旅游过程中对旅游工具的要求可以概括为“安全、便利、高效、快速、舒适、经济”，通过使用好的运输工具，可以减少疲劳，缩短“行”的时间，增加“游”的时间，保证旅游者顺利实现旅游目的。最后，“行”也影响和决定着旅游活动的形式和内容，随着旅游范围的扩大，现代旅游的形式已不再只是单纯的观光旅游，以“行”的方式命名的旅游也日渐增多，如航空旅游、汽车旅游、江河漂流、登山旅游等等。由此可见，“行”在旅游全过程中的重要性。

3. “吃”和“住”是旅游的重要环节

“吃”、“住”是指旅游中的餐饮和住宿。旅游是一项动态的活动，对旅游者来说，

“吃”、“住”是恢复体力完成旅游的生理保证，也是旅游服务质量的重要体现。“吃”、“住”的保证程度影响旅游者对旅游的满足程度，因此可以说“吃”、“住”是旅游中的重要环节也是旅游的重要内容。随看社会经济的发展，为了满足旅游者求新求奇的心理，无论去旅游地或住宿地，住宿的建筑风格和餐饮的品味都正走向民族化、特色化，以便增强对旅游者的吸引力。在今天的现代旅游中，设施完备的高档宾馆和高品味的宴席越来越受到旅游者的青睐，富有特色的民居和餐食也日益成为旅游者追求的目标，今天，建筑文化、餐饮文化正成为重要的旅游资源。

4.“购”和“娱”也是旅游的重要环节

“购”是指旅游购物，“娱”是指旅游中的娱乐，有人错误地将旅游的全过程概括为“吃、住、行、游”，将“购”和“娱”作为可有可无的两个辅助环节，完全否认了“购”和“娱”在旅游中的地位和作用。

首先，从旅游者的角度看，旅游者外出旅游，往往把购置一些具有异国他乡地方特色和民族特色的商品作为旅游中的一大乐趣；其次，从旅游业角度来看，旅游商品的销售更是旅游经营的重要方面。旅游业为旅游者提供的商品可以分为无形服务和有形商品两类，通过销售旅游产品而形成的销售收入已成为旅游业重要的经济来源，此外，购物旅游的兴起，使购物成为旅游中不可缺少的重要内容。据统计，到香港旅游的旅客中，大部分人有2/3的时间是购物，在旅游者的全部旅游花费中购物占50%左右，由此可见，购物已成为旅游过程中不可缺少的组成部分，也是旅游业收入的重要来源。

“娱”也是旅游的重要组成部分。旅游者在旅途中劳累奔波，非常辛苦，为了调节、恢复疲劳，旅途中少不了“娱”，同时，“娱”往往是异国他乡文化的表现形式，旅游者通过娱乐能更多地领略异国他乡的文学艺术和民俗风情。因此“娱”已成为旅游中非常重要的一个环节。

综上所述，旅游过程中的“行、吃、往、游、购、娱”六大环节构成了丰富的旅游过程，这六大环节既互相衔接又有序交叉，由此构成旅游的整体。

（三）旅游系统论

有的专家认为旅游学的研究对象是旅游系统，即：客源市场系统、出行系统、目的地系统和支持系统。旅游活动是一个开放的复杂的系统，对该系统特征的把握及其在旅游开发、规划、经营与管理中的应用，就是旅游科学研究的核心任务。

二、旅游活动的类型

随着大众化旅游时代的到来，世界各地参加旅游活动的人数越来越多，旅游活动的地域范围越来越大，旅游活动的类型也多种多样。因此，从旅游业的角度出发，需要对人们的旅游活动进行必要的类型划分，以便根据需要去分析和认识不同类型旅游活动的特点，指导旅游市场的开发。

（一）按旅游的目的来分，旅游可以分为消遣旅游、事务旅游、个人或家庭事务旅游

1. 消遣旅游

消遣旅游是以娱乐休闲为主要目的的旅游。包括观光、度假、探险等。

（1）观光旅游。观光旅游是以参观、欣赏自然景观和民俗风情为主要目的和游览内容的旅游消费活动。它是最为普通、最为常见的旅游活动类型。其特点：第一，旅游范围广，按一定旅游路线沿途观光。第二，适应性强。不分年龄、职业、身份都适宜。第三，接待方便。

（2）度假旅游。度假旅游是以度假和休闲为主要目的和内容的一种旅游消费活动，是利用假期进行休养和消遣的旅游活动方式。其特点：第一，度假地点相对固定，活动范围不大。第二，强调休息。第三，重复性较高。第四，对娱乐设施要求较高。

（3）生态旅游。是在保护生态环境的前提下开展的一种以生态景观欣赏和体验为内容的自然旅游活动，是专项自然旅游的一种形式。其特点：第一，旅游者是那些对环境保护有高度责任感的人。第二，活动规模较小，不需要太高的资金投入。第三，必须对旅游地采取严格的环保措施，开展生态旅游活动尽量减少对环境的影响。第四，必须配备高素质的导游。生态旅游是自然旅游中的一种专项或特种旅游形式。随着我国旅游业的迅速发展，目前已成为旅游资源开发继观光旅游、度假旅游之后发展的第三大领域。

2. 事务旅游

事务旅游包括商务旅游、公务旅游、会议旅游等。

（1）商务旅游。商务旅游以经商为目的、将商业经营与旅行游览结合起来的旅游活动。其特点：第一，旅游频率高。第二，消费水平高。第三，对旅游设施和服务质量要求高。

（2）公务旅游。政府人员因公出访，在公务之余进行的参观游览活动。其特点：第一，多采取团体形式。第二，专业性强。

（3）会议旅游。以组织、参加会议为主要目的，并提供参观游览服务的一种旅游活动。其特点：第一，消费水平高。第二，停留时间长。第三，计划性强。第四，对接待设施和服务要求高。

3. 个人或家庭事务旅游

探亲旅游、修学旅游等都认为是个人或家庭事务旅游。

（二）按地理范围来分，旅游可以分为国内旅游和国际旅游

1. 国内旅游

公民在本国国境范围内的旅游活动，不属于所在国居民的长驻（1 年以上）外国人在所在国进行的旅游活动。需要注意的是，按照世界旅游组织（WTO）的解释，并不属于所在国居民的长驻外国人在所在国境内进行的旅游活动亦属国内旅游。这里所谓的长驻，是指该外国人在所在国的连续驻留时间已达 1 年或更久。

国内旅游活动也可根据是否在旅游目的地停留过夜，划分为过夜旅游和不过夜的一日游。

国内游客。我国在进行国内旅游的统计工作中，将国内游客界定为任何因休闲、娱乐、观光、度假、探亲访友、就医疗养、购物、参加会议或从事经济、文化、体育、宗教活动而在居住国内惯常环境以外的地方旅行，连续停留不超过 6 个月，访问目的不是通过所从事的活动获取报酬的人。国内游客不包括：

（1）到各地巡视工作的部级以上官员；

（2）驻外地办事机构的临时工作人员；

（3）调遣的武装人员；

（4）到外地学习的学生；

（5）到基层锻炼的干部；

（6）到其他地区定居的人员；

（7）无固定住地的无业游民。

2. 国际旅游

指一个国家的居民跨越国界到另一个或几个国家去访问的旅游活动。包括国际来访的入境旅游和本国居民出境旅游两种情况。

（1）入境旅游：① 一般指外国公民到本国的旅游活动，又可分为过夜与不过夜的一日游两种情况。② 特殊情况：迄今为止，港澳台同胞来大陆地区的旅游访问活动。（原因：台湾还没有统一，港澳虽然已经回归，但都作为特别行政区实行高度自治。）

海外游客包括：外国人（外国国籍的人、加入外国国籍的中国血统的华人）、华侨（指持有中国护照，但侨居外国的中国同胞）、港澳台同胞（居住在香港、澳门地区和台湾省的中国同胞）。海外游客划分为两类：

第一类；海外旅游者。指在我国内地旅游住宿设施内过夜的海外游客，又称为过夜游客。

第二类；海外一日游客。指未在我国内地旅游住宿实施内过夜，而是当日往返的海外游客，又称为不过夜游客。

海外游客不包括：

① 应邀来我国访问的部长以上官员及其随行人员。

② 各国驻华使馆人员及其随行的家庭服务人员和受赡养者。

③ 常住我国一年以上的外国专家、留学生、新闻记者、商务机构人员等。

④ 乘国际航班过境，不需要通过护照检查进入我国口岸的中转旅客。

⑤ 边境地区往来的边民。

⑥ 回祖国大陆定居的华侨、港澳台同胞。

⑦ 在我国已定居的外国人和原已出境又返回我国定居的外国侨民。

⑧ 归国的我国出国人员。

（2）出境旅游：① 一般指本国公民到他国的旅游活动，又可分为过夜与不过夜的一日游两种情况。② 特殊情况：大陆居民前往港澳台地区的旅游活动。

当今许多发展中国家发展旅游业走的是非常规的发展道路。具体说，就是低收入的发展中国家率先发展国际旅游业中的入境旅游，并且这种入境旅游随着经济发展引致的外汇瓶颈加剧，在国民经济中的地位越来越重要。同时，伴随国内人民收入水平的提高，国内旅游业开始兴盛起来，当迈入人均国民生产总值 2 000 美元的新兴工业化国家或地区的行列时，国际旅游业中的支出旅游即出境旅游也崛起繁荣。我们所说的发展中国家，主要指人均国民生产总值在 410 美元以下的低收入国家，也包括后起的发达国家，他们发展旅游业的初期目标主要是为了赚取外汇、发展经济。

按照在旅游目的国停留时间的长短，国际旅游活动又划分为过夜的国际旅游和不过夜的国际一日游。所谓国际一日游，通常是指来访旅游者不在旅游目的国停留过夜，而是当日离境的国际旅游活动。

(3) 国内旅游与国际旅游的差别。国内旅游活动与国际旅游活动之间最根本的差别在于是否跨越国界，除此之外，从目前的情况来看，两者还有以下一些具体的差别：

第一，从消费程度方面看，国内旅游的消费层次一般较低，而国际旅游的消费水平通常较高。

第二，从逗留时间方面看，国内旅游者在旅游地区的逗留时间一般较短，而国际旅游者在旅游接待国的逗留时间通常比前者长。

第三，从便利程度上看，国内旅游的开展一般很少存在语言障碍，而且不需要办理什么手续，而出国旅游时大都会遇到语言障碍问题，而且必须办理各种规定的旅行手续，例如出入境证件（护照与签证）、海关的报关与验关、卫生检疫、货币兑换、机动车辆入境手续，等等。

第四，从经济作用方面看，国内旅游消费只是促使国内财富在地区间的重新分配，并不直接带来国家财富总量的增加；而国际旅游则是国际旅游者将其在客源国的所得收入用于在旅游接待国消费，所以会直接造成国家之间的财富转移。

（三）按组织形式来分，旅游可以分为散客旅游（简称 FIT）和团体旅游（简称 GIT）

1. 旅游散客

旅游散客是指自行安排旅游行程，零星现付各项旅游费用的旅游消费者。如国际背包旅游者。

近来“背包旅行”成为旅游爱好者们的热门话题，它起源于发达国家，在英语里叫“Backpacker's Travel”或“Budget Travel”，意思即“背包旅行、自助旅行”。这种旅行方式最先被年轻人所接受，他们精力充沛、渴望投入大自然的怀抱，享受旅行的快乐，但又付不起昂贵的费用，于是自己背起高过头顶的背包，通过自助旅行手册，寻找值得一去的地方。渐渐的这种自助旅行方式被世人所接受，有一定经济来源的中产阶级也加入到“背包一族”中。到了 20 世纪 80 年代，欧美发达国家逐渐兴起一种全新的旅行方式——“软背包”旅行（Soft - package），这是一种介于随团旅游和背包旅行之间的旅行方式，行程安排随意自主，旅行社根据游客需要随时提供高质量服务。旅行者既能充分享受自由旅行带来的乐趣，又可避免随团旅游的刻板和背包自助旅行的费心、艰苦，对身体条件没有太高的要求，几人便可成行。虽然“软背包”旅行费用比随团旅游稍高，但越来越多希望体现个性的旅行者愿意选择这种旅行方式。

2. 旅游团队

旅游团队指通过旅行社或旅游服务中介机构，采取支付综合包价或部分包价的方式，有组织按预定行程计划进行旅游消费活动的旅游者群体。

参加旅行社旅游团队的好处：

(1) 方便。旅行社为旅游者代办外出旅游需要的订房、订机票车票、租车、订餐等多种事务，为旅游者提供了极大的方便，省去了旅游者麻烦；

(2) 顺利。旅行社在出发以前就为旅游者预定了有关的各种服务，从而保证了旅游行程的顺利进行；

（3）经济。旅行社提供的衣、食、住、行都是系统性的，低于市面价格，所以费用要比个人出游还要节省；

（4）导游。旅行社的旅游有导游讲解，一般来说，有导游讲解的旅游才能算是完美的旅游；

（5）安全。随旅行社出游比较安全，原因在于团队出行有组织、有陪同人员，个人出游在购物和行程中容易被当地人欺诈；

（6）售后服务。由于近年来对旅行社的管理比较严，一般旅行社都交有质量保证金，一旦有了问题，您可以到旅游主管部门去投诉，所以，旅行社的售后服务可以说是有保障的。

参加旅行社旅游团队的缺点：不自由（行程、线路、观光停留时间等）。

（四）按计价方式来分，旅游可以分为包价旅游和非包价旅游

1. 包价旅游

包价旅游是旅行社以一定价格向市场推销的成批量组合的旅行路线产品。它分为全包价和小包价两种。前者包括一次旅游活动的全部旅游服务；后者只包括其中主要的几项服务。

2. 非包价旅游

非包价旅游是指旅行社根据旅游者需要按单项计价的旅游活动。主要对象是散客，所以非包价旅游又称散客旅游。

（五）按旅游要求的特殊性来分，旅游可以分为特种旅游、专项旅游和生态旅游

1. 特种旅游

特种旅游是指由旅游行政主管部门和相关主管部门专门批准，并进行总体协调的具有竞技性和强烈个人体验的旅游活动。一般需要提前申报计划。如自驾游、探险、狩猎、潜水、登山、汽车拉力赛及洲际、跨国汽车旅行等。

2. 专项旅游

专项旅游是为社会、经济、文化、科研、修学、宗教、保健、节庆等某一专门目的而进行的旅游活动。

3. 生态旅游

生态旅游如高科技农业观光、生态农庄、观鸟旅游、户外摄影等。

（六）按旅游距离来分，旅游可以分为远程、中程、近程旅游。

（七）按旅行方式来分，旅游可以分为航空、铁路、汽车、海上、徒步、骑车旅游等。

（八）按活动内容来分，旅游可以分为观光、考古、探险、宗教、种族、文化旅游等。

（九）按旅游资源特征来分，旅游可以分为风景名胜、城市、海滩、山地、温泉、冰川旅游等。

（十）按享受程度来分，旅游可以分为豪华、标准、经济旅游等。

（十一）按费用来源来分，旅游可以分为自费旅游、公费旅游和奖励旅游。

任务三 旅游学的研究对象和研究内容

一、旅游学的研究对象

（一）旅游学的研究对象

旅游学研究的对象就是跟旅游活动有关的各种现象和关系。具体来说，旅游学要研究旅游者们怎样选择旅游目的地，他们的旅游行为有哪些特征，他们的需求是什么，对旅游服务和产品有哪些要求等。研究旅游业如饭店、旅行社、旅游景区景点、旅游交通等怎么运行、怎么管理，它们相互之间怎么互相影响。另外还要研究旅游与外界的关系，比如旅游对自然环境、社会文化以及经济的影响等等。

1. 旅游学是一门社会科学

旅游活动是社会现象的一种体现。旅游乃是人的活动，特别是就构成现代旅游活动重要组成部分的消遣旅游而言，旅游乃是人的重要的消闲活动。消闲则是生产力发展到一定阶段而产生的社会现象。此外，旅游者在旅游活动中势必要同东道社会的居民进行接触。彼此互为旅游市场的国家或地区之间也会因旅游活动的开展而出现人员交流，这些民间接触和交往也属于一种社会现象。上述说明作为人类休闲活动的重要内容，旅游活动实为社会现象的一种体现。

2. 旅游学是一门具有多学科交叉的边缘学科

旅游学是一门多学科，一是经济学，如旅游经济学、统计学、旅游市场营销学等；二是文化学，如旅游历史学、旅游社会学、旅游文学、旅游美学、旅游心理学等；三是管理学，如饭店餐饮及客房管理、旅行社管理、旅游景区管理等；四是地理学，如旅游专业在我国的分布等。

3. 旅游学是一门应用性较强的学科

旅游业是一个重要的经济行业。从其产生来看，旅游业是社会经济发展到一定阶段的产物，是建立在一定的经济发展水平之上的。没有一定的经济发展水平做保证，就不可能产生旅游需求和旅游供给。旅游业作为一个产业，生产旅游商品，并通过出售这些商品而取得经济收益。旅游业可以促使和带动与旅游有关的其他经济行业的发展，进而带动地区经济的发展。旅游业可以增加外汇收入和促使货币的回笼。

（二）旅游学的学科体系

从学科研究和教学出发，认为旅游学的学科体系大体有以下四个系列：

1. 旅游理论系列

旅游学概论综合研究旅游领域的社会经济现象，探讨旅游学的一般规律。此课是入门基础课。随着旅游学资料的积累和研究的深入，应开设一门理论性强的旅游学基础理论或称综合旅游学原理的课程。

2. 旅游经济系列

旅游经济系列是由旅游经济学和旅游市场营销学等组成。旅游经济学是研究旅游经济活动的运行及其运行过程中所产生的经济现象、经济关系与经济规律。旅游市场营销学是旅游经济学的延伸，以旅游经济学原理为基础，研究以旅游消费者的需求为中心的市场营销活动及其发展规律。

3. 旅游社会文化系列

旅游社会文化系列是由旅游地理学、旅游文化学、旅游社会学、旅游美学、旅游规划与开发和旅游心理学等组成，是以意识形态为研究对象，侧重旅游资源的开发和旅游者旅游动机的研究，力图把旅游客体和主体联系起来。

4. 旅游管理系列

旅游管理系列是由旅游管理学及其细分的旅游饭店管理、旅行社管理、旅游景区管理、旅游交通管理、旅游财务管理以及旅游法学等组成。旅游管理学是以旅游经济为基础和以旅游文化为内涵，应用社会科学、自然科学和技术科学的原理和方法，研究旅游的一系列管理活动和发展规律。旅游法学是调整旅游各企业关系，强化旅游的法制化管理。

在各个学科间，除旅游理论系列外，其他学科如旅游经济学、旅游文化学、旅游社会学、旅游地理学、旅游美学、旅游心理学、旅游管理学、旅游法学等，都同相邻学科如经济学、文化学、社会学、地理学、美学、心理学、管理学和法学相交叉，带有边缘学科特点。目前我国这些学科旅游理论还不够充分，而母体学科色彩过重。这更需要旅游学者通过努力和研究，使每个学科真正成为旅游学学科体系的成员，并沿着旅游学的规律向前发展。

二、旅游学的研究内容

一门学科的研究对象决定了该学科的研究内容。旅游学的研究内容是从对旅游学研究对象的各个角度和各个层面进行分析来展开的。旅游学的研究内容主要是：

（一）阐明旅游的特点和本质，揭示旅游产生、发展同政治、经济、文化间的关系

揭示旅游产生、发展同政治、经济、文化间的关系。旅游的特征是社会本质所决定的。旅游的本质特征在于以经济、社会、文化为条件，反映社会发展历史阶段和生产力发展水平。旅游反过来又影响社会进步、经济发展和文化的提高。旅游同社会、经济、文化的辩证关系和作用是旅游学研究的重要任务。

（二）阐明旅游的基本要素及各要素间的关系

旅游社会现象和活动是由旅游者、旅游资源和旅游业所组成。旅游者是主体，只有具备可自由支配收入、闲暇时间和强烈的旅游愿望者才可能参加自我实现的旅游活动。旅游者只有同客体旅游资源结合，才能达到最大的满足。主体与客体结合完成旅游活动全在于媒体旅游业。旅游业处于积极状态，才能吸引更多旅游者，才能使旅游资源得到合理开发和保护，增强吸引力。旅游者、旅游资源和旅游业三者内在本质的联系和作用亦是旅游学研究又一重大课题。

（三）探索旅游产品与市场促销

旅游业是向旅游者进行旅游活动提供产品的行业。它是社会分工进一步分化的结果。其中以旅行社为中介，将社会上分散的、独立的旅馆业、餐饮业、交通运输业、娱乐业、商业和各类景点等有关行业、事业边缘组合，形成旅游产品，为旅游者提供旅馆

住宿服务、餐饮服务、交通客运服务、旅行计划和接待服务、参观游览服务、娱乐服务和购物服务。旅游业通过各个部门的发展及同相关行业关联的关系，深刻地影响着经济和社会文化和环境的发展。探讨旅游产业内在关系和外部影响是旅游学又一重要研究任务。

旅游产品以及旅游产品的无转移性决定了旅游产品宣传促销的重要性，这些问题不仅是旅游学理论研究的需要，而且对于旅游目的地和旅游企业的经营管理更具有十分重要的现实意义。

（四）阐明旅游组织与管理，揭示其作用和主要管理手段

旅游业是国际性的行业，国际性旅游组织在推进世界旅游业的发展，发挥旅游业对国际交往、经济文化交流、促进世界和平方面有着特殊作用。世界各国为促进旅游业发展成立了形式多样的国家旅游行政组织和行业组织，并制定了有关的旅游法规加强旅游管理，研究旅游组织与管理的一般规律是旅游学研究责无旁贷的课题。

（五）探讨中外旅游业发展

旅游学是研究旅游对旅游目的地的经济社会及环境等方面影响的科学。这种种观念都有合理的积极的内容，都从不同方面深化了人们旅游活动本质的认识。之所以出现不同，这不仅是因为每个学者对旅游学的定义的见解会随其研究范围的不同而不同，更是因为旅游学所研究的范围非常广泛，以至于很难用一两句话来概括其全部内容。旅游学是从世界角度，从政治、经济、文化背景中研究旅游活动和旅游业，但最终点要落在中国旅游业的发展上，发挥旅游学对旅游实践的指导作用。研究中国旅游经济、文化管理的一般规律是旅游学研究责无旁贷的课题。

三、旅游学研究的历史和现状

旅游学是一门年轻的学科。作为一门科学，旅游学是随着近代旅游的出现而产生，并随着旅游业的发展而不断完善的。

（一）国外旅游学研究的历史和现状

1. 二战之前国外旅游学研究

二战之前旅游发达的地区是欧洲，旅游研究的中心也在欧洲，欧洲有着良好的旅游研究传统。对旅游现象的研究最早是在 19 世纪末重要的旅游接待地意大利开始的，1899 年意大利政府统计局的鲍迪奥（L. Bodio）发表的《在意大利的外国人的移动及其消费的金钱》一文，是可见到的最早的从学术角度研究旅游现象的文献。

1927 年意大利罗马大学旅游经济教授出版的《旅游经济讲义》，这是公认的第一次对旅游经济进行系统化研究的著作。

1931 年，德国的博尔曼《旅游业概论》，比较早的从经济角度研究旅游活动的著作。

1933 年，英国的奥格威尔《旅游活动》一书，这部著作用数学统计方法，科学地研究了旅游者的流动规律，并从经济的角度给“旅游者”下了定义。

1935 年，德国学者、柏林商科大学旅游研究所所长吕克斯曼发表《旅游总论》，内容涉及旅游的经济和社会作用。柏林大学的葛留克斯曼教授发表了多篇论文，阐述了关于旅游研究的观点，并于1935年出版了《旅游总论》一书，系统地论证了旅游活动的发生、基础、性质和社会影响。

2. 二战以后国外旅游学研究

二战以后，原先繁荣的欧洲成了一片废墟，北美地区成为世界经济的中心，旅游研究的中心也相应地转移到了北美地区，对旅游学的研究也逐渐深入广泛起来，有许多学术界人士投入对旅游现象进行考察和解释性研究活动，专门的旅游教育和研究机构开始在不少国家出现，如1951年便有国际旅游科学专家协会（AIEST）、国际旅游学会（ACIT）、太平洋地区旅游协会（PATA）等组织成立，对旅游学术研究的发展作出了重要贡献。

战后初期到50年代，旅游学研究方面较重要的论著有：瑞士圣加尔大学教授沃尔特·亨齐克（Walter · Hunzikee）和伯尔尼大学库特·克拉普夫（Kurt · Krapt）的《旅游业一般理论》、意大利学者M·特罗伊西（M · Troisi）的《旅游及旅游收入的经济理论》、奥地利维也纳大学教授保罗·贝内克（Paul · Bernecker）的《旅游业基本理论》等。60年代后，又有许多旅游经济学论著出现，其中较有影响的有美国加州州立大学商学院教授唐纳德·E·伦德博格（Donald · E · Lundberg）的《旅游业》、美国密西根大学教授罗伯特·W·麦金托什（Robert · W · McItosh）等人的《旅游的原理、实践与哲学》、美国拉格斯大学教授H·彼得·格雷（H · Peter · Gray）的《国际旅游贸易》、日本东京专修大学教授津田升的《国际观光论》、日本学者田中喜一等人的《旅游事业论》、日本立教大学教授前田勇的《观光概论》、英国布里斯托尔理工学院商学系高级讲师J·克里斯托弗·霍洛韦（J · Christopher · Holloway）的《旅游业》、南斯拉夫贝尔格莱德大学教授S·翁科维奇（S · Un - kovic）的《旅游经济学》等等。

总的来看，国外的旅游研究可以分为三个阶段。

第一阶段，20世纪60年代之前，主要从经济学的角度去研究旅游的活动过程，因此功利主义的倾向十分突出。

第二阶段，20世纪60年代中期至80年代末，随着大中旅游和旅游业的迅速发展，旅游研究也进入了全面发展阶段，许多学科渗透到旅游研究领域中，大大丰富了旅游学的理论内容。

第三阶段，20世纪90年代以后，在连续对旅游进行全面研究的同时，更倾向于对旅游进行非经济性的研究，比如旅游的文化性、旅游与环境的关系、旅游怎样满足人类自身发展的需要等，越来越多的人开始认识到旅游活动的非经济特性。

（二）国内旅游学研究的历史和现状

中国旅游学科的建立和发展是在改革开放以后，研究的总体情况是研究历史短、队伍年轻、学科构成不完善，比较重视应用层面的研究，而忽视对基础理论研究，因此与国外的旅游研究水平尚有一定差距。

从1978年开始，随着社会主义经济建设成为一切工作的中心任务，我国的现代旅游业也得到巨大发展，为适应我国旅游业发展的客观形势，旅游科学研究和旅游教育也蓬勃发展起来。

1978年，国家旅游局最早成立政策研究室，集中一些专家和实际工作者，潜心研究国际旅游市场的动向及其发展规律，结合中国旅游发展的实际，探讨具有中国特色的旅游业的方针政策。1981 年，编辑出版了《兴旺发达的世界旅游业》丛书，系统地介绍了 31 个国家发展旅游业的经验，对发展我国旅游业提供了宝贵的资料。后来，又编印了《中国旅游动态》、《旅游调研》、《旅游信息》等刊物，并陆续发表了《国外发展散客旅游的一些基本做法》、《关于我国发展国际旅游业论证的报告》、《中国旅游事业发展规划》（198—2000 年）等重要文章。

20 多年来，我国旅游活动发展之快，规模之大，普及之广都是前所未有的。旅游业已成为我国国民经济新的增长点，并保持着强劲的发展势头。旅游业的发展还得到我国各级各地政府的高度重视，全国已近 30 个省、自治区、直辖市将旅游业列为国民经济的支柱产业或第三产业的先导产业。

随着我国旅游业的迅速发展，旅游教育事业也蓬勃发展起来。目前，旅游教育已十分普及。随着旅游业的发展，中国旅游教育也发展壮大。据不完全统计，到 2006 年底，中国共有高、中等旅游院校 1 703 所，其中高等院校 762 所，中等职业学校 941 所。这些旅游院校既是旅游人才培养的基地，又是旅游研究的中心。结合旅游实践和教学，我国旅游研究取得了很大进展，编著出版了一批教材和专著，对我国旅游发展过程中遇到的问题进行了多方面的探讨和研究。但总体来看，我国旅游研究未能有所突破，也没有建立起自己的理论体系，受国外旅游研究的影响，目前旅游研究中还存在一些矛盾问题尚待澄清，一些重要的基本概念还有争议。

主要代表著作有：邓观利等《旅游概论》（1982）；王洪滨《旅游概论》（1990 年）；孙文昌《旅游学导论》（1992 年）；李天元、王连义《旅游学概论》（1993 年）等。其中 1999 年出版了两部旅游学基础理论著作比较重要，一是申保嘉、刘住主编《旅游学原理》（上海学林出版社），二是谢彦君、陈才、谢中田编著《旅游学概论》，初步构建了全面、开放的旅游学学科理论体系。

任务四　测量旅游活动发展状况的统计指标

一、测量旅游活动发展状况的基本统计指标

衡量（或统计）某地区旅游活动发展状况的指标主要有三种：即旅游人数、旅游收入和旅游支出、旅游者停留天数。

（一）旅游人数

旅游人（次）数统计表明企业在一定时期内完成工作量的多少，可以反映该地旅游需求的规模，旅游设施设备条件和服务人员等方面的适应程度及旅游发展水平。旅游人（次）数统计是制定旅游方针政策、编制旅游计划的重要依据之一。

旅游人数分为来访人数和出访人数两个指标。通常以人次为单位来衡量。实际上，人们通常都是以人次来衡量来访或者是出访旅游者的数量，但是在对来访旅游人（次）数的统计工作方面，各国的做法各不相同。

旅游人数的统计方法，以国际旅游为例，有的国家是根据边防入境登记，对来访人

境旅游者进行数量统计；有的国家则是通过抽样调查或根据旅馆的住宿登记去测算某一时期内来访的旅游入境人数。但是，无论是哪一种统计方法，都有其不足之处。

1. 入境旅游人（次）数统计

（1）根据边防入境人数登记

优点：① 入境手续严格，统计资料可靠，准确性强。② 连续性强，便于进行动态比较。

缺点：包含了日常往来的边境居民，他们当日入境又当日出境，而这些人实际上都不属于来访的旅游者。

（2）根据酒店住宿登记。有的国家之间没有边防入境登记，如欧盟成员国家。

缺点：① 遗漏：A. 边境一日游游客。B. 在亲友家中住宿过夜的入境旅游者。② 一人入境后可能住宿多个酒店，难免重复计算，统计结果往往高于实际来访人次。

2. 出境旅游人（次）数统计

国际上通常做法是由本国在这些出境旅游者回国入境时，通过抽样调查的方法进行统计。

3. 国内旅游人（次）数统计

（1）报表资料估计法。由负责组织旅游的旅游企业填报，适用于由旅行社组织的团体旅游者的统计。

（2）住宿点资料估计法。缺点：① 并非所有国内旅游者都在各旅馆住宿；② 各旅馆住宿的人并非均为旅游者。

（3）定期的国内旅游抽样调查。这是国际上的通常做法，分为：① 景点抽样调查。在旅游景点连续进行一定时间的抽样，然后推算出全数或所占成数。② 入户抽样调查。例如中国就是由国家统计局城市社会经济调查总队（1993 年以来）和农村社会经济调查总队（2000 年以来）分别对城市居民和农村农民开展国内旅游抽样调查。

（二）旅游收入和旅游支出

1. 旅游收入

旅游收入通常指在一定时期内（通常为一年），旅游目的地国家或地区因接待来访的国内外游客，向其提供各种商品和服务而获取的直接收入。分为国内旅游收入和国际旅游收入两种。

国内旅游收入。国内旅游收入是指在全国或国内某一地区在一定时期内因接待国内游客，向其提供各种商品和服务而获取的直接收入。国内旅游收入的统计都是通过抽样调查的方法进行的。

国际旅游收入。国际旅游收入通常是指在一定时期内，一个国家或地区因接待国际来访游客，向其提供各种商品和服务而获取的直接收入。但是，一个国家的国际旅游收入中一般不包括国际间的交通客运收入。统计方法有：银行报告法、抽样调查法、混合法。

旅游收入指标的种类：

（1）旅游收入总额。旅游收入总额是指一定时期内旅游目的国或旅游目的地销售旅游产品所获得的货币收入的总额，它反映了某一国家或地区旅游业总体规模和发达程度，是一项重要的综合性指标。在国际旅游业中，旅游收入总额用外国货币表示，也叫旅游外汇收入总额。在国内旅游业中，旅游收入总额用本国货币表示，仍叫旅游收入总额。

（2）人均旅游收入。人均旅游收入是指一定时期内每个旅游者在旅游目的国或旅游目的地的平均支出额，即某一时期旅游收入总额与旅游者人次数之比，它反映了旅游者的平均消费及停留时间，是我们了解某国或某地旅游业发展水平的一项重要指标。在国际旅游业中，人均旅游收入用外国货币表示，仍叫人均旅游收入。

（3）旅游收汇率。旅游收汇率是指一定时期内旅游外汇纯收入与旅游外汇总收入的比率，用公式表示为：

$$RE=(R-E)/R$$

其中：RE——旅游收汇率；

R——旅游外汇收入总额；

E——发展旅游业所花费的外汇。

需要说明的是，发展国际旅游业可以赚取大量的外汇，但也需要支出一定数量的外汇，这些外汇支出主要包括：进口必要的设备和原材料、旅游宣传和促销的费用、外方管理人员的工资、偿还外汇借贷款的本息等。外汇支出过大，即表现为外汇漏损。旅游收汇率的高低同一个国家或地区的总体状况紧密相关，反映了某国或某地区旅游业的生产力水平和社会化程度。

（4）旅游换汇率。旅游换汇率是指旅游目的国或旅游目的地向国际旅游市场提供单位旅游产品所能够换取的外汇数量及其比例。通常，旅游换汇率与某国或某地区的汇率相一致，不同时期的外汇汇率不同，旅游换汇率也不同。

2. 旅游支出

旅游支出通常指国际旅游支出，指一定时期内，一个国家的居民出国旅游期间在国外购买商品和服务的消费总额。统计方法：银行报告法、估测法、综合法。

银行报告法：由国家中央银行通过对经理授权受理外币兑换业务的各银行和其他代理机构的交易登记进行汇总，然后计算出某一时期内本国的国际旅游收入或国际旅游支出。这种方法应用甚广，但是存在很大的缺陷，最大的不足之处在于难以准确地分辨清楚这些外汇收入来自各个客源国的数量。

估测法：实际上就是抽样调查统计法。用这种方法统计出来的数字最为可靠。

综合法：在银行报告法的统计结果基础上，利用其他一些来源的数据，对货币兑换统计数字进行修订，以改进其可靠程度。

（三）人均停留天数

人均停留天数是指来访旅游者在目的地的平均停留天数，也可用人均过夜次数表示。这一指标的设计主要是为了配合来访旅游人次这一指标，以更全面而准确地说明来访旅游活动的需求规模。将旅游者的人均停留天数与来访旅游人次相配合，计算来访旅游活动的天数，可以更全面而准确地反映来访旅游活动的实际需求规模或目的地接待来访旅游者的实际情况，并且有利于同往年的情况以及其他旅游接待国或地区的同期情况进行有意义的比较。

二、国际上评价旅游业经济作用的指标

（一）关于旅游卫星账户

旅游卫星账户（Tourism Satellite Account，简称 TSA）。旅游业的产业贡献的测算问题一直是旅游统计研究中的热点和难点问题。20 世纪 70 年代以来，旅游业的快速发展逐渐引起了西方国家政府的重视，对旅游业的产业贡献研究也开始提上了议事日程，一些国家和组织开始寻求能够充分展示旅游业地位的统计工具。在此背景下，法国最早提出了旅游卫星账户（Tourism Satellite Account，简称 TSA）的概念。

旅游卫星账户是在国民账户之外设立一个虚拟账户，将所有涉及旅游的部门中由于旅游而引致的产出部分分离出来单列入这一虚拟账户。这样便可以准确地测算旅游业对 GDP 的贡献率，并且使旅游业可以和国民账户中的其他经济部门进行比较。WTO 鼓励各国引入 TSA，用以帮助政府官员、企业决策者和普通公民以真实可信的数据为基础作出决策和选择。一般情况下，一国的 TSA 可提供如下几个方面的真实有效的数据：

（1）旅游业对 GDP 的贡献率；

（2）与其他行业（如农业、信息产业等）相比，旅游业的总体规模；

（3）旅游活动引来的就业数量；

（4）与旅游业相关的公共及私人投资额；

（5）国际旅游收入对本国平衡国际收支的贡献；

（6）旅游业所带来的财政税收。

（二）国际上评价旅游业的经济作用的指标

1. 旅游收入与国内生产总值的比重

旅游收入包括国际旅游收入和国内旅游收入。该指标说明，旅游业作为国民经济中的一个行业，它的产值在国民经济各行各业的总产值中所占的比例，以反映旅游业在一个国家经济中的地位。

2. 国际旅游收入占外贸出口收入的比重

该指标说明的是，旅游外汇收入在抵偿外贸进出口差额中的能力，以及对国家外汇收入的贡献。

3. 旅游投资收益比

旅游投资收益比也称投入产出比。旅游投资包括政府投资、企业投资、银行贷款和利用外资等一切资金的投入；旅游收益指的是旅游产出，可用外汇或本国货币表示。该指标反映的是，在一定时期内旅游业的劳动耗费与劳动成果之间的比例关系，是测量旅游业经济效益以及比较旅游业与其他产业经济效益的一个主要指标。

4. 旅游业劳动生产率

由于旅游业主要是向客人提供服务，其产品不表现为实物形式，因此，其劳动生产率采用价值量来表示。其公式为：

$$旅游业全员劳动生产率 = \frac{一定时期的旅游收入}{一定时期的旅游职工人数}$$

该指标可用来说明不同时期旅游业职工平均所作贡献的大小，也用来与其他行业全员劳动生产率进行比较。

5. 旅游人均利税额

它反映的是平均每个职工在一定时期内扣除成本之后新创造的价值。其公式为：

$$旅游人均利税额 = \frac{一定时期旅游业利税总额}{一定时期旅游职工人数}$$

6. 旅游就业指标

它可从三个方面进行考察：

第一，单位投资所创造的就业人数。该指标可用来与其他行业进行比较，以反映旅游业吸纳就业人员数量的多少。其公式为：

$$单位投资所创造的就业人数 = \frac{就业人数}{投资总额} \times 单位投资额$$

单位投资额可根据研究需要定为 1 万元、10 万元、100 万元等等。

第二，旅游直接、间接就业人数占全国就业人数的比重。

第三，旅游就业增值率。旅游就业增值率是旅游直接就业人数与引起的间接就业人数之间的比例。

7. 旅游收入增值率

该指标是由于旅游者开支而在旅游接待国或地区形成的直接收入、间接收入对直接收入的比值。

课后训练

关键术语

旅游　旅游学　旅游类型　国际旅游　旅游指标　旅游活动特点　旅游学研究内容

学以致用

一、讨论分析题

1. 旅游的本质属性是什么？迁徙、旅行与旅游在概念上有什么不同？
2. 旅游学研究的内容是什么？
3. 旅游活动的类型有哪些？
4. 测量旅游活动发展状况的统计指标有哪些？
5. 假如你是某旅游景点的负责人，你会采取什么办法尽量缩小旅游淡季的时间？

二、案例分析题

九寨沟旅游者的结构与行为分析

九寨沟是一处集自然山水、藏族风情、珍稀生物和原始森林等观光资源于一体的旅游风景区，位于川西北高原，面积720平方千米，属高山深谷碳酸盐堰湖地貌。景区从70年代末逐步开发，1978年被列为国家自然保护区；1982年成为首批国家重点风景名胜区；1992年被联合国教科文组织纳入《世界自然文化遗产名录》；1997年进入世界"人与生物圈"保护网络。现已被国家旅游局确定为世纪之交我国中西部重点开发的六大旅游区之一。调查得知情况如下：

1. 旅游者年龄结构特征。青年型旅游者（20～35岁）占到近半数，总体样本表现为年轻化趋势。中、老年型旅游者比重较少是由于九寨沟地处偏远的川西北高原，遥远的空间距离和单一的公路交通方式导致旅途中的无效时间所占比率大，而他们的生活趋于稳定，旅途的安全和舒适已经成为他们选择旅游目的地的一个重要指标。

2. 旅游者的居住环境非常集中，城市人口占九成以上。这可以反映出城市旅游者的交通方便快捷，对外交往频繁，出游能力强。

3. 九寨沟旅游者的文化程度较高（本科及本科以上占41.0%）。我们深入分析文化程度高的旅游者（本科及本科以上）发现：其城市化水平和收入水平相对较高（大中城市旅游者高达78.1%，月收入超过1 500元的占18.9%）。

4. 空间分布分析。九寨沟的旅游客源来自于全国绝大多数省市区，客源的空间分布集中在西部地区。九寨沟旅游的吸引力半径约为500km，成都、重庆、兰州、西安、绵阳等大中城市已经成为其主要的客源市场，仅四川、重庆、甘肃三省市的旅游者就占到总数的53.5%；而辽宁等省市及港澳台、海外地区基本上处于客源空白区，作为国内主要旅游客源市场的沿海地区的旅游者仅占20.8%。

5. 行为分析。旅游消费是集饮食、住宿、交通、游览、购物和娱乐于一体的综合性需求消费。在九寨沟的旅游旺季（5月至10月）期间，饭店客房都能达到饱和或准饱和状态，占77.9%的大多数旅游者需求中档客房服务，仅有6.7%的旅游者需求高档客房服务。滞流时间是影响旅游者消费的一个重要因素，我们通过将滞留3天以下（66.3%）与3天以上（33.7%）的旅游者比较分析发现：在旅游动机上，后者的会议、文化旅游者的比例较高；在组织构成上，两者都以旅行社组织为主（各占50%左右），但前者的机关团体比例较高（30.6%），后者的个体旅游者比例较高（26.4%）。相关分析还发现，收入状况是影响旅游者滞留时间的一个重要因素。可见，通过目标消费群的定位调整，才有可能使九寨沟会议旅游、文化旅游的比重得到较大的提高。

6. 游览、购物、娱乐。九寨沟景区内还保留着三个古老的藏族村寨，居住着具有独特民风的"白马藏族"。调查数据反映出86.6%的旅游者认为"与之交往友好"，表明两者之间的交流十分和谐。在购物意愿上，相关分析表明青年型旅游者较为积极；旅游总体的购物消费的伸缩性较大。而旅游者认为，九寨沟旅游纪念品、工艺品的开发上还存在着以下不足之处：价格不规范（57.4%），纪念性不强（28.2%）、实用性不足（22.8%）、艺术性不高（22.4%）、种类不丰富（23.7%）。参与娱乐、健身项目是旅游者在旅游活动之中的更高层次的需求。相关分析发现：青年类型的旅游者在这方面相对活跃。调查数据也显示出愿意参与的旅游者中，绝大多数（82.2%）都是年龄在35岁以下的旅游者。

资料来源：《论文资料库》http：//lw. zaizhiboshi. com

问题：

1. 旅游学研究的对象是什么？旅游学研究的内容有哪些？
2. 结合案例分析应从哪些方面为旅游者提供服务？
3. 请对九寨沟景区调查资料进行分析，九寨沟景区存在哪些问题？应怎样解决？

知识拓展

世界旅游日

世界旅游日（World Tourism Day），是由世界旅游组织确定的旅游工作者和旅游者的节日。

1970年9月27日，国际官方旅游联盟（世界旅游组织的前身）在墨西哥城召开的特别代表大会上通过了将要成立世界旅游组织的章程。1979年9月，世界旅游组织第三次代表大会正式将9月27日定为世界旅游日。选定这一天为世界旅游日，一是因为世界旅游组织的前身“国际官方旅游联盟”于1970年的这一天在墨西哥城的特别代表大会上通过了世界旅游组织的章程。二是因为这一天又恰好是北半球的旅游高峰刚过去，南半球的旅游旺季刚到来的相互交接时间。

随着世界经济的飞速发展和人们生活水平的大幅度提高，旅游已经成为人们休闲度假的主要选择方式之一。旅游业的发展不仅给许多国家提供了大量的就业机会，而且还为它们带来丰厚的外汇收入，各国政府因此越来越重视发展旅游业。中国于1983年正式成为世界旅游组织成员。自1985年起，每年都确定一个省、自治区或直辖市为世界旅游日庆祝活动的主会场。

近年来世界旅游日的主题口号：

2000年：技术和自然：21世纪旅游业的双重挑战。

2001年：旅游业：和平和不同文明之间对话服务的工具。

2002年：经济旅游：可持续发展的关键。

2003年：旅游：消除贫困、创造就业和社会和谐的推动力。

2004年：旅游拉动就业。

2005年：旅游与交通——从儒勒—凡尔纳的幻想到21世纪的现实。

2006年：旅游让世界受益。

2007年：旅游为妇女敞开大门。

2008 年：旅游：应对气候变化挑战。

2009 年：庆祝多样性。

2010 年：旅游与生物多样性。

2011 年：旅游——连接不同文化的纽带。

资料来源：http：//baike. baidu. com/view/59496. htm

模块二　旅游活动发展历程

课前准备

【任务驱动】

通过本章的学习，学会从历史唯物主义角度观察了解古代人类旅行和旅游活动的发展，理解产业革命对旅游的影响、托马斯·库克对旅游业的贡献，掌握现代旅游业迅速发展的主要原因、现代旅游业的基本特征，了解世界旅游业的现状和发展趋势和当代中国旅游业。认识人类旅行活动和旅游活动是社会经济发展的产物并随着社会经济的发展而发展这一最基本的旅游活动发展规律。

【导入案例】

历史名城拉萨旅游业的发展

拉萨是我国首批24个历史文化名城之一，有着深厚的历史积淀，历史留下的丰富遗产，不仅具有时间早、规模大、品位高的特色，也以其极高的历史、艺术和科学价值成为发展旅游业的资源宝库。

拉萨作为西藏自治区首府，是一座具有1300年历史的古城，位于雅鲁藏布江支流拉萨河北岸，海拔3 650多米。拉萨市辖七县一区。全市总面积近3万平方公里，市区面积59平方公里。全市总人口近55万，其中市区人口近27万，有藏、汉、回等31个民族，藏族人口占87%。

"拉萨"在藏文中为"圣地"或"佛地"之意，长期以来就是西藏政治、经济、文化、宗教的中心，金碧辉煌、雄伟壮丽的布达拉宫，是至高无上政教合一政权的象征。早在公元七世纪，松赞干布兼并邻近部落、统一西藏后，就从雅隆迁都逻娑（即今拉萨），建立吐蕃王朝。1951年5月23日，西藏和平解放，拉萨城进入了新的时代。1960年，国务院正式批准拉萨为地级市，1982年又将其定为国家首批公布的24座历史文化名城之一。

拉萨无疑是这个世界上最具特色、最富魅力的城市之一，它1300年的历史留下的文化遗迹以及宗教氛围带给人们的震撼巨大。拉萨市旅游业发展至今，人们已经不满足于传统的以寺庙游览为主的文化观光旅游，对富有体验性的探险旅游、生态旅游、民族风情游等多种新形式的旅游活动也表现出了强烈的兴趣。

近几年来，拉萨市当雄县开发了“赛马节”、纳木错羊年转湖节等具有地方特色、民族风情的旅游活动。拉萨市城关区的“娘热民俗风情园”，集休闲度假、民族歌舞表演、民风民俗展示为一体，2004 年 7 月被评为全国农村旅游示范点。另外，拉萨市还开发了蔡公堂乡支村的牧家乐、夺底沟和次角林的自然和民俗旅游；尼木县积极开发了藏文发源地和藏香、藏纸、雕刻“三绝”等旅游项目；达孜县大力发展拉萨城郊休闲度假游；墨竹工卡县围绕德仲温泉和日多温泉山庄地质公园进行开发；堆龙德庆县以农牧民家庭民俗旅游为主线，发展带动农牧民增收的扶贫旅游项目，如桑木民俗村、邱桑温泉等；曲水县开发聂当大佛和西藏唯一以打鱼为生的俊巴度假村；林周县以热振寺游览区和自然保护区的开发为主；拉萨市郊的度假村也成为了市民游客过林卡的游乐避暑胜地。游客到七县一区的农村和牧区，可以饱览田园风光、草原景色，融入藏族人家的生活，感受藏民族独特的民俗风情。

资料来源：http：//www. tibetcn. com/news/2010/10151776. html

问题：

1. 为什么说拉萨是我国的旅游古城？
2. 古代旅游是怎样产生的？
3. 结合案例分析旅游产生的原因和基础是什么？

教学内容

人类的旅游活动大致经历了三个大的发展阶段。一是限定在有闲阶层中的古代旅行，其特征是以游乐为主，规模较小。二是开始普及到中产阶层的近代旅游，它源自于人本主义意识和科学技术进步，并直接促成了现代旅游业的出现。三是社会大众共同参与的现代旅游。

任务一　古代旅行时期

古代旅行是从原始社会末期到工业革命初期这一漫长的历史时期，其社会发展经历了原始社会、奴隶社会、封建社会、资本主义社会等几个阶段。古代旅行同人类古文明连在一起，是人类文明的标志。埃及、印度、中国、巴比伦、古希腊和古罗马是人类文明发源地，也是古代旅行活跃地区。特别是古罗马、阿拉伯和中国封建社会时代，旅行活动丰富多彩。

一、古代旅行

（一）人类旅行活动的产生

1. 原始社会的人类迁徙活动

在原始社会就已经有了人类的迁徙活动。那时，由于生产工具的落后和生产力水平的低下，人类的生存无时不存在饥饿和自然灾害侵袭的威胁之中。为自然环境所迫，摄于大自然风、雨、雷、电、大山、地震等的威力，为躲避猛兽凶禽毒虫的侵害，也为了寻找新的采集和狩猎的资源，扩大新的生存，不得不“迁徙往来无常处”，如非洲原始人类向亚洲、欧洲的迁徙；亚洲东北部的爱斯基摩人、印第安人通过北令海峡向美洲大陆迁移，成为那里的原始居民。这种不断的为生存而奔波的迁徙不能算旅游，因为，这一时期由于社会经济条件的限制，人类客观上既无旅行的物质基础，主观上亦无外出旅行的愿望。但这些迁移活动都是因某些自然因素（例如气候、天灾等生存环境的破坏）或特定的人为因素（例如战争）的威胁而被迫进行的，而且都是出于生存的需要，不属于旅行的范畴。

《山海经》据考证成书于春秋到汉代初年之间，书中传达的观念保留了大量万物有灵的思想。书中提到长江三峡地区的巫山，认为是神居住的地方（按袁珂的解释）。《大荒南经》载：“有巫山者，西有黄鸟、帝药、八斋。黄鸟司于巫山，司此玄蛇。”巫山是天帝贮藏神药的地方，有神鸟守护着仙药。巫山还是沟通人间与天地之间的通道，“群巫所从上下也”（《海外西经》），据郭璞、袁珂解释，“从此上于天。宣神旨，达民情之意。”其意思正好表达了原始人不满足于受拘束的有限生存范围，企盼与天地对话，争取自由活动的空间。所以就有了夸父追日化为邓林的壮烈，大禹治水定九州的奔波，虞舜“入于山林川泽”而不迷的大探险，盘庚为躲避洪涝灾害组织的大迁徙。这些就是早期人类为生存所迫，趋利避害，不断移动的证明。

2. 人类旅行活动的产生

旅行作为一种经济活动产生于原始社会末期，它是伴随商业活动的兴起而产生的。原始社会末期，随着金属工具的普及和生产技术的进步，生产效率较前有了很大的提高，从而导致了劳动剩余物的出现和增多，出现了人类历史上三次大分工。早在第一次社会大分工，即畜牧业和农业的分工之后，游牧部落与农业部落之间因生活而易货的现象便已开始萌发。但由于当时生产力低下，劳动剩余物较少，这种易货交换并不普及。

随着生产力的进步和社会经济的发展促使手工业日渐形成专门性的行业，并最终从家庭生产中分离出来，即人类历史上的第二次社会分工，手工业同农业和畜牧业的分离，由于社会分工范围的扩大，特别是由于生产技术的进步和生产率的提高，劳动剩余产品数量增多，从而使货物交换的品种范围和数量得以扩大，并且逐渐发展为很多货品的生产目的就是为了交换。到了原始社会瓦解和奴隶制社会开始形成之时，专门从事贸易经商的商人阶级开始出现。这便是第三次社会大分工，即商业从农、牧、手工业中分离出来。社会分工的发展使得不同产品交换的地域范围不断扩大。正是由于这一发展，人们需要了解其他地区的生产和需求情况，需要到其他地区去交换自己的产品或货物，因而也便产生了旅行外出的需要。

人类最初的外出旅行实际上远非消闲和度假活动，而是人们出于现实主义和产品交换或经商的需要而促发产生的一种经济活动。综观历史上遗留下来的诸多著名的古老旅行线路，例如“丝绸之路”、“香料之路”、“琥珀之路”、“食盐之路”，等等，都是这类活动踏出的踪迹。所以，联合国以及世界旅游组织在很多研究报告中都曾指出，在最初的年代中，商业的发展，促使商人到处奔走，旅行活动由此而开始。

人类的旅游行为虽然孕育于人类的迁徙和旅行行为中，但旅游是人们处于闲暇状态中在异地进行的游览观赏行为，主要目的是为了满足精神文化的需求，迁徙和旅行都不是人类纯粹意义上的旅游行为。

（二）奴隶社会旅行活动的形成

到奴隶社会时期，旅行活动形成，但还没有形成一种广泛的社会现象。其原因：一是奴隶制建立，社会各行业分工更加细密，商业更加发达；二是奴隶制统一国家的建立，社会秩序相对稳定，空间移动的条件更加具备，为旅行活动的发展创造了条件；三是，外出进行旅行活动的人大都是商人。促使人们外出旅行的主要原因是产品交换和易货经商，大众性的旅行活动还没有形成。

中国奴隶制社会鼎盛时期的商代，生产工具和生产技术的进步、社会分工的扩大，使得生产效率空前提高，从而也使商代成为中国奴隶社会经济繁荣时期。剩余劳动产品的增加和以交换为目的的生产规模的扩大，加之商人阶级对生产和流通的促进，使得以贸易经商为主要目的的旅行活动有了很大的发展。在交通运输手段方面，发明于夏代的舟车到了商代更加普及，牛、马等大牲畜也普遍用于交通运输。旅行条件的改善使商代人的足迹“东北到渤海沿岸乃至朝鲜半岛，东南达今日浙江，西南达到了今日之皖鄂乃至四川，西北达到了今日之陕甘宁绥乃至远及新疆，……已经走遍了他们所知道的世界”。到了春秋战国时期，商旅活动有了更大的发展，出现了许多大商人。他们负货贩运，周游天下。

（三）封建社会旅行活动的发展

社会经济的发展和交通条件的改善为封建社会时期旅行活动的扩大发展提供了必要的经济基础和便利条件。旅行活动的规模和范围无疑都有极大的发展。从奴隶社会到封建社会，各种非经济目的旅行也在不断扩大，成为上层人士新生活方式的重要内容。

自从商贾开辟了移动生存的新的道路，自夏商周三代开始延至封建社会数千年，旅途人生逐渐成为社会上层社会人士的重要生活方式。除了商业旅行之外，人类的其他旅行活动也逐步丰富起来。常见的旅行类型：

1. 帝王巡游

帝王巡游的目的，一是饱览风景名胜；二是显示帝王权威，震慑人民，了解民情，有利于巩固统治；三是封禅。封禅地点一般选择名山大川，主要是泰山。山上玉皇顶祭天曰“封”，山下梁父小丘祭地曰“禅”。突出的如秦始皇、隋炀帝、乾隆等。

2. 官吏宦游

中国古代历朝官吏，奉帝王派遣，为执行某种政治、经济、军事任务而进行的旅行活动。张骞出使西域、郑和七次下西洋等。

3. 买卖商游

如春秋时期郑国商人弦高。

4. 文人漫游

如春秋时期孔子周游列国、战国时期的游说之士的游说活动、西汉司马迁二十壮游、魏晋文人纵情山水游、唐朝李白、明朝的徐霞客等。

5. 宗教云游

以朝拜、寻求仙人、求经等为目的而进行的旅行。如法显、玄奘、鉴真等。

6. 佳节庆游

在中国古代各族人民的生活习俗和喜庆佳节很多，如汉民族的春节庙会、元宵灯会、清明踏青、端午竞舟、中秋赏月、重阳登高等。蒙古族的那达慕大会、藏族的雪顿节、彝族的火把节、傣族的泼水节、土族的花儿会等。

综上所述，我们总结古代社会旅行的特点如下：

1. 交通工具落后，制约了人类远行的脚步

旅行交通沿袭了数千年的传统的方式，步行、人力、兽力为主。速度慢，八百里加急是皇帝紧急情况下专用的最快速度了。折算成里程速度为33.3华里/小时（16.66公里/小时）。载量低，四轮马车、大木船是载人最多的交通工具了。成本高，基于前两个因素，传统交通运行成本比现代交通高了许多，超出了普通大众的承受能力。交通落后，人类大规模地，频繁地远行旅游基本不可能。

2. 出游人少，难以形成专门的产业

古代旅行参加人数有限，消遣性旅行只局限于统治阶级及其附庸阶层人士。只有占极少数的王公、皇族、贵族、僧侣等有占有社会资源的特权，还有出游的消费外，绝大多数普通大众由于经济条件、自由时间和社会地位的制约，被排除了旅游的行列之外。广大奴隶和农民受政治压迫和经济剥削，注重农时，缺少旅行的要求和习惯。因此，没有一定规模的消费动力的推动，为旅游服务的产业——旅游业就难以形成。旅游者大多采取自助游的方式。

3. 游客活动范围小，社会的影响力弱

由于交通落后限制，人类在地球上的活动范围大大受到限制，旅游活动对社会的影响力度就相对有限。从旅游类型看，贸易经商旅行仍然占主导地位，像国际间的交往，民间的来往，文化的交流，科技的交流都受限制。因此，这一时期，旅游既不能成为经济产业，也不会成为十分重视的社会现象。

二、中国的古代旅行

我国是世界四大文明古国之一，也是世界上最早出现旅游活动的国家之一。黄帝的旅行揭开了我国旅游历史的扉页，黄帝、颛顼、虞舜、夏禹等均是神话传说时期旅游爱好者中的代表人物。而旅游随着历史进程的演化，依次分为夏商周三代时期、春秋战国时期、秦汉时期、魏晋南北朝时期、隋唐时期、宋元时期和明清时期。

（一）夏商周时期的旅行

夏商周三代时期的旅游主要是帝王巡游、巡狩、政治旅行和商旅活动。

1. 帝王巡游、巡狩和政治旅行

这一时期，帝王巡游、巡狩的典型人物是西周的周穆王。他是我国最早有文字记载的帝王旅行家。《左传》云：昭公十二年“穆王欲肆其心，周行于天下，将皆必有车辙马迹。”周穆王是个极爱旅游的人，他走遍了西北、华北等许多地区，甚至造成“西巡狩乐丽忘归，徐恒王作乱”（《史记臻本纪》）。据传，周穆王西巡狩猎曾经远至波斯，是中国通往西域的最早开辟者。

到了东周，出现了各大诸侯国进行“挟天子以令诸侯”的争霸战争。由于诸侯争

霸，知识分子便朝秦暮楚，奔走不暇。而时代也给没落贵族和普通平民（主要是知识分子）提供“朝为布衣，夕成卿相”的社会条件，因此，出现了人数众多的士民阶层的旅游队伍。当然，这一时期的旅游主要不是为了游览审美、欣赏娱乐，而是为了审时度势，致身卿相。

吴国季札（zha）北上“观周乐”就是这种旅行的代表。公元前638年，宋国和楚国泓水之战后，楚国强盛，此时吴国和楚国的矛盾突出，吴国为了对付楚国，了解各国对楚国的态度，命季札北上聘问。他先后到徐、鲁、齐、卫、晋等国，观察民风，并与鲁国执政者交谈，促进了吴国与中原地区政治、文化的交流。

2. 商旅活动十分活跃

中国旅游的萌芽可以追溯到公元前21世纪的夏王朝的商贾旅行，他们从许多方面创造了旅游的条件。夏代发明的舟车到商代更加普及和先进，牛马等大牲畜也普遍用于交通运输，使商人的足迹“东北到渤海沿岸及至朝鲜半岛，东南达今日浙江，西南达到了今日皖鄂乃至四川，西北达到了今日之陕甘宁绥（sui）乃至远及新疆——已经走遍了他们所知道的世界。”

在夏王朝时期，随着生产力的提高，剩余产品的增多，出现了物物交换，这种物物交换通常发生在相邻的氏族之间。夏朝最喜欢经商的是殷氏族。殷原来游牧于河南、山东一带，他们因为经常迁徙，沿途接触了很多部落，并与部落居民发生了密切的物物交换关系。所以在历史上留下了“殷人重贾”的印象。当时最有名的大商贾是殷人王亥。王亥据说是殷人先祖冥的儿子，太甲微的父亲。相传，他曾驾着车，赶着牛羊，离开自己的家乡河南商丘，到北方的两个小国河伯和有易做牛羊生意。后来不知什么原因，有易人竟杀了他，抢占了他的牛羊，乃至引起了一场殷灭有易、夺回牛羊的战争。

商代，九州通商，车和船运用很广。周代商旅繁荣，进一步扩大了旅行的范围，并且极大地促进了交通条件的改善。按周制，朝廷分天下的道路为五等，“径容牛马，畛容大车，深容一轨，道容二轨，路容三轨”，其中深、道、路的设计立足军事、外交、巡守，径、畛则考虑商旅。所以，在我国整个奴隶社会时期，以贸易为主的商旅一直居于主导地位。

（二）春秋战国时期的旅行

春秋战国时期，是社会的一个大变革的时期，这时期的婚嫁、游说、游学、以及为宫廷生活而活跃起来的狩猎、游览活动，盛极一时。春秋时期，列国纷争，诸侯并立，政治联姻更是诸侯、天子竟相使用的外交措施和统战的工具。如秦晋之好，即以秦晋为例，概括了当时诸侯通婚的风尚。

游说。春秋战国“王室衰微，诸侯为政”，治国平天下是诸侯百家共同研究的课题，从而掀起了一股“周游列国”的游说大潮。当时最有名的有孔子、墨子、孟子等。

孔子（公元前551～479年），他曾到太庙学周礼，见郯（谈）子问历史，学乐于苌弘，学琴于师襄。30岁创办私学。34岁时，在他开始办学的第五年，靠人接济，从曲阜西行洛邑（洛阳附近），求教于老聃、长弘，第一次远离家门，游学河南，回来后，名气大增，门生渐多，并开始议军、议政。35岁时，鲁国内乱，孔子入齐。一面向齐太师学习“韶乐”，一面向齐景公宣传“君君臣臣，父父子子”和“政在节财”

等儒家道理，但齐景公以孔子年老为由，不用孔子，所以孔子由齐返鲁，这是孔子第一次游说诸侯。孔子一生收弟子 3 000 多人，身通六艺者七十有二人。战国时，文化教育鼎盛，儒、墨、道、法、名、杂、农、阴阳、纵横、小说等九流十家，林立海外，他们各立门户，各阐其教，这股求学之风一直延续到秦始皇焚书坑儒。

（三）秦、汉时期的旅行

秦、汉时期（公元前 221 ~ 公元 220 年），这是中国统一中央集权封建国家建立和发展的时期。

1. 帝王巡游

秦始皇统一中国之前，齐、燕等诸侯国就出现了寻仙求药的“方士’阶层。秦始皇统一中国之后，也迷上‘长生术”。为了企求长生不老之药，他不但派出许多方士和多次派遣大臣四处考察，前往名山大川举行祭祖活动，而且亲自多次巡狩，利用当时以咸阳为中心的四通八达的通衢大道，五次出巡，历经全国陕西、甘肃、河南、山东、山西、江苏、浙江、湖南、湖北、四川等 12 省份。秦汉旅游的又一大成绩就是开发名山，从秦始皇开始，确立了祭祀天下名山的制度，并确立了必须祭祀的 12 座名山，即东部的太室、恒山、泰山、会稽山、湘山、华山、薄山、岳山、歧山、吴岳、鸿冢、渎山，以致于到汉武帝时出现了现在的“五岳”说法，即东岳泰山，西岳华山，北岳恒山，南岳天柱山，中岳嵩山。

汉武帝（公元前 156 ~ 公元前 87 年）喜巡游，爱猎射，祠山川，慕神山，是史学界公认的中国封建社会的大旅行家之一。他七登泰山，六出萧关；北抵崆峒（今甘肃平凉），南达浔阳（今江西九江），许多名山大川都有他行迹。

2. 官吏宦游行

张骞出使西域。陕西人张骞（约公元前 175 ~ 公元前 114 年）是西汉杰出的外交家、探险家和旅行家。汉初发生过几起匈奴南侵的著名战例，威胁到汉王朝的安全，所以汉武帝执政时，下定决心反击匈奴，汉建元三年（公元前 138 年），他派张骞联合远在天山北麓的伊犁河流域怨恨匈奴的大月氏反击匈奴。带 100 多人出使大月氏（今新疆西部伊犁河流域）。行程 7 000 多公里，张骞出使西域探明汉朝通往西域的两条通道，即西去的北道和东归的南道，即丝绸之路（玄奘，马克·波罗都是从该路上来的），另外还详查了西域诸国的山川地形、风土民情、特有产品、政治军事，并涉足大夏（今阿富汗北部）许多城市。于元朔三年（公元前 126 年）返回长安，这次西行共用 13 年时间。后来，汉王朝为联合乌孙（伊犁河流域），孤立匈奴，第二次派张骞出使西域，随从 300 多人，金币丝绸，浩浩荡荡访问乌孙，使命未完成，但旅途一帆风顺。他两次出使西城，到达大宛、康居、月氏、大夏、安息、身毒等国，并把各国使节带回汉朝，汉武帝连年派很多使官去这些国家，打开了中国通往西域的道路，中国丝绸从这条道路源源运往西方，因而称这条路为“丝绸之路”。

秦汉时代交通的发展极大地推动旅行活动的发展，促进旅游资源的开发。文学漫游也是秦汉旅游的一种。当时国内的许多有志之士，“读万卷书，行万里路”，拓展视野，增广见闻，西汉时期伟大的史学家、文学家司马迁，就是学术考察旅行的最早最杰出的代表。

（四）魏晋南北朝时期的旅行

魏晋南北朝时期（公元220年~公元600年），中国陷入三百余年的大分裂、大动荡的历史旋涡中，此时、社会黑暗到极点，不论帝王将相，乡绅富豪，百姓都被现实世界的反复无常折磨的胆战心惊，所以只能在精神世界为自己苦难一生寻求一条光明的出路。

人们游赏的对象以山水为友，促进了山水诗、文、画的繁荣，并由于道教和佛教的兴盛，增添了许多神秘而庄严的宗教景观，如六朝导师开发的名山有青城山、罗浮山、茅山、龙虎山等，如三大石窟也是当时的产物；有名的有竹林七贤，即阮籍、嵇康、向秀、刘伶、阮咸、王戎、山涛等，陶渊明、谢灵运。谢灵运尤其喜欢旅游，积累丰富的登山经验，发明了一种登山鞋，一种特别的木屐，“上山则去其前齿，下山则去其后齿”，比较有利于平稳身体和节省力气，后人称为“谢公屐”。著名文学家陶渊明、李白、杜甫、柳宗元、欧阳修、陆游、苏轼等都是这种文学旅行的代表。晋宋文人谢灵运和陶渊明，归隐之后终日与山水为伴，山水对于他们不仅是“寄情”、“忘忧”，而更是与自然在精神上真正融为一体，并以自己的才情衷以赞美，发之于吟咏，他们的山水诗为我国山水诗的发展奠定了基础，堪称中国山水诗的一代诗宗。

（五）隋唐时期的旅行

隋唐时代（公元518~907年），中国重新走上了统一和平的道路，并达到封建社会的顶峰时期，经济的繁荣为当时旅游的发展创造了条件，这时候的旅游活动左右逢源，主要的旅游形式有帝王舟游、文人漫游、宗教旅游、国际旅游。

1. 帝王舟游

隋炀帝杨广是一位喜欢游乐的皇帝，上台伊始，就大修巡游基地——东都洛阳。随后，又修了大运河，并派官兵到江南伐木，造龙舟，开始他最着迷的泛舟运动。由于隋炀帝无休无止的巡游，劳民伤财，导致了最后的亡国。虽然他的巡游给隋代人民造成了巨大的灾难，却以新建的洛阳城和漫长的大运河使后代受益无穷。他所酷爱的水上旅游也使他在历代帝王的巡游中别具一格，自成一家。

2. 文人漫游

唐代沿袭隋制，实行科举取士制度，这种制度极大地调动了广大中下层人士的从政热情，士人因此远游成风，并出现了像李白、杜甫、岑参、张籍等杰出的诗人和士人漫游者。

李白自幼就有到处游历的“四方之志’，他一生酷爱祖国山水，“五岳寻仙不辞远，一生好入名山游”，他20岁时，开始漫游名山大川，每到一处，无不尽兴挥毫，留下名诗佳句，李白的游踪遗迹，至今仍是我们欣赏凭吊的古迹胜地，李白的山水诗，已成为千古不朽的导游词。

3. 宗教旅游

这一时期的宗教活动得到朝廷的重视和资助，所以道教、佛教都得到很大的发展，从北魏奉佛教为国教后，隋唐时期的宗教活动得到朝廷的重视和资助，因而这一时期的宗教也盛行。僧侣在我国旅游史上占有重要地位，他们在名山胜地、幽谷陡崖开山创寺，修路植树，开辟了许多的旅游景点。著名的宗教旅行家有玄樊和鉴真。

玄奘（公元602年~664年），汉传佛教史上最伟大的译经师之一，中国佛教法相唯识宗创始人；俗姓陈，名祎，出生于河南洛阳洛州缑氏县（今河南偃师）。他13岁就出家为僧，先后在四川、湖北、河南、陕西等地，拜会高僧名师，寻求佛教真谛。他深感国人对佛教众说纷纭，莫衷一是，为解惑释疑，提高佛教地位，他于太宗贞观三年（公元629年）从长安出发，经秦州（今甘肃天水）、兰州、凉州（今甘肃武威）、瓜州（今甘肃安西）出玉门关，沿天山南路西行，经西域16国，前后4年到达天竺（古代印度）。他遍游天竺五部（即东、西、南、北、中印度），尽取佛学要义，著有《会宗论》和《制恶论》；公元642年，他应邀主持了有18个国王、近万名僧侣和教徒参加的经术辩论大会，显露出他的渊博知识和精辟议论。公元645年，他从印度回国，带回650多部佛教书籍，在长安、洛阳集结高僧、学者进行佛经翻译；并把中国道教哲学著作《老子》译成梵文，传入印度等地；还奉唐太宗之命，著《大唐西域记》，记述了他西游16年、行程5万里、所历110个国家和传闻的28个国家的地理、历史、宗教、习俗。这部书，文辞绚丽雅瞻，叙述生动真实，被译成英、法等国文字，是研究中国西北地区、印度、尼泊尔、巴基斯坦、孟加拉国、中亚等地的地理、历史，文化的重要史籍。

鉴真（公元688~763年），唐代高僧，日本律宗的创始人。他生于武则天执政的佛教鼎盛时期，长于佛教发达的江苏扬州市区，生活在以释迦为尊的家庭里，14岁出家为僧，18岁授菩萨戒，20岁到当时佛教发达的长安、洛阳二京学习，22岁授具足戒，日益加深其佛学造诣，24岁返回故里，任扬州大明寺住持。研究律宗和天台宗教理，精通戒律，兼备医学、建筑、文学、艺术等多方面知识。46岁时，他在佛教界斐声天下、众望所归，天宝元年（公元742年），日本派学问僧荣睿和普照等邀他东渡日本授戒传律，他欣然应允。天宝元至十年（公元742~751年），鉴真5次东渡，都没获得成功，且因感受暑热，致使双目失明。他东渡日本的决心始终不渝。天宝十二年（公元753年），他带23人搭乘日本遣使的便船第6次东渡，获得成功，受到日本朝野僧俗的盛大欢迎。他在日本都城奈良东大寺建筑戒坛，传投戒律，被誉为日本“律宗太祖”和中国“过海大师”。他还把中国的建筑、雕塑、文学、医药、书法、绘画、刺绣等介绍给日本，在中日文化交流史上占有突出地位。

4. 国际旅游

隋唐时代是我国封建社会发展的鼎盛时期，这时的经济、文化等发展到封建社会的高峰，与外界的交流也日益广泛，所以这时期的国际旅游也极为活跃，来华的外国使者、商人、学者、僧侣络绎不绝，如日本先后16次派使者来唐学习文化，唐代与阿拉伯的交往也十分频繁，他们主要是以香料来换取中国的茶、瓷器和丝织品。

（六）宋元时期的旅行

宋元时期（公元979~1279年），中国古代旅游上升到了一个新的高度，即出现了旅游业雏形。

1. 宋代时期

宋代时期，由于辽、西夏两国对大宋的威胁和侵略，以及不能收复汉唐故地，所以宋人旅游也赶不上唐人的气魄和规模，但这一时期，不仅私营旅馆较快发展，而且出现了地方官吏号召各方官民出游、组织旅游活动的现象。如宋仁宗皇佑二年（公元1051年），杭州太守范仲淹为赈济灾民，利用那里湖山景色、古庙名寺之长，命各庙主事修葺庙宇，并在太湖举办划船比赛，号召各方官、民出游，收入一大笔钱，救济灾民。这是地地道道的旅游业雏形，比19世纪40年代的英国库克开创的近代旅游业要早700多年。

宋代文人士大夫喜欢游乐山水方兴未艾。宋人理学是吸收了佛教和道教思想的新儒学，受理学的影响，如苏轼、黄庭坚、陆游等。

2. 元代时期

元代时期，政府推行歧视汉民族的政策，严重地打击了汉人的生活积极性，没有热情来发扬自己优良的传统，缺乏生机勃勃的旅游气象，但这一时期出现了两个世界杰出的代表人物。

马克·波罗和汪大渊。马克·波罗是世界有名的大旅行家，意大利人，生于威尼斯，公元1271年11月随其父和叔父前往中国。到中国以后，其三人得到元世祖忽必烈的喜爱，均被委以官职，供奉朝廷。马克·波罗在中国呆了17年后，因为怀念其家乡，利用蒙古公主阔阔真下嫁波斯（今伊朗）的机会，顺道回乡。

汪大渊，江西南昌人，元代著名的航海家，平生两次周游印度洋，东达班达海，西达大西洋东岸的伊本、非洲的摩洛哥，后撰写了《岛夷志略》，记载公元14世纪印度洋沿岸的列国风情，也有元代对外贸易的行情。元朝的旅游在国际旅游，国内旅游上远不及唐时期。

（七）明清时期的旅游

明清（明公元1368～1644年，清公元1616～1911年）时期是中国封建社会走向衰落，资本主义萌芽的时期，旅游活动却兴旺不衰持续发展。较之唐宋时期更普遍重视自然山水景观的鉴赏和旅游经验的总结。

1. 明朝的国内科学考察旅行极盛，学术成就不凡，最杰出的人物有郑和、李时珍、徐霞客等

明初，中国的造船技术和航海知识已历史悠久，技术精良，到明成祖朱棣时，他决心扩大邦交，通使海外，于是便有郑和下西洋。回族人郑和（公元1371～1434），姓马，排行老三，人称三保。12岁时成为朱棣的太监，又长于智略，知兵习战，在朱棣夺位的“靖难之役”中立了大功，赐姓为“郑”，成为太监首领。朱棣即位以后，全国农业、手工业、商业和对外贸易有了较大发展，此时，通西域的陆上道路由于唐末以来的连年战争，无人管理，已经衰败，开辟海上交通势在必行，所以被委以重任。郑和一生曾七下西洋。第一次下西洋，公元1405年7月，到达非洲的东海岸，比哥伦布率领西班牙船队横渡大西洋发现美洲大陆（公元1492年）早87年，他的船队在规模上也比哥伦布的船队威武许多。

明代伟大的医学家李时珍，历时10余载，历尽千辛万苦，“远穷僻壤之产，险探山麓之华”，走遍了安徽、河南、河北、江西、江苏等地，搜集民间单方验方，最后写成医学经典《本章纲目》。

地理学家徐霞客，明代大旅游家，从22岁起开始出游考察，他终身未娶，四海为家，以山水为伴。他以坚韧不拔的毅力，战胜种种艰险和困难，对山脉、水道、地质、

地貌等方面进行考察和研究，他是世界上最早对石灰岩地貌进行考察和研究的人，比欧洲对石灰岩进行考察的爱士倍尔早一百多年，他的《徐霞客游记》不仅是地理学的重要文献，而且也是一部文学著作。

明朝中叶以后，由于西方资本主义国家经济侵略，到清代，闭关锁国的格局被打破，西方文化的侵入，使中国人的旅游观念逐渐发生深刻的变化，旅游的空间也得到进一步的拓展。

2. 清王朝在历史上被鸦片战争分为两段，前一段继承传统，宫廷巡游和士大夫游山水的传统；后一段则开创新风，踏出国门，走向世界

宫廷巡游，清以前曾出现三次高潮，其中秦始皇一次，汉武帝一次，隋炀帝一次。清代主要是康熙、乾隆时期，宫廷旅游再一次掀起高峰。康熙、乾隆爱好巡游，曾一前一后，各自六下江南。

三、国外的古代旅行活动

国外的古代旅游活动最早出现在一些文明比较发达的奴隶制国家，比如说埃及、巴比伦、印度、古希腊和罗马等文明古国。

（一）古希腊的旅行活动

古希腊的旅游活动也比较盛行。公元前 3 世纪，希腊旅游者开始外出旅行，前往药神所居住的胜地访问。导游手册在公元前 4 世纪已经问世，其中介绍了雅典、特尔斐、斯巴达等地点，从这一时期开始，广告也以标牌的形式出现了，沿着标牌所引的方向，参观者可以找到路边的旅店。

公元前 5 世纪，希腊的宗教旅行的发展最为突出。古希腊的提洛岛、特尔斐和奥林匹斯山是当时世界著名的宗教圣地，特别是在希腊雅典西南 322 千米处，有一个风光秀丽的奥林匹亚村，它是古希腊最著名的宗教圣地，也是古代世界七大奇观之——宙斯神像的诞生地。自从奥林匹亚成为宗教圣地之后，每 4 年都要举行一次盛大的祭祀宙斯神的活动，同时举行大规模的运动会。每逢盛大祭祀活动期间，成千上万的人从四面八方涌向奥林匹亚，到宙斯庙朝拜，瞻仰宙斯像，观看或参与角斗、赛车、赛跑等各种体育竞技运动。这种活动一直延续至今，发展成了现代的奥林匹克运动会，当时的奥林匹亚庆典，纯属一种宗教活动，但它却促进了周围剧院的建立和宗教旅行的发展，后来宗教旅行逐渐遍及全球，成为一种世界性的旅行活动。

在诸多因素的共同作用下，古希腊宗教、公务、贸易、考察旅行游览活动以及以寻求乐趣为目的的群众性旅游活动得到了较大规模的发展。宗教旅行游览和以寻求乐趣为目的的群众性旅游活动的发展尤为显著。

（二）古埃及的旅行活动

在公元前 28 世纪到公元前 23 世纪，埃及进入了古王国时代，建立了以法老（国王）为首的中央专制政体，法老时代大规模地兴建金字塔和神庙。早在公元前一千多年前，埃及就是闻名世界的旅游胜地，来自世界各地的游客前来观赏金字塔这一人类文明的历史奇观、贵族们乘着小船，顺着尼罗河而下，陆路而来的则是坐着轿子或是乘着四轮马车。

埃及的宗教旅行很发达。每年要举行几次宗教节日集会活动，其中规模最大的是隆重的“布巴提斯市的阿尔铁米司祭”，人们到布巴斯提斯市去集会时，经过的情况是这样：男子和妇女都在一起循水路前来，每只船上都乘坐着许多人，一些妇女打着手里的响板，一些男子则在全部的行程中吹奏着笛子。其他的旅客，不分男女，则都唱歌和鼓掌。当他们在往布巴斯提斯的途中到临河的两岸之上的任何市镇时，他们都使船靠岸；于是一些妇女继续像上面所说的那样做，一些妇女高声向那个市镇的妇女开玩笑，一些妇女跳舞，再有一些妇女站起来撩起衣服露出自己的身体。在他们这样地行过了全程的水路以后，他们便到了布巴斯提斯。在那里他们用丰富的牺牲来庆祝祭日。在这一个祭日里所消耗的酒比一年剩下的全部时期所消耗的酒还要多，参加祭日的人，单是计算成年男女，不把小孩计算在内，根据当地人的说法，便有70万人。

埃及也是世界上最早有人进行出国旅游活动的国家之一。据记载，公元前1490年荷赛特女王访问旁特地区（估计是现在的索马里），是世界上第一次为了和平游览观光目的而进行的旅行游览活动。

（三）古罗马帝国的旅行活动

罗马帝国于公元前753年兴起，公元前2世纪到公元2世纪到达全盛，公元476年灭亡。古罗马帝国疆域辽阔。以罗马为中心，最大时北到欧洲中部莱茵河、多瑙河一带，西到大西洋不列颠、西班牙，南据北部非洲，东达西亚两河流域，地跨欧、亚、非三洲，地中海成为帝国的内湖；大约在公元前150年，罗马人为了军事目的，开始修建公路。他们先挖掘路基，然后用石头和混凝土均匀铺设，上面再压上小石块。到了图拉真皇帝时（公元98~117年），罗马已经拥有8万公里的公路网，北到苏格兰英国和德国、南到埃及和地中海南部沿岸，东至波斯湾，即现在的伊拉克和科威特。随着公路网的完善，在公路边出现了专门住宿设施，如驿站。这些有利条件促使罗马人作远途旅行，古罗马的旅游资源丰富，典型代表是闻名世界的“七大奇迹”（埃及金字塔、巴比伦空中花园、亚历山大灯塔、罗德港巨人雕像、宙斯神像、阿提密斯神殿、摩索拉斯陵墓），对人们有巨大的吸引力。

罗马帝国的钱币为各国所接受，拉丁语成为当时的通用语言，罗马人可以到西西里、希腊、罗得岛、特洛伊和埃及旅行，而且从公元3世纪起还前往圣地旅行。罗马人还推出了他们的导游手册，用不同的符号来表明各个客栈的等级。同时，本土旅游也出现繁荣的景象，早期最受青睐的游览地集中在那不勒斯湾一带。

综上所述国外的古代旅行的类型主要有以下几种：

1. 商务旅行

商务旅行是古代旅行游览活动中最普遍、发展最早的类型之一。早在公元前3 000年，商务旅行游览就在腓尼基产生。被称为“海上民族的腓尼基人，很早就有较发达的商业、手工业，造船业在当时也位居世界领先地位，这为腓尼基人的商务旅行创造了条件。为了进行广泛的商务旅行，他们西越直布罗陀海峡，北至北欧波罗的海沿岸各地，东达波斯湾沿岸、印度。

2. 宗教旅行

宗教旅行也是古代旅行游览活动中发展最早，参与者最多的类型之一，古代宗教旅行盛行于埃及、古希腊及阿拉伯帝国等国。埃及是世界上最早兴起宗教旅行的国家，每年都要举行几次宗教节目集会活动，吸引着许许多多的男女不顾路途遥远前来参加盛会，贡奉祭品，古希腊在公元前七八世纪就已出现宗教旅行极为盛行的局面。古希腊自从奥林匹亚成为著名宗教圣地后，每4年都要进行一次盛大的宗教活动，前来参与宗教旅行活动者络绎不绝。

3. 求知考察旅行

求知考察旅行的先驱者之一是希腊历史学家希罗多德。公元前5世纪，希罗多德曾以希腊为中心，遍访希腊本土、埃及、西亚及南意大利的希腊城邦等地。他每到一地，即探寻当地名胜古迹，观察风俗民情，搜集传说旧闻，这些求知考察旅行活动丰富了其巨著——《历史》的内容。公元七八世纪，阿拉伯帝国开始出现了较为明显的求知考察旅行倾向，当时参与求知考察旅行的典型代表人物有苏莱曼、马苏第和巴图特。苏来曼曾到过印度、中国等地。公元851年，由无名氏记述了其东游见闻即《苏莱曼游记》，这是一本阿拉伯人最早记载中国和印度沿海情况的文献。书中关于广州阿拉伯人聚居地情况的记叙，特别是中国人喝茶的习惯，是阿拉伯人第一次关于中国茶的记载，如今阿拉伯文的“茶叶”就是汉字“茶”的译音，可见其影响的深远。马苏第曾游历埃及、巴勒斯坦、印度、锡兰、中国等地。巴图特在外旅行长达38年之久，约于1345年至1346年间到中国，著有《亚洲非洲旅行记》。书中记载了各国的情况，包括中国的城市、商业、物产和民情风俗，是一本了解东方古代文化的珍贵史料。这种求知考察旅行于18世纪在西欧得到了进一步的发展。

4. 自然风光旅游

自然风光旅游虽在古罗马就已有之，但真正自觉的、有特定目的的自然风光观光旅游却是在18世纪中叶才出现。此时正值资本主义社会初期，资产阶级在浪漫主义代表人物卢梭、哥德、海涅、萨托博里扬等人的影响下，掀起了“回归大自然’的热潮。这些大文豪、画家、音乐家酷爱大自然，用文学作品、画卷和音乐鼓励人们到大自然中去。当时，去瑞士、阿尔卑斯等自然风景区旅游，已成为一种社会时尚。英国人首先游览了阿尔卑斯山的自然风光。尔后越来越多的人，把观赏绚丽多姿的自然风光，视为发展民族文化的源泉。这种酷爱自然、崇尚自然、回归自然的浪漫主义时代精神，成为后来旅游业大发展的思想基础。

5. 疗养旅游

早在古罗马帝国，人类就发现矿泉可以疗疾，于是以矿泉为疗养地的旅游就在这个帝国开始发展起来。不过，当时到矿泉疗养的人全是那些达官贵人。16世纪中期，一位叫威廉特纳的医生发表了一本著作，谈到英格兰、德国、意大利的天然温泉对各种体痛病症都有疗效。此举一下子在西欧引起轰动，一些有温泉的地方很快就成为了旅游者云集之地。最初是体痛病患者纷纷慕名而至，继而大批的身体健康者也蜂拥而至，形成温泉疗养旅游的潮流。这一潮流一直延续了约两个世纪才开始向海水浴、阳光疗养旅游转变。19世纪初期，欧洲人又发现利用阳光、冷水浴、海水浴等自然因素可以疗养治病。于是地中海沿岸一带和干旱地区阳光充足的地方，开始建立冬季避寒疗养胜地。如德国先后在西北沿海城镇建立海滨浴场和冷水浴疗养院。1816年英国人在瑞士卢萨恩湖建立第一家旅馆；瑞士在阿尔卑斯山达沃斯建立了专门的肺病疗养院；阿尔及利亚在撒哈拉沙漠北缘绿洲比斯克腊、图古尔特建立了冬季避寒疗养地。

6. 航海探险旅行

中世纪后期，资本主义生产关系的产生，引起了对外扩张和对黄金的需求，又由于《马可波罗行记》一书的影响，在欧洲掀起了一个寻金热和探险热的高潮，使世界走向大航海探险旅行时代，并产生了许多著名的航海家和探险家。其中典型的代表人物有哥伦布、达加马、麦哲伦等。意大利航海家哥伦布，在移居西班牙后，曾先后4次进行远海航行。首次远航开始于1492年，他奉西班牙国王之命，携带至中国皇帝的国书，横渡大西洋，到达巴哈马群岛、古巴、海地等地。在以后的3次航行中来到中、南美洲沿海地带，虽未能到达中国，却发现了新大陆，开辟了由欧洲到美洲的新航线。1497年，葡王派达·伽马向东远航经过非洲西海岸，绕过非洲好望角，到达了印度，从而开辟了通往印度的海上旅行新航线。公元1519~1522年，英国的麦哲伦奉西班牙国王之命又横渡大洋环绕地球一周，证明了地圆说。这一系列的航海旅行，兼有探险、考察旅游之性质。

任务二　近代旅游及旅游业的开端

19世纪到二次世界大战结束（1945年）是近代旅游时期。结束古代旅游时代的标志性的事件是18世纪末出现在英国的产业革命。机器和机动工具的出现推动了重大的经济社会变革，也推动旅游活动发生了质的变化。近代工业革命的成功打破了旅行游览活动在历史上一直是以个人为单位的个体消费活动，出现了有组织的旅游活动。英国人托马斯·库克（1808~1892年）最先将旅游与运输业直接挂钩，并于1845年成立了世界上第一家旅行社。此后，在欧洲各地出现了许多类似的组织，作为经济行业的旅游业应运而生，进入了近代旅游时代。

一、产业革命对旅游的影响

产业革命指资本主义机器大工业代替工场手工业的过程。它始于18世纪60年代的英国，到19世纪30年代末基本完成。美、德、法、日等国也在19世纪内先后完成。产业革命使人类社会发生了巨大变化，引起了重大社会经济变革，也对旅游活动产生巨大的影响，主要表现在以下几个方面。

（一）交通工具的改进是近代旅游特征的标志，为大众旅游创造了条件

1796年，詹姆斯·瓦特发明蒸汽机，这一新技术很快就应用于开发和制造新的交通运输工具。18世纪末，以蒸汽机为动力的轮船开始问世。进入19世纪后，蒸汽动力轮船在运输中应用迅速普及和发展。1807年，美国的“克莱蒙特”号轮船已经在哈德逊河上开始经营定期航班运输业务。此后5年中，欧美两地相继有50余艘蒸汽轮船投入内河航运。1816年，横渡英吉利海峡的客货航运业务首次开始使用蒸汽轮船，并从1820年开始正式开办定期航班轮渡业务。铁路运输的出现对近代旅游活动发展影响最大。1825年，享有“铁路之父”之称的乔治·史蒂文森在英国建造的斯托克顿至达林

顿的铁路正式投入运营。此后，各地的铁路建设开始迅速发展。在铁路运输问世之前的近两个世纪中，欧美人外出履行时可供使用的最先进的交通运输工具莫过于公共马车。实际上，公共马车运输的速度和费用都制约着其使用者范围的扩大。铁路客运的出现使人们开始抛弃这类陈旧的旅行方式，越来越多的人开始选择乘坐轮船，特别使选择乘坐火车外出旅行和旅游。

（二）产业革命加速了城市化进程，导致居民产生返回大自然去的需要，外出旅游的人数增多

产业革命加速了城市化的发展，并且使很多人的工作和生活地点从农村转移到了工业城市。随着大量人口涌入城市，人们工作和生活的重心从农村转移到城市，产业革命改变了人们的工作性质，原来那种忙闲有致的多样性农业劳动开始被单一枯燥的机器工业所取代。人口的高度集中带来拥挤、嘈杂、紧张、空气污染、脏乱差、心理紧张。这一变化最终会导致人们需要适时逃避城市生活的紧张节奏和拥挤嘈杂的环境压力，产生对回归自然的追求。这一变化最终导致人们会强烈要求假日和外出旅游。

（三）产业革命造就了工业资产阶级，社会财富与闲暇时间增加，扩大了外出旅游的队伍

在产业革命之前，往往只有封建贵族和大土地所有者才有财力和时间参与非经济目的的消遣活动。产业革命造就了工业资产阶级，从而使社会生产的财富不再只流向封建贵族和大土地所有者，也流向了资产阶级，从而扩大了有财力参与外出旅游的人数。世袭的，传统的王公贵族不能独享财富和社会地位，新兴资产阶级跻身上层，参与社会财富和资源的再分配。旅游休闲就不再是王公贵族的专利，大大扩大了旅游休闲消费的总量。

二、托马斯·库克的活动与近代旅游业的诞生

产业革命带来了社会经济的繁荣加之铁路的廉价运费，使更多的人开始有能力支付旅行费用。劳动大众要求假日的斗争也迫使资本家作出有限度的让步，至少赢得了某些传统节日带薪休假的权利。所有这一切都为更多的人外出旅游提供了机会、但是，由于当时绝大多数人，包括新兴资产阶级在内，都没有旅行的经验和传统，对异国他乡的情况及有关旅行的手续不大了解，语言及货币方面的障碍也是人们计划外出旅游时所担心的问题，在这种情况下，就需要有人提供这些方面的帮助，而且这并非某些个别人的需要。托马斯·库克组织旅游活动的开展标志了近代旅游业的诞生。

托马斯·库克（Thomas Cook，1808 年 11 月 22 日 ~1892 年 7 月 18 日），出生于英格兰的墨尔本镇，自幼家境贫寒，4 岁丧父，母亲改嫁，10 岁辍学从业，当了园艺经营者的学徒，该园艺经营者一直对他很好，但因醉酒在雪地上冻死。库克后来又投奔到远方的姑父家。姑父开了一家小木器店，手艺不错，自从库克到他家后，他把一些主要事情都交给他来处理，但是，好景不长，他的姑父最后也因嗜酒而死。不久，一次偶然的机会，库克听了附近一个基督教浸信会宣传的教义，其中戒酒的内容使他深受感动，20 岁的他便加入该会成为传教士。他云游四方，散发浸礼教会的小册子，宣传教义。由于长期传教，库克拥有良好的口才，同时又体会各地民情风俗，这使得托马斯·库克游历

了英格兰的许多地方，对旅游产生了极大兴趣。另外，出于宗教信仰的原因，他后来成为一位积极的禁酒者。

（一）1841年禁酒大会

1841年7月5日，托马斯·库克凭其生花巧舌和满腔热情，说服了570名规模的团队主张戒酒，利用包租火车方式从英国中部的莱斯特乘12英里火车前往洛赫伯勒去参加禁酒大会。经库克联系，路局仅以每人1先令的低廉票价发售了来回车票，而且自始至终随团陪同照顾，使参加戒酒旅行的人感到非常满意。这次活动被公认为是近代旅游的开端。这次旅游活动的成功使托马斯·库克有了很大的名气。他在组织旅游活动方面的才华和能力受到世人的认可和称道。

这一活动的特点是：

（1）此次活动完全出于商业目的，它采用了全包价形式；

（2）此次活动是在外数日的长期旅游，不是一日短程游览；

（3）库克作了大量的先期考察，并确定了旅游线路、景点和食宿地；

（4）此次活动由导游全程陪同，旅游者省却了许多麻烦；

（5）编写并出版了世界上第一本旅游指南《利物浦之行手册》。

但是，这次活动还不能作为旅行社产生标志。因为：第一，活动的根本目的是参加禁酒大会，不是单纯的消遣旅游；第二，托马斯·库克组织这次活动也不是出于商业目的（只售出1先令的来回车票）。它只是为以后正式创办旅行社打下了基础。

（二）1845年世界上第一家旅行社成立

经过这次的旅游活动使库克看到了旅游业蕴藏的无限商机，于是他成立了一个旅游服务处，代客人安排交通工具。当经营旅游代理业务稍具规模后，他便辞去了传教士的工作，专门负责经营旅游业务。到1845年时，他已经完全有能力通过商业化手段来组织这类旅游活动了，便成立库克旅行社，即全球第一家旅行社。该旅行社的诞生，是世界近代旅游业诞生的标志——托马斯·库克被誉为近代旅游业的先驱，也标志着旅游业发展到一个崭新的阶段，因此，学者们一般以此为界，作为近代旅游的开始。到库克64岁时，他在美国考察后，认为美国发展前途更好，把库克公司迁到纽约，后更名为通济隆旅行社，并以此为据点向世界各地拓展。

（三）1855年组团去巴黎参观世博会的旅游活动

到1855年，库克已将他的营业范围扩展到欧洲大陆，1855年，托马斯·库克组织了从英国莱斯特前往法国巴黎的国际旅游。在巴黎停留游览4天，全程采用一次性包价，其中包括在巴黎的住宿和往返旅费，总计36先令。当时的《曼彻斯特卫报》称此举是“铁路旅游史上的创举”。事实上这也是世界上组织出国包价旅游的开端。

（四）1865年，托马斯·库克父子旅游公司正式成立

1865年，托马斯·库克组建了托马斯·库克父子公司，全面开展旅游业务，为走向世界旅游作了一系列的准备工作。至1864年，经托马斯·库克组织的旅游人次已累计达100万人次。

（五）1872年组织了世界上第一次环球旅游

1872年，托马斯库克组织了9位不同国籍的旅游者进行为期222天的环球旅游，又开世界上组织环球旅游活动之河。同年，他发售了世界上最早的旅行支票，可在世界各大城市通行，打破了因国际币制不同给旅游活动造成的障碍，深受旅游者的欢迎而至今。至1939年，托马斯·库克父子公司在世界各地设立了350余处分社，成为当时世界上最大的旅行社之一。

在经常旅游业务过程中，托马斯·库克还创造出一种代金券。旅游者持此券可在同托马斯·库克旅行社有合同关系的交通运输公司和旅游接待企业中代替现金用于支付，并可用此券在指定的银行兑取现金。据信，托马斯·库克推出的这一代金券便是当今旅行支票的最早雏形，实际上也可以说是最早的旅行支票。这一早期“旅行支票”的推出不仅方便了顾客，增加了外出旅游的安全度，而且开创了旅行支票这一金融业务的先河。并且，他设计并安排旅游线路，安排食宿，编写导游手册，安排全陪，地陪等，可以说是他开创了旅行社业务的基本模式。由于托马斯·库克（Thomas cook）的卓越贡献，因此，他被誉为世界旅游业的创始人。

总之，托马斯·库克在组织旅游业务方面的开创精神和托马斯·库克旅行社的成功经营，以及他在开展旅游业务方面的很多首创都对后来的旅游业务经营，特别是对旅游业的经营，在世界各地都产生了很大的影响，在世界旅游业发展史中具有重要的地位。托马斯·库克的名字几乎成了旅游的代名词，特别是在欧美社会中，更是家喻户晓，尽人皆知。托马斯·库克的活动说明人们对旅游的需求已经成熟，旅游需求市场已经开始形成。托马斯·库克创办旅行社的活动标志着近代旅游业的诞生。托马斯·库克被誉为旅游业的先驱。

19世纪下半叶，许多国家都成立了登山俱乐部、帐篷俱乐部、观光俱乐部。1857年，英国成立了登山俱乐部，1850年美国运通公司开办旅游代理业务，加拿大成立了太平洋捷运公司，日本成立了日本国际观光局。法国、德国也于1890年成立了观光俱乐部。到20世纪初，英国托马斯·库克旅游公司、美国运通公司、比利时铁路卧车公司，被称为世界旅行代理业的三大公司。

三、近代旅游发展的基本特征

（一）旅游人数大量增加

产业革命产生了大量的中产阶级，资产阶级。资产阶级革命和阶级关系的变化打破了封建等级关系的束缚，让大量的新生中产阶级有了出游的财富和机会，也有了出游的要求。尤其是欧洲文艺复兴时期以来，人们从对神的崇敬、膜拜转而到对人本身的重视。人文主义的思潮，让人们更多地关注到人的生活质量和享乐。所以，以消遣为目的而外出观光、度假、踏青、社交等逐步成了时尚，超过了传统占主导地位的商务旅行。

（二）旅游活动内客较为丰富

较之古代旅行游览，近代旅游活动内容已显得较为丰富。其表现：一是以消遣为目的的旅游在人数规模上迅速扩大并且超过了以商务为代表的事务性旅行游览；二是消遣性旅游活动内容表现多样化，这一点可以以近代旅游景点发展情况为佐证。过去的名胜景点，主要依靠其自然魅力来吸引旅游者，人工雕琢不多，而到了近代，旅游点附近建起大量的旅游设施，如游乐场、音乐厅、运动场、赌场、浴场等。人文景观开始与自然景观融合，改变了单调的旅游活动内容。

（三）旅游交通条件大大改善，成本低廉

18 世纪下半叶，世界上出现了铁路、海路联运，火车和轮船的设备条件也变得越来越完善，从而为近代旅游的发展创造了较好的交通条件。与传统交通相比，近代交通速度快、载人量大，成本低廉，是近代旅游活动产生的物质条件。

（四）旅游服务行业发展迅速

团体旅游的出现，旅游者数量的猛烈增长，旅游市场不断扩大，就需要为广大游客服务的公共的服务产业。旅游供给活动迅速发展，旅游设施和旅游服务不断完善，旅游业开始兴起。正因为如此，英文中旅游一词 Tourism 于 19 世纪初问世。Tourism 一词的最初含义是指以消遣为目的的旅行和游览活动，说明当时消遣性旅游活动已经发展到具有社会意义的规模。造成这一转化的原因与产业革命的影响是分不开的。

（五）旅游活动组织形式发生了深刻变化

古代的旅行游览一直几乎是以个人为单位的单独的活动，到了近代，由于旅行社的兴起，则出现了大量的结伴同行的群体性旅游活动，即团体旅游活动。这时候标志性的事件就是英国牧师托马斯·库克在 1845 年成立的“托马斯·库克旅行社”，这是世界上第一家专门为游客服务的，以收取佣金为代理方式的第一个旅游企业。它标志着旅游产业的产生，也标志者旅行社的产生。

四、中国近代旅游业的发展

近代指 1840 年鸦片战争以后到 1949 年中华人民共和国成立以前。鸦片战争以后，中国沦入半封建半殖民地的深渊，在这种形势下，一部分先进的中国人开始出国游历，寻求救国图强的真理。洋务运动时期，出现了“留学热潮”，也有为生活下南洋，打工，清政府与列强建立外交，向西方各国派驻使节，这时，旅游海外，结交同志，组织革命团体，使得中国近代旅游业发展缓慢。

（一）中国近代旅游业的发展状况

1. 外国人来华旅行和旅游与帝国主义的殖民侵略活动紧密相连。国人外出游历和学习的增多

1840 年鸦片战争，中国沦为半殖民地半封建的社会，这个时期中国的旅游活动也明显带有半殖民地半封建的烙印。一方面，随着殖民主义者政治、经济和文化的入侵，大批资本主义国家的商人、传教士、学者和冒险家纷纷来到我国。一时间，古老、神秘的东方古国中国成了外国冒险家的乐园。这一时期外国人来华旅行和旅游与帝国主义的殖民侵略活动紧密相连，许多人选择中国的名胜之地如庐山、北戴河、青岛等地建造别墅供自己消遣享乐，而另一方面，中国人出国考试和求学的人数也大大增加。鸦片战争后，清朝统治阶级中的一些有识之士提出“师夷之长以制夷”，主张解放思想，打开眼界，从 19 世纪 40 年代开始，有不少人到欧美、日本去游历和学习，他们还著书介绍西方的政治、经济、历史和科学技术。18 世纪 70 年代，清政府推行“洋务运动”，先后派出大批留学生去欧美学习，这种出国留学热潮一直延续到 19 世纪末 20 世纪初戊戌变法以后，至 1906 年中国出国留学生已达 8 000 多人。

2. 产生了专门为旅行服务的机构和组织

20 世纪 20 年代，中国近代旅游业开始在上海诞生。上海商业储蓄银行总经理陈光甫先生是一位民族企业家。1923 年 8 月，为了扩大上海商业银行的经营范围，更为了在自己的国土上开办旅游业，陈光甫决定在银行创办一个旅游部，专门经营旅游业务，为出游者安排行程及办理各种手续事宜。旅游部成立之初，规模小、力量弱，市场开拓年年难度大，但是他们一方面满怀热忱向人们宣传旅游部的宗旨和业务，另一方面把“与人方便放在第一位”，简化手续，提供综合性和全方位的服务，并且坚持“以义为利，取之有道”。因此，旅游业务逐渐发展起来。1924 年春，旅游部组织了第一批国内旅游团，由上海乘铁路专列赴杭州游览，开创了我国包团旅游之先例。同年秋天，又组织了赴海宁观潮旅游团。1925 年春旅游部组织赴日本“观樱旅游团”，开始办理出国旅游的业务。1927 年春，旅游部还创办了《旅行杂志》，1927 年 6 月，旅游部从上海商业储蓄银行中独立出来，成立“中国旅行社”。这是中国人自己设立最早的规模最大的一家旅行社。“中国旅行社”的业务宗旨是：“导客以应办之事，助人以必需之便。如舟车舱之代订，旅舍卧铺之预定，团体旅行之计划调查游览之入手，以致轮船进出日期、火车往来时间，均在为旅客所急需者。”

中国旅行社当时所经营的业务范围。“中国旅行社”成立之后，业务得到更大发展，分支社遍布华东、华北、华南 15 个城市。并与香港、新加坡及欧美等地开展联系，在印度、马来西亚、越南、缅甸、菲律宾、美国、新加坡、香港等国家和地区设有办事处。中国旅行社当时所经营的业务范围：（1）代售国内外飞机、火车、轮船等交通票据；（2）办理旅馆、招待所、餐厅和餐车；（3）代理运输、报关业务；（4）代办出国护照及其他旅行手续；（5）举办赴国内外团体旅行；（6）代办航空、火车、汽车、邮政等项业务活动；（7）发行导游宣传品，出版旅行杂志；（8）提供翻译导游和各项旅游服务。

中国近代还出现了许多类似的旅游组织。如铁路游历经理处、公路旅游服务社、浙江名胜导游团等。1935 年以后，社会团体方面也相继成立旅游组织，如中国汽车旅行社、精武体育会旅行部、现代旅行社、萍踪旅行团等。这些企业虽然规模不大，实力较弱，但旅游开始纳入有组织的企业经营范畴，标志着一个新兴产业中国近代旅游业的产生。

3. 铁路是近代旅游的主要交通工具

铁路是近代旅游的主要交通工具，中国从 1876 年起铁路建设有胶济铁路、滇越铁路、广九铁路、中东铁路。近代中国的内河航运、远洋航运、公路运输和民用航空对旅游和旅游业的发展提供了一定的条件。

4. 近代旅游住宿的形式

近代旅馆从清代末期开始发展。有外资经营的西式旅馆，民族资本经营的中西式旅馆，铁路沿线的招商旅馆以及公寓等。

西式旅馆：是指清末英、美、法等外国资本侵入中国后，按照西方建筑、设备、装修、经营方式等建造并经营的旅馆，大多建于帝国主义列强在中国的租借地或势力范围之内，其中上海最多。如法国卢夫勒式的皇宫饭店，德国恺撒式的德华饭店，美国斯塔特勒式的美国饭店，英国皇家式的维多利亚饭店等等。

中西式旅馆：是中国民族资本向旅馆业投资兴建的半中半西风格的新式旅馆，既接受了西方旅馆的某些影响，又继承了中国的历史传统，其建筑形式多为庭园式或园林式。如北京1912年的长安春饭店，1918年的东方饭店，1922年的中央饭店，天津1923年的国民饭店，上海的中央饭店、大中华饭店、扬子饭店、国际饭店。

招商客栈：是中华民国建立以后随铁路兴建而发展起来的。据有关部门统计，1934年重要铁路线上见于记载的旅馆和客店约有1 000多家，主要接待过往旅行者和客商。

会馆和公寓在中国出现较早。汉代京师已有外地同郡人的邸舍。公寓与旅馆相似，不同之处是接待对象以居住较长时间的旅客为多，房租收取也多以月为计。

（二）中国近代旅游活动未形成产业的原因

1. 与帝国主义的殖民侵略活动紧密联系，西方的商人、传教士、学者和一些冒险家来到中国，在一些通商口岸和风景名胜地区巧取豪夺，建造房舍，供其经商、传教、游览和休憩之用；

2. 旧中国政府与西方列强建立外交关系，向西方各国派驻使节，不少外交官员考察异域，游历甚为广泛；

3. 不少人民出国出卖劳动力，其中也有一些人在谋生之余顺道游览观赏；

4. 为学习西方的科技知识，不少青少年漂洋过海出国留学，尤其是19世纪70年代洋务运动时期，出现“留学热潮”，得以游学欧美。

任务三　现代旅游的发展

从二战结束至今是现代旅游业发展时期。二战后，世界各国都开始致力于本国的经济建设，医治战争创伤。虽然战后世界上仍不时有局部战争，但就整个世界而言，缓和与发展一直占据着主导地位，这为战后世界经济的增长和旅游活动的发展提供了必要的前提和保证。与此同时，科学技术的进步不断取得重大突破；世界经济和社会状况也不断出现新的进展，特别是20世纪60年代以来迅速普及于世界各地的社会化大众旅游蓬勃发展，旅游方式也极为丰富多彩。

一、现代旅游迅速发展的原因

（一）战后国际形势和平稳定，世界经济迅速发展

二战结束以来半个多世纪，尽管局部战争时有发生，但就世界范围而言，和平与发展始终占据主要地位，成为各国发展本国经济，促进各国之间友好往来的前提条件和保证，这为旅游发展提供了良好的社会环境。

战后，随着科学技术的进步，各产业生产过程的自动化程度不断提高并且日益普及，生产效率因而不断提高，经济的迅猛发展，使居民收入不断增加。巨额收入，为大众旅游提供了稳固的经济基础。据统计，以1979年的美元价值计算，战后1949年的全世界生产总值为25 000亿美元，到60年代末则上升至年62 000亿美元。到60年代以后，很多国家都在不同程度上规定了带薪假期制度。这种变化使人们的闲暇活动得以更多地开展。作为闲暇活动的重要形式之一的外出旅游有了时间上的保证，参加旅游活动的人数迅速增加，并且出游的距离和在外逗留的时间也大大加长。又据有关资料介绍，世界市场经济国家国民收入按人均计算1960年为520美元，到1979年增至2 690美元，20年内增长5.7倍。此外，还值得一提的是：60年代以来有些国家的居民一方面实际收入持续大幅度增长，另一方面实际物质消费支出却持续相对较大幅度下降。如日本居民实际收入逐年增长，1978年为1965年的4.6倍；至于实际消费支出，1978年只为1965年的3.3倍左右。经济的迅速发展，使得众多国家的人均收入增加，人们收入的增加和旅游消费购买能力的提高对旅游需求的迅速扩大与普及无疑起到了极其重要的刺激作用。伴随着世界经济一体化，各国之间的经济往来日益频繁，跨国公司、集团的迅速兴起，商务旅游者不断增加，也使国际旅游普及开来。

现代旅游所获得的经济总量，使之成为当今世界第一大经济产业。尤其在发达国家，远远超过其他任何行业的收入。而且现代人逐渐认识到，旅游业对其他行业的拉动和影响作用是无比大的，所以，旅游业在国民经济中占了越来越重要的作用。

（二）战后交通工具日益现代化，交通更加高效、便利、快捷

一战后，除火车、轮船外，飞机和汽车成了主要交通工具。交通更加高效、便利、快捷，不但相对缩短了旅游的时空距离，也极大地消除了人们的时空心理障碍，促进了现代旅游的发展。

1. 在经济发达的工业化国家中，这些传统的旅行方式逐渐为汽车和飞机所代替

在欧美发达国家中，拥有小汽车的家庭比例不断增大，长途公共汽车运营网络也不断扩大和完善。汽车成为人们中、短途外出旅游的主要交通工具。

自从1908年亨利·福特发明T型汽车，标志着汽车开始进入旅行的行列。老式福特汽车价格比较便宜，一般家庭都可以承受得起。汽车所带来的灵活性是公交服务设施望尘莫及的，所以很多度假者都选择乘私家车出行。即使在高速公路还没有问世的时候，在发达国家的一些海滨度假地都出现了车辆拥挤不堪的状况。如1950年，英国2/3的度假者要在假日期间乘坐火车，到1970年，这个数字便下降为1/7。在这个时期，英国拥有的私人汽车数由200万上升到1 100万辆，到80年代末则上升为2 000万辆。

随着私人交通工具的普及，人们开始积极地改善公路状况。1920年，美国建立全国的公路网。同时，汽车旅行者的出现产生了最早的汽车旅客旅馆，后来演变为现在的汽车旅馆。

2. 民航运输的发展也使得人们有机会在较短的时间内作长距离旅行

从1903年莱特兄弟发明飞机，在北卡罗莱纳洲的上空开始了第一次空中飞行开始，飞机与旅游的关系越来越密切。在飞机发明的早期，其主要是用于战争，但不久也开始转向民用。

1919年，德国开通了世界上第一条国内民用航线，即柏林——莱比锡——魏玛航线，这家运输公司就是后来的德国汉莎航空公司（Deutsche Lufthansa）。

1926年，美国成立了第一家航空公司——Varney航空公司，它提供固定的航空信件服务。后来，Varney航空公司与另外三家航空公司合并，成立了美国联合航空公司。在公司成立的开始，除了邮件外，如果不超过限定重量的话，只允许运送一名乘客。

1927年10月28日，泛美航空公司开辟了第一条国际航空信件邮递航线，即佛罗里达的基韦斯特岛到古巴的哈瓦纳航线。1928年1月16日，泛美航空公司在同一航线上运送了第一批乘客，旅途共花费了1小时10分钟，单程票价为50美元。

早期的飞机主要是螺旋桨飞机，其速度为每小时400公里。50年代末，以美国波音707为代表的世界第一代喷气式客机诞生。70年代初，美国国际航空公司开始使用新型的波音747客机，将352名乘客从纽约送到伦敦，它标志着大型喷气式客机的开始。V. 赖茨是大众包机旅行形式的创建者。1950年，他以地平线假日公司的名义，用包机组织了一次到科西嘉的实验性的包机旅行，并获得了盈利，他的思想被旅游经营商所采纳。20世纪90年代末期，我国也开始尝试旅游包机业务。

交通工具的进步和交通网络的发展，不但相对缩短了旅游的时空距离，也极大地消除了人们的时空心理障碍，促进了现代旅游的发展。

（三）战后世界人口迅速增加，各国城市化进程普遍加快，外出旅游人数剧增

全世界人口，在战后初期约为25亿；到60年代末，已增加到36亿；到90年代初，又增加到50多亿。2000年60亿。世界人口基数的扩大也是战后旅游需求量扩大的一个重要因素。

同时，世界各国城市化进程普遍加快。城镇化是指农村人口不断转移为城镇人口的过程，一般用城镇人口占总人口的比重来衡量。第二次世界大战以来，世界各国农村人口不断下降，城市人口不断增加，城市化进程普遍加快，因此导致了城市化浪潮席卷全球。据统计，1950年，世界的城市人口仅占世界总人口的29%；到1980年，已达到42%；而到90年代，已远远超过了50%。又据统计，在发达国家中，城市人口已占到80%以上。生产、生活的快节奏也使人们的旅游愿望变得十分强烈，处于拥挤、嘈杂和污染严重的环境之中的城市居民，特别是城市劳动就业人员，绝大多数都在从事单调乏味的重复性工作，身心受到极大的压力。他们迫切需要有机会使自己紧张的体力和神经得到放松，从而更向往重返大自然、贴近大自然，向往能使耳目一新的异域环境。自60年代开始，旅游度假就成了许多城市居民的选择。

现代人生活方式和价值观念的变化，使旅游成为实现人生价值、充实自我的重要手段。农耕时代人们重视金钱、门第、权势、习俗和荣誉，把他们视作生命中最有价值的东西。现代化社会人们更重视自我的全面发展和社会价值的实现。人们通过一定的旅游方式，不但熏陶了自我，而且在一定程度上实现了自己的社会价值。

（四）生产自动化程度的提高使大众的带薪假日开始普及

现代科技革命的成功，极大地提高了生产效率，使劳动时间大大缩小，加上工人阶级不懈地斗争，个人闲暇不断增多，大众的带薪假日开始普及。如战前西方国家工人平均每天工作10~12小时，自1933年美国率先将工作时间定为每周5天40个小时起，至目前世界上有144个国家实行了5天工作制。目前，世界上许多发达国家都普遍实行了带薪假期制。如美国3~4.5周，法国4周，德国2.5~3周，意大利2周。带薪假期已得到立法承认。由于带薪假日时间较长，对于中、远程旅游是一个有力的推动。

（五）战后各国政府大力扶持旅游业发展

20世纪60年代以来，几乎所有国家的政府都采取了各种有利于旅游业发展的干预政策。如取消出境限制，放宽入境条件，简化手续，方便游客，大大减少了国际、国内的人为障碍。各国政府积极支持旅游资源的开发和旅游市场的开拓，极大地刺激了旅游业的发展。

旅游业能够创造外汇收入，回笼货币，带动国民经济各部门各行业的发展；旅游业能够促进各国之间的文化交流，传播文明，改变人们的传统观念和社会意识；旅游业有助于自然环境的美化、保护以及文物古迹的整理、保护；旅游业有利于宣传自己，了解别人。因此，战后各国政府几乎都将大量的人力、财力、物力投入旅游产品开发与宣传促销，力求扩大旅游产品供给。

二、现代旅游活动的特点

第二次世界大战以后，世界有一个较长时间的相对和平的时期。政治稳定、生产恢复、经济繁荣、交通稳步改善等，旅游业也得到快速的发展，旅游队伍由社会的上层人士逐步扩大到平常的百姓人家，旅游活动真正成为一种大众性活动，成为人们日常生活不可缺少的一部分。旅游需求持续稳定的扩大，促进旅游供给不断地增长，同时，各地区之间、国家之间旅游竞争也越来越激烈。并且，旅游需求的增长，也推进旅游方式的改变，在传统度假旅游的基础上，各种新兴旅游活动层出不穷，如生态旅游、绿色旅游、探险旅游等等，这些特点共同构成现代旅游。

（一）旅游主体发生变化，大众化旅游形成规模

与古代旅游和近代旅游相比，旅游活动主体的构成发生很大的变化。在二战之前，旅游活动作为一种精神享受，其参与者主要以社会的上层人士、统治阶级为主，他们仅是社会力量中极少的一部分。而在二战之后，随着世界经济高速增长，社会财富增加，越来越多的人们有经济能力去参与到旅游活动中来，从而使旅游活动在世界上大多数地区演变为一种社会性活动。

所谓现代旅游大众化，一是指旅游参加者的范围已扩展到普通的劳动大众，旅游活动在世界各地各个阶层都普遍开展起来。旅游消遣已不再为社会上层少数人所独享，普通劳动大众成为现代旅游市场最重要的组成部分。二是参与旅游的人数越来越多，所去的地方越来越远。三是结伴同行的群体性旅游活动在整个旅游活动中占有相当大的比重，使旅游这种在过去只有王室贵族、富贾巨商等少数人方可享受的游乐活动变成了普通劳动阶层的人也能进行的一种广泛的民众性的社会活动。

现代旅游还表现在，旅游活动已经发展成为人们现代生活的基本需要。一方面，随着社会生产力的高速发展，人民生活水平的提高，在衣、食、住、行等基本物质需要得到满足之后，自然而然地会产生包括消遣娱乐在内的各种精神需要；另一方面在现代社会中人们的工作和生活节奏明显加快，科技不断发展，知识不断更新，社会分工不断深化，这一切都使现代社会的人无时不感到压力和竞争，导致人们的身体和精神长期处于紧张状态。而且，随着现代教育的发展和人们文化知识的提高，人们认识世界，追求新知的求知欲和好奇心也日益强烈。在上述两种因素的共同作用下，现代社会的人们不可避免地希望离开乡上，适时短期改换一下自己的生活环境和生活节律，认识并了解自己乡土以外的世界。在经济发达国家，旅游已经演变成为与衣、食、住、行同等重要的生

活必需品，大多数家庭每年都有自己的旅游计划和旅游预算。例如英国平均每年外出旅游3～4次的人约占全国人口的55%，法国平均每年外出旅游度假3～4次的人约占全国人口的45%，在瑞典，这种相应的比例更高，已达75%。即使是一些收入过低的贫困家庭依靠自己的经济实力无法实现旅游，则政府和社会相关组织团体也会提供资助或补助，帮助他们外出旅游度假，这便是所谓的社会旅游。总之，旅游度假是现代社会人人享有的权利已经成为社会的共识。尽管现代旅游的普及程度由于各个国家社会经济发展水平不同而有所不同，但毫无疑问，普及性是现代旅游发展的基本特点和必然趋势。

现代旅游活动不仅是一种休闲方式，而且还越来越多地被很多国家的公司企业和组织机构用为激励员工的手段，这便是所谓的奖励旅游。奖励旅游始自60年代的美国，最初是某些公司企业为了表彰工作成绩突出的销售人员而组织他们携领配偶外出旅游。后来，一些研究管理问题的心理学家在经过大量的调查和分析后发现，把旅游作为奖品来奖励员工，所产生的激励作用比金钱和物质奖品的刺激作用效果要好得多。

奖励旅游一般都由公司企业的首脑人物出面作陪，这对于参加者来说无疑是一种殊荣；奖励旅游的目的地都经过特殊挑选，一般为本国人不易前往，而且是必须耗费大量旅资才有可能前往的地方；奖励旅游的活动内容亦由有关旅游企业特别安排，并且在旅游期间公司首脑往往还组织受奖者共商公司发展大计。因而这种经历是非受奖者无论如何也难以获得的。所以，对于未受奖励的人来说，他们一方面对受奖者投以羡慕，另一方面则为自己未能获得这样的荣誉和经历而感到羞愧，因而便会在今后的工作中努力奋发向上。因此，奖励旅游作为一种激励手段此后愈加为各种组织所效仿，不但公司企业如此，其他非营利机构和团体对工作成绩突出的成员也都越来越多地采用这种奖励办法，现在，奖励旅游已经形成高级旅游市场的一部分，并且仍在继续迅速增大，世界各地都有一批旅游企业专门经营这一市场。

（二）旅游资源的开发和旅游业的现代化建设加快增长

旅游资源是旅游业发展的前提，是旅游业的基础。旅游资源主要包括自然风景旅游资源和人文景观旅游资源。自然风景旅游资源包括高山、峡谷、森林、火山、江河、湖泊、海滩、温泉、野生动植物、气候等，可归纳为地貌、水文、气候、生物四大类。人文景观旅游资源包括历史文化古迹、古建筑、民族风情、现代建设新成就、饮食、购物、文化艺术和体育娱乐等，可归纳为人文景物、文化传统、民情风俗、体育娱乐四大类。战后各国非常重视旅游资源的开发和建设，各国加快建设和完善旅游基础设施，如供水、电、气系统；道路交通、车站、码头、机场等；医院、银行等；建设旅游上层设施（或服务设施），如饭店、问讯中心、旅游纪念品商店、娱乐场所等；旅游景区、景点的开发建设与管理，包括新景区、景点的开辟，也包括对原有景区、景点的改造和更新。

旅游业是以旅游市场为对象，有偿为旅游者的旅游活动创造便利条件，并提供所需商品和服务的所有行业和部门的综合性产业。战后世界各国旅游业的现代化建设加快增长。既包括物质资料生产部门，如农业、工业、建筑业等；又包括一些非物质资料生产部门，如海关、邮电、公安、医疗卫生机构、科技文化教育等。据美国、澳大利亚等国的统计分析，直接和间接为游客提供服务的工业部门达30余个，涉及108个门类；从而使旅游活动的吃、住、行、游、购、娱各个环节的服务质量不断提高。如饭店服务（前厅服务、餐饮服务、客房服务）、交通服务、导游服务、代办服务、文化娱乐服务、商业服务等。人们外出旅游除了必要的吃、住等以外，花钱购买的主要是服务等非物质的产品等。

（三）世界旅游业的分布不平衡

世界旅游组织根据世界各地旅游业的发展状况和全世界国际旅游的客源分布格局，将全世界划分为六大旅游市场，即欧洲市场、美洲市场、东亚及太平洋市场、非洲市场、中东市场和南亚市场。欧洲旅游市场包括整个欧洲地区，它是全球最大的客源输出地和最大的旅游接待地。美洲旅游市场，包括51个国家和地区，通常把美洲分为北美地区、拉丁美洲和加勒比海地区。北美地区旅游业最发达的是美国和加拿大，拉丁美洲是发展中地区，旅游业比较发达的国家有墨西哥、阿根廷、巴西，该市场在客源输出方面仅次于欧洲。东亚及太平洋市场，包括中国、日本、朝鲜、韩国、蒙古、泰国、新加坡、马来西亚、印度尼西亚、菲律宾、文莱、东帝汶、越南、老挝、柬埔寨、缅甸等国，澳大利亚、新西兰及其他南太平洋岛国和地区。旅游业发达国家有中国、澳大利亚、东南亚五国、日本、韩国、台湾、香港、澳门。非洲市场，共有53个国家，目前已全部独立。非洲有丰富的历史文化遗迹，迷人的自然风光，奇异的野生动植物，发展旅游业有较大的潜力。由于经济比较落后，旅游设施不完善，一些地区社会动荡和自然灾害较多，影响旅游业的发展。旅游业发达的国家有南非、突尼斯，主要接待欧洲旅游者。中东市场，包括西亚的伊朗、巴勒斯坦、以色列、叙利亚、伊拉克、约旦、黎巴嫩、也门、沙特、阿联酋、阿曼、科威特、卡塔尔、巴林、土耳其、塞浦路斯和北非的埃及等国。除了以色列为犹太人，信仰犹太教外，其余国家多为阿拉伯人，信奉伊斯兰教。该地区旅游业长期受战争和恐怖活动制约，发展缓慢，旅游业比较发达的有沙特、埃及。南亚市场，包括斯里兰卡、马尔代夫、巴基斯坦、印度、孟加拉国、尼泊尔、不丹和锡金等国。该地区旅游业发展较好的有印度、斯里兰卡和尼泊尔。

欧洲是全球最大的旅游接待地，其接待国际旅游者人数占世界最大的市场份额，在2000年时达到57.8%，国际旅游收入占全球48.65%。其次是美洲，在2000年时美洲接待国际旅游者占18.6%的市场份额，国际旅游收入占28.65%。最为落后的旅游市场是南亚旅游市场。从发展趋势来看，欧洲和美洲旅游市场的份额在不断下降，东亚太平洋地区市场份额增长趋势明显，有人称之为"沉睡的巨人"。

（四）旅游活动的内容和方式的多样性

旅游业在发展过程中不断产生新领域和新业态，如休闲度假、数字旅游、会展奖励旅游、经济型饭店、游轮游艇、实景演艺、旅游智业等。进入新世纪以来，旅游业的新产品不断产生，如生态旅游、乡村旅游、工业旅游、红色旅游、军事旅游、温泉旅游、冰雪旅游、健康旅游、科技旅游等。这些新产品有效推动了产品结构、产业结构和客源市场结构的新变化。旅游业对传统产业的改造和传统业务的提升，也不断创造出新的领域，形成新的业态。这是旅游业发展创新的必然结果，也是提升中国旅游业竞争力的根本出路，代表了旅游业的未来，也昭示着旅游业发展的新方向。

面对经济全球化潮流，旅游业在推进标准化的同时，个性化趋势也越来越明显。传统的包价旅游已经远远地不能满足现代旅游业的发展，新兴的自主游、自助游将逐步超过包价旅游的发展，从而领导世界旅游的潮流。同时，旅游队伍逐步扩大，旅游的方式也出现了多样化的趋势：国际游、国内游；观光游、休闲游、考察游；自驾车、团队游；探险旅游、绿色旅游、奖励旅游等等各种名目繁多的旅游产品都是旅游需求多样化的具体表现。

二战以后海滨度假的兴起。随着全球经济稳定持续地发展，旅游活动首先在发达的欧美国家旅行起来。由于欧洲属于地中海气候，常年多雨，气候潮湿，所以助长欧洲国家旅游者对海滨旅游的向往。并且，二战以后，喷气式飞机大量使用，使长距离旅行成为可能。于是，二战之后，海滨旅游成为大众旅游的目的地。

从全球海滨旅游目的地的分布来看，地中海地区是最古老的海滨目的地，它具体包括西班牙驰名世界的三大海滨旅游区，包括西南部的“太阳海岸”（南海岸的阿尔梅里亚的马拉加附近），以“幸福岛”闻名的加纳利群岛，以“地中海浴池”闻名的巴里阿里群岛；法国芒通市的“蓝色海岸”；意大利的亚得里亚海滨等。之后，加勒比海地区开始兴起，它包括美国的迈阿密、古巴的巴拉德罗、小安得列斯群岛西南的阿鲁巴、开曼群岛等；东亚太平洋地区可以说是最年轻的海滨目的地，如印度尼西亚的巴厘岛、泰国的普吉岛和帕塔亚、马来西亚的槟榔屿、菲律宾的宿务、澳大利亚的布里斯班的“黄金海岸”、马来西亚的槟榔屿等。

随着海滨旅游者迅速的增加，饭店和宾馆在这些游览地也大量出现，如在美国，分时度假分布最为集中的就是在佛罗里达州。同时，海滨旅游地的开发也带来大量的环境问题、垃圾问题、水质下降问题、涂鸦等。

（五）旅游竞争的激烈性

现代旅游的竞争是全方位的、多层次的，也是空前激烈的。这种竞争不仅表现在国家之间，地区之间，还表现在旅游企业之间。世界上许多国家政府纷纷采取一系列优惠政策和鼓励措施，支持旅游业的发展。特别是在旅游资源开发和海外市场开拓方面，更采取了积极的促进手段。

世界各国频繁举办“旅游年”，政府首脑亲自出面做广告促销旅游，争相举办诸如世界博览会和奥运会等超大型活动，已经显现出这一趋势。随着区域经济一体化进程的加快，旅游业的竞争还表现在区域之间的竞争。如欧盟国家和东盟国家都组织过多种多样的多国联合促销活动，许多国家的联合开发与促销更是日趋多样化。东北亚地区围绕图们江流域中、朝、俄、韩、日、蒙等国家的联合，南部的港、澳、粤的合作就是很好的例证。

旅游竞争的激烈还表现在旅游企业之间。这种激烈还体现在旅游相关行业之间的联合与合作。其中有同行业之间的合作，例如航空公司之间的合作，铁路公司的合作，饭店集团之间的合作等多种形式，而且不同行业之间的合作则更多。交通与住宿业的合作（航空与饭店、航空与铁路、航空与游船、航空与汽车租赁），旅游与商业的合作（购物奖励旅游），旅游与金融业的合作（旅行支票、信用卡的普及）、航空与博彩的合作等。这些合作从整体上有利于旅游业的发展，有利于各个行业的共同发展，有利于整个地区的经济发展。

现代旅游的竞争还表现在，在旅游资源方面，除了周密规划与开发之外，还依托新颖独特的创意和创新，使旅游资源的范畴不断多样化，以引导和适应旅游的需求；在旅游设施方面，不断完善旅游基础设施的同时，大力发展旅游的上层设施，营造旅游发展的良好环境，在旅游服务方面的竞争更是形式多样，突出强调旅游服务要全面、周到和入微，提供多样性、舒适化和个性化的服务。

三、新中国成立60年旅游业发展历程

旅游业是第二次世界大战后迅速兴起的一个行业。发展旅游业不仅可以促进各国人民之间的友好往来与相互了解，而且对于加快经济繁荣和社会进步，维护世界和平与人类正义事业都有着重要作用，受到各国普遍重视。

1978年党的十一届三中全会确立了党和国家的工作重点是社会主义现代化建设。在邓小平改革开放理论和旅游经济思想的指引下，使我国的旅游业焕发勃勃生机和活力，取得了举世瞩目的辉煌成就。截至2008年底，全国仅星级饭店已增至14 099家、159.14万间客房，旅行社数量为20 961家（其中国际旅行社1 970家、国内旅行社18 721家），与1978年相比，分别增长了百倍和数百倍；成规模景区（点）已增至2万多家。旅游业“住、食、行、游、购、娱”六要素配套的不断完善，不仅吸引了海外游客，而且国内旅游和出境游也日益兴旺，形成了入境、国内和出境游三足鼎立的新格局。据统计，1978年至2008年全国累计接待入境旅游者16.15亿人次、旅游外汇收入3 360.13亿美元，年均增长率为15.31%与18.31%，远高于1位数的世界平均增长水平。在世界上的排名已连续4年位居第4位和第5位（1978年是第48位和第41位），保持全球旅游大国地位。特别是国内旅游和出境游更是迅猛增长，2008年，国内旅游达17.12亿人次、出境旅游为4 584万人次。中国已是世界最大的国内旅游市场和亚洲最大的客源输出国。发展旅游业不仅增进了世界了解中国，促进了对外经济、文化和科技的交流，而且在扩大内需、推动消费、增加就业、积累资金（创汇）、促进经济结构调整、带动相关行业的发展与地区经济增长、加强社会主义精神文明建设和祖国统一大业等方面都发挥着重要作用。旅游业已成为国民经济的综合性重要产业。

中国是世界上少有的旅游资源大国。在我国辽阔的国土上，有千姿百态的山川名胜、诱人遐思的众多历史遗迹、神韵各异的风情民俗、古老灿烂的文化艺术、举世稀缺的动物植物、改革变化中的社会主义现代文明建设等等，对各类旅游者都有着特殊的魅力。新中国旅游业虽已从开放初潜在的旅游资源大国转变为现实的世界旅游大国，但仍有巨大的潜力，发展前景广阔。

（一）新中国旅游业的起步与初期发展

中华人民共和国成立初期，随着抗美援朝的胜利，国民经济的迅速恢复和发展，各方面工作都取得了巨大成就，新中国的国际威望与日俱增。这不仅促使越来越多的国际友人和各国有识之士要求来华看看社会主义中国的新面貌，而且广大海外侨胞、外籍华人以及港、澳同胞也想回国探亲访友、参观旅行。为了适应形势发展的需要，创办旅行社，开展旅行业务就被提到国家对外事务的议事日程，揭开了新中国旅游业的新篇章。

当时根据周恩来总理的指示，经过酝酿筹备并借鉴苏联的经验，1954年4月15日

建立了中国国际旅行社（简称“国旅”）。这是新中国经营国际旅游业务的第一家全国性旅行社，总社设在北京，地方设分、支社。其主要任务是负责访华外宾的食、住、行、游等事情，并发售国际联运客票。后来随着国家对外关系的发展，国旅的业务逐步扩大。1956 年开始同苏联和东欧一些国家的旅游机构签订旅游合同、同法国等一些西方国家的旅行社也建立起业务联系，接待自费旅游者，为国家创汇。1958 年 1 月 9 日，国务院向全国各地发出了《关于发展国外自费者接待工作和加强国际旅行社工作的通知》，要求中央各有关部门对国旅组织自费旅游工作给予支持，国旅应采取各种积极措施，扩大招徕外国自费旅游者访华，为国家吸收外汇、积累建设资金。这个通知推动了自费旅游接待工作的进一步发展，实现了国旅业务向接待自费旅游者的转变。1958 年国旅接待自费旅游者比上一年翻了一番，国旅的分支社也由创建时的 12 家增至 35 家，遍及全国各主要城市，初步形成了一个全国范围的接待网络。

1. 加强统一管理，迈开发展步伐

进入六十年代，国际形势有了新的变化。特别是 1964 年初周恩来总理成功地访问了亚、非、欧 14 个国家之后，中法建交，中国与巴基斯坦通航，架起了通往西方的桥梁。于是来自西方国家的旅游者不断增多。1965 年，全国接待外国旅游者比上一年翻了近两番，达 1. 287 7 万人。其中日本旅游者 1 656 人，占总数的 12. 9%，日本成为第一大客源国。

为了加强对旅游工作的统一管理，进一步发展旅游业。1964 年 3 月 17 日经党中央批准，决定成立中国旅行游览事业管理局（简称旅游局），作为国务院的直属机构，负责管理外国自费旅游者的旅游业务工作；领导各有关地区的国旅和直属服务机构的业务；负责对外联络和对外宣传。同时，明确指出了发展旅游事业的方针任务是：宣传中国社会主义建设成就，扩大对外政治影响，增进中国人民同世界各国人民的相互了解和友谊，在经济上为国家吸收自由外汇。旅游局的建立及发展旅游事业方针政策的制定，标志着中国旅游业在正常轨道上迈开步伐。

2. 排除干扰，徘徊前进

1966 年开始的“文化大革命”，使国家和人民遭到了最严重的挫折和损失，也使正在成长中的中国旅游业受到干扰和破坏。“四人帮”一伙全盘否定了旅游业，甚至下令封闭了一些文物古迹和游览胜地。不少地方的旅游机构被撤销，一时难于开展旅游接待工作，来华旅游者急剧下降。从一年接待旅游者 1 万多人减为 300 余人（1966 年全年只接待 303 人），且主要是外国友好团体组织的工人、农民、学生参观团。进入七十年代，毛主席提出“着眼于人民”、“寄希望于人民”的口号，周总理力主重新开展外事旅游活动，使旅游业出现了转机。1970 年下半年，周总理对旅游工作做了多次指示，明确了当时旅游工作的方针、任务和机构设置问题。他说：“旅游工作涉及面广，活动范围大，是进行调研工作的有利条件。”“旅游局作为国家管理国际旅行工作的机关，国旅总社作为对外办理国际旅行业务的组织，局、社一个机构，两块牌子。”“通过自费旅行渠道，宣传自己，了解别人；要有针对性地做工作，但不要强加于人。”1971 年 2 月 16 日，周总理传达了毛主席对旅游局 1971 年接待工作计划的批示，“人数可略增加”，各方面人士都可以来一点，并亲自部署召开了全国旅游工作会议，排除了“四人帮”的干扰，具体贯彻落实。会议期间，他会见了与会代表，做了长达5个多小时的重要讲话，详尽地阐述了发展旅游业，允许各国各方面人士到中国来看看，可以起到打开国家对外关系的重要作用，同时也指出了发展旅游业的经济作用。这充分体现了周总理对旅游工作的重视和殷切希望。他还在百忙中抽出时间，一批又一批地会见来华的旅游外宾，介绍情况，解答问题，客人们无不深受感动。他们纷纷表示，能有机会受到伟大国家的总理的接见，终生难忘，回国后一定要致力于对华友好工作。有些日本客人旅华后，积极支持并参加促进日中友好的活动，为中日两国人民世世代代友好作出了自己的贡献。

在周总理的亲切关怀和直接领导下，旅游事业得以逐步恢复和发展。1971年，中国同罗马尼亚、南斯拉夫等东欧一些国家恢复了中断多年的旅游业务往来，接待了30名美国自费旅游者，实现了中美旅游交往零的突破。这一年全国接待外国旅游者比上一年增长253.7%，达1 599人。同时，入境探亲旅行的华侨、外籍华人和港、澳同胞也显著增加（仅广东就接待近万人）。此后，随着中国在联合国合法席位的恢复，国际影响日益扩大，来华旅游的人数持续回升。为了适应旅游工作开展的需要，在这期间逐步恢复和加强了地方旅游机构。1972年5月13日国务院批转了《关于加强地方旅游机构的请示报告》，南京、西安、武汉、杭州等26个开放城市的国旅分支社得到了恢复，配备了翻译等接待人员。同年8月18日，中央批准恢复“华侨旅行服务总社”，后又增设“中国旅行社”（简称“中旅”），两者合署办公，专营华侨、港澳同胞、台湾同胞和外籍华人的旅游接待等业务。各地的华侨旅行服务社也先后恢复。针对当时不大重视发挥旅游经济效能的问题，1973年5月5日，周总理在旅游局的一份工作报告上批示：“旅游事业的收支应该略有盈余，对旅游者应按旅游原则收费（开支外加手续费），对优惠也要从严掌握。”他还格外关心和重视旅游职工的思想和业务建设，多次指出：旅游部门的翻译导游人员要做到“三过硬”，即“政治思想过硬、外语业务过硬、一般知识过硬”，才能完成肩负的光荣任务。

从五十年代初期至1978年以前的20多年间，旅游工作一直属于民间友好往来的范畴，是对外交往的一条重要渠道。通过接待海外旅游者，宣传了中国社会主义建设的成就，加强了与各国人民的友好合作关系，团结了海外侨胞、港澳同胞、台湾同胞和国际友人，结成广泛的爱国统一战线和国际统一战线，有利于祖国统一大业和反对霸权主义、维护世界和平的事业。

（二）新时期不断开创旅游业发展的新局面

粉碎“四人帮”后，经过拨乱反正，党和国家的工作步入社会主义现代化建设的新时期。1978年3月5日，党中央批转了大力开展旅游工作的文件，国务院决定在3年内拨给基建投资3.6亿元建造旅游饭店、添置交通车辆等设施，扩大接待能力，为国家增加外汇收入。同时为加强统一领导，党中央成立了以耿飚、陈慕华、廖承志为首的领导小组（成员有计委、建委、民航、铁道、交通、财政、轻工等14部门的负责人）。并决定将旅游局改为国务院管理的直属总局。各有关省（区、市）要相应成立旅游局，负责管理本地区的旅游工作。这些决定有力地促进了旅游业的发展，1978年，全国旅游入境总人数达180.9万（其中外国旅游者23万），旅游外汇收入2.63亿美元，均创历史最高纪录，超过以往20多年的总和。但是同蓬勃发展的世界旅游业相比，我国旅游业亟待大力开拓。

1. 改革旅游体制 实现“四个转变”

1981年是“六五”计划的第1年。这年3月，中央书记处和国务院常务会议先后听取了韩克华局长关于旅游情况的汇报，讨论了如何加强旅游工作问题。依据中国国家大、经济水平比较低、接待条件不足的矛盾要逐步解决，中央书记处、国务院提出了今后一个时期发展旅游事业的方针，是“积极发展，量力而行，稳步前进”。“我们要从中国的实际出发，逐步走出一条适合国情、日益兴旺发达的中国式旅游道路，做到政治、经济双丰收”。旅游管理体制的原则，是“统一领导，分散经营”。在规划、政策、制度、纪律和协调五个方面要统一；在这个前提下，分散经营，充分发挥各地和各有关方面的作用。

同年7月，国务院在北京首次召开了全国旅游工作会议，贯彻中央对旅游工作的上述重要指示。会议指出，旅游是一项综合性的经济事业，它的发展有赖于国民经济各有关部门的支持，同时又可以促进各有关行业的发展。要把发展旅游真正当作有关国计民生的一件大事来抓，加快旅游设施建设和人员培训，会议还要求各地政府要把国内旅游工作管好，解决服务、卫生、食、住、行等问题。会后，国务院于10月10日发出了《关于加强旅游工作的决定》。

1984年，党中央作出了关于经济体制改革的决定。6月25日，胡耀邦总书记主持召开了中央书记处会议，听取了韩克华局长关于开创旅游工作新局面的汇报。7月27日，中央书记处、国务院批准了国家旅游总局《关于开创旅游工作新局面几个问题的报告》，并转发全国执行。《报告》明确了开创新局面的指导思想和目标，这就是要彻底破除不适应加快发展旅游业的老观念、老办法、老框框，采取正确的政策和科学的方法，充分调动各方面的积极性，把旅游工作搞活，使各地的名山、大川、湖泊、古城、庙宇、陵园、丛林、海滩、草原以及荒山野岭等都来为旅游服务，加快发展旅游业。总的目标是到本世纪末，在旅游设施和经营管理方面，达到现代化水平，使中国成为世界旅游业比较发达的国家。

随后，1985年1月31日国务院批转了国家旅游局《关于当前旅游体制改革几个问题的报告》。它提出了旅游管理体制实行“政企分开，统一领导，分级管理，分散经营，统一对外”的原则，并首次明确了“国家旅游局作为国务院的职能部门，要面向全行业，统管全国旅游事业。各省、自治区、直辖市的旅游局，统管本地区的旅游工作。要善于运用行政的、经济的和法律的手段，加强对旅游事业的管理”。同时决定向各省（区、市）下放外联权和签证通知权，增加招徕渠道，扩大客源。

党中央、国务院批转这两个文件的贯彻执行，极大地调动了各方面办旅游的积极性，旅游工作打开了新局面，加快了改革步伐，实现了四个转变。一是从过去主要搞旅游接待，转变为开发建设旅游资源与接待并举。国家旅游局有计划安排各地对风景点进行整修、开发和保护。二是从只抓国际旅游转到国际、国内旅游一起抓，各级旅游局都设立了管理国内旅游的机构和人员。三是以国家投资为主建设旅游基础设施，转变为国家、地方、部门、集体、个人一起上，自力更生与利用外资一起上，加快了建设速度。一些风景区和旅游度假地，出现了群众集资建宾馆，个人筹资办家庭旅馆接待客人的新情况，解决了国内旅游食、宿问题。四是旅游经营单位由事业转为企业，自主经营，自负盈亏，改变官商作风，参与行业竞争，优胜劣汰。这四个转变的实现，是中国旅游业改革的重要成果，也是新中国旅游发展史上的重大转折，使中国旅游业日益兴旺，快速发展。据统计，到1985年底，全国拥有旅游涉外饭店325座，共约12万张床位，比1980年翻了两番（其中利用外资兴建的饭店45座，约2.4万张床位）。旅游综合接待能力显著提高，旅游入境总人数与外汇收入均实现了“六五”计划翻一番的目标。“六五”期间，随着人民生活水平的提高，国内旅游也蓬勃兴起。1985年国内旅游人数约有2.4亿人次，回笼货币约80亿元，经营国内旅游业务的旅行企业（旅行社、旅游公司等）已有400多家。

2. 旅游业列入“七·五”国民经济计划

1985年10月5日，国务院召开专门会议，研究加快发展旅游业问题。会议认为，国家正在进行大规模现代化建设，外汇紧缺，发展旅游业，扩大旅游创汇，是一条重要途径。发展旅游要作为一项系统工程加以规划和部署，对现有的旅游热线，要抓好配套（包括民航交通、旅馆、风景点建设等），提高其管理素质与经济效益，要有计划开辟几条新的对外国游客有吸引力、投入少、产出多、收效快的旅游线路。发展旅游的工作重点就是要围绕这些重点旅游路线及线上的旅游点做好文章，把有限的财力、物力用在刀刃上，要有先有后。国家旅游局要提出全国旅游业的中长期发展规划，写出论证数据，供中央决策。

1985年12月20日，国务院第92次常务会议，听取和讨论了旅游发展规划（1986～2000年），原则批准了这个规划，确定发展旅游业纳入“七·五”国民经济和社会发展计划，国家“七·五”期间拨25亿元直接由国家旅游局安排。规划提出北京、上海、西安、桂林、杭州、江苏（包括苏州、无锡、南京）、广州和海南岛等七个重点旅游城市（地区）要建设好，提高其综合接待能力。计划到2000年接待1 000～1 200万（外国人700～800万）、创汇80～100亿美元。

1986年1月21日至28日国务院召开全国旅游工作会议，部署贯彻落实规划。会后，国务院赵紫阳总理会见各省、区、市领导人和旅游局长时指出，发展旅游业是创汇的三大支柱之一，要把发展旅游业列入各级的经济发展计划，国家要列入，各地也要列入。并阐述了“硬件”和“软件”的关系，要加快培养旅游专业人才。

1986年4月12日，六届全国人大四次会议审议并原则批准了国家“七·五”计划（旅游列第37章）。提出：要大力发展旅游业，增加外汇收入，促进各国人民之间的友好往来。在国家统一领导下，动员各方面的力量，加强旅游城市和旅游区建设，加快培养旅游人才，扩大旅游商品的生产销售。这是旅游业第一次在国家计划中出现，是旅游业发展史上的里程碑，也标志着中国旅游业进入了一个新的发展阶段。发展旅游业得到了各地和各有关部门以及全社会的重视，进一步调动了各方面和旅游战线广大职工的积极性，从此旅游业开始了持续、快速发展。

1987年，全国旅游入境总人数2 690.2万人次、旅游外汇收入18.6亿美元，分别比1985年增长50.8%和48.9%，是1978年的14.9倍和7倍。旅游收汇占全国非贸易外汇收入的比重增至34.2%。

3. 成立旅游行业协会，推动两岸双向交流

行业协会是旅游管理体制的重要组成部分。随着国家经济体制改革逐步深入，经国务院批准1986年1月30日成立了第一个旅游全行业协会——中国旅游协会。它按照章程开展活动，为会员、行业、政府和社会服务，做好协调、监督、自律、咨询等工作，发挥桥梁纽带作用，促进我国旅游业的发展。

开展同海外旅游同行业组织的友好交往是协会的一项重要任务，协会作为旅游民间组织，同台湾旅游界的交往方面具有独特作用。1987年11月，台湾当局开放民众到大陆探亲观光不久，台湾的旅行商业同业公会、观光协会和观光学术团体的负责人相继与协会建立了友好联系，交流情况、沟通信息，共同举办了不同类型的海峡两岸旅游研讨活动。先后组织了10多次，共约360多人次前来参加。特别是1992年9月在北戴河联合召开了“92海峡两岸旅游研讨会”，旅游协会韩克华会长与台湾文化观光研究发展协会唐学斌会长就1993年在台北召开两岸旅游研讨会达成共识，经过双方的共同努力，终于促成。1993年7月，协会应邀首次组团（15人）赴台参会并实地考察。这是两岸旅游双向交流的一个突破，也为大陆旅游界人士赴台起了开路作用。此后，协会不断为地方旅游组织开展对台业务或访台牵线搭桥，进一步推动了两岸旅游业的交流与合作。台方希望旅游协会能成为两岸民间联络渠道的牵头单位，有事直接联系。1998年，协会与台方共同创办了“海峡两岸旅行业联谊会”（每年元宵节过后在大陆各地轮流举办），搭建交流平台、开辟对话窗口，两岸业者面对面商谈业务，省时又便捷，使两岸旅游业获得了丰收与双赢。通过实践说明，在发展两岸旅游交往中，旅游行业协会大有可为。

4. 旅游业的对外交往日益扩大

发展旅游业是对外开放的一个重要组成部分。随着国际、国内形势和条件的发展变化，我国旅游业不断打开了对外交往的新局面，新中国已与五大洲的200多个国家和地区的政府旅游机构或旅游组织和旅游企业有业务往来，并健步登上了世界旅游业的舞台。

（1）加入“世界旅游组织”（WTO），积极参加国际性、地区性旅游活动。“世界旅游组织”（WTO）是一个政府间的国际旅游组织，总部设在西班牙首都马德里。1975年该组织成立时即宣布承认新中国是唯一合法代表，并多次邀请我国加入和参加各种会议活动。1980年“世界旅游组织”在马尼拉召开首次“世界旅游大会”，国务院总理和旅游总局局长分别向大会发贺电，并委派我驻菲律宾使馆官员作为代表参加，受到大会重视。1982年8月，国家旅游局又正式派王越毅副局长率团参加“第二次世界旅游大会”，不仅增进了相互了解，也为我国加入该组织创造了有利条件。1983年2月，“世界旅游组织”秘书长罗伯特·洛纳蒂特地作出决定，向中国国家旅游局韩克华局长和国旅、中旅、青旅总社的总经理颁发奖状和奖章，以表彰新中国对发展世界旅游业所作出的贡献。1983年10月5日，“世界旅游组织”第5届全体大会一致通过接纳中华人民共和国为正式成员国。此后，我国同该组织的友好合作关系不断发展。该组织秘书长、副秘书长应邀访华。并多次派专家到我国西藏等地考察旅游业，帮助制定饭店分等定级标准（即1987年我国颁布的“旅游涉外饭店星级划分评定”标准，一直沿用至

今），以及培训旅游统计专业人员等。

1985 年 9 月在索非亚举行第 6 届全体大会，正是该组织成立 10 周年。国家主席李先念亲自题写祝贺词“发展旅游，增进友谊，促进经济合作，维护世界和平”。当韩克华局长在大会上宣读题词时，全场起立热烈鼓掌，大会秘书处特地将题词译文印发各成员国（许多国家报刊作了报导）。韩克华当选为大会副主席。1986 年，该组织首次在北京召开了“东亚及太平洋地区委员会第 16 次会议”和“亚太地区旅游战略研讨会”，共商旅游发展大计。从 1987 年起十多年来，我国多次当选为该组织执委会成员，并担任“东亚及太平洋地区委员会”副主席，这标志着我国在国际旅游事务中发挥着越来越重要的作用。

（2）中国参与举办国际性、地区性的旅游活动不断增多。1983 年 2 月 28 日至 3 月 4 日，国家旅游局在北京召开了首届“中国国际旅游会议”并举办首次“中国旅游展览”，和旅游工艺品、纪念品展销评比活动。“世界旅游组织”（WTO）秘书长、来自 47 个国家和地区的政府旅游部长（局长）、高级官员、国际旅游界的知名人士和中外旅游行家共 1 200 多人参会。国务院副总理万里、国务委员谷牧出席了大会开幕式。谷牧代表中国政府致开幕词，指出坚持实行对外开放政策，加快发展旅游业，是中国政府的一项重要方针，欢迎与会代表多提意见和建议。通过耳闻目睹和亲身体验，许多代表赞扬说：“这是一次富有意义的国际旅游界盛会，从它可以看出，中国很有条件发展成为世界旅游业的一个中心。”很多人还表示今后要加强与中国旅游部门的合作，组织更多游客访华。1984 年全国接待外国旅游者突破百万大关，达 113.43 万，增幅比上一年高 1 倍，此后，国家旅游局与各国政府旅游机构的交流合作愈益增多，派遣人员互访，举行定期（或不定期）会晤，沟通信息、商讨问题，共谋发展。

为加强旅游对外宣传与营销，国家旅游局从 1981 年起在国外设立旅游办事处，截至目前已先后在 16 个国家和地区设立了 18 个驻外旅游办事处。同时，从 1998 年开始每年举办“中国国际旅游交易会”，现已办了 10 届，成为世界上规模大、专业性高的旅游展销盛会，现场交流与交易，推动互送客源。此外，1985 年我国曾聘请新加坡经济学家担任政府旅游业顾问，后又选派人员到新加坡编写旅游饭店业教材，加强对外学习和引进工作。此后，在九十年代，中国旅游行业组织分别加入了“太平洋亚洲旅行协会（PATA）”、“世界旅行社协会联合会（UFTAA）”、“国际饭店协会（IHA）”和“国际妇女旅游组织联合会（IFWTO）”等，有力地扩大了新中国旅游业的对外影响。

旅游业是一项国际性很强的行业。几十年的实践表明，在坚持自力更生的同时，积极贯彻改革开放的方针，开展与各类国际旅游组织和各国旅游部门以及旅游界的友好交往与合作，及时了解全球旅游市场的动向，学习国外旅游业的先进技术和管理经验，取长补短，可以促使我国旅游业更好更快地发展。中国旅游业的对外交往活动将会越来越多。

（三）新世纪旅游业的新腾飞

旅游业作为国民经济的新增长点、国家非贸易外汇的主要来源、对外开放的重要窗口和弘扬民族精神的阵地，受到党中央、国务院的高度重视。进入新世纪，国务院于 2001 年 1 月 8 日至 9 日召开了“全国旅游发展工作会议”，集中研讨如何“加强旅游基础设施建设、行业管理、规范旅游市场秩序、提高服务素质、开发旅游资源和打造旅游精品”等新世纪我国旅游业发展中的重大问题，提出总体要求，并制定正式文件《国务院关于进一步加快旅游业发展的通知》下发全国贯彻执行。它推动了全国各地更好更快发展旅游业，决心为实现到2020年建成世界旅游强国而努力奋斗。

1. 大力整顿旅游市场，提高质量和竞争力

安全、秩序、质量是旅游业能否持续、健康发展的关键。按照国务院的部署，旅游全行业与工商、公安、质检等有关部门紧密配合，从2001年起开展了全国旅游市场治理整顿和打假打非专项整治工作，明显遏制了虚假广告和导游人员索要回扣小费、强迫购物等一些“顽症”，取得了成果，并促使旅游企业重视诚信经营，提高服务质量，走以质取胜的路子。为此，各级旅游部门坚持抓整治和规范旅游市场秩序不放松，这有利于中国进一步树立旅游目的地的形象。

与此同时，还开展了出国（境）旅游市场的整顿。我国自费出国（境）旅游业务自1997年7月正式开办以来迅速增长。截止目前，已开放中国公民出境旅游的国家和地区共137个，已实施96个。鉴于出境旅游市场出现“零负团费”，诱导出境宰客等现象，严重扰乱市场。经国家旅游局与各有关国家（地区）的旅游部门磋商，联合整治，规范了组团社与接团社的职责，加强诚信建设，共同推进国际旅游市场有序发展。此后，国家旅游局与中央文明办等部门进一步制订了“中国公民出境旅游文明行动指南”。不少人不仅注重文明出行，还传播精神文明建设，赢得了好评，有的还被誉为新中国的“民间大使”。

通过对国内外旅游市场的治理整顿，扩大了中国旅游业在国际上的影响和竞争力，促使海外旅游者更加钟情中国，很多人外出旅行度假首选中国。据统计，2001年与2002年，我国接待入境过夜旅游者人数和旅游外汇收入双双升居世界第5位（其中旅游外汇收入2001年仅178亿美元，2002年突破204亿美元），赶上并超过世界旅游业发达大国，名列世界旅游大国前茅。这使中国在世界旅游目的地的形象更加鲜明和突出。

2. 发展旅游产业化，加快向现代服务业转变

《国务院关于加快发展服务业的若干意见》提出，要围绕小康社会建设和消费结构转型升级，大力发展旅游、文化、体育和休闲娱乐等面向民生的服务业。以此来扩大内需、促进消费。旅游业是服务业的重要组成部分。几年来，旅游全行业都在认真贯彻落实，旅游新产品、新业态不断丰富完善。国家旅游局分别与各有关部门合作，共同推动了生态旅游、文化旅游、乡村旅游、工业旅游、红色旅游、滨海旅游、温泉旅游、冰雪旅游、森林旅游、科技旅游、会展旅游、体育旅游、健康旅游的进一步发展。全国假日旅游部际协调机制与“黄金周”旅游预报统计体系也正式建立。旅游产业的持续发展，促进了城乡居民消费增长。今年国庆中秋假日，全国共接待旅游者2.28亿人次，比去年“十一黄金周”增长28.5%，旅游总收入达1 007亿元，同比增长26.4%。同时带动了各相关产业的发展，扩大了内需，加速了旅游公共服务建设和旅游运营方式的转变。

据世界旅游组织（WTO）预测，到2015年，中国将成为世界上第一大旅游接待国

和第四大旅游客源国。我国旅游总规模将达到30亿人次。尽管全球范围发生了金融危机，但是我国旅游业长期发展的趋势没有改变。中国旅游业仍将成为推动世界旅游业发展的重要力量。

资料来源：选自《旅游·客车》杂志2009年11月1日出版，第二卷第6期总第9期

中国现代旅游的主要大事：

1. 两大旅行社系统成立。一是1954年成立的中国国际旅行社总社及其分、支社，二是1957年由各地的华侨服务社组建而成的华侨旅行社（1974年改名为中国旅行社）总社及其分、支社。（1980年成立的中国青年旅行社系统，共为旅行社三大系统。）前者负责接待外国自费旅游者，由国务院及地方政府的外事办公室领导；后者负责接待海外华侨、外籍华人、港澳及台湾同胞，属于政府的侨务系统。体制方面名义上定为“国营企业”，实际运作中都是行政或事业单位而不是企业。（1979年以前政府办旅行社主要是为了争取外国人和华侨来访，使他们更好地了解、同情和支持新中国，以扩大中国的对外影响，属于友好接待性质。那时对旅行社的要求主要是取得接待工作的政治效果而不是经济效益；主要根据政治条件选择接待对象，而不是广为招徕；旅行社的体制也是行政或事业单位而不是企业。）

2. 中国旅行游览事业管理局成立。1964年，中国旅行游览事业管理局成立，其直接意义是中国旅游事业从此有了专门领导机构。（1978年改为直属国务院的“中国旅行游览事业管理总局”，各省直辖市成立旅游局；1982年改为“中华人民共和国国家旅游局”。见教材232页“我国的旅游组织”。）

3. 1979年7月，邓小平到黄山考察。

4. 中国加入世界旅游组织。“世界旅游组织”是1975年成立的一个政府间的国际性旅游组织，总部设在西班牙的首都马德里。1983年10月，“世界旅游组织”印度新德里会议一致通过接纳中华人民共和国为正式成员国，标志着中国旅游业已跨入世界旅游业的行列。

5. 1983年11月，作为试点，广东省率先开放本省居民赴香港旅游探亲。

6. 1984年，国务院批准开放内地居民赴港澳地区的探亲旅游。

7. 1986年，旅游业的接待人数和创汇收入被正式纳入《中华人民共和国经济和社会发展第七个五年计划（1986—1990）》。

8. 1990年，经国务院批准，国家旅游局发布实施了《关于组织中国公民赴东南亚三国旅游的暂行管理办法》，旅游目的地限于新马泰三国，以后又增加了菲律宾等。这次批准的只是出国探亲旅游，公民出国旅游所需费用一律自理，采取由海外亲友交费的办法。

9. 1991年，《关于国民经济和社会发展十年规划和第八个五年计划纲要》中，正式明确将旅游业的性质定为产业。说明国家已经真正认识到旅游业的经济作用，包括旅游业对国民经济的直接贡献，以及由于旅游业对其他行业的刺激对国民经济作出的间接贡献。

10. 1995年5月1日起，我国实行周五工作制，每周有两天的“双休日”。

11. 1997 年 7 月 1 日正式实施了《中国公民自费出国旅游管理暂行办法》，标志中国出境旅游市场的形成。

12. 1999 年，新的《全国年节及纪念日放假办法》规定，将春节、五一、十一的休息时间与前后的双休日拼接，形成 7 天的长假。“黄金周”由此正式诞生。

13. 2000 年，《旅游涉外饭店星级的划分及评定》议案正式提交国际标准化组织，这是我国旅游标准化工作进入国际舞台的第一步；日本、越南、文莱、缅甸、柬埔寨获准成为中国公民旅游目的地国家。

14. 2001 年，世界旅游巨头抢滩中国，法国、奥地利等国和美国夏威夷州等地区纷纷在我国设代表处或派专人管理旅游合作事务。

15. 2002 年，民航总局决定取消所有的红眼航班；中国与德国、俄罗斯、斯里兰卡、南非、马尔代夫、印度等 6 个国家签署了关于组织中国公民前往旅游的谅解备忘录。

16. 2003 年，中国与欧盟草签了《中欧旅游目的地国地位谅解备忘录》，此次涵盖 12 个国家是德国、法国、西班牙、葡萄牙、奥地利、荷兰、比利时、卢森堡、希腊、意大利、瑞典和芬兰。

17. 2004 年，500 多家旅行社可以正式组团赴欧洲 31 个国家旅游，完全意义的欧洲游正式“登陆”出境游市场。

18. 2005 年，中墨两国签署了有关旅游实施方案谅解备忘录，墨西哥正式成为中国公民旅游目的地。

19. 2006 年，“乡村游”成为中国旅游主题。

20. 2007 年，美国成为中国公民组团出境旅游目的地国家；首批中国最佳旅游城市、5A 级景区、白金五星级饭店、中国旅游强县先后产生。

21. 2008 年，《职工带薪年休假条例》正式实施：“五一”黄金周取消，增加了清明、端午、中秋三个“小长假”；中国公民赴美团队旅游正式启动；大陆居民赴中国台湾旅游正式实施。

22. 2009 年，《旅行社条例》和《旅行社条例实施细则》正式实施，2009 年成为中国首个“生态旅游年”。

四、国际旅游业发展趋势

世界旅游业从形成到发展，现在进入了稳定发展时期，21 世纪是旅游业的第二个黄金时代。旅游业发展成为世界上最大的产业，旅游者达到空前的规模，来自各个国家、各个阶层的旅游者将把他们的足迹印在世界的每一个角落。尽管各个国家的政治、经济情况以及旅游业的发展模式不同，但就整个国际旅游业来看，将出现下列发展趋势。

（一）旅游业将成为世界上最大的产业

旅游业作为世界上最大的新兴产业，每年国际旅游业的交易额已超过 3 000 亿美元。据世界旅游组织预测，旅游业将取代石油工业、汽车工业，成为世界上最大的创汇产业。旅游业作为世界上最大产业的态势正在形成。因此，世界旅游与观光理事会指出：旅游业是促进经济发展的主要动力，旅游业已成为世界上最大的就业部门，共产生 1.27 亿个工作岗位，约占世界劳动力总数的 6.7%；旅游业是创造高附加值的产业，旅游是各国财政中主要的纳税产业之一，旅游业对世界经济的贡献，不仅是产生的产值和提供就业岗位的贡献，它同时还带动其他产业的发展，带来一系列的经济效益。

（二）国际旅游区域的重心将向东转移

欧洲和北美是现代国际旅游业的两大传统市场。在 80 年代以前，它们几乎垄断了国际旅游市场，接待人数和收入都占世界总数的 90% 左右。80 年代后，亚洲、非洲、拉丁美洲和大洋洲等地区一批新兴市场的崛起，使国际旅游业在世界各个地区的市场份额出现了新的分配组合。尤其是东亚、太平洋地区，近些年来，国际旅游增长率高于世界平均水平，达到 7.5%。预计到 2010 年国际旅游者人数将达到 1.9 亿。在迈向 21 世纪的发展中，欧洲和北美地区国际旅游市场上的份额将呈进一步缩小之势，旅游重心由传统市场向新兴市场转移的速度将会加快。随着发展中国家和地区经济的持续增长和繁荣，这些国家和地区的居民去邻国度假者必定会增加，区域性国际旅游将大大发展。特别是随着全球经济重心也相应东移，使亚太地区成为未来国际旅游业的“热点”区域。从中国的情况看，1996 年至 1998 年三年间来华旅游入境人数平均每年以 11% 的幅度增长。1998 年旅游入境人数达 6 347.84 万人，显示出非常强劲的增长势头。

（三）国际旅游客源市场趋向分散化

长期以来，国际旅游的主要客源市场在地区结构上一直以西欧、北欧和北美为主。这两个地区作为现代国际旅游的发源地，其出国旅游人数几乎占国际旅游总人数的 3/4 左右。目前世界上最重要的旅游客源国中，除亚洲的日本、大洋洲的澳大利亚外，其余大都集中在上述两个地区，其中仅德国和美国两个国家，就占国际旅游消费总支出的 1/3 以上。国际旅游客源市场在地区分布上畸形集中的局面，同样也面临着严重的挑战，特别是当代世界经济正在迅速分化和重新改组，初步形成了北美、西欧、日本、独联体、东欧和第三世界等 6 大经济力量相抗衡的态势，直接影响各地区国际旅游客源的发生、发展、消长和转移，从而导致客源市场分布格局由目前的集中渐渐走向分散。到 21 世纪初，亚洲、非洲和拉丁美洲的一些脱颖而出的新兴工业国，随着人均国民收入的增加，可能逐渐取代传统的旅游客源国，而成为国际旅游的主体市场。中国目前私人出境旅游人数较少，但增长速度较快。

（四）国际旅游方式趋向多样化

从近年来国际旅游业发展的特点看，随着世界各国经济的发展与生活水平的提高，众多旅游者越来越不满足多年一贯制的观光旅游，而希望能够在旅游中结合自己的兴趣爱好，进行积极的探索、参与和休息，人们将更加重视精神疲劳的消除，这样就要求旅游企业推出丰富多彩的旅游产品。那些单纯游山玩水的消遣观光，将逐渐为多样化的旅游方式和项目所取代。国际上传统的旅游方式分为四种，即娱乐型、观光型、疗养型和商务型，大多数旅游活动更多的是各种方式特征兼而有之。一个国家或地区的旅游方式是由其资源条件、地理位置、市场条件等多方面因素决定的，不同的旅游方式也有不同的产品、价格、市场对策等，同时旅游者也有不同的消费要求和消费特点。当今，国际旅游消费动向的重大变化是消费由“目的”变为“手段”，人们消费是为了实现自我爱好，为了自由娱乐，表现丰富的感情等。传统的观光、娱乐等旅游方式已不能满足旅游者的需求。旅游方式朝着个性化、多样化、文化化的方向发展，各种内容丰富、新颖独特的旅游方式和旅游项目将应运而生。

（五）中远程旅游渐趋兴旺

旅游距离的远近受限于时间和经济等因素的影响。目前，飞机的飞行速度越来越快，续航技术日新月异，世界正变得越来越小，距离在旅游限制因素中的作用日趋减弱，人们外出旅游将乘坐更快捷的飞机和高速火车。闲暇时间增多，今后将有更多的人加入到中、远程旅游的行列中来。因此，随着更加快捷、安全、舒适、经济的新型航空客机投入运营，全球性大规模的中、远程旅游将成为可能。

（六）国际旅游对旅游安全更为重视

世界局势的缓和，使世界避免爆发全球性毁灭战争成为可能，但世界上局部战争和冲突时有发生。民族冲突、宗教冲突、国际恐怖主义将随时对国际旅游业的发展形成局部威胁。在具备闲暇时间和支付能力的条件下，唯一能使旅游者放弃旅游计划的因素就是对安全的顾虑。旅游者考虑的安全因素主要有：局部战争和冲突，恐怖主义活动；旅游目的地政局不稳定，传染性疾病流行，恶性交通事故的发生，社会治安状况恶化等。旅游者只有对各方面的安全因素确定无疑后才会启程。因此，各旅游接待国或地区都愈来愈重视安全因素对市场营销的影响，力求从每一个环节把好安全关。针对一些不可预测的不安全因素为游客预先代办保险，这样做一方面可以减轻游客的后顾之忧，另一方面，一旦事故发生，可以将其对市场的冲击力减少到最低程度。

资料来源：http：//www. chinavalue. net/wiki/showcontent. aspx？titleid = 24443

课后训练

关键术语

古代旅行　旅游发展　现代旅游业　大众旅游　旅游发展趋势

学以致用

一、讨论分析题

1. 为什么说人类的迁徙活动不属于旅游活动？

2. 为什么人们将托马斯·库克尊为旅游业的先驱？

3. 试析第二次世界大战结束后现代旅游迅速发展的原因。认识这些原因的意义何在？

4. 请介绍一处古老风景名胜区的特色旅游资源。

5. 有人提出，在先秦时期，“结婚旅游”就已经“广泛存在，蔚然成风”，理由是在“宇宙初开之时”就有女娲兄妹二人因结婚而走了挺远的路（妹妹女娲来到昆仑山上与兄完婚）。这一走，就是旅游，是结婚旅游。此后，这种结婚旅游当然就“蔚然成风”了。你怎样看待这种观点？你同意与否的理由是什么？

二、案例分析

2008 年北京奥运会对中国旅游业的影响

2008 年北京奥运会是一次盛大的运动盛会，使世界第一大体育赛事登陆古老的东方土地。奥运会对我国旅游业的直接可观影响包括旅游人数的增加、旅游收入的增加、旅游设施的完善、我国旅游形象和知名度的提升；间接促进影响包括旅游产业结构的升级和优化、旅游业意识的提高、旅游产品的深度开发、体育旅游事业的发展促进、国民素质的提高等等。

一、旅游人数的增加，尤其是国际旅游人数的增加

北京是一座独具魅力的古城，不仅是因为它 3 000 多年的建城史和 800 多年的建都史，如今的北京更是一座蓬勃发展、充满生机的国际化大都市。奥运会在京举办，使中国在全世界声誉鹊起，越来越多的国家开始在北京设立旅游办事处。2008 年，国际旅游人数达到 604 万，比 2000 年增长 114 %。

二、旅游收入的增加，尤其是外汇收入的增加

通过对近几届奥运会研究发现，在奥运会期间，入境国际游客无论在住宿、交通、通讯、餐饮、观看比赛，还是吉祥物、纪念品等旅游购物的消费水平都比平时超出一倍或数倍，集中消费程度高，举办国外汇收入增量巨大。由于奥运而增加的旅游总需求为 1 700 亿人民币。此外“奥运旅游热”不仅会点燃北京，还会向全国各地的名胜景区扩散。如黄山旅游、泰山旅游、西安旅游等国内黄金旅游点可能成为奥运游客的必经之路，伴随而来的当然是巨大的经济收益。

三、我国旅游形象和知名度的提升

北京举办奥运会，使全球超过 1 万名记者的大强度、高密度采访报道，成为目前世界上最大的宣传报道活动，其规模无与伦比，价值难以估量，方式最为自然，影响极为深远。其美丽的自然风光，悠久的历史文化，神秘的东方传说，辉煌的建设成就，对陌生的人们来说，具有无法抗拒的独特魅力，因而将会有越来越多的人被激发了解北京、了解中国的愿望，同时也被激发出到中国观光的欲望。北京奥运使北京和中国成为世界所瞩目，也使中国旅游业声名远扬。

四、旅游产业、旅游产品深度开发

大量的旅游者在刺激旅游业的同时，还带动了交通、购物、餐饮的相关产业，旅游者的消费结构也呈现出多层次的非单一结构特点。

文化是旅游业的灵魂，是现代奥林匹克运动的支柱之一。北京承办第 29 届奥林匹克运动会，将极大地弘扬中国旅游文化和促进东西方旅游文化的交流与融合。旅客旅游目的是了解中国文化、休闲度假、观赏奥运竞赛等，根据这一旅游群体的特殊性，旅游部门应精心设计和开发具有浓郁北京人文特色、反映丰富奥运理念的旅游产品系列。让旅游者在旅游的过程中享受到中国文化和奥林匹克文化的熏陶，既满足了旅游者的需求，又可通过旅游达到宣传奥林匹克文化的目的。

资料来源：http：//blog. sina. com. cn/s/blog_56d7df960100kh2x. html

问题：

1. 北京这座独具魅力的古城对吸收旅游者有什么意义？
2. 奥运会对我国旅游业的影响有哪些？
3. 结合案例分析现代旅游发展的原因是什么？

知识拓展

我国的旅游标志——马踏飞燕

我国旅游标志的奔马，原本是我国著名的东汉文物，又叫马踏飞燕 、铜奔马，还有人称它为天马赛风神。铜奔马是1969年甘肃省武威市雷台东汉（公元25～220年）墓中出土的，距今约1 600多年。马通高34.5厘米，长45厘米，重17公斤，自由、奔放，毫无束缚，三脚凌空，曰：天马。铜奔马，又称“马踏飞燕”或“踏燕飞马”，现藏于甘肃省博物馆。1984年，铜奔马被确定为中国旅游的标志。

铜奔马，它头短颈长，身体浑圆，躯干粗实，四肢修长，弯尾上扬，张口嘶鸣；在四蹄腾空的右后蹄下踏着一只展翅飞翔的燕子，故名“马踏飞燕”。把奔马的一足摆在了一只飞燕身上，让飞燕探首回顾，收足展翅，仿佛是凌空奔驰的骏马超过了流星般急翔的飞燕。这个固定在平面上的马的艺术造型，使人感到它有风驰电掣，瞬间千里的动感，有“天马行空”，势不可当的气势。其神采正如汉武帝的《西极天马歌》所吟：“天马来兮从西极，径万里兮归有德；承灵威兮降外国，涉流沙兮四夷服。”叫人见了此马凌云飞奔之感油然而生。巍巍中华国富民强，真是神采飞扬，气势磅礴，不愧于“千古一马”之美誉也！它是我国悠久的历史和灿烂文化的一个最好见证，它曾多次出国展出，它所具有的非凡魅力，倾倒了无数国外观众，其知名度之高，使它被选为中国旅游的标志。

中国又称神州，是一个富于神话传说的浪漫主义国度。中国古代神话传说中有天上神，人间神，冥间神。中国古代人民不仅生活在现实里，也生活在神话里。神话作为集体无意识的原型具有永恒的魅力，不会因现代科学的进步而减退。审美的魅力来自对源于生命深处的神秘事物的感受，即荣格所说的幻觉型作品。“天马赛风神”的名称承载了中国五千年的文化历史、历史事件和神话传说。“天马”、“风神”、“赛风神”都会给人以许多美好丰富的联想。

“风神”在中国古代亦称风伯、风师。从《山海经·大荒北经》的“蚩尤作兵伐黄帝，黄帝乃令应龙攻之冀州之野。应龙蓄水。蚩尤请风伯、雨师，纵大风雨”算起，关于“风神”的神话传说已有5 000年了，比“天马行空”的故事早2 000多年。“风神”可以让人联想到风神、雨神、雷公、电母、天神、日神、月神等中国天上诸神的很多神话传说。

“天马”让人首先联想到“天马行空”的成语。“天马行空”：“天马”奔腾神速，像是腾起在空中飞行一样。比喻诗文气势豪放，不拘一格，流畅自然，也指思维不同寻常的跳跃。“天马行空”这个成语，家喻户晓，耳熟能详，深入人心，激发了多少中国人的想象力，这是一个与汉武大帝有密切关系的成语。“天马”凝聚着中国人“天马行空”的最深层次的民族记忆，饱含着最具民族特色的古朴、典雅的传统美学追求，能够体现出人类创造精神、审美理想、智慧含量、展示人类的生命记忆与精神源泉。

马踏飞燕的象征意义：

① 象征中国旅游事业蓬勃发展毫无束缚蒸蒸日上。

② 马为古今旅游交通工具寓意国内外旅游者可以尽兴尽情在中国旅游。

③ 用青铜器“铜奔马”象征中国悠久、灿烂、辉煌的古老文明及文化。

资料来源：http：//www. wuweitour. com/news/detail. asp？ n_id =479

第二篇

旅游活动分析篇

模块三　旅　游　者

课前准备

【任务驱动】

本部分主要介绍国际组织和中国国内对于旅游者的划分，通过学习，学生能够了解旅游者的概念性定义和统计标准定义；熟悉旅游者产生的客观条件和主观条件；掌握旅游动机的形成过程、分类及影响旅游动机的主要因素。

【导入案例】

2012 年上半年中国出境旅游人数增长近 2 成

众所周知，旅游业是第三产业的重要组成部分，是世界上发展最快的新兴产业之一，被誉为“朝阳产业”。在我国，随着经济持续快速增长，我国旅游业的产值也在不断攀升。近日，中国旅游研究院发布 2012 年上半年旅游经济运行分析和下半年趋势预测报告。报告指出，上半年，国内旅游人数 15.5 亿人次，同比增长 14%，国内旅游收入 1.12 万亿元，同比增长 18%；出境旅游人数 3 850 万人次，增长 19%，出境旅游消费约 360 亿美元，旅游服务贸易逆差进一步扩大；入境旅游人数 6 600 万人次，同比略有下降，入境旅游外汇收入 235 亿美元，同比微增 2%。

资料来源：中商情报网（http：//www.askci.com）日期：2012－7－30

问题：

1. 通过上述案例，你认为国内旅游、出境旅游各自指哪些旅游形式？
2. 通过上述案例，你认为我国旅游业产值大幅增长的原因是什么？

教学内容

任务一　识别旅游者

旅游是人的活动，是人们离开日常生活轨道，暂时到另一个地方进行的一种特殊的社会实践活动。这部分人群规模在不断扩大，形成一定的市场规模，于是出现了满足这部分人群需求的服务行业——旅游业。旅游者是旅游活动的主体，其数量和消费水平是决定旅游业发展的基本因素。

伴随着社会经济的繁荣，参加旅游活动的人越来越多，旅游的类型也日益多样化，旅游经济的发展和旅游研究的深入，制定一个比较符合实际、便于旅游统计和科学研究的共同标准就成为旅游学的一个重要研究课题。从国际联盟（The League of Nations）到联合国组织（UN）、世界旅游组织（WTO）乃至各国政府有关部门，都曾为旅游者的界定做了大量的工作。对于国际旅游者的定义，目前世界各国在理论上基本已有了统一的认识，研究和制定了共同的定义。

对旅游者所作的官方定义一开始就特别注意旅游是否跨国境的问题，由此形成了对旅游者的最基本的分类，即国际旅游者与国内旅游者。

一、国际旅游者

（一）国际联盟的解释

1937 年，国际联盟对外国旅游者的解释是：外国旅游者是“离开自己的居住国，到另一个国家访问至少 24 小时的人”。

应列入来访旅游者统计的人员包括：

（1）为了消遣、家庭事务及身体健康方面的目的而出国旅行的人；

（2）为出席会议或作为公务代表而出国旅行的人；

（3）为工商业务原因而出国旅行的人；

（4）在海上巡游度假过程中登岸访问的人员，即使其上岸时间不足 24 小时，亦视为来访旅游者。

不能列入来访旅游者统计的人员包括：

（1）抵达某国就业任职或者在该国从事营业活动者，均不能列为旅游者；

（2）到国外定居者；

（3）到国外学习，膳宿在校的学生；

（4）边境地区居民中日常越境工作的人；

（5）临时过境而不停留的旅行者，即使在境内时间超过 24 小时也不算旅游者。

这一解释是为了规范各国的旅游统计口径，但它针对的只是外国旅游者，无国内旅游者。

（二）罗马会议定义

二战以后在国际官方旅游组织联盟的积极推动下，联合国于 1963 年在罗马召开了一次国际旅游会议。经过讨论，会议对国际来访的入境旅游者的统计范围作了新的规范，这就是罗马会议定义。1968 年联合国统计委员会正式确认和通过了这个定义；1970 年，经济合作与发展组织旅游委员会也采纳了这一定义。人们通常把这一定义内容称为世界旅游组织的解释。

罗马会议指出，凡纳入旅游统计中的来访人员统称为游客。游客分为两类：一类是在到访目的地停留过夜的游客——旅游者；另一类是不在目的地停留过夜，而是当日返回或离去的游客——短程旅游者或一日游游客。

罗马会议对旅游者的具体解释是：

游客是指除为获得有报酬的职业以外，基于任何原因到一个不是自己通常居住的国家访问的人。

（1）（过夜）旅游者：即到一个国家作短期访问至少逗留24小时的游客。其访问目的：消遣、工商业务、家庭事务、公务出使、出席会议。

（2）短程旅游者：即到一个国家作短暂访问，停留时间不超过24小时的游客（包括海上巡游过程中的到访者）。

罗马会议定义的特点：

（1）将所有纳入旅游者统计的来访人员统一称谓为“游客”。

（2）以在访问地的停留时间即是否在访问地停留过夜为标准，将来访游客进一步划分为停留过夜的旅游者和不停留过夜的一日游游客。

（3）根据来访者的定居国或通常居住国，而不是根据其所属国籍，来界定其是否属于应纳入旅游者统计中的游客。

（4）根据所规定的访问目的来界定来访者是否属于应纳入旅游者统计中游客。

1967年，联合国统计委员会召集的专家统计小组采纳了1963年罗马会议的定义，并建议各国都采用这一定义。世界旅游组织（WTO）成立后，也将罗马会议定义作为本组织对应纳入旅游统计人员的解释。因此，在学术界又将其称为世界旅游组织的解释。

总之，罗马会议使得“旅游”（Tourism）与“旅行”（Travel）两个涵义原本不同的术语朝着概念同化的方向迈进了一步。

（三）我国关于旅游者的定义

凡纳入我国旅游统计的来华旅游入境人员统称为（来华）海外游客。海外游客是指来我国大陆观光、度假、探亲访友、就医疗养、购物、参加会议或从事经济、文化、体育、宗教活动的外国人、华侨、港澳台同胞。其中外国人是指属外国国籍的人，包括加入外国国籍的中国血统华人，华侨是指有中国护照但侨居外国的中国同胞，港澳台同胞指居住在我国香港、澳门和台湾的中国同胞；在技术上，我们可以认为：海外游客是指因上述原因或目的，离开其长住国（或地区）到我国大陆访问，连续停留时间不超过12个月，并且在我国大陆活动的主要目的不是通过所从事的活动获取报酬的人。其中，长住国（或地区）是指一个人在近一年的大部分时间所居住的国家（或地区），或者虽然在一个国家（或地区）只居住了较短时间，但在12个月内仍将返回的这一国家（或地区）。

按照在我国大陆访问期间停留时间的差别，海外游客可以划分为以下两类：

（1）海外旅游者——过夜游客；

（2）海外一日游游客。

我国旅游统计中规定，海外游客不包括下列人员：

（1）应邀来华访问的政府部长以上官员及其随行人员；

（2）外国驻华使、领馆官员，外交人员以及随行的家庭服务人员和受赡养者；

（3）在我国驻期已达一年以上的外国专家、留学生、记者、商务机构人员等；

（4）乘坐国际航班过境，不需要通过护照检查进入我国口岸的中转旅客；

（5）边境地区往来的居民；

（6）回大陆定居的华侨、港澳台同胞；

（7）已在我国大陆定居的外国人和原已出境又返回我国大陆定居的外国侨民；

（8）归国的我国出国人员。

对比前述国际组织对应纳入旅游统计人员的界定和我国对来华海外游客的现行解释，可以看出，除了在各自的表述以及对某些术语的解释有所不同之外（如我国界定的海外旅游者实际将在亲友家过夜的来华旅游者排除于统计范围之外），这些定义及解释的内容都大致相同。世界各国的情况也大都如此。可以说，世界上目前对国际旅游者的界定原则上已经有了统一的认识。

二、国内旅游者

国内旅游者是指在本国某目的地旅行超过 24 小时而少于 1 年的人，其目的是娱乐、度假、运动、商务、会议、学习、探亲访友、健康或宗教。国内短途旅游者是指基于上述任意某一目的在旅游目的地逗留时间不超过 24h 的人。

（一）欧美各国的界定

1. 加拿大政府

旅游者是指到离开所居住社区边界至少 50 英里以外的地方去旅行的人。

2. 美国

美国使用较广的旅游者定义是 1973 年美国国家旅游资源评审委员会（The National Tourism Resource Review Commission）提出的定义：旅游者为了出差、消遣、个人事务或者出于工作上下班之外的其他任何原因而离家外出旅行至少 50 英里的人，而不论是在外过夜还是当日往返。美国旅游数据资料中心和美国调查统计局（US Travel Data Center and the US Bureau of the Census）用的标准也是 50 公里，并规定下列人员不能列为旅游者：

（1）火车、飞机、货运卡车、长途汽车和船舶的驾驶及乘务人员的工作旅行；

（2）因上下班而往返于某地的旅行；

（3）学生上学或放学的日常旅行。

北美各国对国内旅游者的定义的突出特点是以人们外出旅游的距离为标准界定是否属于国内旅行者，而不论其是否在外过夜。

3. 欧洲各国

法国旅游行政部门对国内旅游者所作的界定是：出于消遣、保健、会议、商务、修学等目的，离开其主要居所，外出旅行超过 24 小时但不足 4 个月的人。

英国的英格兰旅游局在月度英国旅游调查中对国内旅游者的界定是：基于上下班以外的任何原因，离开居住地外出旅行过夜至少 1 次的人。对外出旅行的距离未作规定。

4. 世界旅游组织

世界旅游组织关于国内旅游者的定义，是世界旅游组织在 1984 年参照国际旅游者的定义作出的，采用的界定标准与国际旅游者的界定标准基本一致。在这一定义中，与国际旅客的划分类似，国内游客也被区分为国内旅游者（Domestic tourists）和国内短程游览者（Domestic excursionists）。国内旅游者指在其居住国国内旅行超过24小时，但不足1年的人，其目的可以为消遣、度假、体育、商务、公务、会议、疗养、学习和宗教等。此后又补充规定，国内旅游者不包括那些外出就业的人。国内短程游览者指基于任何以上目的访问地逗留不足24小时的人。

虽然如此，各国在进行统计时，采用的界定标准仍然各行其是，未有多大改观。不过，在概念性定义上，对旅游者的认识并未有大的差异。可以说，无论是国际还是国内旅游者，都是出于就业和移民以外的任何原因，暂时离开常住地到异乡访问的人。

（二）我国旅游统计的界定

国内游客是指任何因休闲、娱乐、观光、度假、探亲访友、就医疗养、购物、参加会议或从事经济、文化、体育、宗教活动而离开常住地到我国境内其他地方访问，连续停留时间不超过6个月，并且访问的主要目的不是通过所从事的活动获取报酬的人。在这一定义中，所谓长住地指的是在近一年的大部分时间内所居住的城镇（乡村），或者虽然在这一城镇（乡村）只居住了较短时间，但在12个月内仍将返回的这一城镇（乡村）。

国内游客分以下两类：

1. 国内旅游者，指我国大陆居民离开长住地，在我国境内其他地方的旅游住宿设施内停留至少1夜，最长不超过6个月的国内游客。

2. 国内一日游游客，指我国大陆居民离开长住地10公里以外，出游时间超过6小时但又不足24小时，并未在我国境内其他地方的旅游住宿设施内过夜的国内游客。

下列人员不属于国内游客：

（1）到各地巡视工作的部级以上领导；

（2）驻外地办事机构的临时工作人员；

（3）调遣的武装人员；

（4）到外地学习的学生；

（5）到基层锻炼的干部；

（6）到其他地区定居的人员；

（7）无固定居住地的无业游民。

我国对国内游客的定义和世界旅游组织的定义基本一致，但是我国对国际旅游统计方面所做的统计并未将在亲友家过夜的国内旅游者包括进去。所以，我国关于国内游客人次的统计数字可能低于实际规模。

三、旅游者的类型

依照世界旅游组织（World Tourism Organization，缩写：WTO）对国际旅行者的分类，可以将旅游者分为：消遣型旅游者、差旅型旅游者和家庭及个人事务型旅游者。

1. 消遣型旅游者的特点

（1）这类旅游者在全部旅游者人数中所占比例最大。消遣型旅游者在全部外出旅游人数中所占的比例最大，不难设想以消遣为目的的这类旅游者在世界旅游业中所占的重要地位。

（2）外出的季节性较强。消遣型旅游者外出旅游的季节性很强，一方面，这类旅游者大多数属于在职人员，他们的旅游度假几乎都是借助带薪假期实现的。带薪假期的集中造成了出游时期的集中，也就形成了出游的季节性。另一方面，目的地的气候和景观也是使得消遣型旅游者来访有季节性的重要因素。

（3）消遣型旅游者对旅游目的地和旅行方式的选择以及对出发时间的选择方面，拥有较大程度的选择自由。

（4）消遣型旅游者在旅游目的地的停留时间一般比较长。消遣型旅游者在旅游目的地的停留时间一般比较长，例如，这类旅游者在来华旅游时很少只参观一个城市或景点，而是要到各地领略一下不同的风光景致。即使主要逗留于某一旅游胜地，由于消遣度假的原因，逗留时间也会相对较长。

（5）由于自费的缘故，消遣型旅游者对价格较为敏感。所以在旅游产品和出行方式上消遣型旅游者更关心的是货真价实，物有所值。

2. 差旅型旅游者的特点

（1）人数虽然较少，但是出行次数较为频繁。这是差旅型旅游者受到旅游企业重视的主要原因之一。

（2）出行是出于工作或业务的需要，因而不受季节的影响。由于他们的出行是出于工作或业务的需要，因此不需要受假期的限制，利用工作时间即可。

（3）对目的地的选择自由度较小，甚至根本没有选择余地。

（4）在旅游服务的要求方面，强调舒适和方便，因而消费水平较高。

（5）对价格不太敏感。一方面，这一类型的旅游者外出消费并非自费，另一方面也是因为他们没有选择或更改目的地的自由。

3. 家庭及个人事务型旅游者的特点

个人和家庭事务型旅游者是指那些探亲访友和求学的旅游者。这类旅游者的需求特点比较复杂。他们在需要方面不同于前两种类型的旅游者，又兼有这二者的某些特点。

（1）出行时间大多选择在传统节假日外出探亲，日期限制较紧；

（2）外出季节性较差；

（3）对价格较为敏感；

（4）对旅游目的地的选择缺乏自由度。

任务二　旅游者的形成条件

在世界各国的旅游研究中，人们在讨论影响旅游需求产生与实现的个人因素时，都是针对非差旅性旅游而言，即都是针对消遣性旅游和因私的家庭及个人事务性旅游而言。

个人旅游需求的产生与实现，至少需要同时具备两个方面的条件：从客观上讲，一是需要具备足够的支付能力，二是需要拥有足够的闲暇时间。从主观上讲，则是必须要有外出旅游的动机。以可随意支配收入为根本的收入水平和以带薪假期为代表的闲暇时间是影响一个人能否成为旅游者的最重要的客观因素，也是实现旅游活动的两个最主要的条件。

一、客观条件

（一）足够的可随意支配收入

家庭的经济收入达到一定的水平，是实现旅游的前提条件和重要物质基础。旅游支付能力又与其收入水平，尤其是可自由支配收入直接相关。

1. 相关概念的界定

可支配收入（Disposable Income）：指个人或家庭的收入中扣除全部应纳所得税之后的剩余部分。

可随意支配收入（Discretionary Income）：个人或家庭收入中扣除全部纳税后和社会消费（如老年退休金和失业补贴的预支等），以及日常生活必须消费部分（衣、食、住、行等）之后所余下的收入部分。

2. 个人收入与旅游需求的关系

个人或家庭收入增长到一定的水平，达到“可自由支配”的高度，是存在的事实。这个高度姑且叫做“临界点”。当一个家庭的收入不足以购买基本生活必需品时，该家庭成员就很少会外出旅游。而一旦这个家庭收入超过临界点，该家庭用于旅游的支出便会以更快的速度增长。当然，这一临界点在不同的国家也不相同。国际经验参数指出，一个国家或地区的人均年收入达到400美元时，就会产生国内旅游的出游需求，当人均年收入达到800美元时，出国旅游需求随之产生。

收入水平不仅在于一个家庭的可支配收入达到何种水平便可以满足外出旅游所需具备的经济条件，而且还在于超过这一临界水平之后，每增加一定比例的可支配收入，用于旅游度假的消费额便会以更大的比例增加。此外，收入水平不仅直接影响着人们的旅游消费水平，而且还会影响到人们的旅游消费构成。

富裕的家庭在外出旅游时，会在食、宿、游、购、娱方面花费较多，从而使得交通费用在消费中的比例降低。而在收入水平较低的家庭的外出旅游消费结构中，交通费用所占的比例通常较大。收入与旅游消费支出不是简单的正比例关系，而是“结构性”的增长。

总之，旅游支付能力的高低，取决于收入水平，尤其是可自由支配收入水平。收入水平的高低，影响着旅游活动能否实现，影响着外出旅游时的消费水平及消费结构，也影响着对旅游目的地和旅行方式的选择等等。所以，可自由支配收入水平是决定个人旅游消费的重要经济因素。

（二）足够的闲暇时间

拥有足够的支付能力，只是决定人们能够外出旅游的经济方面的因素。事实上，即使是在公民出游率很高的国家，也有一些人即使收入水平相当高，也未必能够实现外出旅游。原因是多方面的，其中一个就是其还未满足前文所提到的另一个客观条件，即有足够的闲暇时间。

何谓闲暇时间？闲暇时间也称自由时间或可随意支配时间。

1. 人生时间的构成

（1）法定的就业工作时间。例如我国目前实行的每周五天、每天 8 小时的工作制。

（2）必须的附加工作时间。例如必要的加班加点、必要的第二职业等。

（3）用于满足生理需要的生活时间。例如用于吃饭、睡觉、家务等的时间。

（4）必须的社会活动时间。例如出席必要的社交场合、参加必要的社会活动等的时间。

（5）闲暇时间。即所有时间扣除以上各部分后的剩余部分。

也有人将（1）和（2）部分的时间合称为谋生需要的时间。如果把人在这些时间内的活动划分为必需的限制性活动和随意的活动两类，并与时间的划分放在一起进行对比的话，可以得到如下关系（见表 3－1）：

表 3－1　活动与时间的关系

时间＼活动	限制性活动	自由活动
工作时间	法定就业时间里的劳动，附加劳动	工间休息
非工作时间	生理生存活动，必需的社会活动	消闲活动

从表 3－1 我们可以看出，一个人消遣性的活动占用的时间并非所有的非工作时间，而仅仅是其中的一部分。这也说明了，闲暇时间并非通常所说的“8 小时以外的时间”，而是指可由人随意支配的、用于任何目的、从事任何想要从事的活动的时间。可以说，闲暇时间就是在日常工作、生活、学习及其他必需的时间之外，可以自由支配，从事消遣娱乐或自己乐于从事的其他任何事情的时间。

2. 闲暇时间的构成

当然，并非所有的闲暇时间都可以用来旅游。这与闲暇时间分布的集中程度有关：

（1）每日余暇。顾名思义，即在每日的工作及生活等必须时间之外的部分。这部分时间很零散，基本上不可能用来作为旅游时间，只可以用来进行一般的娱乐和休息。

（2）周末余暇。即周末公休时间。我国已实行每周 5 天工作制，周末公休时间有 2 天。这为我国公民趁周末时间外出旅游创造了必要的时间条件。目前全世界大多数国家都实行了 5 天工作制。在有的国家，如美国，有的法案还规定，每年有 4 次为期 3 天的周末假日。这段较为集中的闲暇时间就可以用来外出作短途的旅游度假。

（3）公共假日。即通常所说的节假日。由于各国不同的历史文化和宗教信仰方面的原因，其传统节日的分布状况也有所不同。西方国家比较重要的公共假日是复活节和圣诞节。我国的公共节假日包括元旦、春节、五一劳动节和国庆节。国家通过政府调控，使前述几个公共假日与前后周末组合在一块，组成旅游的“黄金周”，往往会成为家庭外出旅游的高峰时期。

（4）带薪假期。目前经济发达的工业化国家当中大都规定对就业人员实行带薪休假制度，这是产业革命完成后工人阶级不断斗争争取的结果。法国 1936 年第一个以立法形式规定就业人员每年享有至少 6 天的带薪假期。现在，世界上很多国家都实行了带薪休假制度，但各国实行带薪假期的情况各有不同。例如，在瑞典，每年有大约 5 ~ 8 周的带薪假期，而在美国，一般为 2 ~ 4 周，西欧国家平均每年 4 周。在我国，教育部门每年的寒暑假 10 周，离家在外的单身职工和夫妻分居职工的探亲假每年有 3 ~ 4 周，已婚职工 4 年一次探亲假，先进人物有不定期的旅游假期作为奖励，等等。带薪假期时间长而且集中，是人们借以外出旅游的最佳时机。

（三）其他影响客观因素

一定的支付能力和足够的闲暇时间是实现旅游活动的两个最重要的客观条件，但是并非全部条件。事实上，一个人能否外出旅游，还要受到其他客观因素的影响和制约。这些因素可以分为三类。

1. 社会因素

社会条件是指一个国家或地区的经济条件发展，文化因素以及社会时尚等。旅游作为一种现代生活方式，不可能脱离社会条件而单独存在，人们的生活环境对旅游动机有一定的影响。

经济发展水平直接诱发旅游动机的产生，只有当整个国家或者地区的经济相当发展时，才有足够的经济条件来建设旅游设施、开发旅游资源，从而提高旅游的综合吸引力，诱发人们旅游的兴趣和愿望，同时，也只有经济高度发展，物质文化水平相对丰富，经济支付能力增强时，人们才会产生旅游动机。

社会时尚是促进旅游动机的产生。为了寻求安全感和社会认同感，与社会大众保持同步，得到社会的认同，人们之间才会相互模仿，从而形成时尚，从而把旅游当成其他消费品一样成为人们生活中不可或缺的内容时，它就会像日常消费品一样会形成时尚。

2. 社会政治因素

政府的外交政策和外交状况可以决定出境旅游的可能性；政府对待旅游的态度，是鼓励其发展并提供尽可能的方便，还是提倡甚至限制，以及一国或地区的政局是动荡不安还是和平稳定，都可以成为影响旅游活动的因素。

3. 个人因素

个人的旅游欲望是旅游动机的诱发性因素，没有旅游的欲望，也不可能产生外出旅游的动机。旅游作为一种特殊的产品，具有一定的趣味性和刺激性，在人们的享受与发展需要不断增强时，它对许多人产生了吸引力，促使人们产生外出旅游的意愿。

对于处在生活节奏不断加快、工作高度紧张环境中的人们而言，逃离城市的喧嚣，换换环境，享受一下轻松的生活，调整疲惫的身心是他们的渴望。另外，在适当的时间走向社会，走向自然，偶尔的体验一下他乡的风土人情，文化习俗和大自然的秀丽风光，也是人们的期盼。这种逃避大城市的喧嚣，到异国他乡去探新求异的心理，对人们旅游动机的产生起着决定性的作用。但是，不同的个性心理特征使人们的兴趣、爱好以及处事的态度有所不同。

旅游者的收入、家庭户主学历、家庭户主职业、户主年龄、家庭结构、生命周期、种族、性别、产品价格、空间距离等都是影响旅游活动实现的重要因素。

二、主观条件

从哲学的观点来看，外因是通过内因起作用。任何事物的变化，内因都是起决定性的作用的。所以，如果一个人主观上没有旅游的动机和愿望，即使具备上述客观条件，也不可能成为旅游者。因此，本节主要就实现旅游活动所必须具备的主观条件展开讨论。而这一主观条件，指的就是旅游需要推动的旅游动机。

（一）旅游动机与个人需要

1. 动机的概念

一般来讲，凡是引起个体去从事某项活动，并使活动指向一定目标，以满足个体需要的愿望或意志，都可以叫做这一活动的动机。换句话说，动机就是激励一个人作出某种行为的内在驱动力。如图 3－1。

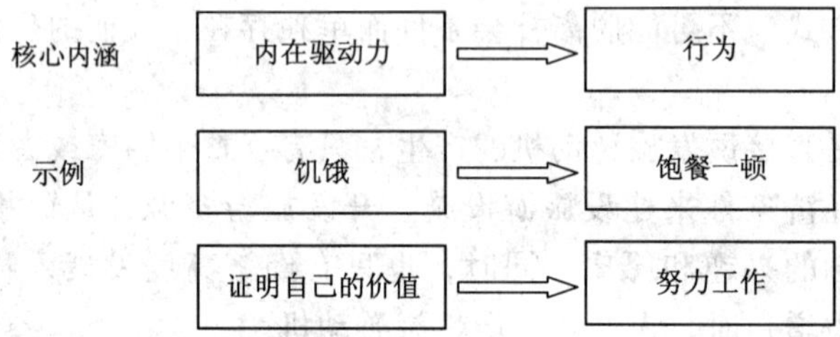

图 3－1

一个人真正成为旅游者，除了具备客观条件外，还必须具备主观条件。这个主观因素就是旅游动机。动机是激发个人行为的内在驱动力。旅游动机是一个人为了满足自己的某种需要而决定外出旅游的内在驱动力，即促使一个人有意于旅游以及到何处去、作何种旅游的心理动因。如图 3－2。

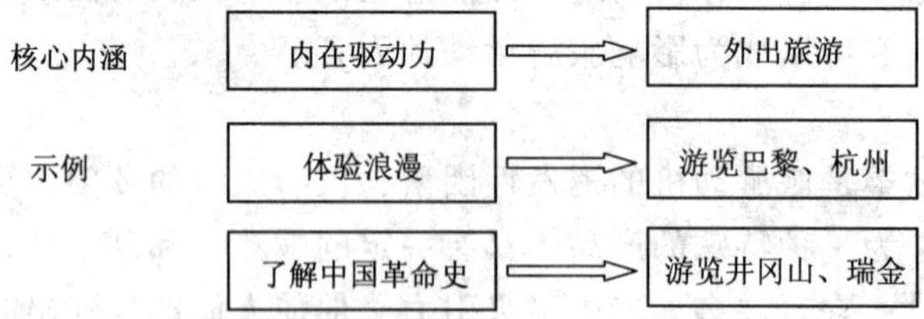

图 3－2

人本主义心理学家认为，动机是需要的表现形式（见下式）：

旅游需要——旅游动机——旅游行为

上式反映了从需要到动机再到行为的旅游发生心理模式。因此，研究人的动机，必须首先研究人的需要。旅游动机也是如此。促发旅游动机产生的精神需要，主要有以下两种：其一，探新求异的需要，或者说好奇心的需要。其二，逃避现实的需要。我们可以认为，人们外出消遣或度假旅游主要是为了满足这两种精神上的需要。

2. 旅游动机和旅游需求之间的关系

美国心理学家马斯洛提出“需要层次论”，他根据人的心理发展过程所支配地位的先后，把人的需要分为5个层次。由低到高的层次依次为：

生理需要（Physiological needs）：食物、饮水、氧气、睡眠等；

安全需要（Safety needs）：治安、稳定、秩序、受保护等；

社交需要（Social needs）：也称为“爱的需要”，群体的归属感、人与人之间的感情联系以及爱与被爱等；

受尊重的需要（Esteem needs）：自尊心、信心、希望有地位、有威望、受到别人的尊重、信赖以及高度评价等；

自我实现的需要（Self-actualization needs）：充分发挥自己的潜力、表现自己的才能、成为有成就的人物等。

马斯洛认为，人只有在低一层的需要相对满足之后，高一层的需要才会依次产生。马斯洛的需求层次论很好地解释了某些旅游者的出游动机：具备了一定的物质条件之后才可能产生旅游需求。旅游是高层次的精神文化需要，是超脱一般生理需要的高级需求形式，是社会发展到现代文明阶段的产物。因为旅游所满足的需要应属于心理需要的范畴。只有社会的文化水平在精神和物质方面提高到一定档次后，才能为人们创造出生活富裕、时间充裕和信息发达的旅游条件，旅游才能真正以需要的形式在人们的心理上成为一种追求的对象。

3. 现代人产生旅游动机的原因

（1）回归自然的需求

人类文明的发展，科学技术的进步使许多现代人摆脱了经济上和政治上的束缚，摆脱了繁重的体力劳动。但也正因为如此，人们与自然的距离变得越来越远了。比如，中世纪时代的人们主要从事着手工劳动，生产桌子、椅子、衣服和其他商品的手工艺者控制并监视着生产的整个过程。劳动过程就是一种创造的过程，劳动能给人一种作为创造者的成就感。而在现代大企业生产过程中，劳动分工越来越细，工作变得越来越单调、机械，每个人都固定地完成生产线上的一道简单的程序或一个动作。

人没有了一种创造者的感受，从劳动过程本身不能获得一种作为创造者的满足感，劳动仅仅是获得金钱和谋生的手段。在这种异化的劳动中，人的创造性、好奇心、独立思考能力都被压抑和淡化了。从生活环境方面来看，越来越多的人聚集在城市中，居住在钢筋水泥建造的丛林里。城市环境日益恶化，汽车尾气、工业垃圾、噪音等污染源一天比一天严重地损害着人们的身心健康，破坏着由人类自己建造的生活环境。在这个车水马龙的人造世界中，人们清晨听不到鸟鸣，看不到蔚蓝色的天空，更嗅不到绿意葱葱的大自然的芳香。

于是，人们渴望回归大自然，感受大自然环境的清新。而到森林、海滨、河流、山川中去旅游，亲眼观看大自然的美丽景色，沐浴在大自然的清新的环境中，投入大自然绿色的怀抱中，就正好能够满足人们的这种回归自然、回归本性的愿望。

（2）追求新鲜感的需求

新鲜感是包括惊奇、喜悦、清新和振奋等多种成分在内的满足感。追求新鲜感符合人的本性。人是不会在丰衣足食后就感到幸福和满足的。他的本性就是要不断地为自己寻找更广阔的天地，不断扩展和更新自己的生活。心理学家弗罗姆认为，人最基本的选择就是爱生与爱死的选择。生意味着不断变化、不断发展，死则意味着发展的停止，意味着僵化和重复。而爱生是人的本性。所以人是不能忍受没有新鲜感的、单调的生活的。工业化所产生的单调的紧张生活使现代人充满了对寻求新鲜生活的渴望。外出旅游可以接触到日常生活中接触不到的事物，做一些日常生活中没有条件做的事情，使自己得到日常生活中得不到的新鲜感的满足。

（3）逃避紧张的需要

旅游能帮助人们摆脱孤独感和压抑感。人是自然中的人，在他的内心深处满怀着爱的需求。他渴望人与人之间互相关心、互相理解、互相尊重。但由于工业文明的发展，市场竞争日益激烈，人和人之间也受到了竞争的威胁。几乎所有的人都是潜在的竞争对手，人与人之间的关系变成了敌对和疏远的关系。市场竞争使人与人之间的关系变得异常冷酷无情，爱成了人类社会中一种十分罕见的东西。

竞争的压力使每个人都不敢停下来，人际关系的紧张使人倍感疲倦。生活中人们更多地是与那些冷冰冰、硬梆梆的机器打交道，即使有机会与活生生的人打交道时，也免不了尔虞我诈，处处设防，唯恐遭到竞争对手的明枪暗箭。此时，人与人之间无情的竞争和等价交换使得孤独感和失落感像瘟疫一样蔓延。人对真诚的爱的渴求因此受到压抑和克制。但这种埋藏于人的内心深处的对爱的需求是不可磨灭的，一有机会人们就要想方设法地去寻求。

旅游这种日常生活之外的生活能够为人们提供这样一种环境。旅游者之间没有直接的利益冲突，他们可以建立起纯朴、自然、坦诚、和谐的人际关系。同时，旅游业从业人员柔性的、富有人情味的服务使他们得到一种爱的满足。

（4）充分展示自我的需要

在商品世界中，人要使自己被社会所接受，使自己在劳动力市场中取得成功，他就必须具备一些当代时兴的人格特征，如精力充沛、有能力、有创新精神、能给人留下好印象等。一个人的价值也要看他是否在市场中获得成功，受欢迎的程度如何。为了能被社会所接受，为了能够成为一个人，人不得不遵守社会的准则，投社会所好，塑造另外一个自我，而压抑了真实的自我。在日常生活中，人们因此处处受到限制，不能随心所欲地去做自己想做的事情，去充分地展示真实的自我。而旅游却能够为人提供一个日常生活之外的生活，人们可以摆脱日常生活中的常规束缚，

自由自在地充分成为自己，让真实的自我“透透气，抬抬头”。工业化像一只无形的手一样控制着社会中人的命运，随着工业化程序的提高，人的孤立无援感和无足轻重感更加突出，人更感到自己的渺小和低微。旅游为人们提供了一个展示自我的舞台。在日常生活中，人们常常感到自己的渺小和无足轻重，能够登上生活舞台表演的机会不多，而能够赢得掌声和喝彩的机会更少。在旅游这个日常生活之外的舞台中，人们可以尽情地表现自己，通过享受“要人”或“贵宾”般的旅游接待服务，使他们有机会摆脱了渺小感，使自己从芸芸众生中“脱颖而出”，从而获得自豪感和极大的心理补偿。

（二）旅游动机的类型

美国著名的旅游学教授罗伯特·麦金托什提出，旅游动机可划分为四种基本类型：

1. 身体方面的动机；包括度假休息、体育活动、海滩消遣、娱乐活动，以及其他直接与保健有关的活动。此外，还包括遵医嘱或建议做异地疗养、洗温泉浴、矿泉、作医疗检查以及类似的疗养活动。属于这方面的动机都有一个共同特点，即通过与身体有关的活动来消除紧张。

2. 文化方面的动机：人们为了认识、了解自己生活环境和知识范围以外的事物而产生的动机，其最大的特点是希望了解异国他乡的情况，包括了解其音乐、艺术、民俗、舞蹈、绘画及宗教等。这样的旅游方式我们认为是文化旅游，国外也有人称为“软探险”旅游。

3. 人际方面的动机：人们通过各种形式的社会交往，保持与社会的接触，包括希望接触他乡人民、探亲访友、逃避日常的琐事及惯常的社会环境、结交新友等。

4. 地位和声望方面的动机：这方面的动机主要与个人成就和个人发展的需要有关。属于这类动机的旅游包括事务、会议、考察研究、追求业余癖好以及求学等类型的旅游。旅游者可以通过旅游实现自己受人尊重、引人注意、被人赏识、获得好声名的愿望。

5. 购物方面的动机：除了麦金托什突出的四种类型以外，购物动机也是现代旅游的主要动机之一。如日本女子的婚前出国旅游主要动因就是为了采购嫁妆。

实际上，人们外出旅游很少只出于一个方面的动机，而是多种方面的综合。

（三）影响旅游动机的因素

1. 个性心理因素

在影响旅游动机的个人因素中，一个人的个性心理因素起着首要的作用。不同个性心理特征的人有着不同的旅游动机，进而产生不同的旅游行为。美国学者帕洛格提出了游客个性心理模式，研究了不同心理类型对旅游动机以及对旅游目的地选择的影响。这五种类型是：自我中心型、近自我中心型、中间型、近多中心型和多中心型。

自我中心型：思想上谨小慎微，多忧多虑，不爱冒险。行为上表现为喜安逸，好轻松，活动量小，喜欢熟悉的气氛和活动。因此，他们在外出旅游时，往往选择那些距离比较近、自己对该地情况比较熟悉的旅游目的地，特别是倾向于选择那些传统的旅游热点地区。

多中心型：思想开朗，兴趣广泛多变。行为上表现为喜新奇，好冒险，活动量大，不愿随大流，喜欢与不同文化背景的人打交道和相处。他们在外出旅游时，往往倾向于选择那些距离比较遥远、文化差异大的陌生之地，特别是不愿随大流去那些脍炙人口的旅游热点。

中间型：特点不明显，这类旅游者对目的地的选择通常没有什么苛求，一般选择传统的旅游热点或风险很大的待开发地区。

2. 个人文化因素

包括个人的文化程度与修养、民族风俗、宗教的影响等方面。

个人的文化程度与修养，它显然与一个人的受教育程度有关。受过较高程度教育的人，掌握的知识和关于外界的信息也相对较多，从而更有亲自了解外部世界的兴趣和热情，同时，也有助于克服对陌生环境的不安和恐惧；民族风俗方面，一般而言，欧美国家的人把度假、娱乐作为文化生活中的重要组成部分，而一些发展中国家的人，则崇尚勤劳、节俭；宗教的影响主要是指不同的宗教有不同的价值观和行为准则，从而导致旅游者不同的消费模式。

3. 年龄

年龄对旅游动机的影响出于两个方面：一是年龄的不同往往决定了人们所处的家庭生命周期阶段不尽相同，从而制约着人们的需要和动机；二是年龄的不同往往会影响到人们体力的差异，从而也会制约人们的需要和动机。

4. 性别

性别对旅游动机的影响出于两个方面：第一，性别差异意味着男女生理特点的不同；第二，性别差异导致了男女在家庭中扮演角色的不同。在外出旅游的调查中，男性旅游者多于女性旅游者，原因就在于此。

5. 微社会环境

微社会环境是指一个人在日常生活和工作中所经常接触的人际环境或人群。认识了解影响旅游需求的主客观因素对于旅游业而言是很重要的。客观条件满足与否，是细分市场以及选择目标市场时需要重点考虑的因素，而了解了旅游者旅游动机的类型及希望获得满足的需要，就可以更有针对性地进行规划和开发，并在宣传和促销时找准诉求点，更有效地激发起人们的兴趣，促使其产生旅游动机，大大提高工作效率。

任务三　旅游者的需求心理

一、旅游者需求

（一）旅游者需求的含义

旅游者需求是指在一定时期内，旅游者愿意并能够以一定货币支付能力购买旅游产品的数量。简言之，就是旅游者对旅游产品的需求。

旅游需求的涵义可以从以下几个层次来理解和把握，即：

（1）旅游需求表现为旅游者对旅游产品的购买欲望；

（2）旅游需求表现为旅游者对旅游产品的购买能力；

（3）旅游需求表现为旅游市场中的一种有效需求。

（二）旅游者需求的基本特征

1. 指向性

旅游需求的指向性包括旅游需求的时间指向性和旅游需求的地域指向性。旅游需求的时间指向性是指旅游需求在时间上具有较强的季节性。旅游需求的地域指向性是指旅游需求在空间上具有较强的冷热性。

2. 整体性

旅游需求的整体性是指人们对旅游活动的需求具有多面性或系列性，即行、游、住、食、购、娱等多个方面的需要。

3. 敏感性

旅游需求的敏感性是指人们对出游环境发生变化所作出的敏感反应，这种环境变化既包括政治社会环境也包括自然经济环境。

4. 多样性

旅游需求的多样性是指人们在旅游地选择、旅游方式、旅游等级、旅游时间和旅游类型等方面存在的差异性。

（三）旅游者需求的变化规律

1. 旅游需求量与旅游产品价格成反方向变化

旅游价格是影响旅游需求量的基本因素。在一定时期内，当旅游产品价格相对于成替代关系的其他产品和服务的价格发生变化时，人们对旅游产品的需求量就会发生变化。当旅游 产品价格相对上升时，旅游需求量就会下降；当旅游产品价格相对下降时，旅游需求量就会上升。可见，在其他影响旅游需求量因素不变的情况下，在一定时期内人们对旅游产品的需求量会随着旅游产品价格的升降而呈现反方向的变化。

2. 旅游需求量与可自由支配收入成正方向变化

在一定时期内，人们的可自由支配收入是有限的，当价格发生变化时，一定量的可自由支配收入的购买力也会随之发生变化，如当旅游产品的价格下降时，虽然可自由支配的收入额没有发生变化，但是实际可自由支配收入是增加的，从而使人们有能力以原有水平的收入扩大对旅游产品的需求量。这种价格变化的收入效果表明人们的可自由支配收入的大小同旅游需求量之间存在着密切的关系。一般来说，在其他因素不变的情况下，可自由支配收入同旅游产品需求量之间存在正向变动关系，即可自由支配收入越多，对旅游产品的需求量也越多，尤其表现为外出旅游次数或在外旅游天数的增加，反之亦然。

（四）基本分类

根据属性不同，可以把旅游需求分为四类——物性需求、人性需求、神性需求和社会需求。

1. 物性需求

物性需求是旅游中所占比重最大的一部分，它满足了人的几乎所有感官的体验——视觉、听觉、嗅觉、味觉、触觉，动感体验与静谧体验等等。

2. 人性需求

人性需求主要包含四个方面——情感体验（如蜜月、感伤、孤独、亲情、友情）、科学与智慧体验（如实习、田园生活、科考、智力游戏等）、运动体验（体育、探险、极限挑战等）、商务体验（如拓展、合作、谈判、会务、展览等）。

3. 神性需求

主要是宗教体验。宗教对人的吸引总是特别的，与宗教有关的文化古迹、建筑景观对人的吸引也是独特的。以物性、人性、神性需求作为三大类别框架，继续细分，我们知道有多少需求，就会有多少游憩方式——而这正是旅游设计的核心问题。

4. 社会需求

社会需求主要包含两方面：一是经济的需求，二是文化的需求。由于旅游产业的兴起会给当地的经济带来不可忽视的作用，很多拥有旅游资源的地方已经开始对此日益重视，作为提高人民生活水平的途径之一。同时，旅游也是最好的宣传本地文化的手段，她以一种潜移默化的形式将当地的形象以符号的形式铭记在游客的脑海里，从而提高当地的社会知名度。

二、旅游者在不同阶段的需求

（一）旅游准备阶段

1. 获得旅游目的地信息的需要

旅游者获得旅游目的地信息的渠道主要有：

（1）人们可以从报刊、电视以及网络等媒体中接触到各种信息。当人们产生旅游打算时，会比较留意有关的旅游信息。

（2）社会由各种群体组合而成，群体间往往又相互交错联系，人们对自己所属的群体比较熟悉和信赖，较容易理解和接受群体成员发出的信息。

（3）权威的暗示作用和中立舆论的影响作用，也对人们选择旅游目的地有着重要的影响。中立舆论往往比旅游部门或企业的广告对旅游者更具有影响作用，宣传的效果更好。

2. 确定旅游方式的需要

旅游者在进行旅游方式的选择时，主要考虑安全、时间、方式、费用等问题。

（1）自助旅行

吃、住、行、游、购、娱，所有事情全由游人自己安排，操作起来比较繁琐，特别是旅游旺季，购买机票、车票以及在旅游热点地区解决住宿问题时可能会遇到麻烦。相关操作如下：

第一，避开旅游热点地区，选择一些风光秀美、旅游的“冷点”地区旅游。

第二，提前订房订票，游人算好旅途时间，提前委托朋友或旅行社订房订票，可避免临时抱佛脚的不知所措。

第三，结伴同行，以情侣或家人同事相约一起旅行，2 人也可成行，4～5 人最佳，十数人也可，好处是旅途不寂寞，互相有照应，费用也可节省很多。

第四，采取半自助方式，即通过旅行社解决往返车票和机票，到达旅游点后游客自己解决吃、住、游等其他问题。自助旅游虽然有一点麻烦，但游客吃、住、行、游全凭自己作主，自由自在，特别是在一些风光迷人或文化厚实的地方，可以有足够时间去体会和流连。

自助旅游的不足在于：首先，旅行时间加长，常常因为不熟悉当地情况而导致等待、搭错车等情况发生，因此不适合跨地区旅行。其次，费用将增加，常会有预算外支出，机票、酒店房价等也不能拿到更大的折扣。再次，自助旅行也较辛苦，需要很好的身体条件，特别是到一些未开发好的地方，路上的颠簸、折腾是避免不了的。

（2）随团旅游

此方式已逐渐被大多数游客所接受，因此每到节假日便是旅行社最繁忙的时候。随团旅行最大的好处是省钱省心（特别是全包团），可以独自一人也可全家大小一起参团，旅途中的吃喝拉撒几乎不用自己操心，你只需要养好精神一路吃喝玩乐便可。

随团旅游在费用方面一般比自助旅游要节省的多，因其在机票、酒店、用车及吃饭、门票等方面均属集体消费，而且当地有熟悉情况的地接社接待，费用几乎可压至最低。

另外，旅行社设计的游览行程一般较为科学合理，选择景点也以最具有代表性部分或精华部分为基础，适当增减次要景点，基本上能满足大多数游客的要求。游客的主要任务在于选择最佳旅游线路。

（3）自驾车旅行

此方式只是少部分人的选择，满足部分具备条件的人，自己驾车辆出外旅游，乐得更加逍遥自在。

自驾车旅行分自备车和到旅行社租车两种形式，一般是游客先到旅行社咨询情况，问清路线、里程、时间安排及价格之后，自己开车去旅行。自驾车旅行不适合长时间、长距离旅行，因为长途跋涉会使驾驶者过于疲劳增加不安全因素，也容易迷路。自驾车旅行最好有多位持驾照的朋友同行，便于途中交替开车、减少旅途隐患，增加旅途乐趣。

其他旅行方式还有骑自行车旅游、徒走背包旅游、野营、探险考察旅行等等，游客可视情况而定。

3. 了解出行信息、准备旅游物品的需要

旅游行为进行前，应准备必要的旅游用品，如摄影器材、衣物和药物等。旅行物品的准备主要考虑以下因素：

（1）出行方式

一般来说，自驾出行需要提前安排出行计划，对车辆进行全面检修，了解相关地区的路况信息、旅游信息，注意夏季的天气情况等；随团出行则比较省心省力，还能相互照应，但前提是选择一个正规的旅行社；而对于境外旅游则需要准备相关的证件（如护照、身份证等）和一定量的外币，查询相关的机票，提前了解旅行地的气候等相关情况。

（2）整理行囊

外出旅行是一件很舒心的事情，因此应尽少携带物品，但是对于必备的物品则必须携带。由于夏季多炎热，加之旅途劳顿，气候、饮食习惯的改变，稍不注意，极易引发疾病。中暑是盛夏季节旅游中最容易发生的疾病，外出时应准备藿香正气水等一类的药物；同时为了保护皮肤被灼伤，应必备防晒油或者遮阳伞一类的物品。

（3）衣物准备

为了保持个人的清洁卫士，出行前应根据自身情况和旅游区气候，酌情携带衣物，一般内外衣有三四套换洗即可，而对于鞋子要选择具有柔软、防滑、结实、透气等特点，可以让旅行更加轻快、安全、舒适。同时由于夏季多雨水，不要忘记携带雨伞雨鞋等物品。

（二）旅游途中阶段

1. 对旅游交通的需要

（1）便捷的需求

旅游者对旅游时间的知觉非常敏感。一般旅游者在旅游目的地游玩的时间都受到闲暇时间的严格限制，游客一天在市内旅游的时间主要包括往返景区、景点之间途中的时间和在景点游玩的时间，如果游客在景点之间移动需要换乘几次公交车才能到达，势必增加游客在途中时间而减少游客在景点游玩的时间，同时造成游客的疲劳，这也是导致很多游客习惯在陌生城市“打的”的主要原因。以上说明，便捷是旅游者对旅游交通的首要需求。

（2）安全的需求

根据马斯洛的“需要层次论”，安全需要是人们满足生理需要之后最基本的一种心理需要。旅游者对旅游交通服务同样也具有“安全”的心理需求，而且是作为一种最为关注的首要需求。旅游者的安全需求在旅行途中表现特别突出。人们期望“一路平安”，决不希望发生交通事故。

人们外出旅游是为了满足生理需要和心理需要，然而只有在安全的保障下，才能乐在其中。安全是旅游活动的前提。只有被认为是安全的旅游交通服务，人们才敢放松心情进行旅游，从而消除紧张不安的心理状态。因此，城市旅游交通只有在确保游览安全的前提下，才能构成有效的服务。某一城市如果交通事故不断，旅游者连起码的安全都没有保障，则必然破坏该城市旅游的形象和市场发展的前景。

（3）可靠的需求

人们普遍认为时间是宝贵的资源。旅游者在旅游城市一天的活动安排是严格按照计划进行的，如果一个活动环节出现推延，接下来的环节就会跟着延迟。例如：一位到南京的游客安排一天的第一个活动内容是去中山陵，接下来去游览总统府，在这个活动的第一个环节中，由于公交车不准时、路上堵车等原因，在去中山陵的路上比预算的时间多用一个小时，可想而知，下面的计划也将跟着改变，这种现象严重地影响到了游客的行程安排，使游客产生一种烦躁感，甚至发展成不安、不满、反感、恼怒的情绪体验，甚至达到无法容忍的地步。所以，旅游者对旅游交通服务普遍具有“准时可靠”的心理需求，这种需求，是人们计划旅游活动内容、保持正常的生活和工作节奏的基本需要。

（4）经济的需求

尽管旅游是一种相对高层次的精神消费活动，但毕竟是一种相对高消费的行为。旅游交通的经济成本对游客来说依然是一项在旅游消费行为选择中很重要的考虑因素。

（5）舒适的需求

旅游作为一种娱乐活动，投入的是时间和财力，产出的是精神上多层次、多方位的享受。它所产生的价值在很大程度上取决于舒适和快乐的感受。这种快乐不仅限于游览景区，而且贯穿于旅游活动的全过程，其中就包括旅游交通舒适而快乐的需求。城市旅游交通服务不仅要为旅游者提供“行”的方便，而且也要为旅游者提供行的舒适和快乐。在旅行中旅游者都希望交通设施卫生条件良好，它直接影响旅游者各种感官的舒适程度。

（6）自主的需求

旅游往往是人们生活水平富裕以后一种高层次的精神消费需求。因此，对旅游出行目的地选择、旅游出行线路选择、旅游交通方式选择等往往比一般的通勤生活出行要求具有更大的灵活性和自主性。特别是对于那些收入水平较高、旅游消费能力较强、旅游目的层次较高的高端游客来说，旅游出行的灵活性与自主性要求更为强烈。

2. 对旅游住宿的需要

旅游住宿主要考虑价格、舒适性、安全性等因素。相比酒店和宾馆，宾馆更适合，因为一般旅游地的住宿价格都比正常的地方要高很多，所以住宾馆更经济实惠，值得注意的是，住宿旅馆虽然便宜，但环境、安全性均比不上酒店或宾馆，此外，住宿旅馆需要注意以下多个事项：

（1）要谨慎选择投宿旅馆，避免单独投宿环境复杂的小旅社。要早出早归，切忌单独外出。

（2）要告知家人旅馆名称、电话、预定留宿时间，如果是团队游，要记下队友的房间电话。入住客房时，应由服务人员陪同检视旅馆房内橱柜、浴室是否有可疑人物。洁身自好，自尊自爱，不要理睬陌生异性的电话骚扰。

（3）住宿旅馆后，应先察看安全门和安全通道，最好是试走一次，以备危险时刻迅速离开，同时还应注意周围的安全逃生出口及紧急电话联络系统。

（4）注意旅馆内门窗、锁具等设施的安全，入睡前将房内插拴扣好；有访客须经再三确认，不可随便让陌生人进入，若有问题，应打电话请旅馆柜台派人处理。

（5）退宿的时候一定要检查好自己的贵重物品，以防丢失在宾馆内。

3. 对旅游饮食的需要

舒适、方便、卫生及吃得合口味是旅游者生理上和心理上的主导需要。选择餐馆的首要条件不是可口而是卫生。在选择餐馆时可以从以下几个方面着手：

（1）菜品价格合理，保证充足的营养。既不能因节约而忽视营养和健康，又不宜大吃大喝，饮食上要适度。

（2）早餐最好在所住的饭店里解决，既安稳又能保证卫生和营养，也可节约时间。切忌：不吃早餐空腹出行。

（3）选择具有当地特色美食，特别是一些小吃。品尝特色食品也是旅游中必不可少的项目。

（4）旅途中要按时吃饭，最好能吃上热菜热饭。早饭尤为重要，吃少量清淡饮食，有条件可以吃点咸味的零食。

同时，餐饮过程中，应注意夏季高温时节旅游，吃东西要讲究卫生，防止病从口入，导致途中出现不适或疾病，尤其是食用一些海鲜产品时，一定要挑干净新鲜的食用，以防一些肠道疾病。旅途中午餐吃的适量，吃太饱或者太腻会使人倦怠乏力，影响下午活动时的精力。午饭后休息片刻，再喝一些茶水或白水，避免饮酒，尤其是不要喝大量烈酒。

4. 对旅游接待的需要

旅游接待工作主要涵盖了抵离接送、行李接运、入住登记、餐饮安排、票务业务等方面，旅游者对旅游接待工作的满意程度将直接影响旅游过程的整体感受和对旅游服务的总体评价。热情、周到、舒适是旅游接待的主要需要。

三、游览活动阶段

游览活动阶段是整个旅游过程的核心阶段，旅游者满怀期待而来，希望在游览中获得愉快、兴奋的心理体验。在游览活动阶段，旅游者的需要主要表现为三个方面：

1. 观赏著名的景观、增长见识

旅游目的地的著名景观是吸引旅游者的主要因素。人们选择到异国他乡旅游，大多是为了摆脱日常紧张的生活、繁琐的事务，成为一个无拘无束的自由人，希望自由自在地享受欢乐的旅游生活。通常情况下，旅游者在到达某地之前，可能已经有一定的心理准备。他们可能听了到过某地旅游的亲戚、朋友所做的描绘、介绍；可能自己看过有关的导游资料；也可能在报刊上读过某人到某地旅游的游记文章；还可能听前一站的导游做过一些介绍，等等。这一切都可能唤起他们有关某地的想象。当他们亲身到达某地时，便急于亲眼目睹当地的地形、街道楼宇、人们的动态，了解事物之间的外部联系，以便获得一个初步印象。

2. 游览线路完整、游览时间充足

线路有较完备的旅游要素，涵盖吃、住、行、游等各个方面，游览线路是否完整是影响旅游者对旅游质量评价的重要因素。

由于旅游者动机、旅游活动形式以及各地旅游资源的属性特征各不相同，旅游线路的设计一定要突出特色，形成有别于其他路线的鲜明主题，只有这样才能具有较大的旅游吸引力。突出旅游路线的特色，尽可能串联更多的、有内在联系的旅游点和丰富的旅游活动内容，形成群体规模，并在旅游交通、食宿、服务、娱乐、购物等方面选择与此相适应的方式，尽可能做到游客在途时间短、游览时间长、重复线路少、旅游费用低、旅游经营效益最大化。

3. 购买有特殊意义的纪念品

游客在旅游过程中购买精巧便携、富有地域特色和民族特色的工艺品礼品，购买让人铭记于心的纪念品。

四、旅游结束阶段

在游览活动结束后，旅游过程也进入了尾声，在这个阶段旅游者的主要活动是准备回程，他们需要得到完善的服务、购买纪念品和做好回程交通安排。

完备的旅游服务，主要包括以下几个方面的内容：为游客提供门票和告知游客如何使用；让游客在景区内能快速而有效的找到自己要去的地方和想看到的景点；为游客讲解景区的文化，让游客感受到景区的魅力；满足游客在景区的饮食和休息等方面的需求；游客对于拍摄和留念的需求；当游客遇到特殊情况可以及时得到服务人员的帮助。

课后训练

关键术语

国际旅游者　国内旅游者　可支配收入　闲暇时间　旅游动机　旅游动机类型
旅游者心理因素　旅游需求　旅游需求的特征

学以致用

一、讨论分析题

1. 世界旅游组织对国际旅游者和国内旅游者是如何进行界定的？
2. 旅游者产生的客观条件有哪些？
3. 差旅型旅游者的旅游消费有什么特点？
4. 影响旅游动机的主要因素有哪些？
5. 分析女性旅游者的物性需求主要体现在哪些方面？
6. 针对初期阶段的游客，导游应重点注意哪些服务细节？
7. 如何让结尾阶段的游客感觉意犹未尽？

二、案例分析题

亲子游成为暑期旅游主角
亲子“2+1”套餐热卖

近年来，亲子游逐渐成为每年暑期旅游的“主角”。每年7月，各大旅游商家纷纷推出主题乐园和亲子线路，其中尤以“2+1”亲子套餐最受欢迎，而亲水游则是其中最受家庭欢迎的旅游主题。

据记者初步调查，暑期比较流行的“2+1”亲子游套餐主要针对周边家庭游人群，时间多为2~3日游，其中半数以上线路涵盖亲水类景点。据数据显示，千岛湖、天目湖、鼓浪屿、浙西大峡谷、苏州乐园水上世界等亲水类景点最受家庭游客青睐。

自助游成为家庭出游首选方式。同程网新推出的亲子游自助游套餐备受关注：黄山醉温泉2日游，青岛2日游、“苏迪糖果乐园亲子2日游”、“横店影视城两大一小2日游”等线路预订量最高，线路报价集中在500~900元不等。

亲子“2+1”套餐也包括不少国内长线游，多以跟团游为主。上海出发的“桂林—阳朔—乐满地双飞4日游”和“三亚双飞5日游”线路报价在3 000元左右，很受亲子游人群欢迎。此外，不少家庭还选择出境旅游，香港、澳门、塞班岛、普吉岛等地为亲子出境热门旅游目的地。

旅游业内人士指出：亲子“2+1”套餐的推出正契合家庭出游需求，打包出售的价格更实惠，预计在整个暑期旅游旺季将持续火热。

资料来源：人民网 2012 年 07 月 30 日

问题：

亲子游属于旅游者类型中的哪一种？亲子游火热的原因是什么？针对这一类型旅游者的特点，应当怎样安排旅游业务？

我想去桂林

作词：陈　凯　作曲：张全复

演唱：韩　晓

我想去桂林呀　我想去桂林
可是有时间的时候我却没有钱
我想去桂林呀　我想去桂林
可是有了钱的时候我却没时间
Hoo I want to
在校园的时候曾经梦想去桂林
到那山水甲天下的阳朔仙境
漓江的水呀常在我心里流
去那美丽的地方是我一生的祈望
有位老爷爷他退休有钱有时间
他给我描绘了那幅美妙画卷
刘三姐的歌声和动人的传说
亲临其境是老爷爷一生的心愿
我想去桂林呀　我想去桂林
可是有时间的时候我却没有钱
我想去桂林呀　我想去桂林
可是有了钱的时候我却没时间

问题：从《我想去桂林》这首歌中，分析旅游者产生旅游动机所必须的条件有哪些？

微旅行：感觉累了就放空自己

“微旅行”，顾名思义就是短小的旅行，随时发生的旅行。旅行者不需要太多的行装，不需要长时间精心计划和刻意安排，拿上背包，随时出发，可以是自驾行，也可以搭乘短途火车或长途汽车，甚至是骑上自行车，任意行走到一个陌生的乡村或城镇，尽情享受专属于自己的空间。

抛去 iPad，亲近书本，修心养性，或者仅仅是晒晒阳光、看看夜景，慢慢享受一顿美食大餐。这些简单得不能再简单的事情，如今却成为清远白领的新宠——微旅行。

传统意义上的旅行需要提前订机票、制订行程安排，对于繁忙的上班族来说，花大量精力去策划仅3天的小长假或周末2天旅程，显得有些不划算。而“微旅行”最大的特点在于随意性，旅行者可以根据自己的心情、想法，选择目的地和出行方式。因此，不少上班族都开始青睐这一新兴的旅行方式。

市民韩先生是一位“微旅行”的崇拜者。韩先生在某市级机关上班，平日工作比较忙碌，因此隔三差五他就“微”一把。或到简阳草池镇摘草莓，或约上三两好友到城区附近的果园摘水果、野炊、钓虾子，再或者骑单车到郊外、清新等地转一圈。

“微旅行”也可以大隐于市，逗留在原本生活工作的城市，逃离一切电子产品，只是读读书、发发呆、晒晒太阳，慢慢享受一顿美食大餐。市民李小姐告诉记者，她平日工作压力比较大，每逢周末就会和朋友在城区选择一家安静的咖啡馆，聊聊天，一起放松心情。

这是一个“微时代”的到来，从加法到减法的过程。与微博类似，它可能很“微小”，但它更接近于工作繁忙的都市白领，更符合快节奏的工作与生活。

问题：

1. 通过上述案例，你认为都市白领的旅游需求是什么？
2. 通过上述案例，你认为“微旅行”能够满足白领的哪些需求？

知识拓展

毕业旅游

毕业旅游是一种旅游形态，是指由学校为即将毕业的学生所举办，或是由毕业学生自行举办的团体旅游，主要旅游群体为大中专学生。从目的上而言，毕业旅游是为给即将各奔前程的学子们留下一个美好回忆，与学校一般所举办的教学旅游有所不同，它具有自发性和更大的自由度。不同国家的教育制度之下，毕业旅游不见得会存在，在我国毕业旅游主要由学生自发组织为主。

毕业旅游在很大程度上也可以称做毕业旅行，最大的不同在于毕业旅游更侧重于团体，而旅行则更侧重于个体行为。如果你觉得自己是一个很普通的人，当你从学校作为一个学生踏入社会，这个就是最直接的定义为毕业，那么刚毕业的学生旅游——毕业旅游，但是你踏入社会之后，可能你从事了某个行业，但是你觉得你毕业了吗？在这个行业，简单地说，人的一生有无数次的毕业，每一次的成长可以说是一种进步，今天过去了，其实也可以说今天毕业了，毕业旅行其实是对自己的一种放松的方式，毕业包含的内容也很多，有毕业典礼，毕业散伙饭，毕业照，毕业旅游，同学会，新老交接的同学会，带着孩子的聚会等等。（资料来源：百度百科）

年 休 假

年休假，是国家根据劳动者工作年限和劳动繁重紧张程度每年给予的一定期间的带薪连续休假。我国的法定假日：元旦、春节、清明节、国际劳动节、端午节、中秋节、国庆节以及法律法规规定的其他休假节日。

机关、团体、企业、事业单位、民办非企业单位、有雇工的个体工商户等单位的职工连续工作1年以上的，享受带薪年休假（以下简称年休假）。单位应当保证职工享受年休假。职工在年休假期间享受与正常工作期间相同的工资收入。

职工累计工作已满1年不满10年的，年休假5天；已满10年不满20年的，年休假10天；已满20年的，年休假15天。

国家法定休假日、休息日不计入年休假的假期。

不享受年休假的情形：

员工有下列情形之一的，不享受当年的年休假。

（一）员工全年事假累计20天以上，所在单位不扣工资和事假累计2个月及以上，单位扣发工资的；

（二）累计旷工30天及以上的；

（三）累计工作满1年不满10年的员工，全年请病假累计2个月以上的；

（四）累计工作满10年不满20年的员工，请病假累计3个月以上的；

（五）累计工作满20年以上的员工，请病假累计4个月以上的；

（六）复员军人、新招工人和自谋职业回原单位工作的，工作时间未满1年的，不享受年休假。

蜜月旅游

蜜月常用来指新婚夫妇的甜蜜生活。一般把新婚的第一个月称“蜜月”，这是从新婚夫妇充满柔情蜜意这个意义上来说的。它的英文词honeymoon的honey本意为蜜蜂，moon为月，翻译成“蜜月”，自然使人感到特别的甜蜜。

新人面对浪漫的蜜月旅行一定是充满了憧憬与期待，因此，新人需要精心规划，选择一处双方都十分向往的地点，共度一生难忘的浪漫蜜月。

旅行类型：新人需要是自助还是半自助，可以从这个方面考虑是不是需要选择一家旅行社来安排行程，或是两人自行，更自由。

前往景点：根据新人婚假时间的长短，新人喜欢高山还是大海，还有当地季节气候、新人的可花费用，行程是不是方便来决定前往的地点。当然，新人度蜜月应以休闲为主，所以选择具有自然风光的景点为好。

旅游天数：一周至两周都是合适的时间，为了避免旅途的劳累，千万不要把时间给拖长了，以免破坏了蜜月的甜蜜气氛。

衣：衣服以舒适大方为宜，方便一路游山玩水。还要准备一套较正式的服装，以备碰到庄重的场合穿。千万记住，不必要的首饰尽量不配戴，免得在人生地不熟的地方惹祸上身。

食：在外吃东西，因为条件的限制，肠胃保健第一重要，可别为了贪吃或解渴就随便买路边的东西吃，要特别注意饮食卫生。平常没吃过的食物，也不要吃过量，稍做品尝即可。

住：身处陌生的地点，一定要记得“安全”两字。离开时，看看是否有东西遗忘。

行：对来去的线路要记清，能有几辆车可以搭乘，要记熟车牌号码和回头时的乘车地点，挑选一双好穿舒适，抓地力强的鞋子。平时走路时要多注意四周有明显标志的建筑物等。

模块四　旅游活动客体
——旅游资源

课前准备

【任务驱动】

本部分主要介绍旅游资源的含义及特点、旅游资源调查的内容与方法、旅游资源评价，通过学习，学生能够了解旅游资源的定义、旅游资源开发的意义；熟悉旅游资源的各种分类、旅游资源开发的原则；掌握各种分类中旅游资源的特点、旅游资源调查的基本内容，旅游资源评价的主要方法、旅游资源保护的对策。

【导入案例】

中国世界遗产名录（摘录）

截止2012年7月1日，中国已有43处世界遗产。其中世界文化遗产27处，世界自然遗产9处，文化和自然混合遗产4处，文化景观3处。

其中自然遗产包括：

1. 九寨沟（四川阿坝，1992.12）
2. 黄龙（四川阿坝，1992.12）
3. 武陵源（湖南张家界，1992.12）
4. 四川大熊猫栖息地（四川雅安、成都、甘孜、阿坝，2006.7）
5. 中国南方喀斯特（云南石林、贵州荔波、重庆武隆，2007.6.27）
6. 三清山（江西上饶，2008.7.8）
7. 中国丹霞（贵州赤水、福建泰宁、湖南崀山、广东丹霞山、江西龙虎山（包含龟峰）、浙江江郎山，2010.8.2）
8. 澄江帽天山化石地（云南玉溪，2012.7.1）
9. 三江并流（云南迪庆、怒江、丽江，2003.7）

双重遗产

(4处)

1. 泰山（山东泰安，1987.12）

2. 黄山（安徽黄山，1990.12）

3. 峨眉山及乐山大佛（四川乐山，1996.12）

4. 武夷山（福建南平，1999.12）

问题：

1. 通过上述遗产名录列举，你认为自然遗产应当具备什么特点？

2. 世界性旅游资源应当具备哪些条件？

教学内容

任务一　旅游资源的界定

任何产业的发展，首先遇到的是资源问题。例如农业的发展离不开土地资源、水利资源和气候资源；重工业发展离不开矿产资源等。一个国家或地区旅游业的发展，一定程度上取决于其旅游资源的特色、丰度、分布状况以及开发和保护水平。从这个意义上讲，旅游资源是旅游学研究中的一个基本概念。到底什么是旅游资源？旅游资源具有哪些基本特征？是我们必须搞清楚的基本问题。

一、旅游资源的定义

旅游资源的内涵十分丰富，由于学术背景、研究角度的不同，不同的学者总能作出自己不同于他人的关于旅游资源的界定，因此，中外学者对旅游资源定义的争论就像旅游资源本身一样多种多样和层出不穷。其中，以下几种说法较有代表性：

（1）凡能激发旅游者的旅游动机，为旅游业所利用，并由此产生经济效益与社会效益的因素和条件即称为旅游资源。

（2）凡是能为人们提供旅游欣赏、知识乐趣、度假休闲、娱乐休息、探险猎奇、考察研究以及人民友好往来和消磨时间的客体和劳务，都可称之为旅游资源。

（3）旅游资源是指对旅游者具有吸引力的自然存在和历史文化遗产，以及直接用于旅游目的的人工创造物的综合。

（4）凡是能够造就对旅游者具有吸引力环境的自然事物、文化事物、社会事物或其他任何客观事物，都构成旅游资源。

由上可知，尽管这些定义各自的出发点和强调的重点有所不同，但就资源的基本属性而言，大体是一致的。我们认为，把握这些基本属性对于理解旅游资源的概念至为关键。

首先，旅游资源具有激发旅游者动机的吸引性。这是旅游资源最大的特点，也是旅游资源理论的核心。旅游资源因可以向旅游者提供难忘和愉悦的经历而对旅游者具有某种吸引力，不具有这种吸引力的任何资源形式都不是也不会成为旅游资源。

其次，旅游资源与其他资源一样，是一种客观存在，是旅游业发展的物质基础。无论是水色山光、植物动物、变幻天象，还是文物古迹、古今建筑、民族风情等，都是物质的。对于这些形态化的物质资源，绝大多数都有认同感。对于诗词曲赋、神话传说、寓言故事等无形的、不易感知和触摸的非物质的意识现象，则往往缺乏认识与理解，甚至还有人认为不应将其归入旅游资源的范畴。但实际上，它们产生于物质基础，并依附于物质基础而存在。换句话说，“精神”的产物只要同物质景观相结合，并焕发出单纯的“物质”或“精神”所难以产生的美感和旅游吸引力，就应该属于旅游资源，而且这种精神文化往往是物质景点的灵魂所在。据此，我们可以认为，无论是具体形态的旅游资源，还是依附于物质景观的精神文化旅游资源，其实质依然具有客观实在性。

再次，旅游资源完全因其他目的而生成或存在，只是由于人们的价值观的缘故而在一定历史时期成为旅游资源。任何作为旅游资源的自然存在、历史文化遗产和社会现象，都不是出自为满足旅游者需要的缘故而将它们生产出来并准备卖出去，而是先于旅游而客观存在着的自然或人文因素。它们之所以成为旅游资源，完全是人类因其他功利性目的而创造的成果。

最后，旅游资源必须依托于一定的地域空间，是绝对不能移动的。这一点既决定于旅游资源本身的内涵，也根源于作为前提的旅游这一功能所具有的特征。因为，现实中发生的许多似是而非的“旅游资源移动”的现象，无非两种情况：一种是人们模拟旅游资源而在异地所进行的开发，而旅游资源的本体并未在原地消失，因此，这根本算不上移动，仅仅是旅游产品在异地的创制生产，并且，这种产品与旅游资源本体在价值上一般都要大打折扣，这是由模仿的性质和能力所决定的（旅游资源常常依赖于一定的环境因素）；另一种情况是，人们将原始旅游资源全盘整体迁往异地（即移向一些人所谓的客源地），原地不再有旅游资源本体，这种情况虽然属于真正意义上的资源迁移而非产品生产，但旅游资源一经如此迁移后便不再是旅游资源了——因为这是已经在根本上消灭了旅游和旅游者，人们不需要离开常住地就可以享受这些资源，于是原来的旅游资源成了普通的休闲资源。只有它有朝一日再构成对外地旅游者具有吸引力的因素时，它才重新成为旅游资源，而这时，对新的旅游者而言，它又是不可移动的。

基于以上的认识，我们认为应将旅游资源定义为：客观存在于一定地域空间内的，能对旅游者产生吸引力，可以为旅游业开发利用，并可产生经济效益、社会效益、环境效益的各种事物和因素的总和。

二、旅游资源的分类

旅游资源内容丰富、范围广泛、种类繁多，旅游资源的分类涉及面广，因而是一个比较复杂的理论问题和实践问题。国内外众多学者从不同的角度提出了各有所长的分类方法。这些方法概括起来主要有以下几种：

（一）根据旅游资源的基本属性分类

按照旅游资源的属性对其进行分类是目前较为流行的一种分类方法。根据这种分类方法，人们一般将旅游资源分为自然旅游资源和人文旅游资源两类（也有学者主张将人文旅游资源进一步细分，从而出现包括社会旅游资源的“三分法”）。

1. 自然旅游资源

所谓自然旅游资源是指依照自然发展规律天然形成的旅游资源，是可供人类旅游享用的自然景观与自然环境。自然旅游资源的形成有一定的地学条件，从宏观的角度来看，它是地球表层所有自然要素之间相互联系、相互制约以及有规律运动的结果。根据中华人民共和国国家质量监督检验检疫总局2003发布的《旅游资源分类、调查与评价》（GB/T 18972—2003），自然旅游资源分为地文景观、水域风光、生物景观和天象与气候景观等四主类，其中又以前两类数量最多、分布范围最广。

2. 人文旅游资源

所谓人文旅游资源是指在人类历史发展和社会进程中，由人类社会行为促使形成的具有人类社会文化属性的各种人与事物。其形成和分布不仅受历史、民族和意识形态等因素的制约，而且还受自然环境的深刻影响。根据2003发布《旅游资源分类、调查与评价》（GB/T 18972—2003），人文旅游资源分为遗址遗迹、建筑与设施、旅游商品、人文活动等四主类。

（二）根据旅游资源的管理级别分类

以我国为例，多年来通过开发、立法建设、设立保护管理机构等一系列措施，大力加强了旅游资源的保护与管理工作。同属旅游资源范畴，但分别归口不同的国家主管部门以及地方政府部门管理的风景名胜区、历史文化名城、文物保护单位、自然保护区和森林公园，现已形成了比较完整的管理体系。按照管理单位级别的高低，我国的旅游资源又可以分为世界级、国家级、省级和市（县）级四种类型。这种分类实际上反映了旅游资源价值的大小和品味的高低，并且这些级别类型都是在国际、国家有关部门严格考察的基础上审批决定的，因此具有相当的权威性。

1. 世界级旅游资源

主要包括经联合国教科文组织批准分别被列入《世界遗产名录》的名胜古迹，列入联合国“人与生物圈”保护区网络的自然保护区，列入联合国教科文组织批准的世界地质公园。它们具有全球性的艺术观赏、历史文化以及科学研究价值，是世界上品味和知名度最高的旅游资源。

2. 国家级旅游资源

主要包括国务院审定公布的国家重点风景名胜区、国家历史文化名城和国家重点文物保护单位，以及由原林业部批准建立的国家级自然保护区和国家森林公园。此外，国家旅游局分别在1985年和1991年以游客投票和专家打分相结合的形式组织评选的“中国十大风景名胜”和“中国旅游胜地40佳”，以及1997年确定的中国旅游王牌景点35处，中国优秀旅游城市等，也应该视为国家级旅游资源。

3. 省级旅游资源

主要包括为数众多的省级风景名胜区、省级历史文化名城、省级历史文化名镇和省级文物保护单位，以及省级自然保护区、省级森林公园。它们具有较为重要的艺术欣赏、历史文化和科学研究价值以及浓郁的地方特色，在省内外均有较大的影响。

4. 市（县）级旅游资源

主要包括市（县）级风景名胜区和市（县）级文物保护单位。它们具有一定的艺术欣赏、历史文化和科学研究的价值，是邻近地区或本地游客主要的游览对象。

（三）根据专题旅游项目分类

将旅游资源分为历史考察专题旅游资源、寻根祭祖专题旅游资源、科学考察专题旅游资源、文化交流专题旅游资源、体育娱乐专题旅游资源等。

（四）根据旅游资源的利用限度和生成价值分类

将旅游资源分为再生性旅游资源、非再生性旅游资源等。

三、旅游资源的特点

旅游资源由于自然条件和环境条件的差异，构成了千差万别的自然景观，又由于社会、政治、经济、文化等发展进程的不同、民族传统及历史沿革的不同，产生了各具特色的人文景观，旅游资源作为旅游活动的客体，既具有共同特征，又各具个性特色。

（一）旅游资源的共性

1. 地域性与广域性

旅游资源作为地域要素的重要组成部分，必然受地理环境的影响和制约。地理环境的区域差异使旅游目的地的自然和人文景观呈现地域特征，形成千差万别的旅游区。旅游者之所以产生旅游活动，其根本原因就是旅游资源存在地域差异。一般而言，旅游资源地域特色越突出，旅游吸引力越大。旅游资源的地域性特征表现为地带性差异和非地带性差异。地带性差异以自然旅游资源中的气候、植被等因素较为明显。如我国植被自南向北沿纬度依次为热带雨林、亚热带常绿林、温带阔叶林、寒带针叶林。如中国北方与南方地理环境的差异，造成自然景观、人文景观南北特色迥然不同。一些人文旅游资源也呈现地带性特征，如民居建筑中，南方的竹楼、华北的四合院、黄土高原的窑洞、牧区的蒙古包等。非地带性差异主要以大多数人文旅游资源表现得较为突出。如古人类遗址、古城镇的分布等。

旅游资源的广域性是指旅游资源分布十分广泛，在地球的各个角落都有旅游资源存在。不仅亚洲、欧洲、北美洲这些旅游发达地区旅游资源丰富，非洲、南美洲甚至南极洲这些旅游欠发达地区或不发达地区都有大量的旅游资源存在，只不过没有开发出来而已。

2. 季节性和时代性

由于气候的季节变化，使不少旅游资源呈现季节性特征，其中自然旅游资源中的气候、植被、水体等季节性特征明显。如春季树木吐绿、夏季浓荫蔽日、秋季满山黄叶、冬季落叶纷纷。有些特殊的自然旅游景观只在一定的季节出现。如吉林的雾凇、香山的红叶。同一旅游资源在不同的季节也呈现不同的景观。由于季节性因素的影响，人文旅游资源中的一些旅游节庆活动也呈现季节性特征。如哈尔滨的冰雪节只能在冬天举行，潍坊的风筝节只能在春天举行。由于旅游资源的季节性影响旅游活动的季节变化，形成明显的“旺季”、“淡季”、“平季”。

旅游资源的本原在于它具有的可以满足人们旅游审美愉悦和旅游世俗愉悦需要的功能。由于人类的审美能力和愉悦要求是随着社会实践的发展而逐步形成、发展和丰富起来的。因此，在不同的时代，人们对自然和社会的现实存在能否构成旅游资源的价值判断就会表现出极大的差异。旅游资源的时代性的特点概括起来有四点：一是旅游资源随时代的需求而产生、发展，品种数量正在成倍增长；二是随着时代的发展，古代部分旅游资源已经走向淘汰、消失；三是旅游资源因时代的差异而评价不同；四是因时代不同，旅游资源的功能也不同。

3. 多样性和综合性

旅游资源是一个内涵非常广泛的集合概念，任何能够对旅游者具有吸引力的因素都可以成为旅游资源。此外，旅游资源在表现形式上也具有多样性的特点，不仅包括地质地貌、气象气候、陆地海洋、动植物等自然旅游资源，而且还涉及经济、文化、宗教、民族、工农业等人文资源。旅游资源的多样性特点是千差万别的旅游需求推动下的产物，因而能够适应旅游市场不断发展的要求。一个地方的旅游资源种类越多，对旅游者的吸引力就越大。

任何一种旅游资源都不是孤立存在的，而是与其他旅游资源相互依存、相互作用，共同形成一个和谐的有机整体。存在于特定地域上的各种各样的旅游资源，正是以一个有机整体来发挥其旅游吸引力，实现其旅游价值的。这就是旅游资源的综合性。一般来讲，一个地区的旅游资源的种类越多，联系越紧密，其生命力就越强，地区整体景观效果就越好，综合开发利用的潜力也就越大。实际上，许多著名的景区正是充分利用其资源多样并且综合特征突出的特点吸引游客的，如漓江是以山水组合取胜，“江作青罗带，山如碧玉簪”。黄山以奇松、怪石、云海、温泉闻名，正因为山、水、云、石的多样组合，形成不同的旅游景观，增大了旅游吸引力。四大佛教圣地之一，闻名遐迩的普陀山风景区，尽管以宗教人文旅游景观见长，但自然山水风景更使其锦上添花，成为享誉海内外的旅游胜地等。类似的例子还有桂林山水、杭州西湖、北京名胜古迹等。中国有一句俗谚：“山得水而活，水得山而媚”，说明只有山、水组合的景观才能吸引人，否则是一潭死水或者是死气沉沉的、毫无生气的山。

总之，旅游资源的组合要素比例越协调、组合内容越丰富、规模越大、富集程度越高，其旅游吸引力就越大，旅游价值就越高。即使单一景观为主体的旅游资源，如只有自然旅游资源或人文旅游资源，也需其他要素的配合，以增加景观的吸引力和适应性。

4. 审美性与文化性

旅游资源同一般资源的主要区别就是它具有美学性和观赏性。对于旅游主体而言，不论旅游的动机如何，也不论旅游地在何处观赏是不可缺少的内容，有时甚至是全部旅游活动的核心内容。旅游资源只有具备观赏性才能吸引游客，观赏性越强，对旅游者的吸引力越大。我国的万里长城、桂林山水、埃及金字塔、美国科罗拉多大峡谷等，还有古朴典雅的文物古迹、别具一格的民族风情，甚至土特产、旅游商品都无不具有观赏价值。

旅游资源的观赏性是通过给旅游者提供审美和愉悦的心理体验过程而实现的。通过这种体验过程，不同的旅游者得以分别或同时满足三个层次的心理需求，即在美感陶醉中获得精神愉悦、在广闻博见中得到充实自我的精神满足、在移情和寄情中释放情感的欲望。不管是哪种旅游资源，都应该具有这样的基本功能。旅游资源的美学特征越突出、观赏性越强，对旅游者的吸引力越大。观赏性是一种文化特征，也显示经济效益。

旅游资源必须具有吸引旅游者的功能，才具备社会意义和经济价值，而观赏性是旅游资源中最为突出的一种特征，旅游资源的价值是通过观赏来实现的，观赏性越强，取得的经济效益越大。

旅游资源都具有一定的文化内涵，即蕴藏着科学的、自然的、社会的哲理，旅游资源的文化性不仅体现在人文旅游资源所蕴含的丰富文化内涵，而且自然旅游资源也为旅游者提供了科学的、自然的知识和美的享受。同时旅游资源还可以启迪心灵、陶冶情操、获取知识。旅游开发人员应加大对旅游资源文化性的研究、充分发掘文化内涵，增强对游客的吸引力。

5. 永续性和不可再生性

永续性是指旅游资源具有可以重复利用的特点。与矿产资源、森林等资源随着人类的不断开发利用会不断减少不同，旅游产品是一种无形产品，旅游者付出一定的金钱所购买到的只是一种经历和感受，而不是旅游资源本身。因此，从理论上讲，旅游资源可以长期永续地利用下去。但是，正如自然生态平衡和文化遗产容易受到破坏一样，旅游资源使用不当也会遭到破坏，而且绝大多数旅游资源都具有易于破坏而难于再生的特点。正是在这个意义上，越来越多的人把旅游业称为“资源密集型产业”，其意在呼唤旅游开发者、旅游者以及当地社区的资源保护意识，向旅游资源的永续利用迈进。

6. 复杂性和多涵性

旅游资源是截取自然和社会优美的部分进入旅游开发的范畴，其构成成分可以涉及地质地貌、山河湖海、森林草原、生物气象等自然景物和因素，以及文物古迹、历史遗迹、工程建筑、民俗风情、文化艺术和物产工艺等社会人文景象和因素。可以毫不夸张地讲，一切有形和无形的自然和社会景象和因素，都可能孕育着旅游吸引力的条件和因素，在一定条件下就可能导致旅游开发。因此，旅游资源范畴、领域之广泛，是其他资源所不能及的。认识了旅游资源复杂性和多涵性的特点，就为旅游资源的开发利用提供了无比广阔的内容和前景，有益于实现多门类、多层次的旅游开发。

7. 不可转移性

无论是历史遗产还是天然旅游资源，都具有地理上不可移动的特性。自然资源的不可移动性易于理解，对于人文资源不可移动性或许有人心存疑虑，因为他们总可以以许多人造景观为例来说明人文旅游资源是可以再造、是可以迁移的。但是，这些人忽略了旅游资源存在必须依赖于特定环境的前提。在现代社会的技术条件下，在其他地方仿造一些著名的景观并非完全不可能，但这种仿制品脱离了历史和环境，失去了其原有的意义和魅力。如埃及的金字塔只有在埃及特有的自然环境和历史沉淀中才具有其作为旅游资源的价值；而我国的长城也只有以我国源远流长的历史长河为背景，才能体现出它的雄伟壮美。

8. 价值变异性

旅游资源的价值可分为有形价值和无形价值、现实价值和潜在价值。旅游资源价值的内容有如下几个方面：① 各种形式的观赏、娱乐、休憩、康复价值；② 人们对自然、社会、文化、民族等的认识，具有科考、探险、交流的价值；③ 来往于各旅游地的各人群、各种族、各地区、各国家的人们之间相互理解、相互尊重的文化价值；

④ 旅游业提供各种服务并从中获得劳务收入；⑤ 销售各种旅游产品带来的商业收入；⑥ 借助于著名旅游地和专门旅游活动，为非旅游产业提供商务活动，促进地方产业的发展。旅游资源的价值是不可用数字来计算的。随着人类认识水平、审美需要、开发能力、宣传促销等众多因素的变化，对旅游资源价值的评判会有明显不同。同时，同一旅游资源价值的高低也会因开发利用方式和开发利用外部条件的不同而不同。例如同样一个湖泊用于观光、度假、水上运动或是自然保护区，其所产生的经济价值大小显然有明显的差异。可见，旅游资源的价值是受到一定的时间、开发条件及方式、客源市场制约的。

（二）自然旅游资源和人文旅游资源的特征

1. 自然旅游资源的特征

（1）地带性

自然旅游资源中的植物、动物、水文受气候条件的制约，呈现有规律的地带性分布，这种地带性分为纬度地带性、经度地带性和垂直地带性。纬度地带性是因为太阳照射的角度或获取热量不同，从赤道到两极，植物、动物、气候、水文、地质地貌水平地带性明显。在一些高山地区，由于气候的垂直变化，自然景观从山脚到山顶呈现垂直地带性特征，如我国的横断山区。由于海陆环流的存在，自然景观从沿海向内地呈经度地带性特征。总之，由于自然环境的影响，自然旅游资源在不同的地带呈现不同的景观，如树木在热带是雨林，亚热带是常绿林，温带是阔叶林，寒带是针叶林，极大地丰富了景观类型和景观层次。

（2）季节性和周期性

自然旅游景观受气候或其他因素影响，常常有季节性和周期性，有些景观还只能在特殊的季节或特殊的时段才会出现。有些景观的周期性很长，以年为单位，有些周期性很短，以日为单位。如早晨的日出，傍晚的落日，周期很短。香山的红叶只在秋天才有，吉林的雾凇只在冬天才出现，钱塘江潮只在农历的 8 月中旬这一特殊时期才有，至于春天的山花烂漫、夏季的浓荫滴绿、秋天的满山黄叶、冬季的冰雪世界更是自然界季节性最好的诠释。另外，自然界中还有许多变化是随机的，如佛光、蜃景等。

（3）不可移置性

自然旅游资源是天然赋予的，是大自然鬼斧神工般造就的，是大自然对人类社会的恩赐，其形成、形态、景观特征都是在一定的自然地理条件下形成的，是不可复制、独有的。如长江三峡的雄、险、秀以及壮观的峡谷风光、神农架的原始森林和自然野趣、泰山的雄、华山的险、雁荡的秀、青城的幽都是不可仿造的，即使有微缩景观，也只能缩其形而不能缩其神。自然资源的不可移置性使一些独特的景观具有了地域上的垄断性，保证了地区旅游业发展的持续、稳定。

2. 人文旅游资源的特点

（1）历史性

人文旅游资源中的古人类遗址、古建筑、历史遗迹等是我们的祖先创造的物质文明的遗存，这些历史遗存都深深地刻上了时代的烙印，反映了当时的社会生活情况和科技文化水平。如周口店人类遗址反映了旧石器时代先民的生活，都江堰代表了我国秦朝的科技水平。同时，海外游客来华旅游主要是冲着我国悠久灿烂的历史文化而来，主要参观的是以历史遗迹为主的人文旅游资源。那些历史悠久、文化内涵丰富的人文旅游资源是最具吸引力的资源。如我国的北京、西安、苏州等之所以成为海外游客光顾最多的热点旅游城市，凭借的是“中古七大奇迹”之一——万里长城，世界最大的宫殿群——故宫，有“世界第八奇迹”之称的秦始皇兵马俑以及中国江南园林的代表——苏州园林。

（2）人为性和可创造性

人文旅游资源是人类智慧的结晶，是人类在自身发展过程中创造出来的，不是天然就存在的。人文旅游资源既是人为创造的，必然体现所在时代人的意志和目的，也会因时代不同、人类旅游需求的变化，创造出各种各样能满足人类不同旅游需求的人文旅游资源。如随着游客对娱乐多样化的需求，以“迪斯尼”为代表的主题公园成为大众旅游以来人文旅游资源的新类型。我国的主题公园也在不到十几年的时间，遍布大江南北，各种不同类型层出不穷。

（3）可移置性

人文旅游资源是人工创造的，与自然旅游资源相比，具有可移置性。如颐和园中的“谐趣园”就是无锡寄畅园的复制，深圳华侨城的锦绣中华就是我国各地著名建筑的微缩版，有“万园之园”之称的圆明园就是东西方造园艺术的荟萃。但人文旅游资源的复制必须与周围自然景观相协调、相融合，否则会破坏景区的整体美感。

（4）文化性

人文旅游资源是人类智慧的结晶，是一定时代文化的表征，这种文化性不仅以物质实体的载体出现，如历史建筑、遗迹、饮食文化、服饰文化，也体现在一些无形的精神内容方面，如说唱艺术、诗词歌赋、历史传说、事件等。一般而言，物质实体和无形的精神内容相结合的景区，吸引力更强。如西安大雁塔因唐玄奘而知名，岳阳楼、滕王阁、黄鹤楼分别以范仲淹的《岳阳楼记》、王勃的《滕王阁序》、崔颢的《黄鹤楼》而名垂千古，只有包涵丰富的文化内涵，才能使一些人工建筑和遗址显得熠熠生辉，这就是所谓的文因景名，景借文传。

任务二　旅游资源的调查

一、旅游资源调查

（一）旅游资源调查的涵义

旅游资源调查：是指运用科学的方法和手段，有目的、有系统地收集、记录、整理、分析和总结旅游资源及其相关因素的信息与资料，以确定旅游资源的存量状况，并为旅游经营管理者提供客观决策依据的活动。

（二）旅游资源调查的作用

1. 描述作用

旅游资源的调查，可以了解一个地区旅游资源的存量状况，摸清旅游资源的家底。

2. 诊断作用

通过旅游资源调查，可以认清旅游资源的空间特征、时间特征、经济特征、文化特征等，以及各种特性形成环境和成因，旅游资源的功能价值，尤其是旅游资源的时代变异性。

3. 预测作用

通过旅游资源调查，能够完善旅游资源信息系统，为旅游预测、决策奠定基础。

4. 管理作用

通过旅游资源调查，可以比较全面地掌握旅游资源开发、利用和保护的现状，有利于推动区域旅游资源的管理工作，借鉴其他地方的管理经验，引进先进的管理手段，从而制定切实可行的旅游资源保护措施。

5. 效益作用

通过旅游资源调查，了解旅游资源产生的经济效益、社会效益和生态效益，这个过程本身就是旅游资源效益功能的体现。

二、旅游资源调查类型与内容

（一）旅游资源调查类型

1. 按旅游资源调查需解决的问题划分

（1）旅游资源概查：旅游资源概查是指对旅游资源的概略性调查或探测性调查。这种调查是为了发现问题而进行的一种初步调查。它主要是寻找问题产生的原因及问题的症结所在，为进一步调查作准备。

（2）旅游资源普查：这种调查类型是对一个旅游资源开发区或远景规划区内的各种旅游资源及其相关因素进行综合调查。其主要目的是要取得有关总体比较全面系统的总量资料。

（3）旅游资源详查：详查一般在概查和普查的基础上进行，将普查提出的结果，经过筛选，确定一定数量高品位、高质量的旅游资源景观作为开发对象，针对这些开发对象进行更详细的实地勘查。

2. 按旅游资源调查的不同对象划分

（1）典型调查：根据旅游资源调查的目的和任务，在对被调查对象进行全面分析的基础上，有意识地选择一个或若干具有典型意义或有代表性的单位进行调查研究，借以认识同类现象总体情况的调查方式。

（2）重点调查：在调查对象中选择一部分对全局具有决定性作用的重点单位进行调查，以掌握调查总体基本情况的调查方式。

（3）抽样调查：按照调查任务确定的对象和范围，从全体调查总体中抽选部分对象作为样本进行调查研究，用所得样本结果推断总体结果的调查方式。

（二）旅游资源调查的内容

1. 旅游资源环境调查

（1）自然环境调查

① 调查区概况：包括调查区名称、所在行政归属与区划、范围和面积、中心位置

与依托城市等。

② 地质地貌要素：调查记载调查区岩石、地层、地质构造、地形地貌的分布特征、发育规律和活动强度，对调查范围的总体地质地貌特征有一全面概括了解。

③ 水体要素：调查地表水与地下水的类型和分布，季节性水量变化规律和特征，可供开采的水资源，已发生和可能发生的水灾害及其对旅游资源的不利影响等。

④ 气象气候要素：调查区的年降雨量及其分布，气温、光照、湿度及其变化，大气成分及其污染情况，气候类型、特色及其变化规律等。

⑤ 动植物要素：调查区动物和植物特征与分布，具有观赏价值的动物和植物的类型和数量，特定生存环境下存在的珍稀动物和植物，调查其分布数量、生长特性和活动规律，可供游人观赏的客观条件和防护措施等。

（2）人文环境调查

① 历史沿革：主要了解调查区的发展历史。包括建制的形成，行政区划的调整，曾经发生的历史事件，重要名人及其活动、经历对当地历史景物的影响。

② 经济环境：主要了解调查区的经济特征和经济发展水平。包括经济简况、国民经济发展状况、国民生产总值、工农业生产总值、国民收入、人口与居民、居民收入水平、消费结构与消费水平、物价指数与物价水平、就业率与劳动力价格范畴等。

③ 社会文化环境：主要了解调查区学校、邮电通讯、医疗环卫、安全保卫、民族分布、职业构成、受教育程度、文化水平、宗教信仰、风俗习惯、社会审美观念、价值观念、文化禁忌以及应用新技术、新工艺、新设备的情况等。同时还应调查当地的旅游氛围和接受新事物的能力。

（3）政策法规环境调查

主要了解调查区内影响和制约旅游资源开发、管理的有关方针、政策。包括：地区经济政策的连续性与稳定性，社会经济发展规划，对外政策的调整变化，旅游机构的设置变动，以及资源法、旅游法、环境保护法、旅游管理条例和旅游管理措施等的执行情况。

2. 旅游资源存量调查

（1）类型调查

按一定的分类标准，将调查区内的旅游资源分类归并，以便更加明晰地认识旅游资源。

（2）特征调查

① 峰、崖、石、洞、峡和特殊的火山、名山、雪等的数量、造型特征、分布状况、组合形成、成因、年代和遗迹等。

② 河、湖、井、泉、瀑等的位置、源头、面积、深度、高差、流量、蓄水量、水质、水色、形态、水温、季节变化、观赏特征、成因、环境特征、利用状况等。

③ 气温、光照、温度、降水、风、云、雾、雪、日出、日落、佛光等出现季节、持续时间、形态、观赏位置、年均舒适旅游日数、浴疗价值等。

④ 观赏植物的种类、分布范围、数量、花期、果期、观赏部位；古树名木的位置、生境、树种、年龄、树高、胸径、冠幅、冠形及分布特点；森林景观中有观赏价值的树

木、林分、垂直分布、规模、面积、景观特征、林特产品、林副产品种类、数量和特征；野生动物和珍稀动物的种类、栖息环境、活动规律、生活习性等。

⑤ 名胜古迹种类、建筑风格、艺术价值、建筑年代、历史、建筑保存状况、建筑数量、分布情况、占地面积、有关建筑的传说、故事、目前利用状况等。

⑥ 宗教文化类别、建筑、雕塑、绘画、石刻、影响范围及历史；革命纪念地的文献记载、革命活动、文物位置、保护现状等。

（3）成因调查

调查区内各种不同类型的旅游资源，尤其是富有当地特色的旅游资源，在开展资源调查时，要了解其形成原因，发展历史，存在时限、利用的可能价值，自然与人文相互依存的因果关系。

（4）规模调查

调查包括资源类型的数量、分布范围和面积、各级风景名胜区、文物保护单位、自然保护区、森林公园等。

（5）组合结构调查

了解调查区旅游资源的组合结构，包括：自然景观与人文景观的组合，自然景观内部的组合，人文景观内部的组合。资源组合的形式与结构是多种多样的，例如，水与其他旅游资源要素的组合有：山水组合、水峡组合、水洞组合、水瀑组合、水树组合、水与鱼船组合、水与船工民风组合等等。

（6）开发现状调查

旅游资源包含已开发态、待开发态和潜在态三种形态。调查开发现状包括：旅游资源现在的开发状况、项目、类型、时间、季节、旅游人次、旅游收入、消费水平以及周边地区同类旅游资源的开发比较、开发计划等。

3. 旅游要素调查

（1）交通调查

包括公路、铁路、水路、航空交通状况，旅游汽车、出租车、景点缆车、高架索道、观光游船等设施，车站、码头、港口的数量和质量，交通工具与景区的距离、行程时间、路面质量、运输承受能力等。

（2）住宿调查

包括饭店、旅馆、汽车旅馆、供膳寄宿旅馆、别墅、农舍式小屋、度假村、野营帐篷、游船旅馆等多种住宿设施的规模、数量、档次、功能、分布情况、接待能力、床位数、房间数、客房出租率、营业收入、固定资产、利润总额等。

（3）餐饮调查

包括餐馆的规模、数量、档次、分布情况、名特小吃、特色菜品、卫生状况和服务质量等。

（4）其他服务设施调查

包括零售商店、购物中心、购物广场、旅游商品专卖商与专柜、高尔夫球场、影剧院、影视厅、音乐厅、娱乐中心、艺术中心、理发美容厅、咨询服务中心、会议中心、邮电通讯、医疗服务、保险业务等的数量、分布、服务效率、服务人员素质、服务频率等。

4. 旅游客源市场调查

（1）旅游者数量调查

调查外国人、华侨、港澳台同胞、国内本土游客和外地游客的数量、国籍、年龄、性别、职业、入境方式、分布地区与民族类别等。了解最大和最小日客流量、月客流数、季客流量和年游客数量。了解游客滞留时间、过夜人数、自费与公务旅游的比例、团队与散客旅游的比例等。

（2）旅游收入调查

调查统计旅游者在吃、住、行、游、购、娱等方面的消费构成，人均天消费，最高与最低消费比例，调查日、月、季、年的旅游收入，海外游客创汇收入，国内游客旅游收入，以及旅游收入在当地国民经济中的比重、产生的社会贡献率等。

（3）旅游动机调查

调查包括健康运动消除紧张与不安的欲求，满足求知欲望的文化动机，探亲访友的交际动机，体现自尊、获取个人成就和为人类贡献的地位和声望动机等。

三、旅游资源调查程序与方法

（一）调查程序

1. 调查准备阶段

明确调查问题→确定调查目标→调查方案设计→制订调查工作计划。

2. 调查实施阶段

（1）收集第一手资料（实地调查资料）：包括概略调查、系统调查、详细勘查。

（2）收集第二手资料：第二手资料是指为其他目的和用途而制作、收集的证据、数字、图件和其他现成的信息资料，但能为目前的旅游调查项目所利用。

3. 旅游资源调查整理分析阶段

（1）整理资料

① 对资料进行鉴别、核对和修正，审查资料的适用性和准确性，剔除有错误的资料，并补充、修正资料，使其达到完整、准确、客观、前后一致。

② 应用科学的编码、分类方法对资料进行编码与分类，以便于分析利用。

③ 采用常规的资料储存方法或计算机储存方法，将资料归卷存储，以利于今后查阅和再利用。

（2）分析资料

经过整理后的资料、数据和图件，应能表示某种意义，只有通过调查人员的分析解释，才能对资源调查项目产生作用。

（3）编写旅游资源调查报告

由标题、目录、概要、正文、结论与建议、附件几个部分组成。

（二）旅游资源调查方法

（1）文案调查法（间接调查法）：通过收集旅游资源的各种现有信息数据和情报资料，从中摘取与资源调查项目有关的内容，进行分析研究的一种调查方法。

（2）询问调查法：是调查者用访谈询问的方式了解旅游资源情况的一种方法。

（3）观察调查法：调查者在现场对被调查事物和现象进行直接观察或借助仪器设备进行记录，以获得旅游资源信息资料的调查方法。

（4）综合考察法（野外综合考察）：旅游资源总是分布在一定的地域范围，对其分布位置、变化规律、数量、特色、类型、结构、功能、价值等的了解和认识，只有通过对调查区的综合考察，全面系统的分析才能得到。

（5）遥感调查法：采用遥感技术调查方式，收集多种比例尺、多种类型的遥感图像和与之相匹配的地形图、地质图、地理图等，解译图像中旅游资源信息，不仅能对旅游资源的类型定性，而且能为旅游资源定量标志，还能发现一些野外综合考察等不易发现的潜在旅游资源。

（6）统计分析法：任何一个旅游区都是由多种旅游景观类型和环境要素组成的。对各种景观类型和环境要素的基本数据进行统计，对确定一个旅游资源区的旅游特色和旅游价值具有重大意义，也是设计旅游环境和生态系统的基本依据。

（三）调查区旅游资源调查报告的编写

旅游资源详查和旅游资源概查的文（图）件类型和精度不同，旅游资源详查需要完成全部文（图）件，包括填写《旅游资源调查区实际资料表》，编绘《旅游资源地图》，编写《旅游资源调查报告》。旅游资源概查要求编绘《旅游资源地图》。根据国家标准《旅游资源分类、调查与评价》（GB/T 18972—2003）的要求，各调查区编写的旅游资源调查报告，基本篇目如下：

前言

第一章　调查区旅游环境

第二章　旅游资源开发历史和现状

第三章　旅游资源基本类型

第四章　旅游资源评价

第五章　旅游资源保护与开发建议

主要参考文献

附图：《旅游资源图》或《优良级旅游资源图》

任务三　旅游资源评价

旅游资源评价是旅游资源有效利用和合理开发的前提，是选择某些因子通过一定的方法对旅游资源的价值作出评判和鉴定。旅游资源评价的结果有助于了解其自身的价值，了解其旅游吸引力的强弱，可以为开发过程中制定明确的开发目标、拟定恰当的开发时序、突出准确的开发重点和选择合理的开发方式，提供可靠的依据。20 世纪 50 年代以来，旅游资源评价一直就是地理、环境、经济、社会等学科领域研究的一个重点问题。

一、旅游资源的评价因子

具体到某个地区来讲，影响并决定其旅游资源开发方向与发展潜力的因子很多，且十分复杂，各因子之间相互联系，相互制约。因此，为保证旅游资源评价工作安排合理、评价结果科学可信，必须确定具体的评价内容或因子。道格拉斯·皮尔斯将这些因子划分为七大范畴：气候、自然条件、吸引力、道路、土地占用权和使用权、抑制和刺激因子、其他因子（如劳动成本、政局的稳定）。邢道隆等专家将这些因子概括为四个方面，即市场因子、质量因子、社会经济因子和环境因子。在不同的情况下，每一类因子会具有不同的重要性。

（一）质量因子

旅游资源质量是指旅游资源的性质对于特定的旅游活动的适合程度，也就是该旅游资源所独具的魅力。某一旅游资源对特定的旅游活动适合程度越高，资源质量也就越高，但对别的旅游活动很可能就没有什么价值，所以评价旅游资源质量必须有价值判断标准。旅游资源质量是构成旅游资源吸引力的关键因素，高质量的旅游资源质量对旅游者有较大的吸引力。旅游资源质量因子，或者叫做吸引力因子，通常从美学观赏价值、康娱价值、历史文化价值、科学价值等角度进行考察。因为，旅游业得以存在和发展，根本上是由于人们有着追求良好环境，追求美的享受，追求新鲜文化体验的愿望。值得指出的是，在评价工作中，对于上述价值的衡量标准，例如对于海滩，可以从沙质、地面坡度、阳光、近岸陆地环境、水质、水温、使用季节长短等方面定量地进行衡量。另外要力求借用专业研究的成果，例如文物保护单位级别、自然保护区级别等相关标准。鉴于质量因素量化困难，特别应注意比较的原则，特别要强调与周围地区，与国内其他地区，与世界上其他地区同类型资源进行比较，以确定其属于哪一个等级。旅游资源规模也是旅游资源质量评价的一个重要指标，旅游资源规模包括丰度、集聚度、容量等。旅游资源经过开发，如果只能接待较少的游客，其开发价值自然要打折扣，所以应将规模也放在质量因子内。

（二）环境因子

环境因子（这里主要指自然环境）与旅游资源开发利用密切关联。自然环境是构成旅游资源区整体感知形象的一个重要因素，是旅游活动重要的外部环境条件之一。与旅游资源开发相关联的自然环境包括两个方面：一是旅游景区内的自然环境，即旅游者从事旅游活动时的小环境。对于某些纯自然风光旅游地来说，景区内的自然环境本身也是旅游资源的一部分，例如气候、植被、水体等。二是旅游地及其周围受旅游活动直接或间接影响的自然环境，可以说是旅游活动的大环境。无论是大环境，还是小环境，拥有绿树成荫、鸟语花香、清水长流、气候宜人的环境条件，给人以清新、幽静的美感，有利于吸引旅游者前来，促进旅游资源的开发利用。相反，气候恶劣，伐木采石，违章建筑，大气、水体污染严重，出现滑坡、泥石流、崩塌、水土流失等自然灾害，造成自然生态环境恶化，不仅破坏旅游资源的美感，也会危及游人的健康和安全，影响旅游资源的开发。因此，评价旅游资源，必须对自然环境条件进行客观、科学的评价，并根据环境要素的作用机理及影响的范围、深度、速度等，预测环境的演化趋势，为旅游开发决策提供可靠的依据。

（三）市场因子

旅游资源开发是为区域旅游业发展服务的。旅游业作为一项经济活动，同其他行业一样，其本质内容即是供给和需求，如果没有足够数量的旅游者，就不会产生应有的旅游经济效益。客源市场决定着旅游资源的开发规模和开发价值与方向。不可否认，高品位、高质量的旅游资源对一定范围和客源层次具有有限的吸引向性。但是，从现代市场营销的观点和旅游市场的实际可能来看，客源市场的需求是第一位的，没有需求就没有消费。因此在旅游资源开发评价工作中，首先要进行需求调查，了解旅游者的需求动机，掌握客源市场的规模、旅游消费结构、消费水平和旅游活动行为，预测国内外客源市场的动态需求趋势，考察该地区旅游资源的市场拥有情况，因地制宜地确定旅游资源的开发规模等级，客观地衡量旅游资源的开发利用价值。市场因子包括市场对象、市场规模和市场距离以及与相邻旅游地的关系等方面。市场对象是指客源对象。不同民族、不同年龄、不同职业的游客有着不同的旅游需求，应根据客源的国别、素质、年龄结构的状况和发展趋势来确定需求类型，并对不同类型的资源给以不同程度的重视。市场规模是指现实的和潜在的旅游需求的数量，这与客源地的人口数量、收入水平、闲暇时间的旅游偏好等有关。市场距离是指被评价地区和主要客源地（包括主要客源集散地）之间的区位关系和距离，距离包括感知距离、地理距离和交通距离等。交通距离与可进入性有关。与相邻旅游地的关系一般有两种情况：补充关系和替代关系。

（四）社会经济因子

一个地区旅游资源的开发利用，必须要有坚实的社会经济基础作后盾。影响旅游资源开发的社会经济因素很多，包括旅游接待地的人口构成、宗教信仰、民情风俗、生活方式、社会开放程度、地区国民总收入、总消费水平、居民平均收入、基础设施、旅游专用设施的容纳能力、资金来源、当地产业与旅游业开发与发展的协调程度、当地能投入旅游业的人力资源、当地发展旅游业的积极性与政府政策等。这些因素中任何一个因素的不足或不畅都可能成为旅游资源开发，甚至区域旅游业发展的“瓶颈”，都会减弱旅游资源对旅游者的吸引力，严重降低游客的重游率。另外，旅游资源所依托的中心城市也是非常重要的。旅游资源的开发，如果有一个良好的支持中心，就能方便旅游者进出，为旅游产品的服务经营提供保证，大量节省旅游资源开发的总体投资。如果位于发达城市中心之间或能形成回路，则可获得插入机会，从游客通路上截得宝贵客源。

二、旅游资源评价的类型和方法

（一）旅游资源评价的类型

1. 单项评价

旅游资源是由多个要素组成的，每一个要素都是旅游资源组成的重要部分，但对于某一旅游活动来说，都会有一个或几个因素对旅游活动的质量起到决定性的作用。如气候的适宜性评价对户外旅游活动的影响，美国学者特吉旺设计了舒适指数和风效指数，根据大多数人的生理感受对当地气候进行评估。

用月平均最高气温和月平均最小相对湿度、月平均最低气温和月平均最大相对湿度，查舒适指数图确定舒适指数等级。用月平均最高气温、月平均最低气温和月平均风速三个指标查风效指数图，得出风效指数等级。一般情况下，人们对气候舒适度的要求，以舒适指数为主，风效指数为辅，两者分别在“-1”至“+1”和“-c”至

“-a”间，属于旅游旺季，若二者分别为“0”和“-b”，则属于旅游最佳期（见表4-1和表4-2）。

表4-1　**舒适指数分级表**

代号	-6	-5	-4	-3	-2	-1	0	+1	+2	+3	+4
大多数人体感	极冷	非常冷	很冷	冷	稍冷	凉	舒适	暖	热	闷热	极热

表4-2　**风效指数分级表**

符号	千卡/米^2. 时	大多数人的感觉	符号	千卡/米^2. 时	大多数人的感觉
-h	≤-1400	外露皮肤冻伤	-b	-200～-300	舒适风
-g	-1 200～-1 400	极冷风	-a	-50～-200	暖风
-f	-1 000～-1 200	很冷风	n	+80～-50	不明显风
-e	-800～-1 000	冷风	a	+160～+80①	热风
-d	-600～-800	稍冷风	b	+160～+80②	不舒适热风
-c	-300～-600	凉风	c	≥+160③	非常不舒适热风

注：① 气温30℃～32.7℃；② 气温≥32.8℃；③ 气温≥35.6℃

单项评价还有地形因素的适宜性评价，解释不同地形对运动类型的旅游活动的重要性；海水的质量、水温、颜色等综合性指标体系对能否建设浴场设施进行评价等。

2. 综合评价

旅游资源综合评价是指对旅游资源的整体价值进行评价。旅游资源综合评价系统中的评估因子大都有权重值，评估的结果多是数量化的指数值，在综合指数评估中，以单项资源分析评价为基础。

（二）旅游资源评价方法

常用的旅游资源评价方法一般有定性和定量两种。旅游资源定性评价是评价者根据已有的知识、经验和综合分析能力，通过对旅游资源区的考察以及对有关资料的分析推断，给予旅游资源的整体印象评价。旅游资源定量评价是指评价者在掌握大量的数据资料基础上，根据给定的平均标准，运用科学的统计方法和数学评价模型，通过揭示评价对象的数量变化程度及其结构关系，给予旅游资源的量化测算评价。定性评价是揭示旅游资源事物现象和发展变化本质属性不可缺少的必要手段。相对而言，由于对数据资料和精确度要求不高，所以简便易行，应用范围广，包含的内容丰富。但是，定性评价的结果缺乏可比性，只能反映旅游资源的概要状况，主观色彩较浓。定量评价凭数据说话，避免了定性评价的主观片面性，使平均结果更加明晰，解释的确定性大大增强，预测性也更加明确，进而使评价结果尽可能减少主观色彩和个性色彩，一般可作为旅游资源开发的决策依据。但是，定量评价难以反映客观条件的临时变化和未来不确定因素的影响，对于一些无法量化的因素也无力表达，且评价过程复杂，较适合专业人员运用。总之，两种方法各有优缺点，因此在实际工作中，这两种方法必须密切配合，并且根据具体情况选用恰当的评价方法，保证评价过程顺畅以及评价结果的清晰明确，为旅游资源的开发提供切实可依的资料。

1. 定性评价方法

常见的定性评价方法主要有以下几种：

(1) 一般体验评价法

一般体验评价是评价者根据自己的亲身体验对一个或一个以上的旅游资源就其整体质量进行定性评估。通常是旅游者在问卷上回答有关旅游资源的优劣顺序，或统计报刊、旅游书籍、旅行指南上出现的频率，或邀请各方面的专家讨论评议，从而确定一国或地区最出色的旅游资源。这种评价多是由传媒机构或传媒管理机构发起。如1985年《中国旅游报》发起的“中国十大名胜”和1995年国家旅游局主持的“中国旅游胜地四十佳”等的评选，就是运用的这种方法。这种方法常局限于少数知名度较高的旅游资源，无法用于一般类型或尚未开发的旅游资源。

(2) 美感质量评价法

旅游资源美感质量评价一般是基于对旅游者或专家体验的深入分析，建立规范化的评价模型，评价的结果多是具有可比性尺度或数量值。其中对自然风景质量的视觉美评价已经较为成熟，目前较为公认的有四大学派，即专家学派、心理物理学派、心理学派以及现象学派。

专家学派。代表人物是林顿（R. B. H. Litton）。该学派认为凡是符合形式美原则的自然风景就具有较高的风景价值。对风景的分析基于其线条、形体、色彩、质地四个元素，强调多样性、奇特性、协调统一性、多样化形式美在风景资源分级中的主要作用，并根据有关的生态学原则，突出地表现一系列分类分级过程。

心理物理学派。代表人物为施罗德（H. W. Schroeder）、丹尼尔（T. C. Daniel）和布雅夫（G. J. Bubyoff）。该学派把风景与风景审美理解为一种刺激——反应的关系，将心理物理学的信号检测方法引用到风景质量评价中，通过测量公众对风景的审美态度获得一个反映风景质量的量表，然后将该量表与风景组成成分之间建立起数学关系。其操作过程为：首先，测量公众平均审美态度，以照片和幻灯为工具获得公众对所展示的风景美感评价；其次，确定所展示风景的基本要素；再次，建立就质量与风景的基本要素间的相关模型；最后，将建立的数学模型用于同类风景的质量评估。

心理学派（又称为认知学派）。代表人物为卡普兰（S. Kaplan）、吉布利特（Gimblett）、布朗（T. Brown）。该学派侧重于研究风景对人的认识作用在情感上的影响，试图用人的进化过程及功能需要来解释人对风景的审美过程。

现象学派（又称为经验学派）。代表人物为洛温撒尔（Lowenthal）。该学派把人在风景审美评判中的主观作用提到了绝对高度，把这种评判看作是人的个性与文化历史背景、志向与情趣的表现。研究方法一般是考证文学艺术家关于风景审美的文学、艺术作品、名人日记等，以此来分析人与风景的相互作用及各种审美判断所产生的背景。同时，也通过心理测试、调查、访问等形式，记叙现代人对具体风景的感受和评价。

(3)“三三六”评价法

由北京师范大学卢云亭教授提出，该方法通过评估旅游资源的三大价值（即历史文化价值、艺术欣赏价值和科学考察价值)、三大效益（即经济效益、社会效益、环境效益）以及六大条件（即景区的地理位置和交通条件、景物或景类的地域组合条件、景区旅游容量条件、施工难易条件、投资能力条件、旅游客源市场条件），达到评价旅游资源的目的。

（4）资源及环境综合评价法

上海社会科学院黄辉实从旅游资源本身和资源所处环境两个方面对旅游资源进行定性评价。对旅游资源本身的评价，采用美、古、名、特、奇、用六个标准进行衡量；对旅游资源所处环境的评价，采用季节、污染、联系、可进入性、基础结构、社会经济环境、旅游市场七个标准进行评价。

2. 定量评价方法

旅游资源的定量评价方法主要有层次分析法、价值工程法、指数评价法等，多选用层次分析法。

层次分析法（简称 AHP 法），是美国匹兹堡大学运筹学家塞蒂（T. L. Saaly）于 20 世纪 70 年代中期提出的一种多层次权重分析决策方法。它将复杂问题中的各种因素通过划分出相互联系的有序层次，使之条理化，再根据对一定客观现实的判断，就每一层次指标的相对重要性给予定量表示，利用数学方法确定各因子重要程度的定量结果（权值），并通过排列结果，分析和解决问题。这种方法增强了评价的客观性，已被世界各国广泛采用。其特点是具有高度的逻辑性、系统性、简洁性和实用性。中山大学保继刚教授最先将其引入对旅游资源的评价。

运用 AHP 法进行评价分为三步：

第一步，建立旅游资源定量评价的指标体系。评价因子分为三方面：资源价值、景点规模、旅游条件，对各个评价因子进行归类和层次划分，析解出属于不同层次和不同组织水平的各因素之间的相互关系，建立旅游资源定量评价模型树（见图 4－1）。

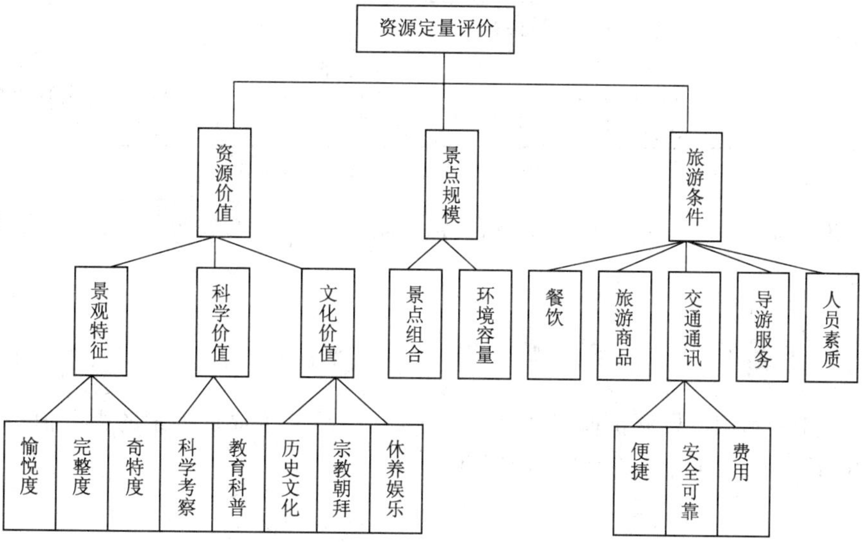

图 4－1　旅游资源定量评价模型树

第二步，确定各评价因子的权重。模型树中每一个评价因子对评价目标的重要性程度不一样，因此在评价过程中，先要对这些指标的重要性进行排列，确定其权重。各因素两两比较的标度通过特尔菲法（又称专家征询法）获取，再经过层次分析计算，求得旅游资源评价体系的权重值（见表4－3）。

表4－3　　旅游资源评价因子权重表

评价综合层	权重	评价项目层	权重	评价因子层	权重
资源价值	0.72	观赏特征	0.44	愉悦度	0.20
				奇特度	0.12
				完整度	0.12
		科学价值	0.08	科学考察	0.03
				教育科普	0.05
		文化价值	0.20	历史文化	0.09
				宗教朝拜	0.04
				休养娱乐	0.07
景点规模	0.16	景点组合	0.09		
		环境容量	0.07		
旅游条件	0.12	交通通讯	0.06	便捷	0.03
				安全可靠	0.02
				费用	0.01
		饮食	0.03		
		旅游商品	0.01		
		导游服务	0.01		
		人员素质	0.01		
	1.00	1.00			

资料来源：马勇，周霄.《旅游学概论》. 旅游教育出版社，2004年版

第三步，获得各评价因子的评估值，得到综合结果。综合得分按下面的数学模型计算，即

$$A = \sum_{i=1}^{n} S_i \cdot W_i$$

式中，A表示旅游资源价值综合得分；S表示表示某个评价因素的得分值；W表示某个评价因素的权重值；i表示第i项因素。

任务四 旅游资源开发

一、旅游资源开发的内容

旅游资源开发的目的，就是使旅游资源为旅游业所利用，从而使其潜在资源优势转变成现实的经济优势。因此，旅游资源开发的内容，不仅包含旅游资源本身的开发、利用，还包括旅游配套设施建设、相关外部条件的开发与改造、旅游环境的建设等。具体来说，包括以下七方面的内容。

（一）景点或风景区的规划和建设

任何一种旅游资源不经过有意识的开发和建设，是无法融入旅游业开展大规模的旅游接待活动的，只不过在开发的深度和广度上有所差异。因此，这项工作是旅游资源开发的核心部分，也是整个旅游开发工作的出发点。不论自然景观还是人文景观的旅游资源，都是在特定的自然、历史、社会背景下形成的，绝大多数资源本身是与旅游活动没有直接联系的，因而缺乏旅游活动开展的基本条件，这也就对旅游资源开发和建设提出了客观要求。这种建设，从内容、形式上说，既可以是对尚未利用的旅游资源的初次开发，也可以是对已经利用了的景观或旅游吸引物的深度开发，或进一步的功能发掘；既可以是对现实存在的旅游资源的归整和加工，也可以是从无到有建造一个新的景点。从其性质来看，既可以是以开发建设为主的，也可以是以保护维护为主的开发活动。并且，从动态来说，这种开发活动的内容、性质也是在发展变化的，例如，九寨沟——黄龙景区旅游资源的开发，就经历了从尚未利用的初次开发到目前深度开发的过程，其开发工作的性质也由建设向保护转化。随着旅游资源的不断开发，景区建设中许多问题逐渐凸现，如环境质量下降、旅游资源被破坏、旅游地间及建设项目间的恶性竞争等，开发者和管理者遂在资源开发过程中进行有意识、有计划的设计和调整，从而将旅游规划引入旅游资源开发和景区建设，使其规范化、合理化。

（二）提高旅游资源所在地的可进入性

可进入性问题，主要是指交通、通信条件，包括交通线路、交通设施、交通方式以及现代化的通信设施等。旅游活动的异地性特征表明，旅游者通常是经过一定距离的旅行后，方才进行游览活动的；也就是说，旅游者从所居住的地方到目的地，必须借助于一定的交通条件。因此，没有一定的交通设施和交通条件，旅游活动就不可能实现，旅游资源的开发就毫无意义。特别是在现代旅游业中，旅游的出游范围越来越大，远距离旅游已渐成规模。这对可进入性条件的具体指标如交通线路的通达性、交通方式的舒适性与便捷性等，都提出了较高的要求。如果某地的旅游资源十分丰富且特色突出，而交通状况恶劣，可进入性较差，则会极大地减弱游客选择该地旅游的动机。景区内部的交通状况同样重要，通常要求做到“进得来、散得开、出得去”。这样，不仅可使游客来去方便，取得完美的旅游经历，还可以使旅游资源的开发者在保障资源品质的同时，获得预定的各项效益。还要在满足现代旅游者需求的前提下，建设良好的通信设施。所以，重点解决可进入性问题，可使旅游资源开发的目标得到保障，使旅游者选择旅游地时没有顾虑。

（三）建设和完善旅游配套设施

旅游吸引物是旅游者到达旅游地后的主要目标，但在游览过程中游客仍有基本生活需要，这就决定了旅游地必须要建设向旅游者提供相关服务所必需的旅游配套设施。旅游配套设施包括旅游服务设施和旅游基础设施两种。旅游服务设施，主要是供外来旅游者使用的，一般包括住宿、餐饮、交通及其他服务设施，其中一部分也为本地居民的生活需要提供服务。旅游基础设施，是为了旅游地居民生产生活需要所提供给大家共同使用的设施，如水、电、热、气的供应系统，废物、废水、废气的排污处理系统，邮电通信系统，安全保卫系统等，它们并不直接为旅游者服务，但在旅游经营中是直接向旅游者提供服务的部门和企业必不可少的设施。总之，旅游配套设施的建设和完善，既配合旅游资源的开发满足游客的多方位需要，又使旅游资源的开发与区域经济密切联系，得到有力的支持。但由于旅游配套设施，一般投资大、周期长，因此对其建设规模、布局、数量必须严格论证和审批，做到适度超前发展，避免设施的不足和浪费，从而为旅游地创造良好的投资环境和开发条件。

（四）完善旅游服务

旅游服务是旅游产品的核心。旅游者购买并消费旅游产品，除了在餐馆和旅游生活中消耗少量有形物质产品外，大部分是接待和导游服务的消费。所以，旅游资源只是旅游活动的吸引物和旅游产品的基本条件，其开发必须注重旅游服务的完善。从旅游供给的角度来看，旅游服务包括商业性的旅游服务和非商业性的旅游服务。前者一般是指当地旅行社的导游和翻译服务、交通部门的客运服务、饭店业的食宿服务、商业部门的购物服务，以及其他部门向旅游部门提供的营业性接待服务；后者一般包括当地为旅游者提供的旅游问询服务、出入境服务，以及当地居民为旅游者提供的其他义务服务。旅游服务是由各种单项服务组合而成的综合服务，提供服务的人是来自旅游业各部门的从业人员及当地群众，他们服务质量的好坏取决于自身素质的高低，而这又影响到旅游地对旅游者的吸引程度。因此，必须通过各种方式，根据客源市场的变化以及旅游业发展的要求，对从业人员不断进行提高性培训，以提高服务水平和质量，达到完善旅游服务的目标。

（五）加强宣传促销，开拓客源市场

发展旅游业，就是开发旅游地本身所具有的旅游资源，利用一切有利条件，满足市场的旅游需求，发展完善的产业结构，获得预期的经济效益和社会效益。因此，旅游资源的开发并不仅仅是简单地将目标集中于旅游资源本身进行景点开发和配套设施建设等，还必须进行市场开拓工作，二者相辅相成，缺一不可。市场开拓工作，一方面是将景点建设及旅游活动的设置与旅游需求趋向联系起来，即根据旅游者消费行为特征，进行旅游资源开发的具体工作；另一方面，通过多种媒介加强宣传促销，将旅游产品介绍给旅游者，不断开拓市场、扩大客源，实现旅游资源开发的目的。

（六）重视旅游资源的保护

旅游资源的开发者和经营者在经济效益的驱动下会积极地投资开发，但在这种思路引导下往往会忽视旅游资源的保护。那些被自然或人为因素破坏或损害的旅游资源若不

及时加以整治和修复，就会继续衰退，有些会完全消失，无法恢复。因此，一方面要在旅游从业者和当地群众间树立资源保护的观念，把开发与保护并重的思路融入到旅游地的每一个角落；另一方面，要建立科学保护旅游资源的机制，定期进行检查、维护，及时发现问题并合理解决，从而有效地保护旅游资源，保证旅游资源开发工作的顺利进行。

（七）营造良好的旅游环境

旅游地的旅游环境，可以充分展示旅游资源的地域背景，包括一个国家或地区的旅游政策、出入境管理措施、政治动态或社会性安定状况、社会治安、风俗习惯，以及当地居民的文化修养、思想观念、好客程度等，从而直接或间接地对旅游者产生吸引或排斥作用，进而影响旅游资源开发的效果。因此，营造良好的旅游环境既可突出本地旅游资源的特色，又可提高旅游者对旅游资源的认可度和满意程度。该项工作主要包括：制定有利于旅游业发展的旅游政策；制定方便外来旅游者出入境的管理措施；保持稳定的政治环境和安定的社会秩序；提高当地居民的文化修养，培养旅游观念，养成文明礼貌、热情好客的习惯等。

二、旅游资源开发的原则

旅游资源必须经过开发才能成为旅游吸引物，旅游资源开发正是把旅游资源加工改造成具有旅游功能的吸引物的技术经济过程。由于旅游资源本身的特性和存在的地域形式的不同，旅游开发的需求内容也不相同，使旅游资源的开发、利用具有多向性的特点。况且，不同的开发利用思想、目的和手段，会有绝对不同的社会经济效果。因此按照科学规律、遵守一定的开发行为规范就显得尤为重要。在现实的旅游资源开发实践中一般应该坚持以下原则：

（一）独特性原则

与众不同是旅游资源能够对旅游者产生吸引力的根本所在，一般来讲，旅游目的地与客源市场所处环境的差异性越大，其吸引力越大。因此，突出旅游资源本身原有的特点，特别是针对该地区旅游资源的独有的特征进行开发，突出旅游产品的独特性对于旅游资源开发来讲具有十分重要的意义。

独特性原则，要求在旅游资源开发中首先应把挖掘当地特有的旅游资源作为出发点，尽可能突出旅游资源的特色，通过同区内、省内以及国内、全球范围内的旅游资源进行比较来全面认识本地区的旅游资源优势，并通过开发措施强化其独特性，从而形成强大的吸引力和完整、独立的旅游形象。如西班牙就是由于认准了本国旅游资源在“3S”（即阳光、海洋、沙滩）方面的独特优势及对欧洲客源市场的强大吸引力，进而大力投资开发滨海旅游资源，从而取得了世界旅游强国的地位。独特性原则，还要求在旅游资源开发中突出民族特色，保持某些传统格调。旅游者前来访问的目的之一就是要观新赏异、体验异乡风情。如果开发后的旅游目的地环境与客源地之间的情况差别不大，旅游者的访问动机是不会很强烈的。旅游者即使是来过一次，以后他也难再返故地重游。特定区域内的民族风情、民族习俗、民族文化，是旅游资源开发取之不尽、用之不竭的源泉。在开发过程中，要突出该民族的建筑风格、艺术品位、文化情趣、审美风格、民风民俗等要素的特色，从而形成鲜明的个性和浓厚的吸引力。

当然，独特性原则，并非要求旅游资源的单一性开发。在现代旅游中，旅游者的需求除了满足对目的地独具风格的旅游观赏和项目活动外，还要求有其他多样化的旅游活动内容辅助配合，以适应不同层次、不同类型旅游者的多方面需要。例如名胜古迹区，游客除倾心于它独特的文化价值之外，还希望兼有风景欣赏、游乐等其他相适应的旅游内容。因此，旅游资源开发也要求综合开发和多样性利用。当然，多样性应以独特性为前提，如果处理得好，多样性不但不会冲淡主题，反会起到“绿叶映红花”的作用；如果处理不好，不能把握住总体特征，多样性就掩盖了独特性，最终导致风景旅游区成为没有特色的大杂烩。

（二）市场导向原则

市场导向原则，是指旅游资源在开发之前一定要进行市场调查和市场预测，准确掌握市场需求及其变化规律，结合旅游资源特色，确定开发的主题、规模和层次。该原则要求旅游资源开发必须首先了解和掌握旅游市场的需求状况，包括需求的内容、满足程度、发展趋势及潜在需求状况和整个市场的规模、结构及支付能力，然后根据这些因素进行旅游资源开发的筹措工作。另外，由于市场需求处于动态变化之中，这使旅游资源的开发不仅局限于客源市场的现实需求的满足，还应把握市场的各形成要素，认清现实的基本需求，了解长期的发展方向，预测潜在需求的变化趋势，从而用一种动态、连续、长期的发展战略进行旅游资源开发，并使该项工作富有前瞻性和应变性。

对于旅游资源的开发原则，在我国向来有资源导向和市场导向两种思想。所谓资源导向是指开发旅游资源的根本依据是当地是否拥有旅游资源，而根本不考虑是否有旅游需求、旅游市场。在这种原则指导下，开发者对当地旅游资源的特征和价值都研究得非常详尽，而他们的工作着眼点在于充分阐释资源的自然特征，获得有关旅游资源的技术性很强的研究成果，最后才决定开发出什么样的旅游产品。这种思路是一种严重的充满一厢情愿的旅游资源开发哲学，原因很简单——你开发出的旅游产品可能根本不会吸引足够的旅游者。可想而知，以资源导向指导的开发模式造成资源浪费的可能性非常大。这种思想曾盛行于我国改革开放之初旅游业刚刚起步时期。进入 20 世纪 90 年代以后，我国旅游资源开发开始更加注重市场的导向，因为旅游资源开发的根本目的是发展旅游经济，促进地方经济发展，在这样一个大背景下，在旅游学界和旅游实业界逐渐出现了以市场为开发导向的思想。市场导向原则强调市场需求的规模和结构特征是决定旅游资源开发规模、方向的基本依据。这一思想的现实性主要来自三方面的考虑：第一，在多数情况下，旅游资源可以且仅仅构成开发的基础；第二，良好的旅游资源可能因为可进入性差而不具开发价值；第三，在传统思想认为没有资源的地方，如果市场需求强劲，也可以通过适应市场需求创造出某种旅游产品，这说明资源在旅游业发展中并不是唯一的决定性因素。当然由于旅游资源一直是十分脆弱的资源，并且再生能力差，一旦遭破坏很难恢复。所以，一味地追逐市场需求，把满足市场需求作为旅游开发的唯一目标，而忽视旅游资源保护和再生的客观规律，无疑会出现旅游资源破坏或者摧毁传统文化的倾向。这对于旅游业来讲也可能是致命的。因此强调市场导向并不是完全抹杀自然规律，只有很好地解决市场与自然环境、人文环境保护之间的矛盾，才能实现旅游资源的可持续利用。

（三）保护性开发的原则

开发过程中，旅游资源一旦遭受破坏，一部分会自然恢复，但需要很大的人力、物力及较长的时间，如植被的恢复；而另一部分则根本不可能恢复，如山体、洞穴、古生物化石及文物古迹。一旦遭到破坏，旅游资源乃至该区域的旅游业将遭受致命的打击。因此，必须坚持保护性开发的原则，在开发过程中，要将保护工作放在首要地位，切实加强保护措施，通过开发有力地促进旅游资源的保护。旅游资源的保护性开发，既体现在开发的工程建设阶段，也体现在后期的运行阶段。在工程建设阶段，要通过严格的环境效应评估，从可持续发展的高度对项目的环境、经济、社会文化吸引进行评价，以避免项目运行带来的环境破坏、资源损耗、社会震荡和文化颓败。在建设内容上，旅游资源的保护性开发原则要求，一方面不能过多增加足以改变资源价值结构的景观项目，应限制在附属设施上进行投资，以改变旅游资源的可进入性，并且这些功能性设施的建设，也要以不破坏旅游资源的审美和愉悦价值为前提；另一方面，在有限地增加一些景观时，也要谋求其内涵和形式与资源的整体和谐。当然，保护性开发并不是把保护绝对化。开发依然是目的，但保护是前提。无论是自然旅游资源还是人文旅游资源，如果不善加保护，最终都将丧失开发和经营赖以存在的基础，而旅游资源也只有在开发的同时才能实现有效的保护。

（四）游客参与原则

现代旅游业的发展，要求各项旅游开发工作不能局限于旅游客体——旅游资源上，而要将眼光放到消费者——旅游市场上，改变过去那种走马观花式的景点组合和旅游资源开发方式，把旅游市场与旅游资源融为一体进行考虑。游客参与原则，要求在旅游资源开发过程中创造更多的空间和机会，便于游客自由活动。各种旅游服务设施，可以采用渗入、延伸或扩大视野等方法，设置于旅游资源所处的大环境中，使游客在整个游览娱乐活动过程中有广阔的自主活动空间、主动接触大自然的机会及充分展示自我意识的环境。真正体验人与环境协调统一、和睦相处、融为一体的感受。

（五）经济效益、社会效益和环境效益相统一的原则

旅游资源开发的目的，是发展旅游业，从而达到赚取外汇、回笼货币、解决就业、发展地区经济等目的，即实现一定的经济效益。这就需要对开发项目投资的规模、建设周期的长短、对游客的吸引力、回收期限及经济效益等方面，进行投入——产出分析。但经济效益只是旅游资源开发所追求的目标之一，与此同时还要考虑开发活动不能超过社会和环境的限度，否则会造成资源破坏、环境质量下降、社会治安混乱等负面影响，不利于当地旅游业的持续发展。因此，旅游资源开发必须遵循经济、社会、环境三效益统一的原则，满足以下条件：

（1）经济贡献：旅游资源开发能带来经济价值并增加就业机会。

（2）环境影响：旅游资源开发在环境保护的法律和法规允许范围内。

（3）社会文化影响：旅游资源开发没有危及到当地居民的道德和社会生活。

（4）竞争影响：旅游资源的开发对现有的旅游业形成互补的形势，而非形成同类旅游资源开发恶性竞争的局面。

（5）可行性：旅游资源开发的具体项目必须在经济上可行。

（6）遵守地方政策和发展战略：旅游资源开发必须遵守旅游目的地的政策、法规及规划的要求。

（7）旅游影响：旅游资源开发增加旅游目的地的旅游吸引力，改善旅游容量及其他有益于旅游业发展的条件，增加旅游业发展的潜力。

（8）开发和经营者的能力：旅游资源的开发和经营者具备一定的实力。

（六）美学原则

旅游资源开发要把握游客爱美的心理，应用美学原理，注重景观的形态美、色彩美、听觉美、嗅觉美、结构美与质感美。自然景观要尽量体现自然美，包括原始美、纯朴美、纯净美、神秘美、壮阔美、纤巧美等；人文和社会旅游资源开发要尽量体现社会美和艺术美。旅游区的建筑也许是各种建筑中最为追求建筑与自然和谐的一种建筑类型。自然风景区的建筑环境要竭力创造充满山水、原野、海面、湖滨、阳光、空气、植物和鸟虫鸣音的天然意境，使建筑与自然完美融合，达到“建筑在自然中生长”的理想目标。人文风景区的建筑不仅要与地貌、水文、植被取景统一协调，而且单体建筑与群体建筑、建筑与意境也应达到统一协调。武夷山风景区的建筑就是根据已故建筑大师杨廷宝教授提出的“宜土不宜洋、宜高不宜低、宜藏不宜露、宜散不宜聚、宜淡不宜浓”的“五宜”原则进行规划建设的。

（七）综合开发原则

某一区域在突出自己形象的重点旅游资源的同时，对其他各类资源也要根据情况逐步进行开发。要使一个具有特色或某一主题的旅游地能吸引各种类型的旅游者，综合开发是必不可少的。旅游活动的综合性使得旅游资源开发往往包含多种类型的开发，尤其对于一个地域范围较大的旅游地，开发中应考虑旅游者吃、住、行、游、购、娱等多方面需要，做好设施和服务的配套工作。

（八）成本最优化原则

旅游资源开发的重要目的之一是获取经济效益，因此开发必须做到投资省、见效快、效益高。成本最优化原则要求旅游开发时慎重评价旅游资源所在地的条件，安排好开发重点、规模和顺序。对于资源条件好但所需投资额大，开发后难以在短期内收回投资的项目应该分批进行，优先开发地理位置和周围基础设施好的旅游资源。切记，一定要避免不分轻重缓急，一哄而上，造成投资分散，效益下降。

任务五　旅游资源保护

一、旅游资源开发与保护的辨证关系

生态保护学者认为旅游业的大量兴起，会对处于封闭状态的自然资源产生巨大的破坏作用，无论旅游业会产生多么大的经济效益，都不能弥补因破坏而带来的损失。这是因为自然、人文景观资源是全人类的文化瑰宝，某些资源是不可再生的，是人类历史的见证，这种价值是无法用金钱来衡量的。而支持开发旅游资源的学者认为，只要做好旅游资源的保护工作，在适当限度内对旅游资源进行开发，既可以获得一定的经济利益，又可以宣传本地区的形象。而且从全球经济的发展趋势来看，旅游业已经成为世界各国发展本国经济的一个重要的经济增长点，对发展旅游资源所在地区和所在国的经济和文化都有很好的推动作用。旅游资源的利用与保护从实质上来说是一致的，两者是对立统一的关系。旅游资源的利用对旅游资源本身来讲，肯定会在某些方面有一定的破坏性，这与旅游资源的保护是对立的，所以有人认为旅游资源的利用与保护是相互矛盾、相互冲突的。但发展旅游业可以获取更大的经济利益，会对旅游资源的保护提供资金。而且随着旅游业的发展，对旅游资源的重视程度也会增强，会更加及时地对旅游资源进行维护，这对旅游资源的保护也有很大的促进作用。从这个意义上说，两者又是统一的。

二、旅游资源遭受破坏的原因

随着旅游业的日益发展，全世界对旅游资源保护问题越来越重视，很多旅游学家开始研究旅游资源逐渐受到破坏的原因。这个问题的深入探讨，有助于在旅游规划及管理中加大力度，尽量遏制旅游资源的进一步破坏，以达到保护旅游资源，为旅游资源的可持续发展服务的目的。经过调查分析，旅游资源受到破坏的原因，大体上可归结为自然因素和人为因素两个方面。

（一）自然因素

旅游资源由于和外部环境保持着经常性的接触，有些直接暴露在户外，年复一年地受到风吹雨淋，很自然地会受到侵蚀。即便是一些放置在室内的物品，由于和空气相接触，也会与空气中的水分、氧气发生各种化学反应造成一定的损害。这种侵蚀随着时间的积累，对旅游资源本身会造成毁灭性的破坏，距离现在时间越久，它的破坏力越大。根据破坏的速度，可将自然因素造成的破坏分为突发性破坏和缓慢性破坏两种。

1. 突发性破坏

自然界中常发生的地震、海潮、火山喷发等灾害对旅游资源的破坏力是巨大的，而且这种破坏在短时间内完成，破坏力度大，有时会导致旅游资源在一夜间化为乌有。如1995 年 8 月江西庐山发生了严重的泥石流，在北山公路和南山公路以及从含鄱口到三叠泉景区都大面积发生泥石流，有几十处，从植物园到五老峰一段的公路，经过一个多月的清理还没有清理干净，严重影响了该景区的旅游活动。南京市栖霞山公园于 1995 年发生地面塌陷，面积达到 200 平方米，深达 7 至 8 米，严重威胁到了明镜湖和栖霞寺等景观。同年杭州西湖风景区水泥道路上塌陷出一个面积为 20 多平方米、深达 8 米的大坑，积水达到 5 米深。

2. 缓慢性破坏

在自然条件下，一些遗迹历史久远，长时间受到风吹雨淋，再加上所处的外部环境和动物的破坏，导致旅游资源本身发生了各种物理、化学变化，旅游资源本身的形态和性质随着发生了缓慢的变化，这又称风化。这种外界空气、气候条件的变化给很多旅游景点造成了危害。如山西省大同市的云冈石窟，由于大气中严重的煤尘和降雨中的酸性物质过多，每一尊佛像的表面都披上了一层黑纱，许多佛像风化严重，面目全非。西安冶金建筑学院所做的《大雁塔倾斜及其加固问题的研究》课题，经过十多年的研究，确认大雁塔每年向西北方向逐渐倾斜，倾斜速度每年 1 毫米，塔基每年下沉 120 毫米。这些变化虽然不是十分明显，但如果持续下去，若干年后大雁塔会有倒塌的危险。除此之外，一些动物也是造成旅游资源遭到破坏的重要因素。例如一些广场为了吸引游客，放养了鸽子，但这些鸽子排出的粪便遍布景区，很难清洗，而且这些粪便对旅游资源的生物化学分解作用也会导致旅游资源的缓慢破坏。况且粪便对建筑和雕像的化学分解作用远远大于工业废气。除了粪便之外，一些昆虫也会对旅游资源产生破坏。像成都市的望江楼、武侯祠、德阳孔庙、眉山三苏祠等一大批旅游景点的文物古迹都不同程度地遭到白蚁侵蚀，近年来仅成都市因蚁害造成的损失就达 2 000 万元，而古代建筑一项损失就达 1 000 万元。

（二）人为因素

1. 战争破坏

战争是人类摧毁旅游资源最具有毁灭性的一种行为。战争的炮火可以在极短的时间内使一处文物古迹化作一片瓦砾。从历史上看，最早的是秦始皇的阿房宫被项羽纵火焚烧，大火三月不灭。根据杨衒之所著的《洛阳伽蓝记》中记载："在北魏时期洛阳城内外共有寺院 1 367 所，经过尒？朱荣之乱尽毁。"我国历史上集中外园林于一体的"万园之园"——圆明园，在 1860 年被英法联军纵火烧毁，园中珍宝被洗劫一空，至今仍有大量文物流失国外。在二战期间德国法西斯将苏联具有 200 多年历史藏有 300 多万件珍品的冬宫化为一片废墟。就是现在这种情况也仍然存在，2001 年，阿富汗塔利班政权把闻名世界的巴米扬大佛炸毁，引起了世界人民的愤慨。

2. 建设性破坏

我国在建国之初，对于旅游资源的重视程度不够，拆毁了很多古代遗址进行基础设施建设或经济建设。在经济建设中有些地方政府为了局部利益置文物古迹于不顾，擅自拆毁旧城墙、旧建筑。以哈尔滨为例，它素有"东方小巴黎"之称，历史上曾为我国五个通商口岸之一，在哈尔滨的建筑中，一部分属西方建筑，一部分融西方建筑和东方建筑为一体，可以说是西方各国建筑风格的汇集之所。像哥特式建筑、巴洛克建筑等。就是今天仍有很多西方的建筑学家来哈尔滨参观考察。但在建国以后很长时间没有人对这些破旧的建筑感兴趣，认为毫无价值，任意拆毁。导致现存的建筑主要集中于中央大街，而且是很少的一部分了。如果原来的建筑能够很好保存下来，哈尔滨无疑是一所"建筑博物馆"。

3. 旅游开发经营性破坏

在早期的旅游规划中，某些旅游规划人员和旅游项目建设者没有生态保护意识，大肆砍伐景区树木或在旅游景区内兴建宾馆饭店等接待设施，致使旅游接待区与旅游观赏区紧密相连，当时的目的是考虑当地接待设施的经济利益，而且可以使游客参观游览方便。结果宾馆酒店所产生的废水、废气及游客产生的生活垃圾都在一定程度上破坏了当地的旅游资源。现在很多旅游规划中都计划建造索道，但这些索道的建设，一方面在建设之初要开山炸石造成对旅游资源的破坏，另一方面索道也破坏了旅游资源的整体美。当游客登山时，在美丽的自然风光中却横着一条索道，甚至有很多索道就在游客头顶，这种做法极大地降低了风景的优美度，是一种有待解决的问题。在旅游从业人员中有些导游甚至是旅游区的管理人员，为了取悦于游客和赚取一些额外的经济利益，把一些不对外开放的景点，搞有偿参观，向外开放，使一些极其珍贵的资源遭到了不应有的损失。还有一些从业人员生态保护意识不强，在工作中对于一些游客危害旅游景点的行为不予以阻止。例如泰山的某些导游在带客人游览时，都留给客人一些时间在“迎客松”前照相，而没有提醒游客注意景点的保护，致使迎客松受到损害，现在用钢索固定。

4. 旅游者的破坏

旅游者的破坏在所有人为破坏中占有很大比重。随着我国国民收入的大幅度提高，国家对旅游业的大力提倡，每年春节、“五一”、“十一”旅游黄金周的开展，使得各个旅游景点人满为患，游客的大量涌入，给旅游景区带来的压力是巨大的。这里涉及游客的生理污物和生活污物排放问题、旅游交通问题、旅游接待问题等各方面，从旅游规划的科学性来讲，这种如此集中的游客涌入对旅游资源的破坏力是相当巨大的。特别是旅游旺季，游客呼出的气体导致空气中二氧化碳浓度加剧，对壁画、石像、雕刻等影响较大，会使一些古迹表面失去光泽，颜色变得灰暗，甚至发黑。有一些不文明游客在寺庙的柱子上乱刻乱画破坏文物，在一些禁止拍照的景点拍照，致使闪光灯的闪烁引起景观表面老化、褪色。随着游客数量的剧增，对区域内地面的过量踩踏，导致土壤板结。有些景点的地砖每年大量磨损，颐和园长廊的地砖隔几年要全部更换一次，故宫地面的“金砖”每年也要更换总面积的 15% 才能够勉强支撑。其中的回音壁由于早期游客的大量拍打、抚摸也使之受损严重。

此外，游客在旅游区域内产生的大量垃圾、生活废水以及汽车造成的废气等污染着整个旅游区，如果不及时清理会极大地污染当地的水源和植被。游客丢弃的各种塑料袋形成的白色污染会对当地的动物造成巨大的危害，我国曾出现过动物误吞塑料袋致死的事件。

三、旅游资源保护的对策

（一）杜绝人为破坏旅游资源的对策

透过旅游资源人为破坏原因的表面看本质，其根源主要是广大民众保护旅游资源的意识不强，不少人不知道旅游资源的价值；法制不够健全；旅游资源保护理论研究不成熟；旅游资源开发和旅游管理不善等。只有解决根源上的问题，才能真正杜绝旅游资源的人为破坏。

1. 加强旅游资源保护意识和知识的宣传教育

对旅游资源的保护不仅仅是旅游地政府的事情，来本地区旅游的游客和当地居民都有义务共同对旅游资源的保护负有责任，在对旅游资源的保护中，旅游管理者应该让广大民众都树立起保护人们所在的家园的这种意识——环境意识。这些工作需要通过宣传教育来完成。通过宣传教育可以使整个社会对人类与环境的关系有正确的理解，让人们认识到保护环境的重要性，增强人们保护环境的自觉性，让人们感觉到环境问题和每个人息息相关。这种环境意识在人的头脑中逐渐增强，使人们在旅游活动中重视对旅游资源的保护。

（1）对当地居民的宣传教育

在当地居民中宣传旅游资源与人类的关系，让当地的居民认识到如果旅游资源遭到破坏，会给当地带来什么样的影响，让人们认识到人类所处的环境和每个人的经济利益有密切的联系。甚至可以在当地的学校教育中单独开设一门环境保护课，让每个孩子从小认识到保护环境的重要性。如果一代一代地培养下去，在若干年后，当地居民的生态保护意识会自觉地加强，这样才能够从根本上解决旅游资源的保护问题。

（2）对旅游者的宣传教育

对旅游者在游览过程中需要在以下方面加以宣传教育：在旅游地的报纸上，开辟专栏定期刊登旅游保护的文章，让来这里的旅游者能够了解到如何保护旅游资源，使游客在旅游过程中尽量自觉维护旅游资源；利用电视影响面大、传播迅速的特点，在当地电视上播放社会公益性质的广告或专题片，让游客认识到保护旅游资源的重要性；让旅行社的导游人员在接团时，向游客讲解宣传旅游资源保护的重要性，让游客自觉遵守。并可以给游客发放旅游资源保护的宣传资料；在当地的旅游宣传品如导游图、旅游宣传手册、景点门票上印刷一些旅游资源保护的宣传口号；在旅游城市的旅游景点中加大旅游资源保护的宣传；对每一位进入景区的游客发放垃圾袋，让游客自觉地把垃圾投入指定的地点。

（3）对当地政府和某些人员的宣传教育

有很多人认为旅游业不存在任何污染，是一种纯获利的产业。在这种理论的指引下，某些地方政府和旅游管理部门大肆扩大旅游产业，而忽视对旅游资源的保护。这对旅游资源的危害是相当大的。随着旅游业的兴起，大量事实证明，那种认为旅游业只有获利没有危害的想法是不对的。

（4）加大对违反旅游资源保护的行为应该受到何种处罚的宣传

让当地企业、游客、广大民众了解当地的旅游资源保护法规，使他们知道破坏旅游资源会受到何种处罚，直至承担的法律责任，使一些试图破坏者摄于法律的威力而不敢有所妄动。

2. 大力开展旅游资源保护的研究和人才培养

旅游资源的保护，不仅要有良好的愿望，更应建立在科学的基础之上，旅游资源保护的研究是一项重要的科研项目。由于旅游资源类型多、分布广、引起破坏的原因多种多样，故旅游资源的保护涉及多门学科、多种技术。但是，在我国，旅游业还是一项新兴的产业，旅游资源保护的研究几乎刚刚开始，许多现存问题和随着旅游业进一步发展出现的诸如旅游资源保护方法论、旅游资源保护政策、旅游资源保护工程等新问题都等待着系统的保护理论和技术措施来解决。

近几年，随着旅游业的迅猛发展，在旅游业人才培养中，重视的是旅游业开发人才、管理人才，而对保护人才的培养可以说重视不够。“保护”一词只是挂在嘴上的一种宣传，缺少具体人员来关心、实施。这样，即使有了理论，有了政策也难以落到实处，故在旅游业发展的今天，旅游资源保护专门人才的培养迫在眉睫。

3. 健全旅游资源法制管理体系

旅游资源的保护问题已经引起世界各国决策者的重视，1972 年联合国教科文组织通过了《保护世界文化和自然遗产公约》，强调了保护自然文化珍品对人类的重要性。自新中国成立以来，我国也由全国人民代表大会和国务院颁布了《文物保护法》、《风景名胜区管理暂行条例》等，将保护旅游资源这一问题提到了法律的高度，对旅游资源的保护起了极为重要的作用。但是，就在这些法律出台后，旅游资源还在受到人为破坏。究其原因：一是保护法的宣传普及不深入、不广泛，许多人根本就不知道自己做的事违反了法律条例；二是即使知法，也因执法不严，只顾眼前经济利益而牺牲长远利益，或置法于不顾。这就向我们提出了既要有法，还要宣传法、严格执法，真正健全旅游资源法制管理体系。

4. 完善风景名胜区保护系统

在世界范围内自然生态系统遭到破坏、生物种迅速消亡濒临灭绝的情况下，全球包括我国各地区逐步建立了自然保护区，形成了自然保护区系统。我国国务院审定并批准了两批国家级重点风景名胜区，各省各地区也仿照审批建设了省级风景名胜区，并在全国形成风景名胜区系统。这些风景名胜区应严格按照《风景名胜区管理暂行条例》的第6条第2款“划定风景名胜区范围及外围保护地带”执行，政府和有关部门进一步从政策、理论、技术、管理诸方面对风景名胜区的保护再加以充实，风景名胜区的保护系统将得以完善，旅游资源的保护将出现一个崭新的局面。

5. 在旅游业发展中把旅游资源保护放在首位

良好的旅游资源是旅游业生存和发展的保证，而旅游资源的人为破坏很多是在旅游业的资源开发和管理中出现的。旅游资源开发的目的是利用旅游资源而不是破坏旅游资源，在旅游资源开发的同时，一定要注意保护旅游资源，开发后交付使用的旅游资源要有一套相应的保护措施。在旅游资源管理中，宏观上严格按法规条件执行，微观上还得有一套适合当地特点的保护管理措施，真正做到把旅游资源保护纳入到旅游业的议事日程，把旅游资源的保护落到实处。

（二）旅游资源保护的行政手段

我国现在的旅游资源保护，很大一部分都是当地政府利用行政措施对旅游资源进行管理的。在我国的经济建设中，如何发挥政府的行政干预和调节作用对旅游资源进行保护，是进行旅游资源管理的一个很重要方面。下面对保护旅游资源当地政府应该采取哪些行政保护手段做简要介绍。

1. 发布行政命令、决定、通知

各级行政机关可以通过行政命令、决定、通知等的发布，加强对旅游资源的保护。这些行政命令、决定、通知一般是由旅游环境保护的各个主管部门单独制定、发布的。如果涉及几个主管部门，也可以联合下发。比如为了加强我国自然保护区、风景名胜区、文物保护单位、森林公园等旅游景点的环境保护工作，国家旅游局、国家环保局、建设部、林业部、国家文物局联合发出《关于加强旅游区环境保护工作的通知》。这种通知的颁布就是采用联合下发的办法。

2. 不予审批、勒令整改或予以关闭

各级行政管理机关在审批过程中严格把关，对一些威胁到旅游资源保护的企业不予审批，或者利用行政强制力，勒令其整改或直接予以关闭。我国旅游资源中破坏最严重的就是一些设立在旅游资源附近、排污不符合标准的小企业对附近水体、空气的污染。如果长此以往，会造成对附近旅游资源的严重破坏。例如河北省遵化市市委和市政府，为了保护清东陵古建筑，曾专门出台文件规定：严禁在陵区建立工矿企业，高污染企业坚决关、停、并、转，一般企业逐渐缩小规模，新建企业一律不予审批。

3. 政府有关部门对旅游市场进行综合性、集中性的专项和综合治理

这项工作主要是旅游、园林、公安、建设、工商、交通、物价等部门，共同对旅游资源进行综合治理。由于旅游资源本身涉及的各个方面较多，单纯一个部门只能够管理某一方面。如果要对旅游资源进行全面性的管理，就必须要求当地政府的各个职能部门齐抓共管，共同保护旅游资源，维护旅游市场的正常秩序。

4. 利用税收、信贷等各种经济手段

地方政府针对分布在本地区的旅游企业可以加征旅游资源税或旅游管理税，这项税收可以作为地方税收的一种，专款专用作为旅游资源开发和保护的专项基金使用。主要的课征对象是旅游系统内的企业单位和参与、从事旅游经营活动的单位和个人。根据他们的经营收入决定课征的税率。这些旅游税收可以在资金方面给旅游资源的保护以更多的支持。除了对旅游企业加征旅游税以外，对一些在旅游资源保护中作出突出贡献的单位和个人应该给予奖励。每年可以在本旅游区内对旅游资源保护的先进单位进行评比，对于一些先进单位和个人可以采用物质奖励或降低税率的优惠方式，使其能够从经济利益角度认识到旅游资源保护的重要性。例如有些企业在自己的经营范围内注重绿化、注重对本企业污水、垃圾的净化处理；有的企业积极引进污染处理设施、设备，这样可以大大促进他们保护环境和旅游资源的积极性。通过金融部门的严格把关，对一些排污标准不达标的企业在银行贷款方面加以限制，使一些企业为了自身的发展必须实行旅游资源的保护措施。具体对一个旅游企业的考察可以授权由环保部门、旅游管理部门来完成，并对该企业出具旅游资源保护达标证明书，银行在审批贷款时可以通过证明书来考察贷款企业的旅游资源保护情况。

（三）旅游资源保护的挽救性措施

1. 修复和重建

文物古迹都是历史的遗迹，都是历史的遗存和鉴证，对其进行抢救性修复可以在一定程度上还原历史，重现历史的本来面貌。对一些文物古迹应该以修复为主，重建为辅，只有那些没有修复价值或者根本不能够修复而又特别需要者，经法定程序审批后，才考虑重建的问题。在修复中要遵循以下两个原则。

(1)“修旧如旧”原则

即保存现状或恢复原状。在修复的过程中，如果现在仅存的部分依然具有历史价值，就要保存其现状，在现状的基础上依据史料记载，把文物古迹已经被毁掉的部分进行补充。也就是要在保存现状的基础上恢复原状，两者要紧密结合。不要为了恢复原状的完整性而把现存的部分也拆除。当然如果现存的部分已经没有修复的可能，则可以拆掉。这里的恢复原状并不代表一定要恢复到其原来修建时的状况。有一些景观经过历代的修缮，已经和原来的建造格局不同了，那么最好恢复到其鼎盛时期的规模就可以了。

(2)“两保持两保存”原则

即保持原来的形制、结构，保持原来的材料、工艺原则。保持原来的形制就是指保持原来的平面布局、造型和艺术风格。保持原来的建筑结构非常重要，因为各个时期的

建筑结构都有其各自的特点，都代表着当时的文化水平，所以在修复时要注意不能够破坏。保持原来的材料、工艺是为了和原有的材料、工艺相配套。如木材、砖头、琉璃、金属等，在维修中一定要用原来的建筑材料，表现古代建筑的本来面貌。对于一些高科技材料或者像水泥、钢筋等，在迫不得已的情况下，如原有的建筑材料不能够起作用时，也可以应用，但只能用在建筑的隐蔽处或非关键部位。例如河北的赵州桥内部就运用了水泥作为加固材料。但外表切忌用现代建筑材料，因为这样做让人一眼就可以看出已经修缮过的痕迹，从而减少文物古迹的“古”的特色。

对于一些历史上著名的建筑，由于人为或自然原因已经在地面上消失的，但具有较高的文化和旅游价值的，可以考虑进行重建。

2. 减缓珍贵文物的自然风化

一些文物古迹，无论是处于地下还是地上，都受到大气中的氧气、二氧化碳、水蒸气及外界的光线的影响。风化作用对旅游资源本身的破坏是缓慢的，但后果是相当严重的。这就要求对珍贵文物要采取措施减缓其风化速度。常见的方法是在它的表面覆盖一层保护设施，当然要以不破坏文物本身为前提。如乐山大佛曾建有十三层的楼阁（唐代名为大像阁，宋代名为天宁阁）覆盖其上，对乐山大佛起到了很好的保护作用。

3. 生态建设

许多旅游景区，由于工农业和交通的发展，造成了植被的破坏，影响了旅游资源的质量。如我国第二深水湖泊云南抚仙湖，水质良好，达到饮水标准，但美中不足的是山不清，成为景色的一大缺陷。为改善其景观结构，首要任务是治山、种树、搞生态建设，使山绿起来。旅游区山体的生态建设，不仅要考虑固水固土的生态效益，还要考虑观赏的旅游效益及一定的经济效益。不少湖泊旅游区，存在山清但水不秀的状况，也需用生态重建的措施进行弥补。

（四）不同类型旅游资源的保护管理措施与对策

我国现有的旅游资源根据其标准不同，可以有不同的分类方法和分为不同的种类，所采用的保护管理措施也就不同。

1. 世界文化和自然遗产的保护管理措施

世界文化遗产和世界自然遗产，其定义在《世界文化和自然遗产保护公约》（1972年）中有了界定。世界文化遗产是指从历史、艺术、审美或科学角度看，具有突出的普遍价值的文物、建筑群和遗址；世界自然遗产是指从审美、保护、或科学的角度看，具有突出的普遍价值的自然面貌、动植物生存区和天然名胜。世界文化和自然遗产除了是本国领土内的文化和自然财产外，同时还是全世界遗产的一部分，故本国和整个国际社会都有责任对其做好保护。《世界文化和自然遗产保护公约》第5条提出了下述保护措施：

（1）通过一项旨在使文化和自然遗产在社会生活中起一定作用并把遗产保护列入全面规划计划的总政策；

（2）如本国内尚未建立负责文化和自然遗产的保护、保存和展出的机构，则建设一个或几个此类机构；

（3）发展科学和技术研究，并制定能够抵抗威胁本国自然遗产的危险的实际方法；

（4）采取为确定、保护、保存、展出和恢复这类遗产所需的适当法律、科学、技术、行政和财政措施；

（5）促进建立或发展有关保护、保存和展出文化和自然遗产的国家或地区培训中心，并鼓励这方面的科学研究。

2. 风景名胜区的保护管理措施

自《风景名胜区管理暂行条例》出台后，总结出了一套分级保护措施，即将风景名胜区分为3个级别的保护区和一个防护带，并制定相应的保护管理措施。

（1）一级绝对保护区

一级绝对保护区是指景点界限范围内的区域。要切实保持该区内景点的原貌、风格和环境，不准建任何生活性大型建筑物，即使是观赏性建筑物也要注意精、美、少，以突出景物，突出自然美。

（2）二级严格保护区

二级严格保护区是指景区界限范围内的区域。该区域内要保护一切景点和植物，除观赏建筑物外，也可建人工与自然风景融为一体的小型服务设施。

（3）三级环境保护区

三级环境保护区是指景区界限范围内的区域。该区内可搞生活设施建筑，但要保护好视野空间环境，确保景观的完整度。

（4）防护地带

在该地带内，为保护景观特色，维护景区内生态平衡，专门辟出大面积区域绿化以保持水土；不兴办污染工厂并控制农药化肥的使用以防止污染；搞好居民点的规划，控制不适宜的建设。

3. 历史文化名城的保护管理措施

历史文化名城是指历史文化遗产较多，价值较高的城市。历史文化名城是我国重要人文旅游资源聚集的地方，按其价值的高低可划分为国家级和省级两个管理级别。与风景名胜区一样，管理级别与保护级别是成正比的。历史文化名城的保护管理措施在《中华人民共和国文物保护法实施细则》（1992 国家文物局发布）中有明确的规定。其要点如下：

（1）保护古建筑的视廓。为了保证古建筑物在一定范围内空间构图完整和周围园林借景的需要，在视线范围内要控制现代建筑物的高度，而且其体量、形式、色调均须与古建筑的环境风貌相协调。

（2）仿古重修需要特批。第14条规定："纪念物、古建筑等文物已全部毁坏的，不得重新修建，因特殊需要，必须在另地复建或者在原址重建的，应当根据文物保护单位的级别，报原核定机关批准。"

（3）文物的修缮应保护原来的特色，修缮计划和施工方案须由国家文物局审定批准，并进行竣工验收。这在第14条、第15条中做了详细的规定。

4. 森林公园的保护管理措施

森林公园是指森林环境优美、生物资源丰富、以森林为主体的自然景观相对集中、具有一定的规模和范围，可供人们游览、观光、康体休闲或者进行科学文化教育活动的森林旅游区域。1996 年国家林业部根据《中华人民共和国森林法》和国家有关规定，出台了《森林公园管理条例（征求意见稿）》，对森林公园的保护做了详细的规定，总结起来有以下三点：

（1）林木、野生动植物和公园内的名胜古迹必须绝对保护；

（2）保护工作的重点放在防火、防治病虫害、防污染和禁止毁林开荒、开矿、采石等一系列具体可操作的工作上；

（3）为保障保护落到实处，推广有利于环境保护的技术措施和资金投入保障措施。

课后训练

关键术语

旅游资源　自然旅游资源　人文旅游资源　旅游资源调查　旅游资源开发
独特性原则　市场导向原则　保护性开发的原则　自然因素　人为因素

学以致用

一、讨论分析题

1. 什么是旅游资源？有哪些特点？
2. 人文旅游资源有哪些特点？
3. 自然环境调查具体包括哪些方面？
4. 旅游资源调查应遵循怎样的程序？
5. 常见的定性评价方法主要有哪些？
6. 旅游资源开发工作应遵循哪些原则？
7. 保护旅游资源的意义，你认为对旅游资源的保护主要可采取哪些措施？

二、案例分析题

案例一：敦煌莫高窟

敦煌莫高窟位于甘肃省敦煌市境内，莫高窟也是西千佛洞的总称，是我国著名的四大石窟之一，也是世界上现存规模最宏大、保存最完好的佛教艺术宝库。

莫高窟位于甘肃敦煌市东南 25 公里处，开凿在鸣沙山东麓断崖上。南北长约 1 600 多米，上下排列 5 层、高低错落有致、鳞次栉比，形如蜂房鸽舍，壮观异常。它是我国现存规模最大、保存最完好、内容最丰富的古典文化艺术宝库，也是举世闻名的佛教艺术中心。

前秦符坚建元二年（公元 366 年）有沙门乐尊者行至此处，见鸣沙山上金光万道，状有千佛，于是萌发开凿之心，后历建不断，遂成佛门圣地，号为敦煌莫高窟，俗称千佛洞。

莫高窟虽然在漫长的岁月中受到大自然的侵袭和人为的破坏，至今保留有从十六国、北魏、西魏、北周、隋、唐、五代、宋、西夏、元等十个朝代的洞493个，壁画45 000多平方米，彩塑像2 000身，是世界现存佛教艺术最伟大的宝库。若把壁画排列，能伸展30多公里，是世界上最长、规模最大、内容最丰富的一个画廊。近几十年来，国内外学者对敦煌艺术极感兴趣，不断进行研究，形成了一个专门学科“敦煌学”。

莫高窟是一座伟大的艺术宫殿，是一部形象的百科全书。莫高窟1961年被国务院首批列为全国重点文物保护单位；1987年被联合国科教文组织列入世界文化遗产保护项目，并于1991年授予“世界文化遗产”证书。并被列入义务教育课程标准实验教科书语文第7册第18课课文，题为《莫高窟》。被列入苏教国标版语文六年级下册课文，题为《敦煌壁画》。

外国旅游者对莫高窟的评价是：“看了敦煌莫高窟，就相当于看到了全世界的古代文明。”“莫高窟是世界上最长、规模最大、内容最丰富的画廊。”“它是世界现存佛教艺术最伟大的宝库。”

问题：敦煌莫高窟为什么得到了世界旅游者的高度评价？

案例二：百年之后，敦煌安在?

敦煌石窟目前每年要接待60万以上的游客，这是一个让文物专家心惊肉跳的数字。旅游旺季蜂拥而至的游客使得石窟中弥漫着大量的二氧化碳和人体散发的湿热气，使壁画上起着鸡蛋皮一样的东西。这东西从里面往外鼓，一摸就碎成粉末，被称为壁画的“癌症”。有专家做过试验，让40个人在洞窟中待37分钟，空气中的温度、湿度及二氧化碳含量就将超过正常含量的6倍！敦煌壁画正在以比古代快100倍的速度走向死亡。唐代第156窟里的墨书《莫高窟记》，60年代还清晰可见，现在已经模糊不清了。人们不禁担忧：百年之后，敦煌安在？

资料来源：中国旅游同业网

问题：

1. 通过上述案例，你认为敦煌石窟为什么会面临如此严峻的形势？
2. 通过上述案例，你认为旅游资源保护应从哪些方面着手？

案例三：浙江普陀山将限制游客的数量

浙江省政府修订的《浙江省普陀山风景名胜区保护管理办法》明确规定，景区管理委员会应当按照风景区环境容量控制规划，科学合理确定游览接待规模，不得无限制超量接纳游客。

旅游业的快速发展，对普陀山景区的生态环境、资源保护和社会秩序构成很大压力，为减少这一过度压力，浙江省政府第55次常务会议讨论重新修订了《浙江省普陀山风景名胜区保护管理办法》。

除要求限制游客数量外，《办法》还针对景区居民住宅乱扩建、乱改建，新提出了具体要求，明确规定现有住宅不得扩建、翻建、改建，因危房维护、消防安全等安全保障确需翻建、改建的，应当征得风景区管理委员会同意。

《办法》还规定，禁止修建破坏景观、危及安全、妨碍游览的建筑物和设施，对已有不符合风景区规划的建筑物和设施，应当限期拆除或搬迁；禁止在核心风景区设置储存易燃易爆、有毒有害物品的仓库、堆场，已有的仓库、堆场应当限期搬迁；禁止在普陀山前山、中山、佛顶山新建、扩建各类休养所（院）、招待所、宾馆、歌舞厅等设施。(资料来源：新闻晚报)

问题：

浙江普陀山进行限制游客、景区建筑管制对于旅游资源保护有什么现实意义？

知识拓展

旅游资源分类结构

《GB/T 18972—2003 旅游资源分类、调查与评价》将旅游资源分为“主类”、“亚类”、“基本类型”3个层次，分别为8主类、31亚类、155基本类型。

主类	亚类	基本类型
A 地文景观	AA 综合自然旅游地	山丘型旅游地、谷地型旅游地、沙砾石地型旅游地、滩地型旅游地、奇异自然现象、自然标志地、垂直自然地带
	AB 沉积与构造	断层景观、褶曲景观、节理景观、地层剖面、钙华与泉华、矿点矿脉与矿石积聚地、生物化石点
	AC 地质地貌过程形迹	凸峰、独峰、峰丛、石（土）林、奇特与象形山石、岩壁与岩缝、峡谷段落、沟壑地、丹霞、雅丹、堆石洞、岩石洞与岩穴、沙丘地、岸滩
	AD 自然变动遗迹	重力堆积体、泥石流堆积、地震遗迹、陷落地、火山与熔岩、冰川堆积、冰川侵蚀遗迹
	AE 岛礁	岛区、岩礁
B 水域风光	BA 河段	观光游憩河段、暗河河段、古河道段落
	BB 天然湖泊与池沼	观光游憩湖区、沼泽与湿地、潭池
	BC 瀑布	悬瀑、跌水
	BD 泉	冷泉、地热与温泉
	BE 河口与海面	观光游憩海域、涌潮现象、击浪现象
	BF 冰雪地	冰川观光地、长年积雪地

续表

主类	亚类	基本类型
C 生物景观	CA 树木	林地、丛树、独树
	CB 草原与草地	草地、疏林草地
	CC 花卉地	草场花卉地、林间花卉
	CD 野生动物栖息地	水生动物栖息地、陆地动物栖息地、鸟类栖息地、蝶类栖息地
D 天象与气候景观	DA 光现象	日月星辰观察地、光环现象观察地、海市蜃楼现象多发地
	DB 天气与气候现象	云雾多发区、避暑气候地、避寒气候地、极端与特殊气候显示地、物候景观
E 遗址遗迹	EA 史前人类活动场所	人类活动遗址、文化层、文物散落地、原始聚落遗址
	EB 社会经济文化活动遗址遗迹	历史事件发生地、军事遗址与古战场、废弃寺庙、废弃生产地、交通遗迹、废城与聚落遗迹、长城遗迹、烽燧
F 建筑与设施	FA 综合人文旅游地	教学科研实验场所、康体游乐休闲度假地、宗教与祭祀活动场所、园林游憩区域、文化活动场所、建设工程与生产地、社会与商贸活动场所、动物与植物展示地、军事观光地、边境口岸、景物观赏点
	FB 单体活动场馆	聚会接待厅堂（室）、祭拜场馆、展示演示场馆、体育健身场馆、歌舞游乐场馆
	FC 景观建筑与附属型建筑	佛塔、塔形建筑物、楼阁、石窟、长城段落、城（堡）、摩崖字画、碑碣（林）、广场、人工洞穴、建筑小品
	FD 居住地与社区	传统与乡土建筑、特色街巷、特色社区、名人故居与历史纪念建筑、书院、会馆、特色店铺、特色市场
	FE 归葬地	陵寝陵园、墓（群）、悬棺
	FF 交通建筑	桥、车站、港口渡口与码头、航空港、栈道
	FG 水工建筑	水库观光游憩区段、水井、运河与渠道段落、堤坝段落、灌区、提水设施
G 旅游商品	GA 地方旅游商品	菜品饮食、农林畜产品及制品、水产品及制品、中草药材及制品、传统手工产品与工艺品、日用工业品、其他物品
H 人文活动	HA 人事记录	人物、事件
	HB 艺术	文艺团体、文学艺术作品
	HC 民间习俗	地方风俗与民间礼仪、民间节庆、民间演艺、民间健身活动与赛事、宗教活动、庙会与民间集会、特色饮食风俗、特色服饰
	HD 现代节庆	旅游节、文化节、商贸农事节、体育节

资料来源：GB/T 18972—2003 旅游资源分类、调查与评价

模块五　旅　游　业

课前准备

【任务驱动】

旅游业是以旅游资源为依托，以旅游设施为条件，以旅游者为对象，为旅游者的旅游活动、旅游消费创造便利条件并提供其所需商品和服务的综合性产业。本章主要讨论旅游业的特点以及与旅游联系密切的旅行社、旅游饭店、旅游交通、旅游景区、旅游娱乐业和旅游购物业。通过本章的学习使学生了解旅游业在推动旅游活动发展中的作用，熟悉旅游业的构成，掌握旅游业主要经营部门的基本常识。

【导入案例】

香港旅游业的V型复苏

根据香港经济日报的统计，香港的国民收入中有85%来自服务业，而旅游业占了相当大的比例，与香港经济息息相关。2001年的旅游业收益达643亿港元，访港旅客达1 375万人次。2003年初"非典"的爆发，对香港旅游业的打击最大，根据香港旅游发展局的资料，2003年5月份，赴港旅客同比下跌68%至谷底，香港旅游收入减少了123亿港元。美国三大投资银行纷纷下调了对香港2003年GDP增长率预期，香港的失业率达到了空前的8%。雪上加霜的是，香港旅游业受损，波及了地区消费，从而打击了香港的零售业和消费服务业。

在"非典"过后，经过香港旅游局和香港政府的积极筹划和快速反应，以及香港各行各业的联合行动，不但使整个香港经济损失减少到最小，而且在最短的时间重塑了香港健康、美丽的城市形象。

香港旅游业和经济之所以能够在这么短的时间内复苏，主要还得益于香港旅游业界团结一致，为振兴旅游市场通力合作。

国泰航空、港龙航空和其他往来香港的航空公司提供超过了28 000张免费机票，赞助旅游业和传媒考察活动，以及支持旅发局在全球各地举办的消费者推广活动。旅发局通过与旅游业界的合作促销，在不同市场共推出了超过100项消费者推广活动。例如，旅发局通过其战略合作伙伴，向消费者发出了400多万个直接邮递，推广香港为理想的旅游目的地；台湾4家航空公司和12家主要旅游批发商联手推出“买一送一”优惠，在台湾取消针对香港的隔离检疫措施后一星期内，共售出21 000个旅游行程；旅发局与韩国的Kookmin银行和内地的崇光百货等合作，向他们的客户提供独特优惠；旅发局还与香港的八达通卡、新城电台和港联航空等业界伙伴合作，利用它们提供的优惠，令旅客的香港行程更加超值。

2003年5月1日开始的“同心为香港”活动，有超过1 800家本地公司和商号参加，其中包括1 300多家旅行社、80家酒店、8家娱乐集团、118家饮食公司和312家零售商号，另外还有10 000多辆的士支持行动。它们共同为顾客提供各式优惠，刺激本地消费。行动的独特之处是商户会向消费者提供奖励，鼓励他们在其他商户消费，增加在市场流通的现金，令所有参与的商户均能受惠。所有参与的商户及行业必须为顾客提供特别折扣或奖赏。

全港6家移动电话运营商也一起响应行动，向本地的客户发出短讯，呼吁他们向各地的亲友传达香港从疫区除名的好消息，以及邀请亲友来港旅游。

“同心为香港”行动在短时间内迅速发展成为一个振兴消费的全城活动。在三个月的活动期间，陆续加入支持行列的商户超过了2 500家，推出了总值近7 000万港币的优惠奖励，成功地掀起了香港市民的购物热潮。活动在缓解受“非典”打击的本地经济压力，以及增强市民凝聚力方面，取得了非常不错的成绩。

问题：一个地区的旅游业由哪些方面构成？从香港的例子中，能总结出旅游业发展的什么经验？

教学内容

任务一　旅游业概述

通过前面几章的学习，我们对旅游的发展、旅行者、旅游资源等内容有了比较深入的了解。可以说，伴随着社会经济的发展和旅游需求产生条件的改善，旅游需求市场不断扩大，旅游活动的规模也因此而不断发展。但是，如果只有需求条件的改善，没有旅游供给方面的支持和拉动，旅游活动是不能发展到如今的规模的。而旅游业就是旅游供给方面的问题。试想，如果没有四通八达的交通网络，没有各种类型的酒店旅馆，没有各大大小小的旅行社，没有各具特色的旅游景点，没有丰富多彩的娱乐文化活动，没有极具地方特色的旅游产品，那么就不会有如今我国旅游规模的不断发展壮大和不断增长的旅游收入。因此，本章主要向大家介绍有关旅游业的相关问题。

一、旅游业的概念

（一）旅游业与产业

产业是由同类企业集合而成的。这些企业之所以归属为同类企业，是因为它们的主营业务相同或者说它们的主要产品基本相同。按照这一界定标准，旅游业距离产业的这些标准相去甚远，具体表现在：

第一，旅游业并非是由同类企业所构成的，各个相关企业的主营业务或主要产品也不尽相同。如，以饭店为代表的住宿企业经营的主要业务是住宿业务，以客运公司为代表的交通客运企业所经营的主要业务是运输业务，而旅行社企业所经营的是旅行代理和包价组团业务，景区景点主要经营的则是娱乐和游览接待业务……诸如此类的情况在旅行业的其他各相关部门中也随处可见。

第二，在旅游业中的大多数企业实际上都已经隶属于某一传统的标准产业。如饭店属于住宿业，客运公司属于交通运输业，旅游购物企业属于商业等。

也因为如此，我国和其他多数国家一样，没有把旅游业划分为本国的标准产业分类。有时，甚至把旅游业混为旅行社行业。

但是不可否认的是，随着经济的发展，旅游业已经成为了国民经济发展的重要力量，甚至成为了我国一些省份（诸如云南省）和地区的经济发展的支柱性力量。这些事实说明，旅游业作为一项产业，实为客观存在的。旅游业不像传统产业那样边界分明这一情况只是说明了旅游业的特点。旅游业产品的提供以及旅游业产出的构成涉及多种传统产业的情况，同业也是旅游业特点的反映。值得注意的是，尽管各类旅游企业的主要业务或产品严格地讲有所不同，但是在涉及旅游业务方面，它们都有一个共同点，这就是顾客都是旅游者，其业务的开展都是通过各自产品和服务的提供去满足同一市场即旅游消费者的需要。

（二）旅游业的定义

作为一个新兴的产业，旅游业可以定义为：旅游业，亦称为旅游产业，是凭借旅游资源和设施，专门或者主要从事招徕、接待游客，为其提供交通、游览、住宿、餐饮、购物、文娱等六个环节的综合性行业。狭义的旅游业，在我国主要指旅行社、旅游饭店、旅游车船公司以及专门从事旅游商品买卖的旅游商业等行业。广义的旅游业，除专门从事旅游业务的部门以外，还包括与旅游相关的各行各业。

二、旅游业的性质和特点

旅游业从业务种类划分看，主要有 3 种类型 ：① 组织国内旅客在本国进行旅行游览活动。② 组织国内旅客到国外进行旅行游览活动。③ 接待或招徕外国人到自己国家进行旅行游览活动。后两种类型的旅游业务活动，都是涉外性质的业务。

由于旅游业主要通过劳动服务的劳务形式，向社会提供无形的效用，即特殊的使用价值，以满足旅游者进行旅行游览的消费需要。其行业的基本特征是非生产性的，所以又称无烟工业。旅游业从整体上看，它不是实现商品流通的经济部门，而是凭借旅游资源，利用旅游设施，提供食、住、行、游、娱、购的劳务活动，去满足旅游者旅行游览消费的需要。所以也称为无形贸易。

（一）旅游业的性质

旅游业作为一项产业，其根本目的在于通过对旅游活动的推动、促进和提供便利服务来从中获取收入。从根本上说是一项经济性产业。经济性是旅游业最根本的属性。

旅游业作为一项产业，其根本目的在于发展旅游经济。虽然旅游业的发展有可能也会给旅游目的地的社会、文化和环境带来影响，但所有这些非经济性影响都是因旅游业而派生的结果。旅游业的细胞是旅游企业——以营利为目的并需要进行独立核算的经济组织。同样，这些基本细胞集合而成的旅游业也以营利为目的，因而也需要进行经济核算。正因为如此，我国才明确将旅游业列为国民经济的组成部分，而不是将其列为文化事业。所有这一切说明，旅游业的根本性质在于它是一项经济性产业。

（二）旅游业的特点

1. 综合性

旅游业的发展和许多行业的发展都有着密切的关系。它是集食、住、行、游、购、娱于一体的综合性产业，其综合性表现在以下两个方面：一方面，旅游产品是由多种服务项目构成的综合体；另一方面，旅游业的生产是综合性的，包括物质资料生产部门，如一些旅游产品的生产和销售，和非物质资料生产部门，如酒店和交通运输企业。

2. 联动性

旅游业本身有较强的关联性，对相邻产业具有依托性和带动作用。依托性表现在，旅游业的发展是在国民经济发展的基础之上的。只有国民经济发展了，才能形成对旅游活动的需求，为了满足日益增长的旅游需求，旅游业随之发展起来，从而旅游服务质量也不断提高。带动性表现在，旅游业自身发展同时，促进航空、水运、公路、建筑、园林、林业等各项发展，还推动生产、生活综合环境的整体提高。总之，促进地区经济开放，优化投资环境。如云南的丽江在旅游业发展之前，地域偏僻，交通落后，经济发展滞后，随着旅游的发展，丽江地区的社会各个方面都获得了极大的发展，现在成为了旅游者到云南旅游的必去之地。

3. 劳动密集性

旅游企业多为劳动密集型企业。但是在我国，有人认为，在旅游业中，只有旅行社可称为真正的劳动密集型企业，而饭店和交通客运企业似乎并非劳动密集型企业。其理由是旅行社的投资小而雇用的人员多，而饭店和交通客运公司等企业的投资量很大，同投资额相同的其他产业单位相比，未必能造就出较多的直接就业机会。换言之，他们用以衡量劳动密集程度的标准往往是一个企业的投资总额与员工总数的比例关系。人均投资额越大，则意味着劳动密集程度越高，反之则越低。甚至在我国的经济学界，持这一观点者也大有人在。我们无意在这里分析这一认识本身存在的问题，只是想提醒大家注意到这样一个事实，即，在国际旅游学术界，包括经济学家在内，人们无一例外地都认为包括饭店和航空公司在内的旅游业是劳动密集型行业。

按照国际学术界的共识性观点，判定一个企业或行业是否属劳动密集型的标准并非其表面上雇用职工人数的多寡，也不是其投资数额与职工人数的比例大小，而是其工资成本在其全部营业成本和费用中所占比例的高低。由于旅游业的产品是以提供劳务为主的旅游服务，其产品的提供不存在大量的消耗性原材料成本或者消耗性原材料成本较少，从而使工资成本在全部营业成本和费用中占了较大的比重。正是由于这一点，才决定了旅游业的劳动密集性。

4. 脆弱性

旅游业的脆弱性表现在旅游业的经营随时会受到多种因素的影响。从旅游业的内部情况看，其各组成部分之间在数量上和质量上都必须协调发展，其中某一部分出现脱节，都会造成整个目的地旅游供给的失调，从而影响整个目的地旅游业经济效益的实现。

从影响旅游业经营的外部环境看，各种自然的、政治的、经济的和社会的因素一旦出现不利的变化，都可能对旅游业的经营产生影响，其中有些因素的变化可能造成致命影响。例如自然因素中的地震、恶劣气候、疾病流行；经济因素中的能源短缺、经济危机；政治因素中的国家间关系恶化、政治动乱及恐怖活动与战争等等，都会导致旅游业的危机与挫折。人们之所以认为旅游业是一脆弱的产业，其主要原因便在于此。如一部畅销小说，一部受人欢迎的电影会很快地刺激旅游业的发展。旅游业的脆弱性告诫人们：若一个国家或地区的经济过分依赖旅游业，一旦影响旅游业的某些因素发生巨大波动，后果将不堪设想。

5. 较强的政策性

任何一个国家的旅游业在开展出入境旅游业务方面都不能违背本国的涉外政策。我国旅游业务在开展出入境业务方面不仅需要遵守我国的外交政策，在某些情况下还需要执行我国的侨务政策和统战政策，并且需要配合我国的改革开放的工作，宣传有关的方针政策和我国社会主义建设的成就。在这个意义上，旅游业也是政策性较强的行业。当然，我们也不能用政治性较强这一特点去掩盖和混淆旅游业作为经济性产业的根本性质。

三、旅游业的构成

（一）旅游业的三大支柱

一般来说，在旅游业中，旅游者的大部分消费开支都流入三大经济部门，即旅行社部门、交通客运部门和以饭店为代表的住宿业部门。这三个经济部门下属的企业也因此成为三种主要类型的旅游企业。换句话说，基于旅游者消费开支在相关经济部门间的主要流向，人们认为旅游业主要是由旅行社部门、交通客运部门和以饭店为代表的住宿业部门所构成。因此，在我国，通常将旅行社、饭店业和交通运输业称为旅游业的“三大支柱”。

（二）“五大部门”说

国际上认为，从一个国家或地区的旅游业发展，特别是从旅游目的地市场营销的角度去看，旅游业主要是由五大部门所组成的，除了前面提到的三大支柱外，还包括以旅游景点为代表的游览场所经营部门以及各级旅游管理组织。如下图 5 - 1 所示：

之所以把旅游业如此划分，是因为这五个部门之间存在着共同的目标和不可分割的相互联系。这一共同的目标便是通过吸引、招徕和接待外来旅客，促进该国或该地区的经济发展。在这五个部门中，虽然旅游目的地的各级旅游管理组织并不是以直接营利为目的的企业，但是，这些旅游管理组织在促进和扩大其他四大商业性经营部门的盈利方面，起着重要的支持作用。例如，如果没有一个国家作为旅游目的地的国际市场营销，就没有其国内的旅游企业的发展。

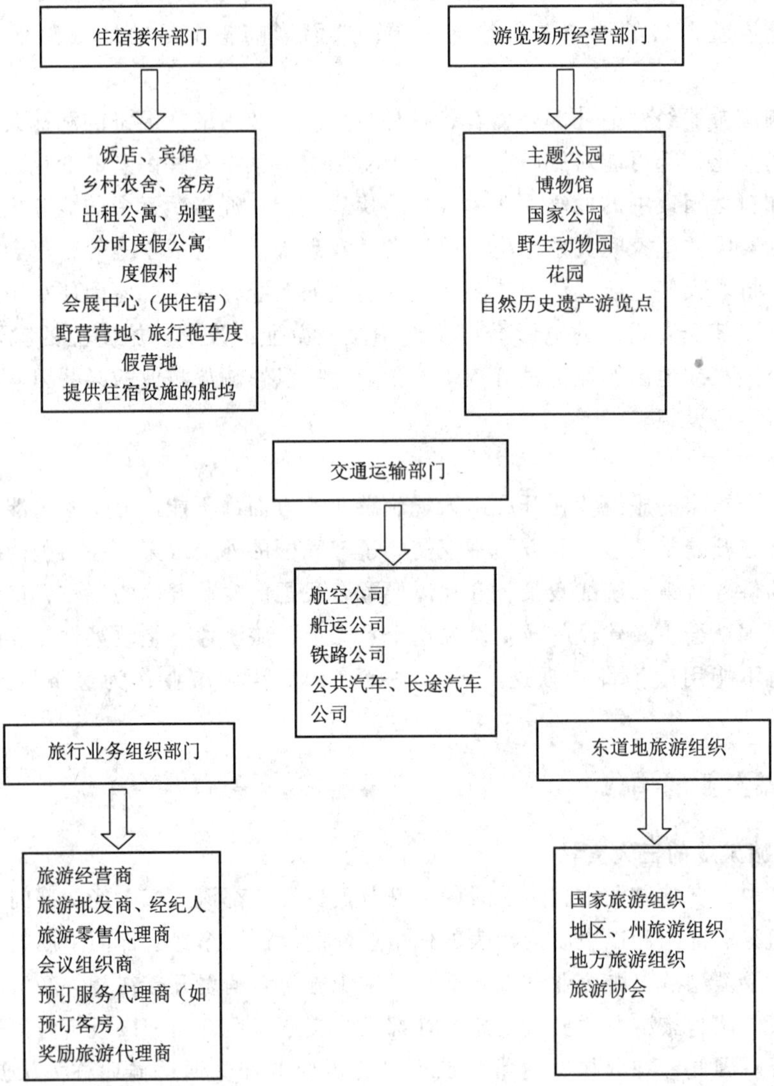

图 5－1　国际上对旅游业划分的五大部门

（三）我国旅游业的基本构成

从我们国家来看，从旅游者在旅游活动中的基本行为去划分，无外乎于行、游、住、食、购、娱等方面。因此我国旅游业由以下 8 方面构成：

交通运输业；

旅行社行业；

住宿服务行业；

餐饮服务行业；

旅游景区；

旅游娱乐业；

旅游购物品业；

旅游行政机构和旅游行业组织。

旅游行政机构和旅游行业组织虽然不属于直接面向旅游者提供服务的营利企业，但是任何国家的旅游行业都离不开这些机构的指导和帮助，因此，也纳入了旅游业的构成之中。

在本章节中，只会涉及到前 7 个方面，即为旅游者提供行、游、住、食、购、娱服务的部门和旅行社部门，最后一个方面，即旅游行政机构和旅游组织将在以后的章节中介绍。

四、旅游业的作用

虽然民众有了旅游的需求，才导致了旅游业的产生与发展，但是反过来旅游业也会更好地满足旅游的需求，更好地促进旅游活动的发展。主要体现在以下几个方面：

（一）旅游供给者

一个国家或地区的旅游供给可以划分为五大类，即自然旅游资源、旅游基础设施、旅游上层设施、交通运输和文化资源。如果把自然旅游资源和旅游基础设施划给旅游景点，那么在旅游供给中，绝大部分都是旅游提供的。如果没有旅游业提供的大量的资源供给，大规模的旅游需求不可能得以实现，旅游活动也不可能会发展到今天的规模。因此，旅游业的供给作用对于促进和拉动旅游活动的发展意义重大。

（二）供需之间的桥梁

在供给方面，旅游业要根据消费市场的需要，组织一系列配套产品；在需求方面，旅游业一直都在致力于为自己的产品组织客源。从旅游业诞生之日起，它的这种组织或桥梁作用就表现得非常突出，而且正是由于旅游业的这种组织或桥梁作用，才使得旅游活动能够以大规模的方式进行开展。

（三）提供便利的服务者

在旅游业问世之前，人们多是以类似今天某些漫游式散客的方式外出旅游。旅游方式多以步行、骑马或其他自备交通工具的形式为主，因为当时几乎没有专营客运的运输商。即使到了 19 世纪初期，人们的外出旅行方式仍然主要是以步行为主。同样在外出旅游过夜问题上，很多人都是投奔亲朋好友或利用寺庙、修道院提供的免费住宿。虽然商业性质的客店或者旅馆早已经存在，但有支付能力使用这些商业住宿设施的人数比较少。总之，由于当时不存在旅游业或者不能够提供相对廉价的便利服务，从而在很大程度上限制了旅游活动的开展规模。

随着现代旅游业的发展，旅游活动体系的构成要素已不再是旅游者和旅游资源，而是将旅游业这一中介体也包括进来，因为大众旅游的特点之一便是利用旅游业提供的便利服务来完成旅游活动。在大众化旅游发展的今天，除少数个别情况外，几乎没有哪些旅游者不是借助旅游业提供的便利服务来完成旅游活动的。由于有了旅游业的服务，旅游者不再为外出旅游过程中有可能遇到的困难而担心。他们在旅行过程中的生活和活动都可以由有关的旅游企业为其安排。旅游业的这种便利服务作用对于旅游活动规模的增长无疑也是一种重要的刺激。现代旅游活动得以发展到今天的规模，同旅游业便利角色的扮演是分不开的。因此，旅游业不仅是构成现代旅游活动体系的要素之一，而且在促进和拉动旅游活动规模的增长方面，也是其中最积极、最活跃的一个因素。

任务二 旅 行 社

一、旅行社的概念、作用

旅行社被称为旅游业的排头兵，是旅游业的重要组成部门之一。试想，一个旅行者到了一个陌生的地点，寻找住宿、安排线路等都是十分困难的事情。虽然现在自助游在我国很流行，但是对于大多数的旅行者来说，自助游还是显得苦难的多。因此，大多数的旅行者都会选择旅行社提供的旅游服务。实际上，一些自助旅行者也会需要旅行社的帮助，如订酒店、订机票、办理签证等。

因此，旅行社把旅游业中的饭店、景点景区、交通运输企业等旅游供应商提供的产品和服务有机的联系起来，可以称作为旅游的中间商。旅行社的存在，使得大多数的旅游者可以方便、经济地进行旅游活动，同时也推动了旅游业的大规模发展。

根据国务院颁布的《旅行社管理条例》，旅行社是指“从事招徕、组织、接待旅游者等活动，为旅游者提供相关的旅游服务，开展国内旅游业务、入境旅游业务或者出境旅游业务的企业法人”。所谓的“招徕、组织、接待旅游者等活动”以及“提供相关旅游服务”，其内容主要包括：为旅游者安排交通、住宿、餐饮、观光旅游和休闲度假等方面的服务，以及为旅游者提供导游、领队、旅游咨询、旅游活动设计等方面的服务。因此，凡是经营上述旅游业务的营利性企业，不论其所使用的具体名称是旅行社、旅游公司，还是旅游服务公司、旅行服务公司、旅游咨询公司等称谓，都属于旅行社。

根据旅行社的定义，我们可以总结出以下几条旅行社的作用：

（一）旅行社是旅游服务供应商与旅游需求者之间的中介

旅游社的发展历程表明，旅行社承担了双重角色。既是旅游产品的生产者，又是旅游产品的销售者。实质上，旅行社在旅游活动中处于旅游服务供应商和旅游服务需求者之间的中介，主要起着媒介和经纪人的作用。对于销售包价旅游产品的旅行社来说，旅行社以低于市场的价格向旅游产品要素的提供者（如酒店、航空公司）购进食、宿、行、游等服务，然后根据市场需求配置资源，对原有的服务产品组合、包装，使之形成有差别的旅行社产品，并以总的价格出售给旅游者，从而获取利润。旅游要素组合包价过程常被认为有“生产职能”介人，但组合包价并没有从根本上改变旅游产品的特质，而是更方便了游客的购买，因此，可以说代理销售是旅行社最本质的特征。有人也把旅行社说成为旅游业的主要销售系统。

（二）旅行社是旅游业的前锋

在旅游业的各有关部门中，旅行社最接近客源市场，并且最先与旅游消费者直接接触。因此，旅行社对于旅游市场需求的信息也了解得最快。另一方面，由于旅行社与其他各旅游部门都有密切的业务联系，因而这些部门或企业的产品信息往往通过旅行社传达给旅游消费市场。所以，旅行社在了解需求和指导供给方面起着非常重要的作用。这一点决定了旅行社部门在旅游业中的先锋作用。特别是在一些新兴的国际旅游目的地国家中，旅行社部门的业务实力和工作效率在一定程度上影响着该国各旅游供给部门的客源规模。原因在于，如果没有旅行社部门的率先努力，各旅游供给部门就难以及时了解消费者需求的变化，其产品也难以随时适应变化了的市场需要，从而也难以有效地争取客源。国际经验表明，在产品供给方面，旅游供应商普遍都很重视旅游批发商和旅行代理商的意见，其中的原因也在于此。当然，旅行社的招徕工作也需要由旅游供应商的产品和产品质量作为后盾。在我国旅游业的入境旅游和出境旅游业务中，旅行社的前锋作用尤为明显。

（三）旅行社是旅游活动的组织者

从旅游消费者的角度看，旅行社的中介位置决定了旅行社作为旅游活动组织者的作用。人们不必耗费过多的精力去计划外出旅游活动的安排，也不必再担心外出旅游过程中可能会遇到的各种问题。现代大众化旅游活动的迅速发展，同旅行社这种组织作用的发挥是分不开的。人们只要选择了自己的出游目的地，其他一切皆可由旅行社负责安排。因此，使用旅行社的服务，特别是购买由旅行社设计的包价旅游产品，在旅行社的组织和安排下完成旅游活动，已成为现代大众型旅游者外出旅游、特别是出国旅游的习俗化常规模式。此外，旅行社在将自己组织的包价旅游产品出售给顾客之后，并不意味着组织工作的完结。旅游者在外旅游期间的活动开展以及各有关旅游服务之间的联系衔接，仍有赖于旅行社进行组织和协调。事实上，旅行社角色不仅在于为旅游消费者组织旅游活动，而且客观上也在各相关旅游供应商之间起着组织和协调作用。

二、中外旅行社的分类

由于各国和地区的政治经济制度和旅游业发展水平不同，世界各国各地区的旅行社在行业分工的形成机制及分工状况上存在着较大的差异。

（一）我国旅行社的分类

根据《旅游管理条例》，我国旅行社划分为两大类：一类是经营国内旅游业务和入境旅游业务的旅行社，一类是经营国内旅游业务、入境旅游业务和出境旅游业务的旅行社。

（1）经营国内旅游业务和入境旅游业务的旅行社。所谓国内旅游业务，是指招徕、组织和接待中国内地居民在中国大陆境内开展旅游的经营活动。

所谓入境旅游业务，是指招徕、组织、接待外国居民来我国旅游，香港、澳门特别行政区居民来内地旅游，台湾地区居民来大陆旅游，以及招徕、组织、接待在中国内地的外国人、港澳台地区的居民在中国大陆境内开展旅游的经营活动。

上述经营活动的内容主要有：安排交通、住宿、餐饮、观光游览、休闲度假、导游领队、旅游咨询、旅游活动设计等服务。此外，这类旅行社还可以接受委托，提供以下的旅游服务：接受游客委托，代订交通客票和代订住宿；接受机关、事业单位和社会团体的委托，为其在我国大陆境内的差旅、考察、会议、展览等公务活动代办交通、住宿、餐饮、会议等事项；接受企业的委托，为其在我国大陆境内的各类商务差旅、奖励旅游等，代办交通、住宿、餐饮、会议安排、观光旅游、休闲度假等事项；经旅游行政管理部门批准的其他旅游服务。

（2）经营国内旅游业务、入境旅游业务和出境旅游业务的旅行社。这类旅行社除了经营第一类旅行社经营的业务外，还经营出境旅游业务。所谓出境旅游业务，是指旅行社招徕、组织、接待中国内地居民出国旅游，赴香港、澳门特别行政区、台湾地区旅游，以及招徕、组织、接待在中国内地的外国人、港澳台地区的居民出境旅游业务。与前一类旅行社相比，这类旅行社在业务内容方面最为突出的不同之处在于：可经营出境旅游业务，可接受旅游者的委托，为其代办出境、入境、签证手续。

（二）欧美国家旅行社的分类

（1）旅游经营商。指将其购买的各类异质旅游产品进行设计组合，并融入自身服务内容，使之成为满足旅游者整体需要（即包价旅游）的旅行社。

（2）旅游批发商。指大量购买、组合各类异质产品并予以出售的旅行社。

（3）旅游零售商。指直接面对旅游者并向其推销旅游产品并招徕旅游者的旅行社，有的也负责当地的旅游接待。在多数情况下，旅游经营商与旅游批发商不直接向旅游者出售旅游产品，而是通过旅游零售商进行转售。

（三）日本旅行社的分类

日本按照旅行社是否从事包价旅游业务为主要标准，将日本旅行社划分为第一种旅行社、第二种旅行社和第三种旅行社。其分工为：

第一种旅行社：可以实施海外和国内包价旅游业务的旅行社。

第二种旅行社：只能实施国内包价旅游业务的旅行社。

第三种旅行社：不能实施包价旅游业务，但可作为第一种和第二种旅行社的代理店。

三、旅行社的经营业务

旅行社业务的开展主要涉及两大类，一类是批发业务，即组织或接待团体包价旅游；另一类是零售业务，即安排或接待散客旅游。

（一）包价旅游

包价旅游是指旅游者在旅游活动开始前即将全部或部分旅游费用预付给旅行社，由旅行社根据同旅游者签订的合同，相应地为旅游者安排旅游途中的吃、住、行、游、购、娱等活动。又可分为团体包价旅游、半包价旅游、小包价旅游和零包价旅游。

1. 团体包价旅游

团体包价旅游是指10人以上的旅游者组成旅游团采取一次性预付旅费的方式，将各种相关旅游服务全部委托一家旅行社办理。团体包价旅游的服务项目应包含：① 饭店客房；② 早餐、正餐和饮料；③ 市内游览用车；④ 交通集散地接送服务；⑤ 导游服务；⑥ 每人20千克的行李服务；⑦ 游览点门票；⑧ 文娱活动入场券；⑨ 城市间的交通。

对旅游来说，参加团体包价旅游既省钱又方便。第一，它提供的全程活动能免除旅游者人地生疏，购票、寻旅馆等一切忧虑之苦，使旅游方便易行；第二，由于组织这种旅游的旅行社是成批购买旅游交通客票、旅馆床位以及其他旅游供应产品，在价格上享有优惠折扣，游客从中得益匪浅。

2. 半包价旅游

半包价旅游是指在全包价旅游的基础上，扣除中、晚餐费用的一种包价形式。其目的在于降低产品的直观价格，提高产品的竞争能力，同时也可更好地满足游客在用餐方面的要求。

3. 小包价旅游

小包价旅游又称可选择性旅游，它由非选择部分和可选择部分构成。非选择部分包括接送、住房和早餐，旅游费用由旅游者在旅游前预付；可选择部分包括导游、风味餐、节目欣赏和参观游览等，旅游者可根据时间、兴趣和经济情况自由选择，费用既可预付，也可现付。

虽然包价旅游在旅行社的业务中占据了很大的比例，但是，人们往往不满足一切交由旅行社来做的旅游形式，在千篇一律的团队包价旅游当中，游客也十分希望自己能参与进来，在旅游当中有自己的个性和才能的发挥。这种思想促成了小包价旅游的产生。参加小包价旅游的团队客人在日程安排、游览选择上有很多的自主性，旅行社代为安排的通常仅包括往返机票、饭店房间、接送服务等项。而在目的地城市中的景点游览、观看当地演出、品尝当地风味等活动，则以自助的形式或以零星委托的形式选择进行。小包价旅游克服了团队旅游的诸多弊处又利用了团队旅游的诸多益处，且直观价格较低、形式机动灵活，因而一经推出，便在世界不少国家的旅游者当中受到追捧。

4. 零包价旅游

零包价旅游是一种独特的产品形态，多见于旅游发达国家。参加这种旅游的旅游者必须随团前往和离开旅游目的地，但在旅游目的地的活动是完全自由的，形同散客。参加零包价旅游的旅游者可以获得团体机票价格的优惠，并可由旅行社统一办旅游签证。

（二）散客旅游

散客旅游，又称自助或半自助旅游，在国外称为自主旅游，它是由游客自行安排旅游行程，零星现付各项旅游费用的旅游形式。散客并不意味着完全不依靠旅行社而全部旅游事务都由游客自己办理。实际上不少散客旅游活动都借助旅行社的帮助，其旅游日程、线路等由旅游者自己选定，然后再由旅行社作某些安排，如机票、旅馆、导游等。散客旅游也并不意味着只是单个游客，它可以是单个游客，也可以是一个家庭或几个亲朋好友，还可以是临时组织起来的散客旅游团，人数通常少于旅游团队。散客旅游一般是由游客自行安排行程，多采用零星现付方式，旅游活动项目是按零售价格支付，相对昂贵；游客自由度大；旅游人数我国现行规定在9人以下。

散客旅游主要有以下的特点：

1. 批量小

由于散客旅游多为旅游者本人外出或与其家人、朋友结伴而行，因此与团体旅游相比，其人数规模小得多。对旅行社而言，接待散客旅游的批量比接待团队旅游的批量小很多。

2. 批次多

散客要求旅行社提供的服务不是一次性的，有时同一散客多次要求旅行社为其提供服务，增加了旅行社的工作量。

3. 预定期短

由于散客旅游要求旅行社提供的不是全套旅游服务，因此要求旅行社能够在较短的时间内为其提供有关的旅游服务。

4. 要求多

散客中有大量的公务和商务旅客，由于他们的旅行费用多有公司承担，所以他们在旅游中的应酬及商务、公务活动，不仅要求水平高，且对服务的要求也较多、较高。

5. 变化多

散客往往由于旅游经验较欠缺，在出游前对其旅游计划缺乏周密安排，会出现很多临时变化情况。这些特征是时常发生：（1）求自主，反包办；（2）求自由，反干预；（3）警惕性高，提防心重；（4）对价格敏感；（5）偏爱特色旅游产品的消费。

从世界旅游发展趋势来考察，散客旅游兴起的原因可以概括为以下几点：

① 旅游者日渐成熟。随着经验的积累，旅游者对单独进行远距离旅行的能力越来越自信，他们不再将旅游视为畏途，而是作为日常生活的一个组成部分，用以调节身心、恢复疲惫和增长阅历。

② 旅游者的心理需求进入更高层次。旅游者的旅游行为动机从传统的观光型向多主题转变，探险、修学、科考、生态等特种旅游蓬勃兴起，旅游的目标上升到体验人生、完善自我和实现自我价值的高度。

③ 传统的规范化的旅游模式难以满足个性化的要求。以往的旅行社包价组团旅游方式虽然具有许多优势，但也存在着包价过死，浏览项目、路线限制过多，游客缺乏活动自由的缺陷，个别旅行社还为了追逐经济利益，而将旅游项目安排过于集中，使游客对景点只能走马观花、浅尝辄止，处处赶时间，无法尽兴，从而使传统的包价方式越来越失去游客的兴趣。

④ 现代通讯、交通等科技手段的不断进步，管理、服务等的不断完善，增强了旅游者的便捷感，减弱了他们的依赖心理。旅游配套设施的完备和服务质量的提高，为旅游的散客化提供了有力的物质保障，使旅游者不依赖于旅行社而借助众多的旅游支持手段的帮助开展旅游成为可能。

由此可见，散客旅游的发展是旅游业进入更高层次、更新阶段的产物，也是旅游业发展的必然趋势，虽然由于老弱游客、初次出游者以及语言障碍等因素的存在，团体旅游不可能完全消失，但其规模将会缩小，团体模式也将有所改变。在团体旅游与散客旅游的并行发展中，前者会不断结合散客特点，向后者经营方式的方向作出相应调整，产生介于团体或散客旅游之间的中间形式，以适应市场的需要。

当前，我国发展散客旅游尚存在一些亟待解决的问题：其一，回运力紧张，交通票预计周期长，变更率高，购买困难；其二，社会服务体系欠发达，景点缺乏规范化的标识，卫生状况堪忧；其三，信息和通讯服务有待改进，缺少对散客的咨询系统等。因此，我国散客旅游市场的开拓必须认真分析散客需求特点，在经营思想和经营方针上切实采取行之有效的、有针对性的营销策略。

散客旅游市场的调研。由于缺乏对我国散客旅游市场的研究，造成了旅游企业在经营和管理上的混乱，处于较为被动的局面。当前，应将市场调研提到重要的议事日程上来，予以应有的重视。通过对主要客源散客的旅游目的、社会经济特征、行为特征以及客源流向等进行深入的调查，系统地搜集有关散客旅游供求方面的信息，从而确定旅游产品在市场上的地位，以制定出符合客观实际的营销策略和目标。

① 产品策略。散客与团队游客的主要区别在于：团客购买组合完整的旅游产品；而散客则是分散购买产品的个别项目，再加以随意组合。因此，旅游企业应努力设计多种旅游产品供游客选择，在产品结构上，可以采取零星委托式、自选式、组合式、定制式等多种模式，由散客按其所需自由组合。以黑龙江冰雪旅游为例，可以开发出不同的专题旅游，如以冰灯游园会为中心，推出以冰雪艺术、冰雪娱乐、冰雪文化、冰雪体育、冰雪经贸为内容的哈尔滨冰雪节，游客可以不受团队旅游集合时间的限制，时间充裕，充分领略冰雪旅游的魅力。以冰雪为专题也可以组织镜泊湖、桃山、亚布力等地各具特色的冰雪旅游项目，镜泊湖的冰瀑与桃山、亚布力的高山滑雪场具有不同于平地人工冰景的意蕴，可以丰富冰雪旅游的内容，使游客有充分选择余地。

② 价格策略。传统的全包价旅游形式，随着旅游市场的开放和发展，已受到日益严峻的挑战，尤其是我国全包价旅游的直观报价高于海外旅游商普遍实行的半包价旅游的报价，给海外游客以中国旅游高价位的错觉，从而影响了海外客源市场的开拓。散客旅游的支付方式是“现付现享，零付零享”，对价格变化的敏感度也高于团客。因此，散客市场的开发在价格策略上主要应发挥好价格杠杆的良性调节作用，采用灵活的作价方式。此外，一些过去只对团队的价格策略也可以经过改造而移植到散客市场上来。第一，区别不同时间实行差价。如对散客，旅游淡、旺季实行浮动价，淡季客房优惠，连续住宿越多，价格越优惠。景点门票周末价高于平时等。第二，区别不同空间实行差价。如旅游热、温、冷点实行不同的定价。第三，小包价团。指游客预付部分旅费，由组团社提供四项基本服务和选择性旅游项目。四项基本服务指接送、订房、早餐和交通票，选择性浏览项目分“一日游”、“半日游”等。选择性项目单列，不计入综合包价中，游客可以根据需要自行处理。第四，一地成团。指游客可以根据组团社提供的路线和浏览项目，按指定的地点和日期，汇集成团队进行旅游，汇集前费用则由游客自理。第五，零星。

③ 促销策略。吸引散客旅游，还必须对已确定的旅游项目进行形象而具体的宣传促销，将旅游信息传达给尽可能多的潜在游客。首先，必须塑造和树立鲜明的旅游目的地形象，突破其特色，在人们心目中占据有利的地位。其次，要提供内容详尽的，符合散客需要的旅游宣传印刷品，包括旅游线路说明书、目录集、导游指南、价格表、各种单页宣传品、宣传小册子，以及其他用途的信封、挂历、明信片等，介绍有关旅游地文化、地理、物产、风俗民情、风光名胜和交通、食宿、购物及其基本价格等情况，以帮助人们增加了解，消除顾虑，增添游兴。旅游印刷品具有图文并茂、实用功能强、可长时间保留，随时提供信息支持，而费用低廉的特点，在旅游促销上具有重要的作用。再次，充分利用报刊、电视、电台等大众传媒，以及参加旅游博览会、巡回展销会，做好广告宣传，进一步扩大影响，增加人们接触信息的频度和密度。

④ 渠道策略。散客的输入渠道较为繁杂，总的原则应是既有重点又有广开渠道。

第一，旅游社应成为散客有求必应的咨询窗口，热情提供各种旅游信息，推荐灵活多样的服务项目。目前应逐步推广在旅游社设置“散客部”或“散客中心”的作法，真正将散客业务提升到主体业务的高度，及时追踪散客市场动态，做好信息反馈，给予散客高质量、多样化、个性化的服务。第二，应逐步建立和健全散客预订系统，尤其是在交通、客房和浏览项目方面逐步建立为散客服务的电脑预订网络，通过电脑联网，随时了解各交通部门、饭店的预订情况，接受散客咨询和预订，并可储存旅游资源方面的信息，根据散客的不同需要，代为规划旅游线路。第三，应在交通枢纽，如航空港、码头、车站、市区主要街道路口等设立醒目的中外文路标、导游交通图、指示牌等，清晰地标示各游览点的地点、方位和距离，为初到的游客“指点迷津”。第四，应鼓励旅游企业人员走出企业大门，到市区繁华地段亮牌设点，设立“旅游问讯中心”，提供咨询帮助以及代购交通票、代订客房等。第五，有条件地区可开通旅游信息咨询专线电话。

散客市场的营销工作是一项复杂的系统工程，除旅游企业自身的努力外，还取决于整体社会环境的优劣，散客接待需要构建社会的整体运作机制，其中旅游地居民对外来游客的热情欢迎、热心指引和帮助；旅游景区环境整洁、和谐优美；交通、通讯部门为游客流动提供顺畅无阻的通道等都是这一机制的有机组成部分，也是散客旅游产品不可或缺的重要组合元素，需要旅游企业与社会各相关部门加强协调，密切合作，共同营造一个安全、便利、舒适、友好的旅游宏观社会环境。

四、我国旅行社的发展趋势

（一）集团化趋势

中国的旅行社行业将出现集团化的趋势，一批具有一定规模并且覆盖一定区域的旅行社集团将出现在中国的大地上，成为中国旅行社行业的一道亮丽风景线。目前中国的旅行社行业的格局亦将为之一变。这种集团化的趋势既适应中国旅行社行业的发展需要，也符合国际上旅行社行业的发展进程。中国的旅行社行业集团化，既有利于旅行社发挥其在采购、预订、营销、资金、人才等方面的优势，实现规模经营和获得规模经济效益，也可以引导和稳定市场，克服旅行社市场因过度分散和紊乱造成的问题。

（二）专业化趋势

随着中国旅游市场的不断发展和旅行社行业的逐渐成熟，将会出现专业化的发展趋势。旅行社行业的专业化，是指旅行社为了最大限度地满足特定细分市场旅游者的需求，适当调整其经营方向，针对某些细分市场，对某些产品进行深度开发，形成特色产品或特色服务。专业化经营将主要出现在中国的中型旅行社，为了避开在经营标准化产品方面的比较劣势，集成本优势与产品专业化优势于一身，中型旅行社应该实现专业化开发和专业化经营，使产品更加多样化，从而增强其产品的总体吸引力。

（三）品牌化趋势

中国旅行社行业的竞争已开始从价格竞争逐步转向质量竞争和品牌竞争。随着旅游者的旅游消费需求水平的提高，旅行社所奉行的低价格战略已经不再像过去那样奏效了，必须采用新的竞争战略，以应对我国加入世界贸易组织后，特别是国际名牌旅行社进入中国旅游市场后所带来的严峻挑战。所以，名牌旅行社瓜分市场必将成为我国旅游市场走势的一个必然趋势。中国的旅行社必须大力发展名牌战略，否则将会在日趋激烈的市场竞争中落败。目前，中国旅行社业的一些有识之士已经开始注重建立中国的旅行社品牌，努力争取得到旅游者的认同，产生对其服务的亲近感和信任感，以便在市场上立于不败之地。

（四）网络化趋势

旅行社的网络化趋势是由旅游需求的特点所决定的。随着社会经济的发展和人们所受教育水平的提高，旅游需求必将日益普及，导致旅游需求可能在任何一个地方产生。为了便于消费者的需求和购买，旅行社营业的场所必须广泛设立于消费者便于购买的所有地方，即所谓的网络化布局。中国的旅行社行业实行网络化，不仅是完全必要的，而且是十分可行的。信息技术的普及和互联网的发展，为旅行社的网络化经营奠定了坚实的技术基础。旅行社通过内部改造或增设经营网点，则为旅行社的网络化经营提供了组织基础。因此，旅行社的网络化，必将成为中国旅行社行业的一个发展趋势。

任务三 旅游饭店

旅游饭店是旅游业的三大支柱行业之一。在旅游饭店中，经营企业有很多不同的类型，叫法也不尽相同，包括宾馆、饭店、酒店、旅馆、旅社、度假村、度假营地等。尽管称谓不一样，但基本业务都是为面向不同类型的来访旅游者提供食宿接待业务。在我国，人们通常就称为饭店、宾馆或酒店。在国家旅游局的文件中，规范使用饭店这一称谓。

一、饭店发展历史、作用

旅游和商务活动自古有之，饭店餐馆就应运而生。相传欧洲最初的食宿设施约始于古罗马时期，其发展进程经历了所谓古代客栈时期、大饭店时期、商业饭店时期等阶段，其间几经波折起落。第二次世界大战以后，欧美各地随着经济形势和旅游业的不断发展进入了新型饭店时期，并逐步形成了庞大独立的饭店行业。

（一）古代客栈时期

由于社会的需要，为满足外出人们的吃、喝、睡等赖以生存的基本需要，千百年以前就出现了客栈和酒店。至中世纪后期，随着商业的发展，旅行和贸易兴起，外出的传教士、信徒、外交官吏、信使、商人等激增，对客栈的需求量大增。由于当时的交通方式主要是步行、骑马或乘坐驿车，因此，客栈大多设在古道边、车马道路边或是驿站附近。早期的英国客栈是人们聚会并相互交往、交流信息和落脚歇息的地方。最早的客栈设施简陋，仅提供基本食宿，无非是一幢大房子，内有几间房间，每个房间里摆了一些床，旅客们往往挤在一起睡，并没有什么更多的要求，当然，由于服务项目少，服务质量差，也确实没有什么可供消遣。到了 15 世纪，有些客栈已拥有 20 到 30 间客房，有些比较好的客栈还设有一个酒窖、一个食品室、一个厨房，为客人提供酒水和食品。还有一些客栈已开始注意周围环境状况，房屋前后辟有花园草坪，客栈内有宴会厅和舞厅等，开始向多功能发展。总的来看，当时的客栈声誉差，被认为是赖以糊口谋生的低级行业。客人在客栈内缺乏安全感，诸如抢劫之类的不法事情时有发生。

（二）大饭店时期

18世纪后期，随着工业化的进程加快和民众消费水平的提高，为方便贵族度假者和上层人物以及公务旅行者，饭店业有了较大的发展。由于火车、轮船的兴起，已逐渐成为世界上最好的饭店。在纽约，1794年建成的首都饭店，内有73套客房，这在当时无疑是颇具规模的。而堪称第一座现代化饭店的特里蒙特饭店于1829年在波士顿落成，为整个新兴的饭店行业确立了标准。该饭店不仅客房多，而且设施设备较为齐全，服务人员亦经过培训，客人有安全感。

19世纪末20世纪初，美国出现了一些豪华饭店。这些饭店崇尚豪华和气派，布置高档的家具摆设，供应精美的食物。大饭店时期的饭店，具有规模大，设施豪华，服务正规，具有一定的接待仪式，讲究一定规格的礼貌礼仪等特点。

（三）商业饭店时期

20世纪开始不久，当时世界上最大的饭店业主埃尔斯活思·弥尔顿·斯塔特勒为适应旅行者的需要，在斯塔特勒饭店的每套客房都设有浴室，并制定统一的标准来管理他在各地开设的饭店，增加了不少方便客人的服务项目。

20世纪20年代，饭店业得到了迅速发展，美国的大中小城市，纷纷通过各种途径集资兴建现代饭店，而且汽车饭店也在美国各地涌现。到20世纪30年代，由于经济大萧条，旅游业面临危机，饭店业亦不可避免地陷入困境。在兴旺时期开业的饭店，几乎尽数倒闭，饭店业受到极大挫折。

商业饭店时期，汽车、火车、飞机等给交通带来很大便利，许多饭店设在城市中心，汽车饭店就设在公路边。这一时期的饭店，设施方便、舒适、清洁、安全。服务虽仍较为简单，但已日渐健全，经营方向开始以客人为中心，饭店的价格也趋向合理。

（四）现代新型饭店时期

第二次世界大战结束后，由于经济繁荣，人们手里有钱，交通工具十分便利，从而引起了对饭店需求的剧增，一度处于困境的饭店业又开始复苏。1950年后开始出现世界范围的经济发展和人口增长，而工业化的进一步发展增加了人民大众的可支配收入，为外出旅游和享受饭店、餐馆服务创造了条件。至50年代末60年代初，旅游业和商务的发展趋势对传统饭店越来越不利，许多新型饭店大批出现。现代新型饭店时期，饭店面向大众旅游市场，许多饭店设在城市中心和旅游胜地，大型汽车饭店设在公路边和机场附近。这个时期，饭店的规模不断扩大，类型多样化，开发了各种类型的住宿设施，服务向综合性发展，饭店不但提供食、住，而且提供旅游、通讯、商务、康乐、购物等多种服务，力求尽善尽美，饭店集团占据着越来越大的市场。

饭店的作用主要体现在：（1）旅游者旅游活动的基地；（2）创造旅游收入；（3）为社会创造就业机会；（4）促进社会消费方式和消费结构的发展与变化；（5）带动其他行业的发展；（6）饭店的发展水平是旅游业发展水平和社会经济与文明程度的标志。饭店的特则主要有以下几点：（1）服务性：以提供劳务为主；（2）综合性：具有综合功能；（3）享受性：满足宾客享受的需要；（4）文化性：是感受异地文化的消费场所。

二、饭店的类型

饭店的划分并不存在统一的标准。综合人们对有关饭店类型的称谓，有以下几种基本类型：

（一）根据饭店市场及宾客特点分类

1. 商务型饭店（暂住型饭店）

其主要特点在于：（1）位于城市的中心地区；（2）接待商务客人、旅游客人及因为各种原因作短暂逗留的其他客人；（3）适应性广，在饭店业中占有较大的比例；（4）根据细分市场的需求，分为各种等级。

2. 长住型饭店

其主要特点在于：（1）主要接待住宿时间较长，在当地短期工作或度假的客人或家庭；（2）饭店与宾客之间签订租约；（3）建筑布局多采用家庭型，以套房为主，提供厨房设施，宾客自理饮食；（4）服务亲切、周到、针对性强；（5）饭店的组织、设施、管理较为简单。

3. 度假型饭店

其主要特点在于：（1）以接待游乐、度假的宾客为主；（2）地理位置多在海滨、山区、温泉、海岛、森林等地；（3）开辟有各种娱乐体育项目。

4. 会议型饭店

其主要特点在于：（1）主要接待各种会议团体；（2）通常设在大都市和政治、文化中心，或交通方便的游览胜地；（3）设置足够的多种规格的会议厅或大的多功能厅；（4）必须具备各种规格的会议设备；（5）提供高效率的接待服务。

5. 汽车饭店

（1）常见于欧美国家公路干线上；（2）设施、设备较为简单，规模较小；（3）以接待驾车旅行者为主。

（二）根据饭店计价方式分类

1. 欧式计价饭店

客房价格仅包括房租，不含食品、饮料等其他费用。世界各地绝大多数饭店均属此类。

2. 美式计价饭店客房

价格包括房租以及一日三餐的费用。

3. 修正美式计价饭店

客房价格包括房租及早餐和一顿正餐的费用，以方便宾客有较大的自由安排白天活动。

4. 欧陆式计价饭店

房价包括房租及一份简单的欧陆式早餐及咖啡、面包、果汁。此类饭店一般不设餐厅。

5. 百慕大计价饭店

房价包括房租及美式早餐的费用。

（三）根据其他标准分类

（1）根据设施规模大小，分为大型饭店、中型饭店、小型饭店。

（2）根据所在地区不同，可分为：浏览饭店、城市饭店、过境饭店、机场饭店、车站码头饭店。

（3）根据营业时间，可分为：全年性营业、季节性营业饭店。

（4）按饭店的所有制形式，可分为：全民（国有）饭店；集体所有制饭店；合资饭店；外资饭店；饭店联合体；个体饭店（民营饭店）。

（5）根据饭店的档次或等级进行分类，分为高档、中档、低档饭店，星级饭店、经济饭店。

三、饭店的等级和评定

国际上常按酒店的环境规模、建筑、设备、设施、装修、管理、服务项目、质量等具体条件划分等级。星级制是当前国际上流行的划分方法，在欧洲尤为普遍。星级越高表明酒店档次和级别越高。很多国家把五星级（包括白金五星级）作为最高级别，并且给以漂亮的标识，如英国用玫瑰作为标识。然而不论划分为几等几级都是一个综合的标准，不能单拿几项或者若干项去做判定。

（一）等级划分的主要内容包括

（1）舒适程度。舒适程度综合反映酒店的室内外环境。包括的方面很多，最重要的是所处的地段环境和园林情况。四星和五星级的豪华酒店往往选择最佳的室外景观、优美的园林、宽敞的车道和车场、方便使用的室外空间。透过窗户可以饱览四周的景物，有供客人憩息的庭园、进行交流的场所。酒店应该做到富有诗情画意，使客人心旷神怡。

（2）客户投资。20 世纪 70 年代五星级酒店流行每间（约 40 平方米）的投资在 2.0～5.5 万美元之间。到了 80 年代，每间客房的投资达到 10 万美元以上。进入 21 世纪，随着科技进步，消费水平的提高，这个投资还在水涨船高。目前，五星级标准的每间客房的装修投资在 10 万人民币的水平上（不包括设施和公共部分装修在内）。

（3）客房面积。客房面积是客房舒适程度的重要条件。在推行等级制的国家中，都在有关规定中阐明了套间、豪华套间以及卫生间面积的详细要求。

总之，酒店等级对规模不很苛刻，但对于环境、投资、房间面积和设施的要求却是十分的严格。

（二）常见的星级酒店划分标准

1. 一星级酒店

要有适应所在地气候的采暖、制冷设备；16 小时供应热水；至少有 15 间（套）可供出租的客房；客房、卫生间每天要全面整理一次，隔日或应客人要求更换床单、被单及枕套，并做到每客必换；能够用英语提供服务。

2. 二星级酒店

在上述基础上（下同）还需要有叫醒服务；18 小时供应热水；至少有 20 间（套）

可供出租的客房；有可拨通或使用预付费电信卡拨打国际、国内长途的电话；有彩色电视机；每日或应客人要求更换床单、被单及枕套；提供洗衣服务；应客人要求提供送餐服务；4层（含4层）以上的楼房有客用电梯。

3. 三星级酒店

需设专职行李员，有专用行李车，18小时为客人提供行李服务；有小件行李存放处；提供信用卡结算服务；至少有30间（套）可供出租的客房；电视频道不少于16个；24小时提供热水、饮用水，免费提供茶叶或咖啡，70%客房有小冰箱；提供留言和叫醒服务；提供衣装湿洗、干洗和熨烫服务；提供擦鞋服务；服务人员有专门的更衣室、公共卫生间、浴室、餐厅、宿舍等设施。

4. 四星级酒店

需要有中央空调（别墅式度假饭店除外）；有背景音乐系统；18小时提供外币兑换服务；至少有40间（套）可供出租的客房；70%客房的面积（不含卫生间）不小于20平方米；提供国际互联网接入服务；卫生间有电话副机、吹风机；客房内设微型酒吧；餐厅餐具按中西餐习惯成套配置、无破损；3层以上建筑物有数量充足的高质量客用电梯，轿厢装修高雅；代购交通、影剧、参观等票务；提供市内观光服务；能用普通话和英语提供服务，必要时能用第二种外国语提供服务。

5. 五星级酒店

除内部装修豪华外，要求70%客房面积（不含卫生间和走廊）不小于20平方米；至少有40间（套）可供出租的客房；室内满铺高级地毯，或用优质木地板或其他高档材料装饰；每个客房配备微型保险柜；有紧急救助室。

目前，在我国，饭店的等级划分由过去的五个层次演变为目前的六个层次，即增加了最高层次，白金五星级。尽管国际上也有某些饭店自称是“六星级”甚至“七星级”饭店，但这些称谓其实都是这些饭店的管理者出于营销宣传的目的，为突出本饭店的档次不凡而进行的自我标榜。

按照国际饭店行业的通常理解，所谓“五星”饭店，意味着该饭店已经“尽善尽美”，对于客人的要求能够做到“有求必应”。按照国际饭店行业中的这一通常理解，真正能够为国际饭店行业所公认的“五星级”饭店其实为数并不多。应当知道，对饭店进行分等级的根本目的在于维护消费者利益，方便消费者的选择。

（三）我国星级酒店的评定

我国对于饭店的星级评定工作始于1988年。20多年来，这一工作的开展不断有所调整，现行依据是国家旅游局2005年修订的《旅游饭店星级的划分与评定》。

旅游饭店星级评定工作由全国旅游饭店星级评定机构统筹负责，制定星级评定工作的实施办法和检查细则，授权并督导省级以下旅游饭店星级评定机构开展星级评定工作，组织实施五星级饭店的评定与复核工作。

其他城市或行政区域旅游饭店星级评定机构按照全国旅游饭店星级评定机构的授权和所在地区省级旅游饭店星级评定机构的督导，实施本地区旅游饭店星级评定与复核工作。

四、饭店业的集团化经营

（一）饭店的集中化与集中率

随着全球饭店业规模的不断扩大，饭店业中的集中化程度也在明显发展。所谓集中化程度是指一个行业中的企业平均规模。平均规模越大，集中化程度越高。集中化程度越高，则意味着同行竞争者的数目越少。衡量集中化程度的指标是集中率。就饭店业来说，集中率通常是以大型饭店公司所拥有的客房数在饭店业客房供给中所占的份额来表示。从目前的发展趋势来看，世界各地的饭店业的规模都在不断上升，也就是说饭店的集中化程度和集中率都非常高。

虽然全球饭店业规模不断扩大，但是住宿市场需求规模却相对有限，因此饭店业中的市场竞争也愈发激烈。饭店业的集中化以及由此而带来的集团化经营等趋势的出现正是这一竞争的必然产物。随着我国旅游业的发展，集团化经营也成为了我国的发展趋势。

（二）饭店集团

饭店集团可以分为两类：饭店连锁集团和饭店合作集团。

1. 饭店连锁集团

所谓饭店连锁集团，是一种由某一饭店公司以品牌为纽带将若干成员饭店统一于该公司旗下开展联号经营的紧密型饭店集团，即所有成员都使用相同的店名店徽，经营相同的产品或服务，采用相同的营业规模，实行相同的服务标准。目前一些世界上知名的饭店连锁集团也进驻我国开展经营，如“洲际”、“万豪”、“雅高”、“希尔顿”、“凯悦”、“香格里拉”等饭店品牌，就是其中的代表。

饭店连锁集团的经营优势主要体现在：

（1）资本优势。饭店连锁集团由于规模大，集团公司本身的资金实力就比较雄厚。此外，在确实需要开发某些重大项目而一时面临资本短缺时，集团公司一方面有条件在成员饭店间调集资金以应对这些开发项目的需要，另一方面可凭借其资产实力作担保，从而能够比较容易地从银行等金融机构获得贷款，甚至获得低息贷款。而这些为独立经营的单体饭店难以做到。

（2）技术经济优势。饭店连锁集团可根据饭店的分布情况，将某些重大设施设备集中起来统一为各成员饭店服务，从而可降低成员饭店有关服务项目的单位产品成本。例如，在成员饭店比较集中的城市或地区，集团公司可集中设立为成员饭店所公用的洗衣房、食品加工厂以及工程设备维修队等。

（3）市场营销优势。第一，由于饭店连锁集团的各成员饭店都使用同样的店名和店徽，采用统一规格的设施设备，实施统一的服务程序和实行统一的服务标准，从而易于在市场上树立品牌形象；第二，最重要的是，连锁饭店统一化标准的实施，可令旅游消费者熟悉或毫不困难地预知该集团每一个成员饭店的产品或服务项目以及这些产品或服务的质量；第三，每一个成员饭店开展营销客观上起到了对整个饭店集团的宣传效应；第四，各成员饭店之间可通过相互代理预订，互通客源，从而有助于客源不外流；第五，饭店连锁集团可凭借其实力，利用最先进的技术，建立和完善自己的计算机预订系统。这些方面的情况都决定了饭店连锁集团在客源竞争中的能力和优势。

（4）集中采购优势。饭店连锁集团可为成员饭店集中采购所需的大宗设备和各种物资。这是因为：第一，大批量采购，可增强饭店连锁集团与供应商谈判时的地位，易于获得价格上面的优惠；第二，面对多种品牌的同类设备和饭店用品，饭店集团公司可试选某些品牌的产品在部分成员饭店中通过试用进行检验，然后再择优进行大批采购，从而减少采购失误的风险。

（5）管理效率的优势。饭店的管理费用与其接待量不是呈完全正比的关系。如甲饭店一年接待 8 万名旅客，乙饭店一年接待 4 万名旅客，并不意味着甲饭店的管理成本就要高出乙饭店两倍。在饭店连锁集团的经营中，由于很多方面的管理职能（如人力资源管理、员工培训、财务管理等）是由集团总部集中行使，因而其成员饭店的管理费用普遍低于业务规模大致相同的独立饭店。

（6）风险分散优势。成员饭店分散在不同国家或地区开展经营，这样有助于减少整个集团的经营因某地的经营环境突发不利情况，而有可能带来灭顶之灾的风险。

而成为饭店连锁集团的一员，则可以有很多途径：

（1）完全会员。这类成员饭店是饭店连锁公司自己拥有产权，并且有该公司自己经营的饭店。

（2）租赁会员。这类成员饭店是饭店连锁公司从房地产开发商或者从其他投资者手中租来经营的饭店。饭店连锁集团只有经营权没有产权，并且需要向这些饭店设施的业主支付租金。

（3）管理合同成员。这类成员饭店可分为两种情况，一种情况是由饭店连锁公司代理经营和管理饭店，即某些饭店设施的投资者在购进饭店房产后，因自己无力经营或不擅长饭店业务，转而委托某一饭店连锁公司进行经营和管理。另一种情况是由饭店连锁公司参与经营和管理的饭店，即某些饭店企业因自己经营不力，希望借助某一饭店连锁集团的品牌优势和管理经验谋求生路，因而委托该饭店连锁公司派遣管理人员，在该饭店连锁公司的名义下进行经营。不论是上述的哪种情况，都是饭店连锁公司为代理人，与这些饭店业主签订管理合同，派遣人员代为管理或协助管理这些饭店的经营。饭店连锁公司按双方签订管理合同中的相关规定，收取管理费用或按比例分享利润。在这类成员饭店中，饭店连锁公司可能对其有投资或贷款，也可能没有这种关系。最根本的特点在于由饭店连锁公司派员直接参与管理。到目前为止，我国饭店业中的中外合资饭店和中外合作饭店大都属于有关连锁集团中的这类成员。

（4）特许经营成员。这类饭店是经饭店连锁公司的特许，在连锁公司旗下开展经营的饭店。所谓特许经营，即饭店连锁公司同意向某些独立饭店的业主出让特许经营权，后者根据同饭店连锁公司签订的特许协定，在交付使用费或利润分成的前提下，使用饭店连锁集团的品牌，按照由饭店连锁公司设计和规定的服务程序和产品规范，在饭店连锁公司的监督和指导下，由业主自行管理和经营这些饭店。这类成员饭店的特点在于，饭店连锁公司并不派员参与其经营管理，只是在必要时对其经营工作给予指导。

如今饭店连锁集团发展规模之大，很大一部分原因是后两类饭店成员居多的结果。因为一些国家为发展旅游业，但是又缺乏酒店管理的经验，急于开拓国际市场，不得不采取后两种方式。此外，旅游业发达的国家中一些实力较弱的独立饭店或小型饭店为了在竞争中生存，也纷纷向大型饭店连锁公司购买特许权，以图借助这些大型公司的品牌和市场形象去争取客源。无论怎样，饭店连锁集团凭借其管理实力和自身的优势，其仍将成为今后饭店发展的一个趋势。

2. 饭店合作集团

对于那些没能进入饭店连锁集团的独立饭店来说，如何在与饭店连锁集团的竞争中生存是一个关键的问题。越来越多的独立饭店经营者意识到，单靠自己的力量是远远不够的。为了缩小与饭店连锁集团的规模经济差距，增强自己的竞争地位，很多独立经营的独立饭店开始谋求在某些方面的合作，以共同来抵抗饭店连锁集团的竞争。饭店合作集团由此产生。

饭店合作集团是若干独立经营的饭店为了追求通过联合集体行动带来的规模经济，而自愿组合建立起来的一种饭店合作组织。这种合作组织通常设有一个中央机构，负责主持该组织合作领域内的有关工作，活动经费通过征收会员费以及认捐等形式由参加该组织的饭店成员分担。显然，饭店合作集团是一种以共同利益为纽带，在自愿基础上形成的松散型联合组织。如今，在抗衡连锁集团的竞争方面，饭店合作集团已发展为饭店业中一支颇具生气的力量。如当今世界最大的饭店合作集团——最佳西部国际饭店集团，加盟的成员饭店有 4 110 座，分布于 80 多个国家和地区。具体来看，饭店合作集团主要就以下几方面开展合作：

（1）营销合作集团。通常的做法是，由加盟该合作集团的饭店共同组建一个联合营销机构，该机构以合作集团的名义，为全体成员开展促销宣传，招徕客源，并协调各成员饭店在这些方面的合作，从而形成一个规模较大的促销和销售网络。

（2）采购合作集团。目前这类合作集团在全部饭店合作集团中所占的比例最大。这类合作集团得以发展的原因在于，他们可借助集团大批量购买的有利地位同供应商谈判，实现压价购买。

（3）员工培训合作集团。员工的素质和技术能力是保障饭店企业服务水平的基础条件之一。这类饭店合作组织最初出现的背景是，很多独立饭店无力单独设立自己的培训中心，因而希望借助联合起来的力量，共同组建一个培训中心服务于各加盟饭店员工培训工作的需要，以便能够在员工素质方面与饭店连锁集团进行抗衡。

（4）预订系统合作组织。在与大型饭店连锁集团竞争客源方面，独立经营的单体饭店一般都无力建立自己的预订系统。预订系统合作组织的出现主要是为了迎合独立饭店在这方面的需要。

总之，就目前情况而言，大多数饭店合作集团的工作都旨在为加盟的成员饭店吸引和扩大客源，以帮助成员饭店提高客房出租率和增加营业收入；或者为加盟的饭店节省采购费用，帮助其降低营业成本。

五、我国饭店业发展

随着我国经济持续发展，饭店业已经成为第三产业中新的经济增长点。到 2005 年，全国星级饭店 11 828 家，营业收入 1 015 亿元；社会宾馆 8.4 万家、个体旅馆 18.3 万家，共占到总量的89%，营业收入1 200多亿元；其他形式的住宿企业近2万家，营业收入400多亿元。随着客源市场的逐步调整，住宿企业将根据不同的市场定位，不断调整经营方向，市场更趋向细分化，商务酒店、会议酒店、度假酒店、经济型饭店等已经逐渐成为行业发展主流。

（一）我国饭店业发展特点

1. 饭店业发展已经成为促进我国经济社会发展和扩大就业的重要行业

据初步统计，目前全国饭店业从业人员约有1 200万人，成为吸纳就业最具活力的领域之一。饭店业作为一个终端消费行业对上游行业具有相当大的带动作用，对消费品市场、农副产品市场等相关产业的发展起着重大的推进作用，在产值、经济增加值等方面已经在国民经济中占有一定的位置。同时，住宿行业开放较早，与国际化接轨程度高，在国民经济体系中发挥着现代化管理、国际化管理的示范作用。

2. 规模化经营初见成效，企业的竞争力有所提高

在我国饭店企业中，单体经营的企业占80%以上，一直以来，产业集中度低，缺乏规模经济效益。近年来，由于市场竞争的不断加剧，企业间的兼并重组和品牌经营进程逐步加快，规模化经营初见成效。集团化和品牌连锁作为规模化经营的主要模式，在扩大和稳定客源、提高顾客忠诚度、降低成本等方面有较大的优势。目前我国共有110余家饭店管理公司，管理着数千家饭店，其中排名前20位的集团公司中，内地企业占8家，在经营规模上已经达到了世界饭店集团300强的标准。

3. 国际化步伐逐步加大

饭店业是我国开放最早的行业之一，随着我国改革开放进程的加速，国际饭店管理集团纷纷进入中国市场，国际上排名前10位的跨国连锁饭店集团在我国已经全部挂牌。引入国际知名饭店品牌已成为国际化程度的一个重要标志，目前国际知名饭店品牌进入较多的有上海、北京、辽宁、江苏、广东等地。上海是我国国际化程度最高的城市，16家国际知名饭店集团的27个品牌在上海已管理着36家饭店企业，已成为国际饭店业知名顶尖品牌最多的城市之一。随着国内客源消费层次和水平的提高，众多的国际酒店管理公司从管理高档饭店更注重向经济型饭店扩展，从沿海和大城市向中西部地区、中小城市扩展。国际跨国酒店管理公司良好的业绩表现也将吸引更多的内地单体酒店与其合作，进而共同推进中国饭店业的国际化步伐。

4. 会展经济和假日经济为我国饭店业发展提供新的动力和空间

会展经济已成为推动我国饭店业发展的新动力。据有关分析，我国会展业2002年的直接收入超过60亿元，间接带动了的餐饮、住宿、交通、广告、旅游、娱乐、房产等行业收入高达数千亿元。不少地方都将发展会展经济当作一个产业来抓，会展经济越来越成为住宿业新的客源渠道。会展经济对饭店业的发展具有很大的促进作用。假日经济为饭店业提供发展空间。2002年全国餐饮业营业额达5 092亿元，其中假日消费将近一半。据有关行业协会对全国16个城市假日市场统计，在“五一”、“十一”和“春节”三个“黄金周”期间，国内旅游市场接待总人数为2.19亿人次，形成了世界上规模最大的国内旅游市场，餐饮业营业额同期同比增长31%、20%和28%，餐饮消费、旅游消费已经成为人民生活质量提高的标志之一，也为饭店业发展扩大客源提供了新的

渠道。

（二）我国饭店业发展前景

1. 我国加入 WTO 将进一步推动饭店业的国际化

我国加入世界贸易组织后，国际酒店集团的进入以及人才本土化发展趋势，将在客观上提升我国饭店企业的整体经营水平，培养了一大批本土职业经理人才，加速了我国饭店业的国际化进程。在微观管理层面，国际品牌在成本控制、品牌宣传、网络预订、品质控制、人力资源开发上有较强的优势。

2. 经济型饭店将成为中国饭店市场的主体

在饭店业中，经济型饭店拥有未来发展的最大空间。经济型饭店符合国际饭店业发展趋势，符合中国饭店细分市场的实际，符合国内旅游者的需求，并且投资成本较低、经营灵活。经济型饭店，如上海的锦江之星、新亚之星、北京的中江之旅和广东引入的青年旅舍应该说是我国第一批经济型饭店，几年来已形成一定市场规模并显示出良好发展势头。锦江之星的 13 家饭店出租率一直高达 95% 以上。

3. 职业经理人管理将成为中国饭店业发展的主要推动力

职业经理人管理是指饭店在所有权与经营权分离的基础上接轨国际先进的管理理念与机制，由职业管理团队进行管理。实现职业经理人专业化管理，资本的属性已不重要，国有饭店同样可以获得最好的效益。

4. 绿色、环保、安全、健康将成为饭店业发展的新时尚

绿色、环保、安全、健康是国际饭店业发展的新方向。倡导“安全、健康、环保”理念，坚持绿色管理、保护生态和合理使用资源，为顾客提供符合“安全、健康、环保”要求的绿色客房和绿色餐饮是 21 世纪饭店业发展的新趋势。

任务四 旅游交通

一、旅游交通的概念与作用

（一）旅游交通的概念

广义旅游交通是指以旅游、观光为目的的人、物、思想及信息的空间移动，它探讨的对象包括人、物、思想及信息。狭义旅游交通则将讨论对象限定在人或物，通常指为旅游者实现旅游，从出发地到目的地，以及目的地内进行游览再回到出发地，整个旅游活动过程所利用的各种交通运输方式的总和，包括各种交通设施以及与之相应的一切旅途服务。

旅游交通不能等同于普通的公共交通，旅游交通的特征不能简单地用交通的特征或者旅游商品的特征来代替，旅游交通应该突出交通的旅游功能，其主要功能是为了满足旅游者的需要，使旅游者实现快速、舒适的“移动”，同时也满足旅游者休闲、观赏、猎奇等寻求愉悦的需要，而这些需要与使用一般交通的乘客只实现空间转移的需要是不同的。

旅游从本质上说包括旅行和游览两方面的内容。一般而言，旅行仅仅是手段，游览

才是旅游者的真正目的，旅行是必须的，旅游交通也是必须的。这对旅游者而言，就意味着旅游交通在一定程度上存在着主观上的不必要和客观上的必须之间的矛盾。因此，为了增加旅游者对旅游交通的认同程度和满意度，促进旅游业持续、健康发展，就必须弱化该矛盾。

（二）旅游交通的作用

现代旅游活动之所以能够发展到如今的规模，旅游者的活动范围之所以能够遍及世界各地，其中一个重要的前提便是现代交通运输的发展。交通运输在旅游业中的作用主要表现在：

1. 从需求方面看，交通运输是旅游者完成旅游活动的先决技术条件

旅游者在外出旅游时，首先需要解决的问题便是如何抵达旅游目的地。由于旅游者的闲暇时间有限，如果旅途时间超过可以接受的程度，旅游者要么会改变对旅游目的地的选择，要么则会取消出游计划。所有这些问题的解决都有赖于交通运输这一技术条件。

2. 从供给方面看，交通运输是目的地旅游业的命脉

对于一个旅游目的地来说，旅游业的生存和发展有赖于客源的充足。只有在该地的可进入程度能够使众多旅游者前来光顾的情况下，该地的旅游业才有可能实现生存和发展。交通运输网络犹如旅游目的地的血管，担当着在各地间输送游客的任务，因而成为目的地旅游业的命脉。

3. 交通运输作为旅游业的一个部门，本身也是旅游收入的重要来源

人们在外出旅游期间，用于支付交通运输的开支属于必不可少的基本旅游消费，因而也是目的地旅游收入的稳定性来源。就国内旅游来看，无论任何国家，来自旅游交通的收入在该国国内旅游总收入中都占有相当大的比重。如欧美旅游者来我国旅游时，国际间交通费往往占其来华旅游开支的一半以上。

二、现代主要旅游交通方式

在当今世界上，人们外出旅游时的主要旅行方式包括乘汽车、飞机、火车和轮船。这些旅行方式的相互补充为旅游活动的开展提供了便利的代步条件。

（一）汽车旅行

汽车旅行包括自驾车、搭乘城际公共汽车、包乘旅行大客车等多种不同的形式。汽车是人们作中短程外出旅游时乐于选择的旅行方式。这一情形的出现有许多方面的因素：私家车的普及；公路建设和高速公路网的发展；很多中短程的旅游目的地只有公路交通；汽车旅行，特别是自驾旅行，具有自由、便利、灵活等特点，不仅能使人们根据兴趣随时停留，而且能够机动地安排行止时间。

1. 自驾车旅行

在我国，进入21世纪以来，私人小轿车数量迅速增多。由于前面所说的原因，人们普遍喜欢以自驾车的方式开展中短程旅游，特别是外出一日游和短期度假。在设有国际公路的情况下，人们在前往接壤邻国旅游时，也往往选择自驾车旅行。如在西欧不少国家之间的跨国旅游活动中，自驾车旅游都占有很大的比重。

面对自驾车旅游的发展，许多国家的旅游业都开办了相应的业务以适应这一市场的需要。这些业务包括：组织并推出以自驾车方式开展的包价旅游产品；发展汽车租赁业务，以满足自驾车旅游者的需要；在高速公路沿线发展汽车旅馆、咖啡厅和餐馆等供自驾车旅游者途中休息的服务设施。

自驾车旅行虽然对于旅游者来说有很多的优点，但随着这一市场规模的增大，也会不可避免地带来某些副作用。最典型的问题便是容易造成或加重旅游接待地区的交通拥挤和环境污染。此外，对于很多旅游度假地或景区景点来说，由于土地资源有限，加之为了保护旅游景观等原因，当地不可能无止境地增建或扩建停车场和道路设施。面对自驾车游客数量的不断增多，世界上很多著名的旅游景区景点都采取了一系列的应对性管理措施。其中最常见的举措便是限制小汽车的进入，要求驾车来访的游客将车辆停放在一定距离之外的指定地点，然后换乘公交抵达景区景点的入口区域。

2. 公共客运

在公共客运方面，由于其节能效率是小汽车的三倍，因而在很多国家中，汽车公共客运服务的价格都比较低廉，特别是汽车旅游公司的客运价格更是如此。更重要的是，在组织包价汽车旅游的情况下，汽车旅游公司上门接送游客，从而可免除游客旅行过程中的行李安排和转车等比较麻烦的问题。所以在很多国家，包价汽车旅行不仅是受老年市场欢迎的旅游方式，而且吸引着越来越多的消费层次较低的旅游者，特别是青年学生。

3. 汽车旅行的缺点

汽车旅行不适合做长途旅行，否则会使人产生疲惫和不适。近些年来，一些长途汽车客运公司试图通过改进汽车旅行的舒适程度——例如改善座位的舒适度、增设卧铺、设置车上厕所等，去争取更多的客源。此外，汽车旅行安全性能较差。据统计，在人们常用的交通运输工具中，汽车交通的事故率最高。还有一个原因则是被大家所熟知的，就是不利于环保。

（二）航空旅行

自从航空管制放松后，民营航空运输业务得到长远发展。随着航空运输业务的竞争和机票价格的不断下调，航空旅行市场的规模在不断地扩大。同时也使得出境游得到了长足的发展。航空业在远程客运，特别是在国际旅游交通中的地位也因此确立。

航空旅行的主要优点在于速度快。目前大中型客机的飞行时速一般为700至800公里，比汽车、火车要快出许多倍。对于旅游者来说，这意味着旅途中所花时间最少。航空旅行的另一显著优点是旅行舒适，航空公司周到的服务以及旅途耗时短等原因，乘客可以轻松舒适完成旅行。

航空旅行的缺点也显而易见。首先高昂的运费把一些中低收入的旅游者排除在外；其次对于对飞行怀有恐惧心理的人也不是最优选择；再次很多地方都不在航空运输的服务范围内；最后由于机场建设的选址要求，机场通常都是建在距离城市市区较远的地点。因此，抵离机场所需的时间可能会很长，甚至会超过旅途的飞行时间。

航空客运业务的经营分为定期航班服务和包机服务两种。定期航班服务是指航空公司在既定的运营航线上按公布的航班时刻表提供客运服务。不论乘客有多少，飞机都必须按航班时刻表规定的时间启程（除非有意外情况发生）。定期航班服务的最大特点是航班时间固定，乘客能够预知旅行时间。因此，定期航班服务不但能够吸引那些重视效率的商务旅游者，而且为那些不愿在旅途上耗费时间和精力的消遣旅游者所欢迎。为了维持和提高航班的座位利用率，航空公司往往会采取某些营销策略，其中典型的做法就是推出一些特价打折机票，但是乘客订票后不得再更改行程。这样旅行社就可以利用一些优势来获得大批航空公司的打折机票，降低其成本。包机服务是一种不定期的航空包乘服务业务。随着大众旅游的兴起，航空公司的旅游包机业务有了很大的发展。欧美国家的很多旅游运营商在组织包价旅游时，都将包机旅行作为主要的团体旅行方式。对于旅行团来说，包机服务通常比较划算。在欧美国家，不少大型旅游运营商都拥有自己的包机公司，或者与经营包机业务的航空公司有密切的合作关系。

（三）铁路旅行

在世界旅游发展史上，火车曾经是人们外出旅游的主要交通工具。但是现如今，火车在客运交通中的地位逐渐被飞机和汽车所取代，铁路运输的地位不断下降，在客运市场中所占的份额越来越少。但是铁路客运也有很多其他运输方式所不具备的优点：运力大，一列火车可同时运载上千名旅客；票价低，对于中低收入或价格敏感的旅游者具有较大的吸引力；安全性高，在所有各类交通运输手段中，铁路运输事故的人员伤亡率最低；不会受到交通堵塞问题的干扰；车内活动自由，乘客能够在车厢内自由走动和伸展放松，并可观赏沿途风光；人均耗能低，污染小，环保性强。

自从 20 世纪 80 年代开始，很多国家的铁路公司都试图通过推出新的服务项目、改进铁路运输技术和改善设施设备等措施去维护和争取扩大自己在客运市场中的份额。这些措施包括：在主要城市间开设城际直达列车；提高列车座席的舒适程度；开发和研制高速列车以提高火车的运行速度等。在我国，世界上第一条磁悬浮列车运输线也于 2002 年在上海开始运营；高速铁路也逐渐成为我国铁路运输的主要力量。

（四）轮船旅行

水路客运业务主要可划分为四种，即远程定期班轮服务、海上短程渡轮服务、游船服务和内河客运服务。

有固定航线的远程定期班轮服务和远洋客运业务已经衰落。短程海上渡轮业曾有过相当长一段时期的较大发展。这主要是由于随着私人轿车的增加，人们喜欢自行驾车外出旅游，从而扩大了对轮渡服务的需要。轮渡公司针对这一市场的需要，也不断采用新型轮船，制定新的舒适标准，配置快速装卸设备，增添新的服务项目，扩充航线的抵达范围等。

此外，作为度假形式的海上巡游开始发展起来。利用游船作海上巡游度假的特点是悠闲、舒适。在海上巡游过程中，人们既可在不同的地点登岸旅游，又可随时回船休息，免除了每到一地后上下搬运行李和寻找旅馆的麻烦。此外，游船上也提供各种消遣娱乐设施。因此人们常称这种游船为“漂浮的度假胜地”和“漂浮的旅馆”。但是，这种游船旅游比较豪华，价格昂贵，加之游船航行速度不能太快，比较耗费时日，所以收入低和闲暇时间较少的游客难以享用。而且，建造游船的每个铺位比建造饭店的每个床位的投资额要高的多，在经营上，游船业务也不如饭店经营有利。由于这些原因，海上巡游的价格是一般劳动大众难以承担的。目前人们的普遍观点是海上巡游市场不可能有很大的发展。

就世界范围来看，目前最流行的海上巡游的地区在加勒比海域和地中海海域。这些地区一是气候温暖，二是可登陆参观游览的旅游地为数众多，而且彼此相距不是很远，是较为理想的游船活动区域。此外，北美的阿拉斯加海域每年夏天也是游船活动较为集中的海域。由于游船航行速度较慢，而人们的假期时间又有限，所以大部分参加海上巡游的游客都是先乘飞机到达巡游区域，然后登船巡游度假，巡游结束后，再乘飞机返回定居地。

三、我国的旅游交通

我国是一个历史悠久的文明古国，拥有得天独厚的旅游资源，世界级和国家级旅游资源遍布全国。随着国民经济与旅游业的繁荣，我国加大了对旅游交通的投入，改善了交通基础条件，为旅游经济的发展创造了较好环境。常规旅游交通方式包括公路、铁路、航空、水运4种。近20年来，一种既适于在山地、水域或山水相间的复杂地形区内应用，又能满足旅游者需求的交通方式——客运索道交通在世界各地悄然兴起，迅速发展。客运索道交通已成为旅游地内主要交通方式和地区旅游交通收入重要组成部分。加之众多国际航空公司提供多条飞往中国的航线，为海外旅游者来华旅游及国内旅游者旅游提供了交通保证。

1. 公路旅游交通

公路旅游交通是最普遍、最重要的短途运输方式，该方式所占比重高达66% ~ 69%。其特点是灵活、方便，能深入到旅游点内部，短途旅行速度快，公路建设投资少、工期短、见效快，但运载量小，受气候变化影响较大，安全性能较差，排出的尾气对大气有污染。

截至2003年底，全国公路总里程180.98万公里，其中国道里程12.79万公里、省道22.34万公里、县道47.29万公里、乡道89.83万公里、专用公路8.73万公里，分别占公路总里程的7.1%、12.3%、26.1%、49.7%和4.8%。我国交通规划中公路主骨架包括总长约3.5万公里、纵贯东西和横穿国境南北的“五纵七横”12条，主要由高等级公路组成的国道主干线。“五纵七横”国道主干线确保在2007年全面建成，建成后可覆盖10多亿人口，东部地区平均30分钟上高速，中部地区平均1小时上高速，西部地区平均2小时上高速，全国所有省会城市、83%的50万以上人口大城市和74%的20万以上城镇人口中等城市，以及机场、铁路枢纽，都将被高速公路网连接起来。

2. 铁路旅游交通

自建国以来，我国铁路一直保持着较快发展的势头，是国内旅游者选用的主要交通方式。铁路旅游交通具有客运量大、票价低、受气候变化影响小、安全正点、环境污染小等优点，但也具有造价高、修筑工期长、受地区经济和地理条件限制等缺点。1997年4月1日，全国铁路开始第一次大提速，经过5次提速，目前已提速到160公里/小时，个别区段达到200公里/小时以上。火车提速使旅途时间大大变短，随着铁路跨越式发展，铁路运行时间还有缩短的可能。

3. 水路旅游交通

水路旅游交通是固定的水域或固定的航线上，使用船舶运载游客，或在船上沿途观光，或在一个到数个观光地停泊上岸观光游览的交通方式，具有经济、舒适、安全等优点，但速度慢、准时性差。

2003 年，我国完成水路客运量 1.7 亿人，旅客周转量 63 亿人公里，在综合运输体系中所占比重分别为 1.08% 和 0.46%，水路客运平均运距 36.8 公里。到 2010 年，全国水运主通道总体布局规划是发展“两纵三横”共 5 条水运主通道：“两纵”是沿海南北主通道、京杭运河淮河主通道；“三横”是长江及其主要支流主通道、西江及其主要支流主通道、黑龙江松花江主通道。除沿海南北主通道外，内河主通道由通航千吨级船队的 4 级航道组成，共 20 条河流，总长约 1.5 万公里。这些主通道连接了 17 个省会和中心城市、24 个开放城市和 5 个经济特区，使之成为沿海南北、沿江工业带经济发展服务的航运体系。同时结合水资源综合利用工程，渠化航道，提高标准，改善航运条件。

4. 航空旅游交通

航空旅游交通方式在远距离国际国内旅游中处于绝对垄断地位。其优势在于快捷、舒适、安全、灵活，航线的开辟不受沿地面的各种天然或人为障碍的限制，但是票价高，空港占地面积大，用地条件高，飞机起落噪音污染严重，机场要建在远离市中心的地区，航空运输存在着最小飞行距离的限制（空中直接距离 200 公里定为开办航线的最小经济半径），易受天气条件制约。

1990～2002 年，国内航空客运量的逐年增长速度在 25% 以上。2002 年，中国航空运输业定期航班航线总数达 1 176 条，航线里程 163.8 万公里，国内航线 1 015 条，通航 132 个城市，国际航线 161 条，通航 32 个国家和地区的 67 个城市，旅客运输量达到 8 594 万人次，比 1978 年增长 36 倍，年均增长率为 16.3%，其中运输总周转量的增长速度是同期世界民航增长速度的 3 倍以上；中国航空运输在国际民航组织缔约国中的排位，按旅客周转量计，由第 37 位上升为第 4 位。

5. 索道旅游交通

客运架空索道（简称客运索道）是利用架空绳索支承和牵引客车运送乘客的机械运输设施。游人进出景区交通通道有汽车公路、步行盘道、架空索道 3 种形式。客运索道倍受青睐，原因是其独有的特点：对自然地形适应性强，爬坡能力大；能缩短运输距离，受气候条件的影响较小，基建费用省、能耗低；采用电力驱动没有三废的排放以及噪音的污染，维护简单，容易实现机械化、自动化操作，劳动定员少。我国的客运索道是伴随着旅游业兴盛而发展起来的，从无到有，各种客运索道的形式也趋于完备。

四、影响旅游者选择旅游交通的方式

一般来说，旅游者对于交通运输服务的要求普遍涉及安全、便利、快速、高效、舒适、经济等诸多层面。不同的旅行者对上述各层面的侧重点不同。这就意味着，人们在外出旅行时，对旅行方式往往会有不同的选择。总体来看，影响旅行者选择旅行方式的因素主要有以下几方面：

（一）旅行目的

按照旅行的目的，旅行者可以划分为消遣型、因公出差型和因私事务型。消遣型旅游者的外出目的是为了休闲度假。他们的外出动身时间比较随意，因而对不同旅行方式的选择性比较大。因此，这种类型的旅行者对价格比较敏感，会尽可能地选择那些运输价格较为低廉的旅行方式，有时甚至可能会不使用商业性的运输服务，而采取一些诸如徒步、自行车、自驾车或搭顺风车等方式外出旅行。一般来说，距离较短的旅行，在条件允许的情况下，多数消遣型的旅行者会选择自驾车的方式。在远程旅游中，乘飞机或乘火车则是其常见的选择。因公出差型的旅行者，他们的出行的目的是完成既定的工作任务，因此时间和地点都是固定的，他们在一定程度上不大考虑旅行费用的问题。因此，除了安全因素外，这种类型的旅行者往往最关心的是便利、快速和舒适，乐于选择航空、铁路和小汽车旅行。因私事务型的旅行者他们的选择标准往往是安全、高效和价廉。

（二）运输价格

因公出差者由于旅费报销的缘故，外出旅行时一般对运输价格都不敏感。但其他各类旅行者对运输价格都很敏感。由于后者在旅游市场中占较大比重，因而交通运输公司在客运服务价格上的稍微变动，都有可能导致营业量发生很大的变化，特别是在客运市场竞争激烈的情况下。由于旅行者的收入有限，在旅游度假中，都会有预算。旅行者关心的是在自己的旅游预算内，如何使旅游活动更充分、更有效率。所以在计划外出旅游时，人们往往会考虑和比较各种可供选择的旅行方式的价格。甚至在选定某一旅行方式之后，例如选定航空旅行之后，人们还可能会比较不同航空公司的服务价格，并且可能会进一步选择适合自己需要的舱位等级，甚至会考虑前往机场所需的费用。

（三）旅行距离

旅行距离通常涉及空间距离和时间距离两个方面。空间距离越大，完成旅行所需要的时间也就越多，旅行的方式也就越高。一般旅行者外出旅行的时间也是有限的，为了更有效地利用有限的度假时间，人们必须努力缩短用于往返交通的时间。因此，对于长距离的旅行，特别是 1 000 公里以外的旅行，人们通常会选择航空这种旅行方式，这不仅是因为航空旅行速度快，而且也因为它相对比较经济。反之，对于中、短距离的旅行，人们则较倾向于选择乘火车或汽车作为旅行方式。

（四）旅行偏好和经验

在同时有多种旅行方式可供选择的情况下，即使是其他条件完全相同的人，对旅行方式也可能会有不同的选择。这一情形的出现往往是因个人旅行偏好和经验的不同而导致的结果。外出旅行者对某些旅行方式的偏好主要是受其个性或心理类型的影响。旅行者的心理类型可以分为依赖型和冒险型。依赖型心理类型的人远不及冒险型心理类型的人富有冒险精神，因而，在旅行方式的选择上，无论旅途的远近，他们往往都倾向于自驾车前往，而不愿，甚至惧怕乘飞机旅行。而冒险型心理型的人恰恰相反，特别是外出作中远程旅行时，所喜欢的是乘飞机而不是自己驾车。

除了心理类型的影响之外，一个人对某些旅行方式的偏好还往往会基于自己过去的旅行经验。例如不少人都喜欢乘火车外出远程旅行，因为他们过去的旅行经验使其深信，乘火车比乘飞机安全。

当然，除了上述因素外，有可能会影响人们选择旅行方式的其他因素还有很多，例如天气、旅伴、目的地的地理位置特点等。所有以上的因素在决定人们对旅行方式的选择时，都是相互联系、相互影响、综合起作用。因此，我们只能在假定其他因素不起作用的前提下，讨论某一因素的影响作用。不论一个人对某种旅行方式如何偏好、依赖型的心理类型多么典型、外出旅行的距离多么遥远，如果他不具备足够的支付能力，也不便选择自己所喜欢的那一旅行方式。在这种情况下，经济因素（运输价格或收入水平）便成为影响其选择旅行方式的决定因素。

任务五 旅游景区

一、旅游景点的定义

旅游景点是指具有吸引国内外游客前往游览的明确的区域场所，能够满足游客游览观光，消遣娱乐，康体健身，求知等旅游需求，应具备相应的旅游服务设施并提供相应旅游服务的独立管理区。旅游景点应有统一的经营管理机构和明确的地域范围。包括风景区、文博院馆、寺庙观堂、旅游度假区、自然保护区、主题公园、森林公园、地质公园、游乐园、动物园、植物园及工业、农业、经贸、科教、军事、体育、文化艺术、学习等各类旅游景点。

旅游景点是旅游业的核心要素，是旅游产品的主体成分，是旅游产业链中的中心环节，是旅游消费的吸引中心，是旅游产业面的辐射中心。

旅游业是很多城市或地区的支柱性产业，所以在国计民生中起着不可忽视的作用。我国有很多典型的旅游城市，例如三亚、丽江、焦作、黄山、敦煌等都是以旅游为核心，全面带动整体经济发展的城市。直接受益的行业有旅游业、餐饮娱乐、城市交通、生活服务行业、旅游纪念品等等，它全面带动整个地区的生产消费各行业的共同发展，形成以旅游为龙头的旅游经济产业链。

二、旅游景点的分类

（一）文化古迹类

文化古迹类旅游景点主要指古代时期就已经存在，却未因时间原因消逝，至今仍然存在的典型遗迹，是以具有一定的文化价值或历史价值的文物古迹为主的景点。文化古迹类景点是人们学习历史、了解历史以及教育当代人的良好场所。如：北京故宫、长城、天坛、颐和园、云冈石窟、沈阳故宫、莫高窟、秦始皇皇帝陵、周口店北京猿人遗迹、承德避暑山庄、曲阜孔庙、平遥古城、丽江古城、龙门洞窟、五台山、殷墟、大足石刻、沈阳故宫、苏州园林、福建土楼、凤凰古城等世界文化遗产。

（二）风景名胜类

风景名胜类旅游景点是指具有独特的风光、景物以及古迹，同时也包括有独特的人文习俗的景点。风景名胜是人们休闲、学习、放松心情的好去处。如：北岳恒山、云台山、鸡公山、青城山、峨嵋山、崂山、棋盘山、荔波樟江风景名胜景点等。

（三）自然风光类

自然风光类景点是以当地独特、优美的自然环境为主，当地旅游部门精心开发而成的景点。适合于休闲、养生等。比如著名的自然风光景点有：桂林、九寨沟、漓江、大同土林、张家界等。

（四）红色旅游类

红色旅游是把红色人文景观和绿色自然景观结合起来，把革命传统教育与促进旅游产业发展结合起来的一种新型的主题旅游形式。其打造的红色旅游线路和经典景区，既可以观光赏景，也可以了解革命历史，增长革命斗争知识，学习革命斗争精神，培育新的时代精神，并使之成为一种文化。

（五）生态旅游类

近年来我国开始流行生态旅游。生态旅游是由国际自然保护联盟于1983年首次提出。这一概念包括两个要点，第一是生态旅游的物件是自然景物；第二是生态旅游的物件不应受到损害。1993年国际生态旅游协会把生态旅游定义为：具有保护自然环境和维护当地人民生活双重责任的旅游活动。生态旅游的内涵更强调的是对自然景观的保护，是可持续发展的旅游。

生态旅游的特征有：

首先，生态旅游的目的地是一些保护完整的自然和文化生态系统，参与者能够获得与众不同的经历，这种经历具有原始性、独特性的特点。

其次，生态旅游强调旅游规模的小型化，限定在承受能力范围之内，这样有利于游人的观光质量，又不会对旅游环境造成大的破坏。

再次，生态旅游可以让旅游者亲自参与其中，在实际体验中领略生态旅游的奥秘，从而更加热爱自然，这也有利于自然与文化资源的保护。

最后，生态旅游是一种负责任的旅游，这些责任包括对旅游资源的保护，对旅游的可持续发展的责任等。由于生态旅游自身的这些特征能满足旅游需求和旅游供给的需要，所以，当今的生态旅游方兴未艾。

三、我国旅游景点的等级划分

按照旅游景点的质量等级进行类别划分是我国所独创的一种旅游景点分类方法。我国关于评定旅游景点质量等级的国家标准——《旅游区质量等级的划分和评定》问世于1999年，并在此后的几年中进行了修订。该标准规定，旅游区质量的等级依据“景观质量与生态环境评价体系”和“旅游服务要素评价体系”中各考核项目的得分情况，并参考“游客意见评价体系”中各评价项目的游客满意率得分情况进行综合评定。

现行标准将我国的旅游景点分为五个等级，从高到低依次为5A级、4A级、3A级、2A级和A级。旅游景点质量等级的标志、标牌、证书，由国家旅游行政主管部门统一制作和颁发。

任务六 旅游购物业

广义上的旅游购物业是指为旅游者提供在旅游目的地国家或地区购买各种物质产品的产业，狭义上的旅游购物业是指提供旅游者在旅游活动中购买当地旅游购物品的产业。

一、旅游购物业的行业特征

（一）旅游购物具有行业的基本特征

经济学认为，一个产业是国民经济内部按照一定的社会分工，专门从事同类经济活动的企业和事业单位的总称。每一产业部门内又可进一步划分为若干“子部门”。因此，在国民经济管理中，为了区别不同层次的部门，通常把较高层次的部门称为产业部门，而把较低层次的部门称为行业部门。因此，我们对旅游作为一个相对独立的产业已经形成了普遍共识，即为旅游者直接提供产品和服务的行业和部门构成了旅游产业。而为旅游者提供产品和服务以及其他对旅游消费活动有较大依赖的行业属于“行业”层次。旅游产业是由一系列行业群组成的，其中包括旅游购物业。在实际运用中，人们往往将产业和行业混用。

旅游购物业由一些单个的生产经营旅游商品和服务或相近的同类企业组合而成。旅游购物业不是传统意义的行业，它是伴随着旅游产业的发展和社会分工的深化，以及旅游者对旅游购物需求的日益增加，逐步从其他行业分化出来而形成的，其突出了“旅游者”这个共同的服务对象。虽然旅游购买对象是不同类型的产品，涉及许多行业，但在旅游过程中被旅游者购买后，就都属于旅游商品的范畴，这就把各种商品通过旅游购物而联系到一起，具有了行业性质。将“旅游购物”作为一个行业来发展是符合旅游活动规律的。从整体来看，旅游业是一个综合性产业，通过提供“行、游、住、吃、购、娱”六个方面的产品和服务来满足旅游者旅游的需求。从行业层次来看，旅游六要素构成了旅游的行业链，它们提供旅游活动所需的产品和服务单独都具有行业的性质，例如：满足旅游者住宿需求的是饭店业；满足旅游者旅行需求的是交通运输业；满足旅游者游览娱乐需求的称之为游览娱乐业等。同样，应该有一个行业来满足旅游者的购物性需求，我们称之为旅游购物业。

（二）旅游购物业具有相对独立的市场结构和生产经营体系

旅游购物业是随着旅游业的高速发展和人们旅游购物需要的扩大而逐渐产生的。它是相对独立的，其中有相对集中的旅游购物需求与供给，形成了相对独立的市场结构和生产经营体系，具有独立的分工领域。并在长期的发展过程中形成了自己的主体部门和行业结构体系，具备了成为一个经济行业的基础。

（三）将旅游购物作为行业研究更有利于旅游购物的发展

旅游购物是我国旅游业中最薄弱的环节，就是因为没有将其当作一个行业来发展，缺乏发展规划，市场管理混乱。把旅游购物作为行业来发展，有利于政府部门进行有效规划和管理，有利于提升旅游的整体效益。

二、旅游购物业的性质

（一）旅游购物业涉及第一、第二和第三产业的相关部分

旅游购物业不仅具有第三产业的属性，有的还属于第一或第二产业的范围。第一产业的农、林、牧、渔的相关部分为旅游购物业提供生产的原材料，有些甚至可以直接提供产品；第二产业的食品饮料加工制造、服装制造、家具制造、文体用品制造、工艺美术制造、土木工程建筑、装修装饰、电器设备制造等可以为旅游购物业提供丰富多彩的产品；第三产业的饮食、零售、代理、批发、租赁、金融、保险、信息咨询服务、计算机应用服务、市场管理服务、工程设计及环境保护等综合技术服务业的相关部分，以及旅游行政管理、海关、边检等国家机关的相关部门都直接或间接地服务于旅游购物业。

（二）旅游购物业涵盖旅游商品销售企业和销售与生产的混合体企业

旅游购物业既包括旅游商品的销售企业，也包括生产和销售混合体企业。就目前旅游购物市场的经营形式来看，世界各地经营旅游商品有三种形式：第一类是现代化生产的旅游商品，其遵循现代社会分工的规律，生产、销售严格分开，在旅游购物市场上体现为纯商贸企业形式；第二类是传统手工制作的旅游商品，往往是现场制作，现场销售；第三类是根据旅游者需求定制化生产的。前店后厂式经营、过程透明式生产、半成品的现场制作等都是现在经营者常用的经营策略，因此，旅游购物业的旅游商品销售和生产在许多情况下往往是混合在一起的。

（三）旅游购物业是综合性行业

旅游者进行旅游购物并不是单纯满足购买旅游商品的需求，他们往往有在购物中体验和传递旅游地文化的需求，因此，旅游购物业在经营中的文化特色显得十分重要。传统民俗式经营方式、景观式购物场所、特色的生产工具和生产方式等都是构成旅游购物业的因素。旅游购物业具有综合性行业性质。

三、旅游购物业的构成

从与旅游活动相关度来看，有些人将从事旅游经营的企业分为直接旅游企业和间接旅游企业两大类。直接旅游企业包括住宿接待企业、交通运输企业、旅游业务组织企业；间接旅游企业包括游览娱乐场所经营企业、旅游购物经营企业、目的地旅游组织机构。从旅游购物业的运行规律来看，无论是直接或间接旅游企业都是构成旅游业的经济细胞，任何一部分都是旅游活动不可缺少的。

旅游购物业是以旅游业为依托，以实物性生产和销售为主要业务，以旅游者为销售对象，通过提供商品销售与服务满足旅游者多样化购物及相关需求的企业综合体行业。

旅游购物业具体包括旅游商品生产企业、旅游商品专营商店、旅游商品直销企业、大型商场（商店）、超级市场、连锁商业企业、纪念品经营商贩（摊点）、传统手工艺制作销售专门店、专业旅游用品生产经营企业、旅游商品研究院（所）、旅游商品鉴定机构、旅游商品信息传播企业、旅游商品会展机构、旅游商品市场管理机构、旅游商品经营管理咨询机构和旅游购物经营管理人才培养机构等。

课后训练

关键术语

旅游业 旅行社 交通 旅游景区 娱乐业 购物业 等级

学以致用

一、讨论分析题

1. 旅游业的构成。
2. 旅行社的业务职能有哪些？
3. 旅游饭店的行业作用有哪些？
4. 旅游业与旅游的关系是什么？
5. 旅游景点的特点是什么？

二、案例分析题

香港旅游购物问题再现，导游与游客起冲突

据香港媒体报道，大年初三清晨，内地旅行团前往红磡一间朱古力店购物，来自安徽的张姓夫妇购买了一盒朱古力。由于当天的行程有大量购物环节，此后该团又先后前往两间珠宝店购物，但张姓夫妇此间未购买珠宝。随后香港女导游对着张姓夫妇发飙，辱骂他们是狗，穷人没钱购物，来香港几天不开心，全年也不会开心，其间女导游更是恐吓称，两人要小心，否则不能回到深圳。遭受羞辱的张姓夫妇即时反弹，与阿某及来自内地的领队发生激烈争执，其间4人更是互相推撞和拉扯，最后来自安徽的张先生决定报警处理。

跟团来港旅游的安徽张姓夫妇2月5日疑因被强迫购物问题与某旅行社女导游发生争执打斗，3人被香港警方控以公众地方行为不检，相关案件于2月7日在九龙城裁判法院提堂。涉案3人各获准签保1 000元港币及守行为12个月。北京市旅游纠纷维权部主办律师王某认为，香港导游薪金结构不调整，此类事件将屡禁不止。提醒游客切勿掉进低报价“陷阱”，签署旅游合同时应注明出行要求。

根源：零底薪逼导游购物“提成”。

赴港游被强迫购物事件屡屡发生，暴露出哪些问题？背后根源又是什么？

香港是内地游客的出行热点，然而旅游却是以低价恶性为主要特点，你的报价低我的报价更低，一些导游因为没有底薪，甚至自己出交通费用，由于佣金无法保障，只能通过强迫游客购物的方式获取提成。当内地游客不购买任何东西时，导游自身收入被影响，即会出现动粗、辱骂的情况。

尽管在去年“阿珍事件”发生后，香港旅游业议会去年底推出“十招”措施并于

今年2月1日起实施，其中包括“一团一导游”，不许强制内地游客购物等规定，但如果香港导游个人收入问题、赚钱方式问题不解决，仅凭政策禁止，日后此类事件仍会发生。

提醒：旅行社报价太低当心有诈。

香港游应特别注意哪些问题？内陆游客对自身言行负有怎样的责任？

除一般出行常识，如注意旅游合同内容，委托具有旅行资质或较高信誉的旅行社外，游客应注意去香港旅游的出行方式。

如果选择自由行，地接社仅提供交通、餐饮的服务，旅游景点的时间与地点游客自行选择，游客应做好成本预估，完全能避免强迫购物的情况。

如果是指定景点，可通过合同条款避免强迫购物发生。首先在合同中标明具体参观哪几个景点，其次标明不需要任何形式的购物。如果发生纠纷，内地旅行社可以解决。如果是购物游，游客找免税店或奢侈品店，游客旅行目的和地接社提供服务非常明确。

回看历次香港旅游纠纷事件，大多是游客只看到报价低，却未注意到费用及成本都转移到购物中了。所以，这也暴露出旅行者在选择旅行社、旅行线路和方式时存在欠缺。

问题：旅行社的职能有哪些呢？结合以上案例，请分析，旅游社和导游应该从哪些方面着手来消除在旅游购物中，游客的抵触情绪呢？

知识拓展

酒店管理公司

酒店管理公司的经营模式：

1. 全权委托酒店管理公司管理经营。

酒店管理方不参与投资，原则上拥有酒店管理营运的主动决策。如海逸、凯燕、谭阁美、洲际、喜来登、希尔顿、泊顿。

2. 酒店管理公司管理并参与项目投资。

酒店管理方不仅拥有酒店管理营运的主动决策权，而且参与全部或部分投资。如香格里拉、喜达屋。

3. 特许经营。

酒店业主支付国际酒店集团特许经营费以换取该品牌的使用权，业主酒店享受该集团一系列的品牌推广服务，如：市场推广，客房预定系统，酒店会员系统，采购系统等等。如洲际假日。

4. 加盟经营。

独立酒店支付酒店集团固定的费用加入该集团的网络系统，如：全球订房网络系统，电子采购系统，区域性市场推广活动和酒店目录等。如最佳西方、星程酒店等。

5. 策略联盟。

是同行业的竞争对手之间或非同行业的间接竞争对手之间在科技或资源上的一种分享和联营方式，用以增强在市场中的竞争力或有效地降低成本。如 UTELL 与 Vantis。

6. 租赁经营。

双方根据所处市场谈判具体租赁协议，租金可包括场地租金，或外加各种资产税、维护费用和保险费用等，也可由一般的固定租金到经营利润的提成。如锦江之星。

酒店管理公司的业务：

1. 输送酒店管理人才；
2. 通过合同形式接管某家酒店；
3. 提供酒店管理咨询；
4. 提供酒店企业内训；
5. 酒店财务分析；
6. 酒店建设投资估算；
7. 酒店功能定位；
8. 酒店建设与经营风险分析；
9. 酒店委托；
10. 优惠政策利用及纳税规划；
11. 制定酒店设计风格；
12. 配套酒店内部设施。

自 驾 游

自驾游（Self-driving Tour），是自驾车旅游的简称，简单地说就是自己驾驶汽车出游。2006 年首届中国自驾游高峰论坛的定义：“自驾游是有组织、有计划，以自驾车为主要交通手段的旅游形式。”自驾游的兴起，符合年轻一代的心理，他们不愿意受拘束，追求人格的独立和心性的自由，而自驾游正恰恰填补了这种需求。

自驾车的字面含义为：驾车者为自己，车辆包括汽车（主要有轿车、越野车、房车）、摩托车和自行车等，以私有为主，也可以采用借用、租贷及其他方式；驾车的目的具有多样性和随意性，最终决定权在于车主或出行团队。可见，旅游是自驾车的活动内容之一，当自驾车作为旅游手段时会有以下变化：驾车者可以是车主或其同行者；驾车出行以休闲旅游为主要目的；非工作、运输等原因；自驾车旅游带有私有出游性质，非公众旅游。

自驾游属于自助旅游的一种类型，是有别于传统的集体参团旅游的一种新的旅游形态。自驾车旅游在选择对象、参与程序和体验自由等方面给旅游者提供了伸缩空间，其本身具有自由化与个性化、灵活性与舒适性及选择性与季节性等内在特点，与传统的参团方式相比具有本身的特点和魅力。自驾游区别于传统参团方式的旅游，主要在于以下四个方面：

① 自主性。自驾游旅游者通常不需要由旅行社安排旅游行程，在旅游目的地的选择、到达与停留时间以及食宿安排上都有很大的自主性。

② 区域性。对自驾车旅游者来说，旅游是一个学习与累积经验的过程。旅游的尝试首先从自驾车旅游者的居住周边开始，逐步向远辐射。

③ 短期性。中国目前的周休二日与两大黄金周的假日制度使得自驾车旅游受到相当的制约。区域性的自驾车旅游只能是短期的，即以 2 ~ 3 天为主。不过，一旦年休假制度开始普遍实施，这种特性也会出现改变，长达 2 ~ 3 周的自驾车旅游如暑期家庭旅游活动也会流行起来。

④ 小团体性。私人非营业汽车的主要类型是可载 4 ~ 5 人的汽车（如小轿车、越野车等），即便是三五好友相约而行，也是小团体行为，与大型旅行团大为不同。

第三篇

旅游市场运作篇

模块六　旅游市场

课前准备

【任务驱动】

了解旅游市场需求与供给来源；掌握市场细分方法，进行精准旅游市场定位；认识和掌握旅游市场营销工作内容，掌握营销组合策略实施方法；了解国内外旅游市场格局及发展趋势。

【导入案例】

春节旅游市场 凸显“龙腾虎跃”

龙年春节长假落幕，旅游市场依旧一片欢腾，许多市民将“回家团圆”转型为“举家出游”的新兴模式以欢度春节。春节长假期间，旅游市场的诸多新气象新特征，为新的一年市民出游开了个红红火火的好头。

一、出境游涨幅“力压”国内游

市民收入和消费能力的不断提高，体现在旅游市场上的是选择出国旅游 的人越来越多。据记者了解，2012 年春节假期期间，太原市民选择出境游的人数占总出游人数的 28.3%，较 2011 年平均占比高出 19.2 个百分点。其中，选择出境短线方向的人数占出境游总人数的 46.7%，选择出境长线游的人数占比则达 53.3%。出境短线中，东南亚方向的马尔代夫位居第一；出境长线方向，塞班天宁的中高端线路更受太原市民的欢迎，预订人数占出境长线游总人数的比例高达 50%。

二、“家游”+“网游”=团圆“春游”

某旅游网太原分公司负责人程某告诉记者，每年春节都会有很多家庭选择举家出游，使得儿童和老年人的出游人数较平时有明显增长。以太原为例，2012 年春节假期期间，15 岁以下儿童出游占总出游人数比值为 14.3%，较 2011 年平均 10.4% 的占比提高近 4 个百分点。而 50 岁以上市民出游占比也从 2011 年平均的 11.7% 上升为春节期间的 20.6%。

除了老人小孩出游占比上涨明显以外，“网游”成熟化也是今年“春游”的一大特征。该旅游网监测数据显示，今年春节期间通过在线预订出游的太原市民中，30 ~ 40

岁之间的占比最高达25.4%，较去年平均占比高出5个百分点；20～30岁之间的占到了19%。年龄在30～40岁之间的市民是今年在线预订全家出游的主力人群，他们是跟随互联网成长起来的一代，日常生活和互联网息息相关，网络购物和在线预订出游已经成为他们"网络化生活"的一部分。

三、热门方向大涨价 景区"压力"大

每年春节期间，多数旅游热门方向都会有较大幅度的价格上涨，今年"春游"也不例外，多数热门方向环比涨幅都在30%以上，部分方向涨幅甚至高达80%或出现翻番。价格上涨对市民的出游热情影响不大，如今年太原出发至澳洲/新西兰方向的高端线路涨幅达到了51.9%，太原出发至日本方向的高端线路上涨也达54.2%，但出游人数不降反增。某旅游企业负责人对市民出境游热情表示看好。

国内游方面，云南、广西、东北等热门方向涨幅也不容小觑，如太原出发至云南方向的双飞6日游线路，全年平均价格在3 500元左右，春节期间价格在5 000元左右；太原至广西方向的旅游线路春节价格涨幅也在1 000～2 000元不等。今年春节太原市民出境游相对明显，去往海南方向的人数，比较春节前略有下降，这与太原市民较为成熟的出游观念是分不开的，错峰出游，避开热门方向的最热时段，能够更好地享受旅游目的地的服务和风景。

资料来源：http：//roll. sohu. com/20120131/n333305034. shtml

问题：

1. 你心目中的旅游市场都包括哪些方面？

2. 你所在城市的旅游市场呈现的趋势是怎样的？旅行社或者旅游景点如何在激烈的竞争中进行市场定位？

教学内容

任务一　旅游市场概述

一、认知旅游市场

（一）旅游市场

旅游市场是随着旅游活动的发展而形成和发展起来的，是整个商品市场的一个组成部分。旅游市场是在商品生产和商品交换充分发展的基础上，实现旅游产品需求者与旅游产品供给者之间经济联系的场所。

从经济学角度看，旅游市场的概念有广义与狭义之分。广义的旅游市场是指旅游交换过程中各种经济活动和经济关系的总和。它反映了旅游者和旅游经营者之间一切供求关系。狭义的旅游市场是旅游产品交换的场所。从市场学的角度说，旅游市场反映了某种特定的旅游产品现实购买者和潜在购买者，换言之，这种意义上的旅游市场即指旅游需求市场或旅游客源市场。

在旅游业中，人们通常狭义理解旅游市场为买方市场，仅把服务对象作为市场来进行研究。因此，狭义的旅游市场又称为旅游需求市场或旅游客源市场，它是由不同地域、不同国度、不同阶层、不同年龄层次的游客构成的。

（二）旅游市场构成的要素与功能

1. 旅游市场构成的要素

从经济学的角度来看，旅游市场是由 3 个要素构成的。

（1）市场主体。旅游市场主体是指参与旅游产品交换的买方和卖方，即旅游产品的使用者（或消费者）和旅游产品的生产者（或供应者）。前者是指具有旅游意愿和出游条件的旅游者。后者是指具有独立的经济利益和自主决策权的经济法人，包括提供旅游产品和服务的企业、个人和其他社会团体。

（2）市场客体。旅游市场客体是指可供交换的旅游产品。它包括各种有形的和无形的旅游资源和服务。

（3）市场中介。旅游市场中介是指联结旅游市场各主体之间的各种有形的和无形的媒介和桥梁，如价格、竞争、旅游信息、旅游中间商、旅游问讯服务中心、旅游质量监督机构等，它们组成了旅游产品供应者与消费者之间及旅游产品供应和消费之间的媒介体系。

2. 旅游市场的功能

旅游市场是伴随着群体性旅游活动和旅游经营活动的产生而产生的，它反过来又推动了旅游活动的全面展开，促进了旅游经营活动的进一步完善。旅游市场的功能主要表现在以下几个方面：

（1）提供市场信息

旅游市场是旅游供给者获取旅游需求信息的主要来源。生产什么样的旅游产品、生产多少都必须以旅游市场的需要为依据，即以需定产。否则，生产的旅游产品就会在销售上遭受困难，甚至销售不出去，在经济上就要受到很大损失。同样，旅游产品需求者要获知旅游产品的信息，即市场上有哪些类型的旅游产品、价格如何，也主要通过旅游市场获取。

旅游市场通过自身传递信息，为旅游目的地国家或地区制定旅游业发展规划和经济决策提供依据。作为旅游企业，一方面将旅游产品信息传递给市场，根据市场反馈的旅游需求信息和市场供求状况，调整旅游产品价格，组织适销对路的旅游产品。另一方面也从旅游市场获得经济信息，指导、调整和变更旅游需求。总之，旅游市场通过信息传递成为旅游经济活动的“晴雨表”，综合地反映着旅游经济的发展状况。

（2）提供交易条件

旅游产品的交易是一种无形产品的交易，旅游需求者要购买旅游供给者生产的旅游产品，或者旅游供给者要将其生产的旅游产品销售给旅游产品需求者，主要是通过各种旅游市场中介，即各类旅游中间商和各种广告媒体。它们是促成旅游产品进行交易的必要条件。

旅游市场是联结旅游产品生产者和旅游需求者的纽带。旅游产品生产者通过市场为自己的产品找到买者，旅游需求者通过市场选择并购买自己感兴趣的旅游产品，因而旅游市场是实现旅游产品供给者和需求者之间交换的桥梁。旅游市场把旅游需求和供给衔接起来，解决了供求之间的矛盾，从而更好地满足旅游者的需求，更充分地发挥旅游接待设施的能力，促进旅游经济的健康发展。

（3）提供调节机制

市场机制主要有供求机制、价格机制和竞争机制。旅游产品供求矛盾就是通过旅游市场上这些机制进行调节的，即在价格杠杆和竞争的推动下，旅游产品供求双方自行调节，自行组织，使之趋于平衡。

旅游市场的调节作用首先表现在调节旅游供求平衡。当供求双方出现矛盾时，旅游经济活动就会受到影响，就会引起旅游市场竞争加剧和价格波动，于是就要通过市场竞争机制和价格机制的作用来调节生产和消费，使供求重新趋于平衡。其次，实现社会经济资源的优化配置。旅游企业根据市场供求状况调整旅游产品结构、投资结构以适应旅游者需要，获得较高经济效益。

（三）旅游市场的特点

旅游产品不同于一般产品，它是由旅游资源、旅游设施、旅游服务等多种要素组成的特殊产品，其中既有有形的物质要素，也有无形的精神要素，具有综合性、固定性、时间性、生产与消费同步性等特性，由此便决定了旅游市场也不同于一般的市场，它具有自身独有的特点。

1. 整体性

人们外出旅游，通过旅行、食宿、游览、购物、消遣、娱乐等各方面的活动获得物质和精神上的享受，要求提供综合性服务，其内容和质量是统一的，是一种整体性的需求。作为经营者必须了解客源市场的这一特点，把综合性服务在地区上和时间上协调一致。这是提高旅游业整体经济水平的关键。

2. 指向性

旅游产品有不可转移性，旅游者必须到旅游供给地消费，从而引起旅游者从旅游需求地向旅游供给地的运动。这种市场指向与一般商品市场的指向情况相反，一般商品市场的供给是从产地向需求地的运动。旅游市场的这一特点要求旅游经营者必须认真研究和采取有效的经营战略和策略，形成适应市场需求的旅游供给，促使旅游者向特定的旅游供给地（旅游目的地）流动。

3. 高弹性

旅游需求弹性是指由于价格、个人收入、汇兑替换性、旅游目的地形象等各种经济及非经济因素的变化引起的旅游需求变化的程度。旅游作为一种社会经济现象，其覆盖面几乎是整个社会，许多因素都可能对旅游需求产生很大影响，引发这样或那样的变化。另外，尽管旅游业在世界各国尤其是在中国发展很快，但旅游需求还远未成为人们生活中的基本需求。对大多数人来说，旅游仍是生活中的奢侈品，会受到各种综合因素的影响，表现出高弹性的特点。因此，旅游经营者应努力掌握其规律，保持其相对稳定性。

4. 季节性

旅游市场受自然条件、旅游者闲暇时间及人们外出旅游的传统习惯的影响，季节性十分明显，有淡旺季之分。旅游市场在时间上分布的不均匀现象导致旅游企业的市场经营具有明显的淡旺季差别，流量明显地集中在一定季节，这就影响到旅游供求之间的比例，造成旺季供不应求，淡季设施和人员闲置现象。

5. 竞争性

现代旅游市场是一个竞争十分激烈的市场。这是因为，旅游资源的范围和分布具有广泛性，虽然各国各地区的旅游资源不可能都种类齐全，但都有一定的有特色的旅游资源，可以分别开发成很多吸引力不一、具有不同特点的旅游产品，成为旅游者需求的对象。因此，世界上每一个国家或地区的旅游产品在国际旅游市场上都有销售的机会，无须担心垄断，被排斥在市场外。可见，在世界旅游市场上，一方面存在着众多的旅游供给者，他们要销售各种旅游产品，另一方面又存在着大量的旅游需求者，他们要选择适合自己需要的旅游产品，在非垄断的情况下，其市场竞争必然非常激烈。

二、旅游需求与供给分析

（一）旅游需求

“需求”一词，在经济学中，通常是指消费者愿意通过支付货币去购买某一商品或服务，旅游需求就是有一定支付能力和闲暇时间的人购买某种旅游产品的欲望。

1. 旅游需求的特点

旅游需求具有以下几个明显的特点：消费需求的综合性，旅游产品的高层次性和旅游需求的伸缩性。

2. 形成旅游需求的条件

现代旅游需求的产生，既有客观条件，也有主观因素。从客观条件讲，旅游需求是科学技术进步、生产力提高和社会经济发展的必然产物，其形成条件包括：

（1）个人可自由支配收入是旅游需求产生的客观条件

旅游活动是一种经济支出活动，它要建立在某些经济关系的基础上，这也就是说，旅游活动过程就是旅游者在食、住、行、游、购、娱各环节上发生各种经济关系的过程。在现代市场经济条件下，旅游活动中各种经济关系都表现为以货币为媒介的交换关系，这在国内旅游和国际旅游都不例外。所以旅游者个人可自由支配收入水平是旅游者产生旅游需求和旅游需求得以实现的前提条件，这种条件实际上是一种家庭预算的约束机制。

（2）闲暇时间是旅游需求产生的客观条件

旅游时为了寻求新的感受，旅游者如果总是停留在常住地或总在不大的范围内活动，是不可能有很多的新感受的，只有放大视野，拓宽活动范围，走出去旅游，才能有更多的新的感受。但这是必须要花费一定时间的，没有时间就不能形成旅游行为，所以人们闲暇时间的增多是产生旅游需求的必要客观条件。

（3）交通运输是构成旅游消费的重要条件

任何旅游活动都离不开一定的交通运输条件，特别是远程旅游，更讲求交通运输条件的舒适与快捷。随着现代科学技术的进步，它为人类提供了便捷交通运输条件，从而促进了旅游需求的产生和旅游业的发展。现代航空运输业的发展，极大地缩短了旅游的空间距离，大型民航飞机、高速空调客车、高速铁路列车等现代化的交通运输工具，促使旅游者在旅游活动过程中的空间移动更加舒适、快捷和安全。这不仅有效地刺激了人们的旅游需求，"催化"了人们的旅游行为，而且缩短了旅途时间，减少了途中劳累和单调感，又进一步加快了国际旅游业的发展，使旅游业产生了一种全球化发展的新趋势。

（4）旅游动机是人们产生旅游需求的主观条件

旅游动机是推动人们进行旅游的内部驱动力，它是在旅游需求的刺激下，直接推动人们去进行旅游活动的内部动力。在现代社会中，人们的精神经常处于紧张状态，造成了巨大的心理压力，在内心中就产生了不平衡，因此，人们普遍渴望能对这种不平衡的身心状态进行调节。旅游活动是公认的有效调节人们心理状态的活动。

3. 旅游需求的影响因素

研究旅游需求的影响因素，前面分析的旅游需求的产生条件，无疑都是对旅游需求具有直接影响的基本因素。但除此之外，影响旅游需求的因素还有很多，实际上，旅游需求是在政治、经济、文化、自然、社会等各种因素的影响下形成的一种复杂的社会经济现象。因此，要很好的了解和掌握旅游需求规律，首先必须对影响旅游需求的各种需求进行分析和研究。

（1）人口因素。人口是影响旅游需求的最基本因素之一，因为旅游本身就是人的一种行为。因此，人口的数量、结构、受教育程度及职业等对旅游需求产生重要影响，从而形成不同的旅游需求规模和结构。

（2）旅游资源与旅游设施等供给因素。旅游目的地国的旅游供给情况对客源市场的旅游需求有着决定性的影响，因而也是目的地国旅游业能否发展的关键。虽然在商品生产的一般情况下，人们总是认为需求决定供给，但就国际旅游实际情况而言，很大程度上是供给影响甚至决定着需求。在旅游供给因素中，首要的因素便是旅游资源，这些旅游资源是客观存在、不易改变的，旅游目的地国只能利用这些资源去找寻对其感兴趣的旅游市场。正是在这个意义上，可以说旅游供给决定旅游需求。

（3）通货膨胀因素。通货膨胀是货币的发行量超过商品流通所需的数量，造成一般物价水平持续上升的现象。因此，旅游目的地国的通货膨胀就意味着旅游产品价格的上升，所以通货膨胀对旅游需求的影响是显而易见的。特别是在目的地国的通货膨胀程度高于旅游客源国或高于其他旅游目的地国的情况下，其对客源国旅游需求的影响就更为突出。

（4）货币汇率因素。汇率又称汇价或外汇行市，它反映着两个不同国家货币之间的比价，一个旅游目的地国同旅游客源国之间的货币汇率变化对来访旅游需求有着直接影响。如果旅游目的地国的货币相对于客源国的货币出现升值，则意味着该国旅游产品的实际价格相对提高，从而对来访旅游需求产生抑制作用，反之，如果旅游目的地国的货币相对于客源国的货币出现贬值，则意味着该国旅游产品实际价格相对下降，从而对来访旅游需求产生促进作用。例如，近几年人民币相对于美元升值，刺激了我国公民的出国旅游需求。

（5）政治和政治关系因素。旅游需求虽然是一种社会经济现象，但旅游需求同有关国家的政治状况有着直接的关系。国内旅游是如此，国际旅游更是如此。由于国际旅游活动的开展要跨越国界，国家之间有无外交以及双方关系的好坏都会对旅游需求产生影响。两国之间的关系良好，则民间的旅游往来也会相应频繁；两国之间的关系紧张，双方民间往来也随之减少。如果两国之间没有建立邦交，则双方之间正常的旅游往来几乎不可能发生。即便是两国外交正常的情况下，无论是客源国方面的某种政治因素，还是目的地国方面的政治因素，都会对客源国居民访问目的地的旅游需求产生影响。

（6）社会文化因素。世界上不同国家具有不同的文化背景，从而在其价值观念、风俗习惯、语言文学、宗教信仰、美学和艺术等方面存在着差异。由于旅游活动就是一种求新、求奇、求异、求乐的活动，因此，一般来说客源国与目的地国之间这种社会文化的差异性越大，其对目的地国人文旅游资源构成的旅游产品需求就越大；另一方面，在研究旅游需求时，还必须注意到由于社会文化背景不同，客源国旅游者长期形成的消费习惯和消费心理也是有差异的，为保证旅游需求的增加，目的地国的旅游经营者，就应尽可能地适应旅游者的消费习惯和爱好，投其所好，避其所忌，才能促使旅游需求不断增加。

4. 旅游需求变化规律

旅游需求的产生从客观条件讲，是科学技术进步、生产力提高和社会经济发展的产物。其中，由此而带来的个人可自由支配收入的提高和闲暇时间的增多是产生旅游需求的前提和必要条件。因此，旅游需求量变化的规律性主要反映为旅游需求与价格、收入和闲暇时间的相关性和变动关系。

（1）旅游需求量与旅游产品价格呈反向变化

旅游产品价格是决定和影响旅游需求量的基本因素。在影响旅游需求量的其他因素不变的情况下，旅游需求量总是随旅游产品价格涨落而发生相应变化的。当旅游产品价格上涨时，旅游需求量就会下降；当产品价格下跌时，旅游需求量就会上升。

（2）旅游需求量与人们收入呈同方向变化

人们的可自由支配收入与旅游需求量也有着密切的关系。因为旅游需求是一种有效需求，是具有支付能力的需求。通常，人们可自由支配的收入越多，对旅游产品的需求量就越大；反之，人们可自由支配收入越少，对旅游产品需求量就越小。因此人们可自由支配收入同旅游需求量之间存在着正相关变化的关系。

（3）旅游需求量与人们的闲暇时间呈同方向变化

人们外出旅游必须花费一定时间。尽管人们闲暇时间并不属于经济范畴，但它同旅游需求也有着密切的联系。闲暇时间不仅对旅游需求的产生具有决定性作用，而且直接影响着旅游需求量的变化。当人们闲暇时间增多时，旅游需求量就相应增加；当人们闲暇时间减少时，旅游需求量就相应减少。因此旅游需求同闲暇时间的关系也同自由支配收入的关系一样，呈同方向变化的规律。

（二）旅游供给

旅游供给是旅游供给的主体为满足旅游者需求，在一定时期内，以一定价格向旅游市场提供的旅游产品的数量。

1. 旅游供给的特征

旅游供给是一种特殊的综合性产品，因而旅游供给也是一种特殊的供给，它除了具有一般供给特征外，还具有不同于一般产品供给的特殊性。主要表现在以下几方面：

（1）旅游供给的计量差别性。旅游产品的综合性特点表明，旅游供给是由多种资源、设施与服务要素构成的。由于这些构成要素具有异质性的特点，因而旅游供给既不能用各种要素累加来反映，也无法用综合旅游产品数量的累加来测度，只能用旅游者数量来计量，也就是用可能接待旅游者的人数来反映旅游供给的数量及生产能力水平。因此，旅游供给不是用旅游产品来计量，而是用旅游供给的服务对象——旅游者作为旅游供给的计量单位。

（2）旅游供给的产地消费性。一般物质产品的消费是产品通过流通环节而离开生产地去消费的。但在旅游供给中，由于旅游产品的固定性，旅游产品消费是通过流通环节将旅游者请到生产地来进行消费的。因此，在规划物质产品时，通常还必须考虑产品和原料的交通运输问题，使运进运出的物资保持平衡，而在规划旅游产品生产和供给时，则重点考虑旅游景点景区的环境容量及旅游接待能力，它直接影响着旅游供给的数量和水平。

（3）旅游供给的持续性。通常，一般物质产品的供给主要通过流通、再生产而连续不断地提供，如果再生产停止，则物质产品的生产与供给也就停止。但旅游产品的供给则不一样，无论是景点、景区建设，还是宾馆、饭店服务，一旦建成就能在较长一段时间内持续供给，有的甚至可以永续利用。另外，生产一般物质产品的工厂若受到破坏，则可以通过另建新厂来恢复供给；但旅游产品或旅游景点一旦遭受破坏，则可能使某种旅游产品的供给能力永久丧失。

（4）旅游供给的非贮存性。旅游供给的非贮存性是由旅游产品生产与消费的同步性所决定的。通常，物质产品可利用产品贮存作为调节供需矛盾的手段，以实现产品的供求均衡。但对于旅游产品来讲，由于旅游产品生产、交换与消费的同步性，使旅游产品的某些要素是既不能先于消费而生产，也不可能通过贮存来调节供需矛盾，只能通过增加旅游者数量或相应提高旅游供给能力，来实现旅游产品的供求均衡。

（5）旅游供给的多样性。旅游产品的使用价值在于满足旅游者的心理和精神需要，而这种需要是千差万别的，这就要求旅游供给产品也要注意满足团队中个别旅游者的特殊需求。因此，旅游供给较之物质产品的供给具有多样性的特征，其对于满足旅游者多样性需求是十分重要的。

2. 旅游供给的内容

根据旅游目的地总体旅游产品的构成情况，旅游供给可划分为基本旅游供给和辅助性旅游供给。所谓基本旅游供给是指主要针对来访游客的需要而开发和提供的旅游供给部分，其中主要包括以吸引游客来访的旅游资源、为保障其旅游活动的顺利开展而专门提供的各种旅游设施，以及与此相应的各种旅游服务，此三者构成了基本旅游供给体系。

所谓辅助性旅游供给是指旅游目的地的旅游基础设施，其中主要包括当地的公共事业设施和满足现代社会生活所需要的基本服务设施。辅助性旅游供给体系的特点在于：这类设施主要服务对象是当地居民，而不是游客，换言之，如果没有游客，这些设施依然有必要存在，但是来访游客在目的地停留期间也不可避免地需要使用这些设施的，否则其旅游活动就难以顺利进行，甚至连正常生活都无法保证。如果没有这些设施，当地旅游资源的原始吸引力则会被大大削弱甚至完全抵消。

（1）旅游资源

旅游资源是旅游目的地旅游供给的首要内容。旅游资源是指那些存在于自然界和人类社会中能够造成对旅游者具有吸引力的各种事物和因素的集合。旅游资源一旦被旅游企业所使用，并把它纳入旅游经济系统，就成为旅游供给的一部分。

（2）旅游设施

旅游设施即旅游经营者向旅游者提供行、食、住、游、购、娱等方面服务的凭借物，它是旅游企业投资的主体部分，是代表旅游目的地接待能力的硬性指标。其主要内容包括：交通运输设施、食宿接待设施、旅游娱乐设施、旅游购物设施、旅游基础设施等。

（3）旅游服务

旅游服务是一个完整的旅游产品供给不可缺少的部分。从目的地旅游供给的角度讲，旅游服务既包括商业性的旅游服务，也包括非商业性的旅游服务。前者多指当地旅行社的导游和翻译服务、交通运输部门的客运服务、饭店业的食宿服务、商业零售部门的购物服务；后者是指当地为游客提供的旅游问询服务和出入境服务以及当地居民为游客提供的义务服务。旅游服务是面对游客直接进行的，它在很大程度上反映着当地居民对外来游客的友善态度和愿意为其服务的好客精神。

3. 旅游供给的影响因素

旅游产品的供给主要受市场价格和自然历史条件（旅游资源因素）的影响，除此之外还受以下几个因素的影响：

（1）社会经济发展水平

一个国家或地区能否根据市场需求扩大其旅游供给的规模，关键因素之一在于它是否有足够的经济实力。发展中国家的旅游供给在规模和质量上一直处于劣势地位，其根本原因就在于经济发展水平低。反之，经济发达国家的旅游供给，不仅原来的基础好，而且其雄厚的经济实力也为其扩大旅游供给提供了物质保证。

（2）科学技术发展水平

科学技术发展水平是决定旅游供给非常重要的因素。首先，一个国家的科技发展水平与经济发达程度具有一定的相关性，科技的发达可以推动经济的发展，从而对旅游供给产生影响；其次，科技越发达，生产方法越有效，从而对生产要素的利用率越高，成本就越低。例如：计算机化的预订系统、管理系统、电信系统以及各种现代化交通运输设施等显然有利于旅游部门的内涵式扩大再生产；再次，科技进步使其他生产部门生产方法得以改进，这有助于缩短旅游项目的建设周期，从而使旅游供给能够在较短时间内迅速扩大；最后，利用现代科技来开发和保护旅游资源，建造现代人造旅游吸引物，又有利于旅游部门在外延上扩大再生产。

（3）政府对发展旅游业的态度和政策

一个同家或地区政府对发展旅游业的态度和政策势必会影响当地的旅游供给。如20 世纪 70 年代以前，有些国家和政府因顾虑旅游对社会和文化的消极影响而不支持，甚至反对发展旅游业，这无疑制约了该国旅游供给的发展，甚至威胁到旅游业的生存。如今世界上已经没有任何国家不支持本国旅游业发展了，很多国家都对发展旅游业采取了某些优惠政策和扶持措施，从而使其旅游供给得以扩大。就常见的情况而言，影响旅游供给的政策和措施主要有政府的税收政策，财政补贴和贷款利率，以及政府涉及旅游业的其他宏观调控政策。

（4）旅游环境容量

旅游环境容量一般是指旅游地的极限负荷能力，即一定时期内，会对旅游目的地的自然、社会、文化、经济以及旅游者感受质量等方面带来无法接受的目的地旅游业规模最高限度。一般量化为旅游接待地接待旅游人数的最大值。旅游环境容量有：自然生态环境容量、游客心理和生理容量、社会环境容量和经济环境容量，他们共同决定或影响一个旅游目的地的旅游供给的限量。

（5）旅游生产要素的价格

生产要素价格的高低直接关系旅游产品的成本高低，特别是旅游产品是一个包含食、宿、行、游、购、娱多种要素在内的综合性产品，各种要素价格的变换必然影响到旅游产品供给的变化。在旅游产品价格不变的情况下，若各种要素价格提高了，则必然使旅游产品的成本增加而利润减少，于是引起旅游产品供给量也随之减少。反之，若各种要素价格降低，则使旅游产品成本降低而利润增加，于是刺激旅游产品供给量随之增加。因此，旅游生产要素的价格也直接对旅游供给有着重要的影响作用。

（6）旅游相关产品的价格

旅游供给不仅直接受旅游产品价格影响，还会间接地受其他相关产品价格变化的影响。例如，对于国际旅游来讲，如果国际旅游交通费用涨价，而旅游目的地产品价格不变，则意味着旅游目的地产品价格相对降低了，从而使旅游目的地相对利润也随之减少，反之，如果国际旅游交通费用降价，而旅游目的地旅游产品价格不变，则意味着旅游目的地的旅游产品价格相对提高了，从而使旅游目的地相对利润随之增加。因此，无论旅游相关产品的价格是增加还是减少，都必然引起社会要素资源的重新配置，进而影响到旅游产品供给量的变化。

任务二　旅游市场细分与定位

一、旅游市场细分原则与标准

（一）旅游市场细分的概念

市场细分是由美国市场营销学家温德尔·史密斯在1956年提出来的市场营销概念，既是对市场营销理论的新发展，也是企业贯彻市场营销观念的必然产物。

市场细分是指企业通过市场调查研究，根据顾客需求的差异性，把某一产品的整体市场划分为若干个在需求上具有某种相似特征的顾客群，从而形成各种不同细分市场的过程。每一个顾客群就是一个细分市场，亦称“子市场”或“亚市场”，每一个细分市场都是由在需求上具有某种相似特征的顾客构成的顾客群。

旅游市场细分实际上就是在对旅游市场进行市场调查的基础上，依据旅游者在需要、行为和习惯等方面的差异性，把总体的旅游者划分成若干个旅游者群的过程。旅游企业通过市场细分，制定不同的营销组合、不同的旅游产品、价格、营销渠道和促销方法，以便更好地满足各种游客的不断变化的需求。另外，旅游市场细分可以更清晰地认识市场，通过对市场的各种特性进行整理、观察和分析，进而发现新的市场机会，挖掘出新的市场特性。

（二）旅游市场细分的发展阶段

旅游市场细分的发展是由供求关系、竞争状况、消费者状况的发展变化所引起的，可以分为以下三个阶段：

第一阶段：大众市场。由于受到技术水平、社会经济发达程度的限制和影响，旅游消费者的需求处于比较初级的层次，市场上旅游服务产品的供应也比较单一，几乎没有竞争。

第二阶段：集成市场。当有其他一些旅游服务产品进入市场时，为了更充分地满足旅游顾客更多的需要，旅游企业的服务产品增加了更多的服务内容和功能。

第三阶段：细分市场。当市场经济发展到了今天，供不应求的市场局面不复存在，竞争者数量很多，形成了完全的买方市场，旅游者要求旅游产品和服务的内容、功能跟自己的需求刚好对应。

（三）旅游市场细分的作用

1. 有利于选择目标市场和制定市场营销策略

市场细分后的子市场比较具体，比较容易了解旅游者的需求，旅游企业可以根据自己的经营思想、方针及生产技术和营销力量，确定自己的服务对象，即目标市场。针对较小的目标市场，便于制定特殊的营销策略。同时，在细分的市场上，信息容易得到了解和反馈，一旦旅游者的需求发生变化，旅游企业可迅速改变营销策略，制定相应的产品、价格、销售渠道、促销策略，以适应市场需求的变化，提高企业的应变能力和竞争力。

2. 有利于发掘市场机会和开拓市场

通过市场细分，旅游企业可以对每一个细分市场的购买能力、满足程度、竞争情况等进行分析对比，探索出有利于旅游企业的市场发展机会，使企业及时作出生产、销售决策或根据本企业的市场需求变化状况编制新产品开拓计划，开拓新市场，以更好适应市场的需要。

3. 有利于集中资源投入目标市场

任何一个旅游企业的资源，人力、物力、资金都是有限的。旅游企业通过细分市场选择适合自己的目标市场，可以集中“人、财、物”等资源，去争取局部市场上的优势，占领自己的目标市场。

4. 有利于旅游企业提高经济效益

通过市场细分后，旅游企业可以面对自己的目标市场，生产出适销对路的产品，既能满足市场需要，又可增加旅游企业的收入。产品试销对路可以加速资金流转，提高产品销量，降低旅游企业的生产销售成本，提高服务质量，全面提高旅游企业的经济效益。

（四）旅游市场细分的原则

旅游企业在实施市场细分时，必须关注市场细分的实用性和有效性，应当遵循市场细分的一般原则。

1. 可衡量性

可衡量性是指各细分市场的需求特征、购买行为等能被明显的区分开来，各细分市场的规模和购买力大小等能被具体衡量。要做到这一点，就要保证所选择的细分标准清楚明确，能被定量地测定，这样才能确定划分各细分市场的界限。

另外，所选择的标准要与旅游者的某种或某些购买行为有必然的联系，这样才能使各细分市场的特征明显，且范围比较清晰。

2. 可盈利性

细分的市场在顾客人数和购买力上足以保证企业良好的经济效益。首先必须保证细分市场的相对稳定性，也就是说，企业在占领市场后相当一段时期内改变自己的目标市场，以便企业制定较长期的经营策略。不仅要保证企业的短期利润，还必须有一定的发展潜力，保持较长时期的经济效益，从而不断提高企业竞争能力。

3. 可进入性

即经过市场细分后所确定的目标市场要使旅游产品有条件进入并能占有一定的市场份额。旅游企业必须从实际出发，以保证细分出的市场是企业的人力、物力、财力等资源所能达到的，是企业经营力所能及的，否则不能贸然去开拓。此外，企业营销人员要与客源市场进行有效信息沟通，具有畅通的销售渠道，这对于具有异地性特征的旅游市场尤其重要。

4. 对营销策略反应的差异性

指各细分市场的旅游者对同一市场营销组合方案会有差异性反应，或者说对营销组合方案的变动，不同细分市场会有不同的反应，如果不同的细分市场顾客对产品需求差异不大，行为上的同质性远大于其异质性，此时，旅游企业就不必费力对市场进行细分。

另外，对于细分出来的市场，企业应当分别制定出独立的营销方案。如果无法制定出这样的方案，或其中几个细分市场对是否采用不同的营销方案不会有大的差异性反应，便不必进行市场细分。

（五）旅游市场细分的标准

市场细分要依据一定的细分变量来进行。旅游市场上有各种不同需求的旅游者，进行市场细分首先要发现不同旅游者之间的需求差别，然后把需求相同的旅游者归为一类，每一类就形成一个小的细分市场。

1. 旅游市场细分的标准的特性

不同类型的市场，细分的因素也有所不同，而且这些因素又处于动态之中，因此，旅游市场细分的标准应有以下特性：

（1）一致性——是指各个细分后的市场，在同一个细分市场中的消费者需求应该尽可能集中和一致。

（2）差异性——是指不同细分市场的消费者需求之间具有较明显的差异，这些特点的差异将使细分出来的市场对企业市场营销组合有独特的反应。

（3）可衡量性——即指市场细分的标准和细分后的市场可以衡量。

（4）规模性——是指各细分市场的容量大小必须具备一定的规模，达到值得旅游企业采取针对性的营销措施的程度，即划分出来的细分市场必须是值得采取单独营销方案的最小单位。

（5）可进入性——是指对细分出来的市场，旅游企业可以利用现有的人力、物力和财力去占领，达到能够进行有效促销和分销的程度。

2. 旅游市场细分标准

总体上来说，旅游市场可以按照以下几种标准进行细分：

（1）按旅游目的细分

市场可以细分为观光旅游、休闲旅游、购物旅游、考察旅游、探险旅游、运动旅游、学习旅游、会展旅游、探亲旅游、假日旅游、节日旅游、美食旅游、风情旅游、高山旅游、海洋旅游、草原旅游、沙漠旅游、冰雪旅游等等。

（2）依据经济条件与旅游方式的不同细分

依据经济条件与旅游方式的不同进行细分，则可以分为豪华游、经济游、组团游、自助游、分段游、直通游、定点定时游、随机游等等。

（3）其他细分

旅游市场其他细分的方式，包括按地理位置、人口统计、心理因素、消费行为细分等等。

（六）旅游市场细分的程序

美国市场营销学家麦卡锡提出市场细分的整套程序，这一程序包括以下七个步骤。

1. 选定旅游产品市场范围

旅游经营者在确定了总体经营方向和经营目标之后，就必须确定其经营的市场范围，这项工作是企业市场细分的基础。市场范围是以旅游者需求为着眼点确定的，因此通过调查研究、分析市场需求动态是必要的。同时，企业应充分结合自己的经营目标和资源，从广泛的市场需求中选择自己有能力服务的市场范围，不宜过窄或过宽。

例如：某旅游公司打算在乡间建造一家度假酒店，若只考虑产品特征，该公司可能认为这家酒店的消费对象是普通的游客，但从市场需求角度看，高收入者也可能是这家度假酒店的潜在顾客。因为高收入者在住腻了高楼大厦之后，恰恰可能向往乡间的清净，从而可能成为这种度假酒店的顾客。

2. 列举潜在顾客的基本需求

在确定适当市场范围后，根据市场细分的标准和方法，了解市场范围内所有现实和潜在顾客的需求，并尽可能地详细归类，以便针对旅游者需求的差异性，决定采用何种市场细分变量，为市场细分提供依据。

例如：可以通过调查，了解潜在顾客对上述度假酒店的基本需求。这些需求包括：安全、交通方便、宁静、设计合理、服务细致周到、室内陈设完备、工程质量等。

3. 了解潜在顾客的不同要求

对于列举出来的基本需求，不同顾客强调的侧重点可能会存在差异。比如，交通方便、安全是所有顾客共同强调的，但对于度假设施则要求不同，有的重视度假生活丰富，有的对娱乐设施有特殊要求，有的需要宁静环境、俭朴装修，而有的需要豪华装饰。通过这种差异比较，不同的顾客群体即可初步被识别出来。

4. 排除潜在顾客的共同要求

排除潜在顾客的共同要求，而以特殊需求作为细分标准。通过分析不同旅游者的需求，作出分析和判断，构成可能存在的细分市场。

5. 筛选最适合的细分市场

根据潜在顾客基本需求的差异，企业分析哪些需求是重要的，通过与企业实际情况和各细分市场的特征进行比较，寻找主要的细分因素，筛选出最能发挥本企业优势和特点的细分市场，并将其划分为不同的群体或子市场，并赋予每一个子市场一定的名称。

6. 进一步分析每一细分市场的特点

通过深入分析各细分市场的需求，了解旅游顾客的购买行为，对各细分市场进行必要的分解或合并，这项工作将有利于企业寻找并发现最终的目标市场。

7. 估计每一细分市场的规模和潜力

在前面六个步骤完成后，各细分市场的类型已基本确定，此时企业应估算各细分市场的潜在销售量、竞争状况、盈利能力和发展趋势等，并找出市场的主攻方向，进而确定目标市场。

以上步骤有利于企业在市场细分中正确选择营销目标市场，但无须完全拘于模式，可以根据实际情况进行简化、合并或扩展。

二、旅游市场细分方法

（一）按地理变量细分市场方法

地理细分变量包括国家、地区、城市、农村、城市规模、人口密度、气候、地形、地貌、生产力布局、交通运输和通信条件等。

地理变量细分市场的主要理论依据是：处在不同地理环境的旅游者，他们对旅游企业的产品有不同的需求和偏好，他们对企业所采取的市场营销组合策略会有不同的反应。这里主要介绍三种形式：

1. 按主要地区细分

世界旅游组织根据地区间在自然、经济、文化以及旅游者流向等方面的联系，将世界旅游市场划分为六大区域：欧洲区、美洲区、东亚及太平洋区、南亚区、中东区、非洲区。据统计，欧洲和北美旅游者及所接待的国际旅游人数最多，国际旅游收入也最高。

2. 按国家或地区细分

通常所说的“国内旅游市场”和“国际旅游市场”是按国界进行的市场细分，这是旅游目的地国家或地区细分国际旅游市场最常见的形式。通过把旅游业按照国别细分，有利于旅游地或旅游企业了解主要客源国市场情况，从而针对特定客源国主要市场的需求特征，制定相应的市场营销策略，以收到良好的市场营销效果。

3. 按气候细分

各地气候不同会影响旅游者的消费，影响旅游者的去向。根据气候的不同，可以把旅游市场细分为热带旅游区、亚热带旅游区、温带旅游区、寒带旅游区。

（二）按人口变量细分市场的方法

根据人口统计因素来细分市场称为“人口状况细分”。人口状况细分的变量包括性别、年龄、职业、家庭规模、家庭收入、民族、宗教、文化程度、国籍、家庭生命周期等。这些变量往往易于识别且便于衡量，人口统计变量细分是划分旅游者群体最常用的方法。

一般情况下，旅游企业选择其中的一个或几个变量作为划分的标准。例如：按照人口年龄段，旅游市场可细分为老年人、中年人、青年人、儿童四个子市场。旅行社也可以按照家庭生命周期将旅游市场划分为新婚家庭、中年家庭和老年家庭，从而相应的推出“新婚旅游”、“合家欢旅游”和“追忆往昔旅游”等不同的旅游产品来满足消费者个性化的需要。

常见的人口细分标准主要有以下几种因素：

1. 性别

由于生理上的差别，男性与女性在产品需求与偏好上有很大不同，如在服饰、发型、生活必需品等方面均有差别。像美国的一些汽车制造商，过去一直是迎合男性要求设计汽车；现在，随着越来越多的女性参加工作和拥有自己的汽车，这些汽车制造商正研究市场机会，设计具有吸引女性顾客特点的汽车。

2. 年龄

不同年龄的顾客有不同的需求特点，如青年人对旅游的需求，与老年人的需求差异较大。青年人需要惊险、刺激的旅游场所和旅游服务项目，老年人需要安静、休闲、蕴含浓厚文化的旅游服务。

3. 收入

高收入顾客与低收入顾客在产品选择、休闲时间的安排、社会交际与交往等方面都有所不同。比如，同是外出旅游，在交通工具以及食宿地点的选择上，高收入者与低收入者会有很大的不同。

4. 职业与教育

指按顾客职业的不同，所受教育的不同以及由此引起的需求差别细分市场。比如，农民外出旅游是喜欢城市风景、人文景观，而学生则是喜欢亲近自然；又如，由于顾客所受教育水平的差异所引起的审美观具有很大的差异，不同顾客对旅游文化用品的品种等会有不同的偏好。

5. 家庭生命周期

一个家庭，按年龄、婚姻和子女状况，可划分为不同阶段。在不同阶段，家庭购买力、家庭人员对旅游的兴趣与偏好也会有较大差别。

除了上述方面，经常用于市场细分的人口变量还有家庭规模、国籍、种族、宗教等。实际上，大多数企业通常是采用两个或两个以上人口统计变量来细分市场。

（三）按心理变量细分市场的方法

目前，根据心理行为细分标准而对旅游行为进行的分类主要有以下几种：

1. 波乃克分类法

澳大利亚旅游学家波乃克（P. Berneker）对旅游行为作了如下分类：

（1）休养旅游：包括异地疗养；

（2）文化旅游：包括修学旅行、参观、参加宗教仪式等；

（3）社会旅游：包括蜜月旅行、亲友旅行等；

（4）体育旅游：包括观摩比赛、参加运动会；

（5）政治旅游：包括政治性庆典活动的观瞻；

（6）经济旅游：包括参加订货会、展销会等。

波乃克的分类法根据行为目的，通俗易懂，便于研究和应用。但这种方法没有探寻行为背后的心理需求。

2. 麦金托什分类法

美国的麦金托什（Mclntosh）把人的基本旅游行为分为四类：

（1）身体健康：包括休息、运动、消遣、娱乐以及其他与身体健康直接有关的动机。另外，还可能包括医嘱和建议，如洗矿泉浴、药浴以及健康恢复活动。这类动机的共同特点是通过身体的活动消除紧张和疲劳。

（2）文化：了解其他国家的文化，如音乐、艺术、民俗、舞蹈、绘画和宗教等。

（3）交际：包括接触其他民族、探亲访友、结交新朋友以及摆脱日常事物、摆脱家庭和邻居等。

（4）地位和声誉：这类动机与自我需要和个人发展有关。出于这类动机的旅游包括事务旅游、会议旅游、考察旅游以及实现个人兴趣爱好的旅游和求学旅游，通过这些旅游可以使被承认、被注意、被赏识、被尊重以及获得良好的声誉的欲望得到满足。

3. 奥德曼分类

美国的奥德曼（L. E. Audman）把旅游行为分为七个方面：

（1）健康：使身心得到调剂和保养。

（2）好奇：对文化、政治、社会风貌和自然景色等的观赏或考察。

（3）寻找乐趣：游玩、文艺、娱乐、度蜜月、赌博等。

（4）精神寄托和宗教信仰：朝圣、宗教集会、参观宗教圣地、历史遗迹，以及欣赏戏剧和音乐等。

（5）专业或商业：科学探险和集会、公务或商务旅行、教育活动等。

（6）探亲访友：寻根、回国及家庭联系等。

（7）自我尊重：受邀请或寻访名胜。

4. 我国旅游企业对旅游市场的分类

我国旅游企业大多根据购买者所处的社会阶层、生活方式、个性特点等心理因素细分市场，并对旅游行为进行分类。

（1）社会阶层

社会阶层是指在某一社会中具有相对同质性和持久性的群体。处于同一阶层的成员具有类似的价值观、兴趣爱好和行为方式，不同阶层的成员则在上述方面存在较大的差异。很显然，识别不同社会阶层的顾客所具有不同的特点，对于很多产品的市场细分将提供重要的依据。

（2）生活方式

通俗地讲，生活方式是指一个人怎样生活。人们追求的生活方式各不相同，如有的追求新潮时髦，有的追求恬静、简朴，有的追求刺激、冒险，有的追求稳定、安逸。

（3）个性

个性是指一个人比较稳定的心理倾向与心理特征，它会导致一个人对其所处环境作出相对一致和持续不断的反应。俗语说："人心不同，各如其面"，每个人的个性都会有所不同。通常，个性会通过自信、自主、支配、顺从、保守、适应等性格特征表现出来。因此，个性可以按这些性格特征进行分类，从而为企业细分市场提供依据。

（四）按行为变量细分市场的方法

根据购买者对产品的了解程度、态度、使用情况及反应等将他们划分成不同的群体，叫行为细分。行为变数能更直接地反映顾客的需求差异，因而成为市场细分的最佳起点。按行为变量细分市场主要包括：

1. 旅游时机

根据旅游者提出需要、购买和使用产品的不同时机，将他们划分成不同的群体。例如，许多旅行社可根据旅游高峰时期和非高峰时期旅游者的需求特点划分不同的细分市场，并制定不同的营销策略；民航运输企业，可以根据顾客在一年四季或一天 24 小时对外出需求的不同，将机票价格划分为不同的价位，以满足不同消费者的需求。

2. 追求利益

顾客购买某种产品总是为了解决某类问题，满足某种需要。然而，产品提供的利益往往并不是单一的，而是多方面的。顾客对这些利益的追求时有侧重，如一部分商务旅游者往往把豪华舒适的设备设施、周到完美的服务作为追求的利益标准；而另一部分商务旅游者则把快捷高效的服务作为利益标准等等。只有了解旅游者的某种需要，为旅游者提供最大的利益才能实现营销目的。

3. 使用者状况

旅游者从前是否有过某种产品或服务的经历。按这种标准，旅游市场可细分为：经常使用者、首次使用者、潜在使用者。大企业往往注重将潜在使用者变为实际使用者，较小的公司则注重于保持现有使用者，并设法吸引使用竞争产品的顾客转而使用本公司产品。

4. 品牌忠诚程度

企业还可根据顾客对产品的忠诚程度细分市场。有些顾客经常变换品牌，另外一些顾客则在较长时期内专注于某一或少数几个品牌。例如，通过调查旅游者外出时对特定的航空公司、特定的旅行社、特定的品牌酒店的忠诚程度，辨别出本企业的忠诚顾客。

通过了解顾客品牌忠诚情况和品牌忠诚者与品牌转换者的各种行为与心理特征，不仅可以为企业细分市场提供一个基础，同时也有助于企业了解为什么有些顾客忠诚本企业产品，而另外一些顾客则忠诚于竞争企业的产品，从而为企业选择目标市场提供启示。

5. 购买的准备阶段

顾客对各种产品了解程度往往因人而异。有的顾客可能对某一产品确有需要，但并不知道该产品的存在；还有的顾客虽已知道产品的存在，但对产品的价值、稳定性等还存在疑虑；另外一些顾客则可能正在考虑购买。针对处于不同购买阶段的消费群体，企业进行市场细分并采用不同的营销策略。

6. 态度

企业还可根据市场上顾客对产品的热心程度来细分市场。不同顾客对同一产品的态度可能有很大差异，如有的很喜欢持肯定态度，有的持否定态度，还有的则处于既不肯定也不否定的无所谓态度。针对持不同态度的消费群体进行市场细分并在广告、促销等方面应当有所不同。

旅游企业在运用细分标准进行市场细分时，必须注意以下问题：

第一，市场细分的标准是动态的。市场细分的各项标准不是一成不变的，而是随着社会生产力及市场状况的变化而不断变化。如年龄、收入、城镇规模、购买动机等都是可变的。

第二，不同的企业在市场细分时应采用不同标准。因为各企业的生产技术条件、资源、财力和营销的产品不同，所采用的标准也应有区别。

第三，企业在进行市场细分时，可采用一项标准，即单一变量因素细分，也可采用多个变量因素组合或系列变量因素进行市场细分。

三、目标市场选择

（一）旅游目标市场与目标市场选择的概念

目标市场就是企业在对整体市场进行细分之后，并对各细分市场进行评估，根据细分市场的潜力、竞争状况、本企业资源条件等因素决定要进入的市场。

在企业市场营销活动中，企业必须选择和确定目标市场。这是因为：首先，选择和确定目标市场，明确企业的具体服务对象，关系到企业市场营销战略目标的落实，是企业制定市场营销战略的首要内容和基本出发点；其次，对于企业来说，并非所有的细分市场都具有同等吸引力，都有利可图，只有那些和企业资源条件相适应的细分市场对企业才具有较强的吸引力，是企业的最佳细分市场。

市场细分是旅游企业选择目标市场的依据，选择目标市场是市场细分工作的延伸。旅游经营者需要根据自己的条件，从细分的市场中选择出一个或几个子市场作为自己从事市场营销活动的对象，这一过程就被称为目标市场的选择。

（二）旅游目标市场的确定

确定目标市场，就是对企业具有吸引力的、有可能成为企业目标市场的细分市场进行分析和评估，然后根据企业的市场营销战略目标和资源条件，选择企业最佳的细分市场。

确定目标市场，应从下列几个方面来分析和评估细分市场：

1. 细分市场的规模及成长潜力

旅游企业进入某一市场是期望能够创造效益，如果市场规模狭小或者趋于萎缩状态，企业进入以后难以获得发展，此时，应审慎考虑，不宜轻易进入。

2. 细分市场结构的吸引力

细分市场可能具备理想的规模和发展特征，然而从盈利的观点来看，它未必有吸引力。研究者认为有5种力量决定整个市场或其中任何一个细分市场的长期的内在吸引力。这5种力量形成5个群体，就存在5种威胁。这5种威胁影响细分市场的吸引力。它们分别是：同行业竞争者、潜在的新参加的竞争者、替代产品、购买者和供应商。因此，旅游企业必须对5种群体对长期盈利的影响作出评估与判断。

（1）细分市场内竞争的威胁

如果某个细分市场已经有了众多的、强大的或者竞争意识强烈的竞争者，那么该细分市场就会失去吸引力。如果出现该细分市场处于稳定或者衰退，生产能力不断扩大，成本过高，撤出市场的壁垒过高，竞争者投资很大，那么情况就会更糟。这种情况会导致价格战、广告战。

（2）新竞争者的威胁

如果某些细分市场，可能会增加新的生产能力和大量资源并争夺市场份额的新的竞争者，那么该市场就失去吸引力。

（3）替代产品的威胁

如果某个细分市场存在替代产品或者有潜在替代产品，那么该细分市场就会失去吸引力。替代产品会限制细分市场内价格和利润的增长。企业应密切注意替代产品的价格趋向。

（4）购买者讨价还价能力加强的威胁

如果某个细分市场中购买者讨价还价能力很强或正在加强，该细分市场就没有吸引力。通常消费者对某种产品越熟悉，讨价还价能力就越强；或者消费者集中购买或有组织购买，讨价还价的能力也会加强。较好的防卫方法就是提供消费者无法拒绝的优质产品供应市场。

（5）供应商讨价还价能力加强的威胁

如果供应商集中或有组织，或替代产品少，或供应产品至关重要，或供应商联合，那么供应商讨价还价能力就强，因此与供应商建立良好的关系并开拓多种供应渠道才是防御上策。

3. 符合企业目标和能力

某些细分市场虽然有较大吸引力，但不能推动企业实现发展目标，甚至分散企业的精力，使之无法完成其主要目标，这样的市场应考虑放弃。另外，还应考虑企业的资源条件是否适合在某一细分市场经营。只有选择那些企业有条件进入、能充分发挥其资源优势的市场作为目标市场，企业才会立于不败之地。

（三）旅游目标市场的选择

1. 密集单一市场模式

旅游企业通过密集单一营销，能够更加了解本细分市场的需要，并能快速在此领域树立特别的声誉，可在该细分市场建立巩固的市场地位。

2. 有选择的专门化模式

旅游企业选择若干细分市场，其中每个细分市场在客观上都具有一定的吸引力，并且符合企业的目标和资源。

3. 产品专门化模式

旅游企业集中提供一种旅游产品和服务，并向各类顾客销售这种产品。

4. 市场专门化模式

旅游企业专门为满足某类顾客群体的各种需要而服务。

5. 完全市场覆盖模式

旅游企业用各种旅游产品同时满足各种顾客的需求，运用不同的产品和服务覆盖所有类别的消费者。

（四）旅游目标市场选择策略

一般来讲，对旅游目标市场的选择有三种方式：无差异性目标市场策略、集中性目标市场策略和差异性目标市场策略。

1. 无差异性目标市场策略

（1）概念与特点

无差异性目标市场策略是指旅游企业无视整体市场内部旅游者需求的差异性，而将所有细分出的子市场都作为自己的目标市场，只推出一种旅游产品，制定一种价格，运用一种统一的旅游营销组合，为满足旅游者共同的需求服务。

（2）优缺点

这种策略突出的优点在于企业可以大规模销售，简化分销渠道，相应地节省市场调研和广告宣传的经费开支，使平均成本降低。另外，对于垄断性、吸引力大的旅游产品容易形成名牌产品的强大声势，创造规模效应。

这种策略的缺点是不能完全满足旅游者的差异性需求。随着旅游者的社会经济情况、生活方式以及个人兴趣的不断变化，对旅游多样化的需求日益增长，单一的市场策略不易吸引旅游者。

因此，本策略主要适用于市场上供不应求或少数垄断性较强以及初上市的旅游产品市场，随着旅游市场竞争的加剧，旅游企业采用本策略的机会越来越少，它已不能适应现代旅游的发展。

2. 集中性目标市场策略

（1）概念与特点

采用这种策略是指旅游企业在市场细分的基础上，选择一个或几个细分市场作为自己的目标市场，集中企业的全部精力，以某几种营销组合手段服务于该市场，实行高度的专业化经营。比如有的旅行社专门为探险旅游、农业旅游等特色旅游服务。这种策略往往适合资源能力有限的中小型旅游企业，以及旅游资源独特的旅游目的地。他们在较大的市场上难以取得竞争优势，因而力图在较小的市场范围内取得较高的市场占有率。

（2）优缺点

采取这种策略的突出优点在于能充分发挥企业的优势，使企业在特定市场上具有很强的竞争力。由于企业经营范围针对性强，容易形成产品与经营特色，因此有利于扩大企业在特定细分市场上的知名度以及由此带来的销售额的增加。

这种策略的不利之处是企业过分依赖小部分市场，具有较大的风险性。由于市场面窄，一旦需求发生变化，企业就会出现危机。

3. 差异性目标市场策略

（1）概念与特点

差异性目标市场策略是根据顾客的不同需求特点，对整体市场进行细分。企业在此基础上选择整体市场中数个或全部细分市场作为自己的目标市场，针对不同细分市场的需求特点，提供不同的旅游产品及制定不同的营销组合，满足不同细分市场的旅游需求。

例如：将旅游市场细分为观光、度假、会议、体育等不同的细分旅游市场，而观光旅游市场又可细分为丝绸之路、名胜古迹、田园生活、山水风光等不同内容。旅游企业针对不同的需求，设计各种旅游路线、提供不同的服务设施和服务项目。

（2）优缺点

这种策略的优点是能更好地满足各类旅游者的不同需求，有利于提高旅游产品的竞争力和扩大旅游企业的销售量。如果一个旅游地或企业能够同时在几个细分市场上占有优势，就会由于连带效应，而树立起旅游者所信赖的、声誉很高的目的地形象或企业形象。另外，由于同时经营数个细分市场，有助于企业降低风险。

这种策略的局限性，表现在企业产品种类多，导致研发费用增多，要求具有多种销售渠道，会使广告费用、推销费用、行政费用等随之增加。由于经营分散，在某一种产品中难以实现规模经济效益，从而影响了经营效率，影响企业优势的发挥。

以上三种策略各自有其优缺点，企业在选择自己的经营策略时必须考虑到自身的条件、产品和服务的特点以及市场的情况，加以权衡，慎重行事。

（五）影响目标市场选择的客观因素

一般来讲，影响目标市场选择的客观因素有以下几种：

1. 旅游企业自身实力条件

这包括人员的素质、可支配的资金、管理水平、产品及销售组合设计能力以及关系网络等，这些条件对于确定目标市场经营范围的大小起到决定性作用。如果经营者实力强，各种资源丰富，可以采取差异性目标市场策略。反之，如果实力不足，且规模不大，则应采取密集性目标市场策略。

2. 旅游产品自身的特点

不同的旅游产品在满足旅游者需求方面有很大的差异。对于特色旅游产品、旅游餐饮服务等性质差别较大的旅游产品，可能需要很多档次来满足不同旅游者的需求，而有些以单一的产品就能满足所有旅游者的需要，比如像航空客运服务、标准间客房服务这些性质接近、替代性强的旅游产品。

3. 旅游市场自身的特点

当旅游产品市场需求异质程度很低时，或旅游者的兴趣爱好及其他特点很相近，可采用无差异目标市场策略。如一些名胜古迹、风土人情项目等可以采用此策略。相反，对于需求异质程度很高的旅游产品市场，则采用差异性或集中性目标市场策略。

4. 旅游产品生命周期

应根据产品生命周期的不同阶段采取相应的目标市场策略。对处在投入期或成长期的旅游产品。应采用无差异目标市场策略，因为此时对市场需求不甚了解，并且没有或很少竞争者。当产品进入成熟期或衰退期后，应采用差异性目标市场策略，以利于开拓新的目标细分市场，尽力延长产品生命周期，或者采用集中性目标市场策略，使企业集中力量对少数有利可图的细分市场进行营销推广。

5. 旅游市场竞争特点

如果企业的产品垄断性强，竞争者数量少或势力弱，可以采用无差异性目标市场策略。反之则采用差异性或集中性目标市场策略。企业采取何种策略，往往视竞争对手的策略而定。比如，竞争者采用无差异性目标市场策略，企业就应当针对细分市场采用差异性或集中性目标市场策略，争取占领几个有利市场。

目标市场的选择是一个系统性的工作，不但需要旅游经营者做好充分的市场调查，还要全面考虑各种影响因素。只有这样才能选择一个准确有效的目标市场。从整个旅游营销活动来看，目标市场的选择仍属于前期工作，这一工作的成功与否会直接影响后面的工作效果。

四、旅游市场定位

市场定位是指企业为其产品（品牌）确定一个市场地位，塑造其在目标顾客心目中的形象，使产品具有一定特色，适合一定顾客的需求和偏好，并与竞争对手的产品有所区别。旅游企业进行准确的市场定位，其作用主要体现在：有利于企业建立竞争优势；有利于企业营销组合的精确执行；避免企业间的恶性竞争等几个方面。

（一）旅游市场定位的程序

旅游市场定位的主要任务，就是通过集中企业的若干竞争优势，将自己与其他竞争者区别开来。市场定位是旅游企业明确其潜在的竞争优势、选择相对的竞争优势和市场定位策略以及准确地传播企业市场定位的过程。

1. 明确企业潜在的竞争优势

竞争优势主要有两种类型：一是同样条件下比竞争者订出更低的价格；二是提供更多的特色以满足顾客的特定需要，这样，就能在市场上占据有利的竞争地位。总之，旅游企业在市场细分和目标市场选择上的基本战略，决定了它的竞争者是谁；同时，准确选择自己的竞争优势，为企业进行市场定位，最后依据自身的定位作出营销决策。

2. 准确的选择竞争优势

即运用一定方法对企业的竞争优势加以评估，以准确选定企业产品的定位优势。通常采用评分法，即对于企业竞争优势的若干因素进行评分（如服务质量、服务设施、地理位置与环境因素等），让有关专业人员和顾客同时给本企业和竞争者的产品打分，依次选出本企业产品的市场竞争优势。

3. 有效地、准确地向市场传递定位信息

旅游市场定位从本质上说又是一种市场沟通策略，因此必须把本企业的产品定位特色成功传递给目标顾客，在顾客心目中树立起本企业产品富有吸引力的特色形象，使之在目标顾客心目中成为代表性印象或形象，这就需要企业进行针对性很强的广告宣传，而且需要通过各种营销组合因素的全面配合和协调一致才能取得最佳效果。由于旅游产品是无形的服务，因此其市场定位特色的有效传播，还必须强调有形证据的使用。

当旅游产品的市场定位确立后，如企业发现较多竞争对手或强大竞争者正在与本企业争夺相同的市场地位，或发现所服务的顾客偏好发生变化，或发现更有利的新市场地位，或定位后的产品销售范围与实际范围不符等，这时还需要对产品进行重新定位。

（二）旅游市场定位的方法

旅游市场定位的方法，如表 6－1 所示。

表 6－1

定位方法	具体解释
首次或第一	定位对象首次进入空白心智。赋予定位对象的主张内涵可以是多方面的，但对受众来说，这方面的信息要是心智所第一次感知的。要占得最先与最大。
关联定位	使定位对象与竞争对象（已占有牢固位置）发生关联，并确定与竞争对象的定位相反的或可比的定位概念。
特色定位	在遇有无敌对地位的竞争对手的情况下，定位的策略是利用自己在潜在受众心智所拥有的位置，并巩固之，使之确立为心智中同类对象的新位置。
单一位置策略	处于领导地位者，要以另外的新品牌来压制竞争者，因为每一个品牌都在其潜在消费者心智中安置了独自所占据的一个特定处所。
扩大名称	处于领导地位者，用更广的名称或增加其适用范围来保持其地位。
寻找空隙策略	寻求受众心智中的空隙，然后加以填补。关于空隙的概念有大小、价格（高低）、性别、年龄、一天中的时段、分销渠道、大量使用者的位置等。
类别品牌定位	当一个强大的品牌名称成为产品类型名称的代表或替代物时，必须给公司的一个真正成功的新产品以一个名称，而不能采用“搭便车”的做法，沿袭公司原有产品的名称。
再定位（重新定位）	打破产品在消费者心智中所保持的原有位置与结构，使产品按照新的观念重新排列，以创造更有利于自己的新秩序。

（三）旅游市场定位的分类

1. 初次定位

初次定位是指新成立的旅游企业进入市场、新产品投入市场或产品进入新市场时，企业面向缺乏认识的目标顾客进行的市场定位工作。

2. 重新定位

重新定位是指旅游企业变动产品特色、改变目标顾客对其原有的印象，使目标对其产品新形象有一个重新认识的过程。

市场重新定位对于企业适应市场营销环境，调整旅游市场营销战略是必不可少的。企业产品在市场上的定位即使很恰当，但在出现下列情况时也需考虑重新定位：

（1）竞争者推出的产品市场定位在本企业产品的附近，侵占了本企业品牌的部分市场，使本企业品牌的市场占有率有所下降。

(2) 顾客偏好发生变化，从喜欢本企业某品牌转移到喜爱竞争对手的品牌。

3. 对峙定位

对峙定位，又称为迎头定位，是指旅游企业选择靠近于现有竞争者或与现有竞争者重合的市场位置，争夺同样的顾客，彼此在产品、价格、分销及促销等各个方面差别不大。迎头定位策略就是与市场上最强的市场竞争对手“对着干”。

4. 回避定位

回避定位又称避强定位，是指旅游企业回避与目标市场上的竞争者直接对抗，将其位置定在市场“空白点”，开发并销售目前市场上还没有的产品，开拓新的市场领域。

回避定位的优点是能够迅速地在市场上站稳脚跟，并在顾客心中尽快树立起良好的企业形象。由于这种定位策略市场风险较小，成功率较高，常常为多数企业所采用。

(四) 旅游市场定位策略

1. 领先定位

领先定位适用于具有独一无二或无法替代的旅游资源的地区、景区和单位，如“桂林山水甲天下”，“天下第一瀑”，“五岳归来不看山，黄山归来不看岳”等。

2. 比附定位

比附定位并不去占据原有形象阶梯的最高阶，而情愿甘居其次，如“漓江的姐妹江”(资江)、“东方的威尼斯”(苏州)、“东方的伊甸园”(阳朔西街)。

3. 逆向定位

逆向定位强调的宣传定位对象是消费者心中第一形象的对立面和相反面，同时开辟了一个新的易于接受的心理阶梯。如都市游与乡村游、动物园与野生动物园。

4. 空隙定位

空隙定位的核心是分析旅游者心中已有的形象阶梯的类别，发现和创造新的阶梯，树立一个与众不同、从未有过的主体形象。如“北京欢乐谷”的修建，使国内旅游者不出国门也能享受到类似“迪斯尼”的惊险刺激。

5. 重新定位

严格的说，重新定位并非一种独立的定位方法，而是原旅游地应当采取的再定位策略。面对处于衰落的景点，通常采取重新定位的方法可以促使新形象替换旧形象，从而占据一个有利的位置。

(五) 旅游市场定位的过程

1. 明确竞争对手

旅游企业的竞争对手，也就是本企业产品的替代者，或者说，谁与自身企业争夺同一个目标市场，包括企业面对的现实的竞争对手，以及潜在的竞争对手。

2. 分析竞争对手的产品

确定竞争对手后，企业必须从静态和动态两个方面了解分析和比较竞争对手的情况，特别是竞争对手的产品种类、设备设施状况、服务质量及价格等情况，以了解本企业产品的优势及不足。

3. 确定自己企业的产品特色

确立本企业产品特色，明确市场定位是关键，因此，要考虑到：

（1）了解市场上竞争对手的定位情况，了解其产品有何特色；

（2）要研究旅游者对产品各属性的重视程度，并在市场定位时突出强调旅游者所关心的产品属性。

（3）要考虑企业自身的条件。

4. 评估差异化利益

当初步确定旅游产品的差异化和产品利益后，需要对这些差异化利益进行评估。

任务三　旅游市场营销

一、旅游市场调研和预测

（一）旅游市场营销调研

旅游市场营销调研是指运用科学的方法，根据旅游企业制订的经营目标和计划，收集、记录、整理、分析和报告有关旅游市场的各种情况、信息和资料，以了解旅游市场现状和发展变化的趋势，解决旅游企业面临的市场问题，为旅游企业经营决策提供科学依据的一系列活动。

旅游市场营销调研具有重要意义：第一，它能够为旅游企业确定发展方向提供依据；第二，它是有效促进市场营销活动的保证；第三，它能充实和完善旅游市场营销信息系统，有助于开拓新市场。

1. 旅游市场营销调研的内容

旅游市场营销调研量大面广，同时又复杂环节多，内容涉及旅游营销环境及营销活动的各个方面。旅游企业应根据自己所处的市场地位、有针对性地进行调研，以达到预期的目的。具体调研内容包括：

（1）外部营销环境的调研

旅游市场营销环境主要是指旅游企业的外部环境——宏观环境，虽然它对于旅游企业来说既不可控制也不可影响，但对企业营销的成功与否却起着重要的作用。因此旅游企业必须重视对外部环境的调研，以利于在复杂多变的市场环境中得到良好的生存环境和空间。宏观环境主要包括政治环境、经济环境、科学技术环境和社会文化环境等。

（2）旅游市场需求的调研

旅游企业存在的根本原因是社会上存有旅游需求，因此必须掌握需求情况，知道旅游者的想法和愿望。从这一点来看，旅游需求调研是旅游市场营销调研的核心内容。

旅游市场需求调研主要对旅游需求进行量的分析，重点包括旅游行业在市场上现有的和潜在的最大销售量和最大需求量、本企业产品在旅游市场上的最大销售量和最大需求量两个环节。除此之外，旅游市场需求还包括旅游者对旅游产品品种、价格的要求及旅游者爱好、习惯和需求结构变化等。

(3) 旅游市场供给调研

旅游市场上的需求和供给是客观存在的一对矛盾。旅游供给是一定时期为旅游市场提供旅游产品的总量。旅游供给能否满足旅游需求的状况，是进行旅游市场营销调研的重要内容，也是旅游企业做到知己知彼的制胜环节。对旅游供给调研主要是进行对旅游吸引物、旅游设施、可进入性、旅游服务、旅游企业形象、旅游容量等方面的调研。

(4) 旅游市场营销组合调研

旅游市场营销组合调研是对营销组合中的四个要素（4P）等营销变量中的特定问题进行的研究，对这四要素的调研，旅游企业是可以控制的。具体包括：

① 旅游产品调研

众所周知，旅游产品是旅游企业赖以生存的物质基础，如果没有旅游产品，企业就不能生存和发展，因此旅游企业只有不断地推出受旅游者欢迎的旅游产品，才会有生命力。旅游产品调研就是要从旅游者对旅游产品的要求、旅游产品的市场占有率和销售潜力、旅游产品的改进或旅游新产品的开发、旅游产品组合、旅游产品市场生命周期等方面展开。

② 旅游产品价格调研

旅游产品的价格问题对旅游者来说是一个敏感和关注的问题。因此，在价格调研方面，不仅要了解旅游者对各种旅游产品价格变动的反应及他们可接受的价格点，而且要熟悉旅游在不同层次、阶段的价格，以及掌握企业竞争者的定价策略和定价方法。

③ 旅游促销调研

旅游促销是刺激旅游销售的有效手段，旅游促销调研具体包括：促销对象、促销方法、促销手段、促销投入、促销效果、企业形象调研、公共关系调研、广告调研、人员推销调研、营业推广调研等。

④ 旅游分销渠道调研

旅游企业分销渠道选择的优劣，对旅游企业能否打开销路、尽快占领市场及降低营销费用都有着非常重要的作用。因此，旅游企业要想选择好分销渠道，就必须对如下内容进行调研：旅游产品销售渠道的数量、分布状况和营销业绩；销售渠道的长度、宽度及运转情况；中间商的详细情况等等。

2. 旅游市场营销调研应把握的问题

旅游市场营销调研既涉及宏观环境又涉及微观环境，既有静态问题也有动态问题，是一个复杂的过程。市场调研的狭隘观念、市场调研人员能力的参差不齐，调研结果的迟缓和相关人员思维方式的差异性等因素的影响，致使市场营销调研会受到一些干扰和影响。所以，在进行市场调研时必须注意以下几方面的问题：一是调研的方法要具有科学性；二是调研结论应有创造性；三是调查形式要灵活多样；四是要注意模型和数据的相互依赖性；五是应注意获取信息的价值性；六是职业的道德性。

3. 旅游市场调研的方法

旅游市场营销调研方法的选择和技巧的运用直接关系到调研结果的可信度和含金量。因此必须选用科学的方法，确保调研的顺利进行。

（1）文案调查法

文案调查法是指查询并研究与调研项目有关资料的过程，这些资料是经过他人收集、整理和统计过的旅游企业内外的现成信息，所以又称间接调查法、二手资料调查法。这种方法与实地调查法相比的主要优点在于调研目标更加明确、节省时间和调研成本。但也存在资料可能过时、准确性难于把握的缺点。文案调查法常被旅游企业作为旅游市场营销调查的首选方法。

文案调查法的信息来源主要有：内部资料来源，包括旅游企业的会计账目和销售记录，其他各类报表、本企业的营销信息系统和计算机数据库；外部资料来源，包括政府机构的资料，旅游行业协会的资料、国际组织的资料、专门调研机构的资料、大众传播媒介的资料、旅游者的资料、互联网等。

（2）实地调查法

实地调查法是指旅游企业经过周密的调查设计和组织，由调研人员亲自收集第一手原始资料的过程，又称直接调查法。实地调查法的主要优点是直接从市场获取第一手资料，可及时准确地得到所需的信息，信息的针对性强。其主要缺点是花费大量的人力物力、成本高、项目周期长、企业往往无力对宏观层面的信息进行调查。

根据调研人员与调查对象之间的关系，实地调查法分为询问法、观察法和实验法。

① 询问法

询问法是指旅游营销调研人员和调查对象之间的直接交流沟通来获取信息的调查方法。其特点是调查人员将事先准备好的调查事项，以不同的方式向调查对象提问，将调查对象的反应收集起来。作为市场信息，询问法依据调查媒介的不同可分为：

A. 面谈调查法

调查人员按照选出的样本和规定的访问程序进行的个人面谈或小组面谈。这是调查中最常用的方法。其主要优点是直接、灵活、准确、互动；缺点是调查时间较长、成本较高，同时对调查人员的综合素质要求也相应较高。

B. 电话调查法

调查人员按照抽样要求选取样本，用电话询问被调查者，以获取有关信息的方法。电话调查法的优点是获取信息迅速、调查人员不会对被调查者产生心理紧张感；缺点是受通话时间的限制不能深入交谈，故信息的真实性难于判断。

C. 书面调查法

调查人员将设计好的书面材料交与（留置调查法）或邮寄（邮寄调查法）给调查对象，请他们填写好之后再统一收回进行统计处理的调查方法。这种调查方法的主要优点是可以用于调查样本广泛分布的较大地域，答复时间比较充裕，调查成本比较低；缺点是地域答案回复会多寡不一，由于理解问题不同，误差较大，不适宜询问较多问题，调查时间较长，无法获得观察资料。

D. 网络调查法

调研人员将设计好的问题置于企业或选好的网站上对访问对象进行调查的方法。这种方法的主要优点是方便、费用低、时空范围广、信息反馈迅速；缺点是准确度较低、调查时间长、样本分布难以控制。

② 观察法

观察法是指旅游营销调查人员在现场观察具体事物和现象的一种收集资料的方法，是旅游者行为研究中最经常使用的方法。这种方法的主要优点是被调查者感觉不到在被调查的情况下进行的，所以取得的资料真实性较高。其缺点在于观察所需时间较长，并且只能观察到表面的信息，很难了解到真实内在的原因。观察法可采取亲身经历法、直接观察法、行为记录法和痕迹观察法等进行。

③ 实验法

把调查对象置于特定的控制环境中，通过控制外来变量和检查结果差异来发现变量间的因果关系的调研方法。旅游企业在改变其产品品种、外观造型、广告宣传、分销渠道等问题时，都可采用此方法。实验法的主要优点是客观性较强、有较好的实际应用价值。其缺点是时间较长、费用较高、实验条件设置较难。

4. 旅游市场调研中的问卷设计

旅游市场营销调研不仅需要制定完备的调研方案，选择合适的调研方法，还必须善于运用各种调研技术，才能获得完整、准确的信息资料。其中最重要的基本技术就是调查问卷（调查表）设计。

调查问卷（调查表）是在市场调研中取得第一手资料的技术手段，是实现调查任务的一种重要工具。它可以使调查内容系统化、标准化，也是进行资料整理、统计、分析的基础。它的设计的好坏是关系到能否取得有价值的市场信息和调研结果的重要因素之一。

（1）调查问卷的设计原则

调查问卷设计的总体要求是简明扼要、科学合理。按照功能性原则、可靠性原则、效率原则、可维护性原则来满足调查问卷的基本要求。

（2）设计问卷时应注意的问题

在问卷中，问题部分的设计非常灵活，要搜集的信息可以通过不同的形式去提问，问题的提问形式不同，获得的信息的表达形式也不同；问题的表达形式和排序不同，被调查对象对问题的理解和回答问卷的兴趣也不同。因此，在问卷设计中，必须对提什么问题、问题的形式、提问的措辞以及问题的排序进行认真的研究。具体而言，设计问卷应注意以下几点：

① 设计好开头语

由于调查问卷的对象是自愿的而非强制的，所以，亲切、诚恳、有兴趣的开头语能给被调查者一种温馨的直观印象，并愿意参与调查。

② 避免多义性问题

问卷的用词必须简单明了、含义清楚，切忌模棱两可、让人捉摸不清。

③ 避免一般性问题

提问的本来目的是要取得某些特定的资料，但如果所提出的问题过于一般化，就会使得被调查者感到回答问题没有多少的实际价值，使整个调研活动失去意义。

④ 避免引导性问题

问卷提问中所采用的措辞或语气不能带有某种倾向，或者暗示调研人员自己的观点或希望获得的答案。

⑤ 避免困窘性问题

凡牵涉到个人隐私或有碍声誉的问题以及不能为社会道德规范和文化风俗所接受的问题，都应予以避免。

⑥ 避免假设性问题

先假设一种情况，然后要求被调查人回答在假设的情况下将采取何种行动，这种提问方式会得不到真实的答案。

（3）调查问卷中提问的类型

调查问卷提问的问题是问卷的核心内容和主体，就是通过这些问题的回答来收集资料。一般提问的类型有开放式提问、封闭式提问和态度测量式提问三种。

① 开放式问题

回答这种问题时，被调查对象可以自由回答问题，不受任何限制。换句话说，就是事先不规定答案。

例如："你为什么选择到旅行社报名参加团体旅游活动?"

这种问题的优点是被调查对象可以按照自己的意见进行回答，不受任何限制，而且调研人员可以获得较为全面的答案。缺点是答案过于分散，不利于统计，若是由旅游调研人员记录答案的话，还容易产生调研人员的理解误差，使答案与被调查对象的本意出现偏差。

② 封闭式问题

这种问题与开放式问题相反，它的答案已经事先由调研人员设计好，被调查对象只要在备选答案中选择合适的答案即可。封闭式问题又可分为两项选择问题和多项选择问题。例如：

你是否准备在今年的"十一黄金周"与家人一同外出旅游?（　　）

A. 是　　　　　　　　B. 否

以上是一个两项选择问题，这类问题通常列出性质相反的两种答案。下面是一个多项选择的问题：

你选择××旅行社参加团体旅游的原因是：（　　）

A. 朋友介绍　　B. 价格便宜　　C. 服务好　　D. 随意选择的，没有特殊原因

封闭式问题的答案都是事先拟定的，因而便于统计分析。封闭式问题还便于被调查对象选择，能够节省调查时间。但封闭式问题也有自己的缺陷，这就是限制了被调查对象的自由发挥。被调查对象的答案可能不在所拟定的答案之中，因而他们也许会随意选择一种并非真正代表自己意见的答案。所以，在决定采用开放式问题还是封闭式问题时，必须考虑到问题答案的分散程度，如果可能的答案较多，用封闭式问题会使答案的范围过于狭窄。在实际调研中，旅游营销调研人员常常结合开放式问题和封闭式问题的特点，采用在末尾安排开放式问题的方式来解决这一问题，例如：

你选择××旅行社参加团体旅游的原因是：（　　）

A. 朋友介绍　　B. 价格便宜　　C 服务好　　D. 其他________

在选项的末尾加上答案"D. 其他________"，使之成为开放式问题，这样，如果被调查对象由于其他原因选择了该旅行社，就可以选择答案 D，并加以说明。

③ 态度测量问题

这是用来测量态度强度的问题。态度测量是市场调研中一个很重要的内容，设计问题的具体形式有很多种：

A. 顺位式问题。即先列举若干答案，被调查对象根据自己的看法定出先后顺序。例如：

请根据食品质量，为下列酒店的餐厅评定等级。在食品质量最高的餐厅旁写上 1，在食品质量第二好的餐厅旁写上 2，……在食品质量最差的餐厅旁写上 5。

甲酒店中餐厅____________

乙酒店中餐厅____________

丙酒店中餐厅____________

丁酒店中餐厅____________

戊酒店中餐厅____________

顺位式问题的优点是：给予被调查对象一系列项目进行选择，旅游营销调研人员很容易对调查结果进行列表分析。缺点是：被调查对象对众多项目往往很难排定等级；项目排列顺序可能会引起倾向性，被调查对象可能会偏爱第一项和最后一项；另外，营销调研人员无法了解被调查对象为什么这样排列顺序。

B. 语意差别式问题。这是通过文字的不同含义来区分态度强度的问题。例如：

你今年“十一黄金周”想出去旅游吗？

A. 很想去　B. 想去　C. 不一定　D. 不想去　E. 很不想去

C. 数值尺度式问题。这是用数值来表示态度强度的问题。例如：

你认为××旅行社的服务质量：

+3

+2

+1

-1

-2

-3

（4）调查问卷的设计程序

一份优秀的调查问卷，程序是一个关键的问题。因此要精心、规范设计。一般的程序是：确定调查主体→确定被调查对象→确定调查问卷的项目→确定调查问卷提问的方法→拟定草案进行试验性调查→制定正式调查表进行调查。

（二）旅游市场预测

1. 旅游市场预测及意义

所谓旅游市场预测就是在旅游市场调研获取的各种资料与信息的基础之上，运用科学的方法，根据旅游企业的需要，对旅游市场未来一段时期内的发展规模和趋势作出的分析与判断。

旅游市场预测是旅游市场营销决策的基础和前提，是旅游企业编制发展战略规划和调整营销计划的重要依据，是增强旅游企业及其产品竞争力的有效途径，因此，必须认识到旅游市场预测的重要性。认真地搞好旅游市场预测，根据预测的结果，不断地推出能满足旅游者需求的产品，才能减少旅游企业经营的盲目性，减少经营风险；通过科学预测，使自己在日益激烈的市场竞争环境中审时度势，前瞻未来，把握时机，从而立于不败之地。

2. 旅游市场预测的类型

旅游市场预测的种类很多，可按以下角度进行分类。

(1) 按对旅游市场预测时间长短划分

长期预测，期限一般为5年以上的预测，主要用于宏观预测，也称远景预测。是旅游企业制定长远规划、发展方向的依据。

中期预测，期限一般为1~5年的预测。一般用于旅游企业市场潜力、价格变化、旅游供求变动趋势、政府政策措施等的预测，为旅游企业的中期决策提供依据。

短期预测，一般指年度、季度或月度预测，也称近期预测。主要为旅游企业制订年度计划和日常经营决策服务。

(2) 按对旅游市场预测范围划分

宏观市场预测，指对旅游企业不可控制的国际、国内因素的预测，为旅游企业确定市场经营方向、制定营销战略和策略提供依据。

微观市场预测，指对旅游企业产品的市场发展即产品的市场潜在需求状况进行预测，为旅游企业营销决策提供依据。

(3) 按对旅游市场预测性质划分

定性预测，指对未来旅游市场的发展趋势在性质上或程度上进行的预测。

定量预测，使旅游企业利用历史统计数据，建立预测模型，对未来旅游市场的发展趋势在数量上作出的估计。

3. 旅游市场预测的内容

旅游市场预测的内容很广泛，旅游企业可根据不同的时期、不同的条件和不同的需要进行针对性的市场预测，基本有以下几方向的预测内容：

(1) 旅游市场环境预测

旅游企业处在一个纷繁复杂的市场环境中，要想知己知彼，必须对所处的环境有清醒的认识，特别是在制订营销决策之前，对整体市场环境包括国内外政治、经济形势及产业结构的变化趋势，自然环境和人们的生活方式变化趋势，旅游业相关行业的发展趋势等作出科学的预测，准确地确定自己的位置。

(2) 旅游市场需求预测

旅游市场需求预测是旅游企业在市场预测中最关键的一项工作，只有掌握了需求状况，才能提供出符合市场需要的旅游产品和服务。旅游市场需求预测主要从旅游市场需求总量预测、旅游需求结构预测和旅游客源预测方面来进行。

① 旅游市场需求总量预测

旅游市场需求总量是指在一定区域、一定时间、一定营销环境和一定的营销费用水平条件下，旅游者可能购买的旅游产品总量。

② 旅游市场需求结构预测

旅游市场需求结构包括吃、住、行、游、购、娱等方面，在作出需求总量预测之后，还必须对需求结构分别作出预测。

③ 旅游市场客源预测

旅游企业发展业务的对象是游客，因此，旅游企业非常有必要对旅游客源作出预测，以便采取有针对性的促销策略。旅游客源预测包括：旅游者数量变化、旅游者季节变化、旅游者地区分布状况、旅游者构成变化和旅行游览时间的长短变动等。

（3）旅游市场容量预测

旅游需求与供给是旅游市场的两个主要因素，在预测市场需求的同时，也应对旅游供给的发展趋势进行预测，确切地讲，是对旅游容量或旅游承载力进行预测。

准确地测定旅游目的地的既有旅游容量并预测旅游极限容量，力争使旅游目的地的接待能力处在一个合理容量之内，维持供需的相对平衡，以保持旅游资源的吸引力和维护自然生态环境的稳定。

（4）旅游市场占有率预测

市场占有率是旅游企业的旅游产品销售量占该产品市场总销售量的比重。对它的预测，一方面可以预测本旅游企业的销售量；另一方面，可以预测竞争对手的实力以及本旅游企业在旅游行业中的竞争力和所处的地位，以便掌握市场竞争的动态状况，采取相应的市场竞争策略。

（5）旅游市场增长机会预测

旅游企业最有发展潜力的细分市场可以分为两类：一类是对本旅游企业的需求量将增加的那些细分市场：另一类是本旅游企业应当获得平均市场份额，但现在尚未达到平均市场份额的那些细分市场。旅游营销预测人员应该将目前本旅游企业所吸引的细分市场分为增长、稳定和衰弱三种类型，再通过定量分析，预测各细分市场对本旅游企业的需求量增加或减少多少，了解该市场以往的发展轨迹，征询旅游统计人员的意见，往往可以提高预测的精确性。

（6）旅游市场竞争情况预测

旅游企业能否从增长型细分市场和稳定型细分市场中吸引更多的旅游者，还会受到竞争对手的营销战术的影响。要取得竞争优势，旅游企业营销预测人员必须善于预见竞争对手对各细分市场将采取哪些营销措施，以此作为参照对象，制定适当的产品、价格、渠道、沟通和促销策略，努力向旅游者提供高于竞争对手价值的产品。

（7）旅游市场价格预测

旅游价格是旅游市场波动的主要标志和信息载体，一般情况下，价格下降，需求量增加；价格上涨，需求量减少。而各种旅游产品对价格的需求弹性不同，旅游企业必须预测旅游市场价格变化对旅游市场需求带来的影响，以便确定在旅游企业可控制范围内的最优价格和掌握供给水平的变动趋势。

（8）旅游市场效益预测

这是旅游企业最重要的预期成果，随着旅游市场营销观念的发展，企业追求经济效益已不是唯一的目标，在经过对营销成本和利润的预测取得最大经济收益的基础上还要追求社会效益和生态效益。

4. 旅游市场预测程序

旅游市场预测是一个重要问题，它关系到旅游企业能否真正地掌握市场情况，为经营战略和计划提供准确的依据。因此必须要运用科学的步骤和方法进行，才能取得真实可靠的效果。具体程序是：

（1）确定预测目标、拟定预测计划

由于预测的目标、对象、期限不同，预测所采取的分析方法、资料数据收集的要求也就不同。因此，旅游市场预测首先要明确规定预测的目标，即预测要达到什么要求，解决什么问题，预测的对象是什么，预测的范围、时间等。预测计划是预测目标的具体化，它具体地规定预测的精度要求、工作日程、参加人员及分工等。

（2）确定旅游市场预测因素

旅游市场是复杂多变的，因此要确定旅游市场预测因素。着重考虑市场人口、旅游者收入及消费 、旅游产品质量、旅游产品价格、交通运输状况、政府有关政策等因素。同时还要考虑不同旅游产品运用不同的预测因素。

（3）进行旅游市场调查

根据不同目标选择合适的调查方法，进行现实和历史资料信息的收集、整理和分析。

（4）选择旅游市场预测方法

预测方法的选择要服从于预测目标、占有资料的数量和可靠程度、精度要求以及预测费用的预算。可采用定性和定量分析方法，但是，由于旅游市场是错综复杂、瞬息万变的，因此在实际操作过程中要将定量分析和定性分析有机组合起来，交替使用，同时采用几种方法进行比较、验证。

（5）建立旅游市场预测模型

旅游市场预测要借助于经验判断、逻辑推理、统计分析、数学模型、电子计算机的计算等，由此建立一种适合需要的预测模型。

（6）对预测结果进行分析和评价

通过上述方法取得的预测结果，不能认为是确定的结果。要认真地进行分析和评价，找出是否与预测目标相符，找出差距。

（7）对原预测结果进行修正和调整

在旅游市场预测中，预测误差是不可避免的。为了避免预测误差过大，旅游营销预测人员要对预测值的可信度进行估计，即分析各种因素的变化对预测可能发生的影响，并对预测结果进行必要的修正和调整。

（8）撰写旅游市场预测报告

经过预测得出结论后，撰写旅游市场预测报告并及时提交。

5. 旅游市场预测方法

旅游市场预测的方法有很多，每种预测方法都有其特定的用途，旅游营销人员要正确选用合适的营销预测方法进行旅游市场预测，力求事半功倍，让预测为企业发现未来机会、规避可能存在的风险服务。

旅游市场预测的方法按其性质分，大体可以分为定性预测方法和定量预测方法两大类。

（1）定性分析预测方法

定性分析预测是指旅游营销人员依据个人的经验和分析能力，对营销变量之间的关系进行逻辑推理，并以个人判断去估测营销变量未来发展趋势的方法。

定性分析预测的优点是：相对而言简单易行，对资料数据的精确度要求较低；大多数定性分析预测对时间和经费的要求不高。其缺点是：并不能提供精确的预测结果，而且受预测者个人水平的影响较大，容易缺乏可信度。常用定性分析预测方法有以下几种：

① 个体意见综合预测法

由于旅游营销人员直接参与市场上各种旅游营销活动，非常了解旅游消费者和竞争对手的情况，特别是对他们自己营销范围内的情况更为熟悉，因此，他们的意见具有较高的参考价值。

这种方法的优点是营销人员对市场情况比较熟悉，他们所估计的数值贴近于实际；其缺点是营销人员对旅游市场的总形势和旅游市场的宏观发展趋势缺乏了解，同时，会受到自身个性等因素的影响，估计的结果可能会不完全客观。因此，这种方法通常适合于旅游市场需求和对竞争对手情况的预测。

② 集体经验综合判断预测法

集体经验综合判断预测法，也称“集体意见预测法”或“管理人员意见法”。这种方法就是集中旅游企业内部经营管理人员、业务人员，凭他们的经验智慧，通过思考分析、判断、综合，共同讨论对事物未来发展变化趋势作出估计的一种预测方法。

这一方法的优点是简单、快速且费用少，即使在没有足够的数字资料的情况下也可进行预测工作。其缺点是带有一定的主观性，受管理人员的经验及工作能力的影响较大。所以这种方法不适合战略性预测，而比较适用于日常性的预测。

③ 专家意见预测法

专家意见预测法是指旅游企业向选择的预测专家分别发函或发送调查表，提出问题，并提供进行预测的各种有关资料，要求专家分别按照自己的想法提出预测意见，由预测组织者把专家们的意见汇集、整理后，再将不同的意见及其理由反馈给每位专家。这样多次反复征询，逐步缩小各种不同意见的差距，得到基本上趋于一致的预测结果。

运用这种方法时应注意下列问题：

第一，匿名性，指对被选择的专家要相互保密，专家之间彼此“不通气”，使专家不受权威、资历等方面的影响。

第二，反馈性，指对专家的征询调查要经过 3 ~ 4 轮。

第三，趋向性，经过几轮的征询后，专家的意见相对集中，趋向一致，一旦出现个别专家观点与众不同，则要求详细说明理由。

第四，专家人数要适中，一般以 10 ~ 50 人为宜。

（2）定量预测方法

定量预测方法就是运用一定的数值信息，用数学模型来确定旅游营销变量间未来发展趋势的数量关系的预测方法。其优点是：预测的结果具有相当的准确性，提供的数据也比较精确。其缺点是：对信息的数量和质量要求高，同时假设条件比较多，对影响旅游企业的宏观环境因素（如政治、经济、文化等）无法量化处理。

旅游企业根据实际需要可采用下列方法进行预测：

① 简单平均数法

简单平均数法，又称“算术平均法”。是指使用预测对象过去时期的算术平均值预测未来变化趋势的一种方法。这种方法简单易行，适用于短期数值变化不大的预测。

② 加权平均数法

加权平均数法是指对不同时期的实际数给予不同的权数处理后，再求加权平均值的一种预测方法。为使预测更加准确，一般对近期数据给予较大的权数，给远期数据给予较小的权数。所得的加权平均数作为下一期的预测值。

③ 移动平均法

移动平均法是指利用过去若干期的实际值来求取其平均值，作为预测期的预测值。所谓“移动”是指每测一次，在时间上逐次往后推移，每期预测均取若干期实际值的平均值作为当期的预测值。移动平均期取的长，预测误差就减小。只有包括足够的期数，才足以抵消随波动变化的影响。

④ 变动趋势预测法

变动趋势预测法，也称为“趋势外推预测法”。是指旅游市场的变化存在着过去、现在和未来之间的内在联系，通过对有关预测对象的历史数据的抽象和现有状况的分析，找出其发展变化的规律性，并假定这个规律会延续到未来，利用已知的规律对预测对象未来状况作出预测。在移动平均数的基础上考虑市场趋势因素，趋势因素仍然采用平均值，这样较精确地反映市场动态，据此作出预测。

⑤ 回归预测法

回归预测法是指对具有相互联系的旅游现象，根据大量的观察找出其关系形态，用一种数量统计方法选择合适的数学模型，近似地表达变量的平均变化关系。这种方法应用的范围相对广泛，主要方法如一元线性回归、相关分析等方法。

二、旅游市场营销战略

旅游市场营销战略是指在市场调查研究和市场预测的基础上，根据市场环境并结合自身能力，对旅游企业发展方向和长远目标所做的全局性的定性安排。

旅游企业要在激烈的市场竞争中生存和发展，首先要考虑“远虑”问题，确定本企业的长远目标，找到本企业的发展方向，也就是要解决旅游市场营销战略问题。在确定正确的营销战略以后，配合科学的营销组合策略，来实现旅游企业的长远目标。

（一）旅游市场营销战略特点

1. 全局性

旅游市场营销战略所决定的是旅游企业经营的长期目标和为实现这一目标的战略方法，它不是局部的、零星的、战术性的安排，它要达到的目标可形象地描述为“赢得一场战争而不是打赢一场战役”。从全局性和整体性出发，旅游市场营销战略要体现旅游企业发展的整体和长远要求，处理好全局与局部以及整体与个体的关系。

2. 长期性

旅游市场营销战略立足当前、放眼未来，对旅游企业经营将起到长期的指导作用。因此，要求旅游企业的经营者要以战略家的气度、前瞻性的意识，用大手笔做大文章，要防止和及时矫正“营销近视症”，处理好长远利益与眼前利益的关系，要以“风物长宜放眼量”的眼界来制定旅游市场营销战略。当然，制定了正确的市场营销战略也并不意味着成功，根据美国麦肯锡咨询公司的看法，战略只是最佳管理企业的七个要素之一。对一个成功企业而言，要有三个硬件：一个好的战略（Strategy）以达到其目标，还要有保障其成功的另外两个硬件——结构（Structure）和系统（Systems），即有最有效的信息系统、计划系统和激励制度的组织，以保证各项任务的完成；另有四个软件：作风（Style）、员工（Staff）、技能（Skills）和共同价值观（Shared Values），如图6－1所示。

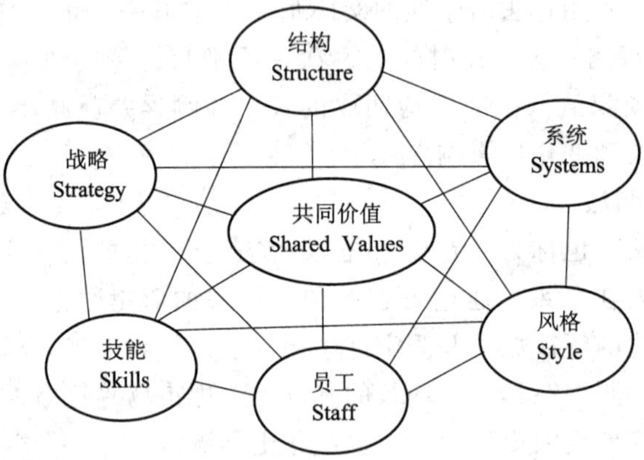

图6－1 麦肯锡7S构架

虽然旅游市场营销战略长期性的特点要求战略决策应注重长远、放眼未来，但也不能把未来与现在的经营割裂开来。立足当前、从现实出发、认真组织实施，旅游市场营销战略才真正有价值。

3. 系统性

旅游市场营销战略是一个系统性很强的有机整体，以整合的观点从系统的角度去考虑，会产生类似于1＋1＞2的系统效果。这就要求旅游企业经营应从系统角度出发，综合运用7S构架下的各种资源，发挥各层次、各子系统的作用，达成统一的战略目标。

4. 权威性

旅游市场营销战略应具有权威性指导作用，各部门都要以战略为指导，在此基础上充分发挥其作用，而不能各自为政、各行其事。旅游市场营销战略的权威性不仅是指依靠组织所形成的所谓“权力型”权威，更重要的是指它首先应具有科学性。只有建立在科学性基础上的营销战略，对旅游企业经营才有真正的指导价值，才真正具备权威性。一个科学的营销战略是旅游企业在市场调研和科学预测的前提下，群策群力，经过自上而下、自下而上反复修改和完善而形成的。

5. 稳定性与适应性

旅游市场营销战略制定后应保持相对稳定，不能朝令夕改，否则各战略业务单位会感到无所适从。但保持相对稳定不等于一成不变，因为旅游企业内外部环境在变，营销战略也应随之作必要的调整。当环境发生较少量变化时，可适度微调；当环境发生质变时，旅游市场营销战略就需要作重大调整，以提高战略与环境的适应性。

6. 机遇性与风险性

旅游市场营销战略是对市场未来的预测性决策，如果抓住了旅游市场的机遇，将给企业带来新的发展机会，这就是营销战略的机遇性。旅游企业的经营者也应当清醒的认识到，旅游市场是在不断发展的，常常会有“意料之外”的事件发生，这种变化的不确定性，往往对旅游企业有深刻的影响，从负面角度看有时甚至会导致灾难性后果，这就是营销战略的风险性。营销战略的风险性还表现在：对许多旅游企业来讲可能是机遇环境，而对某个特定的旅游企业而言，受自身经济实力、管理能力等方面的限制，进入某个充满机遇的市场后却发现这是“机会陷阱”。

（二）旅游市场营销战略管理步骤

旅游市场战略首先要明确企业的总任务，依据总任务确定总目标，据此确定最佳业务组合并决定所拥有的资源在各业务单位的分配，最后制定各业务单位的具体营销计划。

1. 明确旅游企业任务

旅游企业首先要明确自己的任务，以此促进业务单位为如期完成企业的任务而努力。在确定旅游企业任务时，经营者要考虑如下五个关键性要素：

（1）企业的历史

它是企业迈向新目标的基础，具有传承性特征，即旅游企业实行什么样的战略要以此为起点，一般不宜重起炉灶。如一个一直从事旅游业务的企业，却突然转向工业领域去生产家电，即使家电市场有很多发展机会，但该企业还是难有成功的把握。

（2）管理者和所有者的偏好

管理者和所有者的偏好也是确定旅游企业任务时要考虑的关键因素之一。如有的旅行社管理者希望把国内旅游市场做大，而有的旅行社管理者则希望抓住“出境游”这块“油水”最大的市场，他们会根据自己的偏好作出不同的战略决策。经营者在制定营销战略时，还要适当考虑所有者的偏好，否则会导致投资人的反对。

（3）环境要素

市场环境不同，旅游企业的任务也应有一定的差异，所谓“到什么山唱什么歌”，环境变化时旅游企业的任务也要作相应的调整。

（4）旅游企业资源

企业资源是完成任务的基本条件。旅游企业不能做它力所不能及的事，只有在具备一定人、财、物等资源的条件下，才能完成企业的任务。

（5）独特的能力

任务的确定应建立在旅游企业独特的能力上，旅游企业要以质量，特色来塑造知名品牌，依靠它在某些方面独特的能力成为特定旅游市场的佼佼者，如某酒店集团，也可能有能力进入其他领域但这不是它的特长，它以经营酒店见长，利用这一独特的能力，该酒店集团在酒店业可以有一番作为。

2. 旅游企业目标

旅游企业任务与目标都是以营销战略为基础的，目标是任务的具体化。旅游企业任务确定之后，要将任务具体化为各战略业务单位的目标，使每个战略单位目标明确、责任落实到人，这就是目标管理在旅游企业中的运用。旅游企业目标应满足如下方面要求：

（1）层次化

旅游企业会同时追求许多目标，如财务收益、旅游市场占有率、旅游品牌知名度目标等等。旅游企业经营者应根据轻、重、缓、急进行合理排列，明确什么是主要目标，什么是次要目标，什么是长期目标，什么是短期目标，由此制定出由不同层次目标所构成的目标体系。

（2）可行性

旅游企业战略目标的确定不是凭空产生的，而是在分析旅游市场环境与旅游企业自身能力基础上形成的。旅游企业的战略目标要切实可行、便于操作，才会产生良好的效果。

（3）数量化

尽量把旅游企业战略目标量化，把目标转化成能用大小和时间描述的量化指标。数量化的目标清楚明了，便于理解。

（4）协调一致性

各具体目标之间往往既有统一的一面，又有相互矛盾的一面。对于相互矛盾的一面，旅游企业经营者需加以重视并予以妥善解决，以使总目标和各具体目标保持一致，使各具体目标之间保持协调。如使游客满意是旅游企业一大目标，而不断提高投资回报又是另一大目标，正确处理两者矛盾，使它们变成正相关，旅游企业才会走上良性循环道路。协调一致的根本要求是保持各具体目标与总目标的协调一致性。

（5）激励性

旅游企业目标不能定得过低，过低而容易完成的目标对各战略业务单位，对员工都没有激励作用。把战略目标定得稍高一些，经过各部门和全体员工的努力方能实现的目标才更具挑战性。激励性不应只考虑财务收益指标，还要考虑可持续经营能力。一些旅游企业在实行目标责任制后，由于只用单纯利润指标进行考核，经营者往往在任期内不顾一切拼资源求利润，结果个人得利，企业短期可能得利，但却损害了企业的长远利益。而激励性也不是好高骛远，不切实际的目标不但不能起到激励“士气”的作用，反而会因目标完不成而导致“破罐子破摔”的局面。

3. 业务组合计划

在明确战略任务和目标之后，旅游企业要分析现有战略业务项目，规划每项战略业务的具体内容，建立、维持、收缩或淘汰某些业务是战略业务组合计划的内容。分析现有战略业务项目的现状，对其战略性盈利潜力进行评估，确定最终的业务组合计划。

4. 制定具体营销计划

旅游企业市场整体营销计划是营销战略的体现，为把营销战略落到实处，旅游企业需要根据营销战略编制具体营销计划。具体营销计划不等于销售计划，在经营者制定具体营销计划时，要坚持以市场为导向，以旅游者的需求作为出发点，把具体营销计划建立在适应市场需要的基础上。

旅游企业具体营销计划，从时间的长短上可分为：短期（1 年以内）、中期（1 年以上、3 年以下）、长期（3 年以上）计划；从内容上看既有以市场占有率、销售额为中心的营销计划，又有以利润为中心的营销计划，还有以树立形象、提高旅游企业和旅游产品知名度、美誉度的营销计划。

（三）旅游企业市场营销战略类型

旅游企业常见的市场营销战略类型有密集型发展战略、多元化发展战略、归核经营战略、一体化发展战略和全球营销战略等五种。

1. 密集型发展战略

密集型发展战略是旅游企业在现有的经营领域改进现有产品，或以现有产品打入新市场的战略，包括市场渗透战略、开发新市场战略和新产品开发战略。

（1）市场渗透战略

旅游企业以现有旅游产品在现有旅游市场上获得更高的市场占有率，这就是市场渗透战略。实现这一战略的主要策略有：通过适当降低成本以适当降低旅游产品价格，改进服务、优化渠道结构、改进广告与公关等方式来提高知名度，争取回头客，扩大旅游产品销售额等。

（2）开发新市场战略

旅游企业通过发现游客新需求，而新需求又可用现有产品去满足，这就是开发新市场战略。

大众早餐市场大有可为

高雅的环境、精致的菜肴、细腻的服务几乎成为高档星级酒店餐饮的全部定义。正是在酒店经营者普遍自我感觉良好的氛围中，却失去了日益红火的早餐市场。而虽然也有一些经营者先知先觉，看到了早餐市场的巨大商机，却放不下星级酒店的架子，不愿把目光瞄向大众早餐市场，宁愿继续平平淡淡地经营。M 酒店是一家三星级酒店，住店客人较少在酒店用早餐，每天早餐营业额仅为区区数百元。转换思路后，M 酒店在做好住店客人早餐服务工作的同时，积极开发大众早餐市场，由于经营得当，早餐营业额提高到每天 4 千多元。M 酒店尝到甜头后在大众早餐上大做文章，一连开了好几家早餐连锁店，生意做得红红火火。

（3）新产品开发战略

旅游企业通过开发新产品来满足旅游市场需要，这就是新产品开发战略。大多数旅游者对旅游产品都有“喜新厌旧”的现象，这是旅游市场的常态。如过去那种千篇一律“逛山看庙”的旅游线路，曾让外国游客索然无味，已成为旅游市场营销的反面教材，而那些常见常新的旅游产品往往会使游客兴奋不已。

2. 多元化发展战略

多元化发展战略是指旅游企业进入目前业务范围以外新领域。这样做的主要目的之一是分散经营风险。中国谚语“西方不亮东方亮”、西方谚语“不要把所有的鸡蛋放到一个篮子里”，都是提醒企业要注意分散经营风险。

多元化战略主要有三种形式：

（1）同心多元化

旅游企业通过开发与本企业现有产品线和营销组合相关度高的新产品，这就是同心多元化战略。如酒店推出新的餐饮系列、康乐系列产品等。

（2）水平多元化

旅游企业开发能满足现有游客所需要的新产品，而这类旅游产品与公司现有产品在技术上关系不大。如旅行社经营者看到开发新旅游景点前景较好，就投资开发新旅游景点，并把它作为包价旅游线路的一个参观项目，把旅行团带去游览。

（3）跨行业多元化

旅游企业进入其他行业发展，通过兼并、收购、参股等形式向其他领域渗透，如投资办工厂、收购农庄搞农业等。

3. 归核经营战略

归核经营战略与多元化发展战略刚好相反，指旅游企业坚持主业、突出主业、培植主业、做大做强主业，而不涉及主业以外的其他业务。对已涉足主业以外的其他业务采取收缩战略，尽快退出，重新归回主业。归核经营战略的最大优势是集中使用企业的资源，使企业在最熟悉、最有优势的主业经营方面取得突出业绩。归核经营与多元化是一对矛盾战略，企业不顾条件实行多元化战略时，就可能落入“多元化陷阱”而损失惨重，侥幸死里逃生的，也不得不结束那些杂乱无章的业务，重新回归主业。

4. 一体化发展战略

企业同时控制供应商、中间商、同行竞争者的发展战略就叫一体化战略。一体化发展战略可通过三条途径实现：

（1）后向一体化

旅游企业通过收购、控股等方式控制供应商并节省成本开支，这就是后向一体化战略。如旅游饭店收购或控股为其提供餐饮原材料的特种养殖企业、果蔬企业等。

（2）前向一体化

旅游产品生产企业通过收购、控股等方式，控制旅游产品批发企业和零售企业，这就是前向一体化战略。如旅游饭店收购为其提供客源的旅行社等就属于这一战略。

（3）水平一体化

旅游企业通过收购一些同行竞争者，把这些竞争者纳入本公司的“版图”，这就是水平一体化战略。如实力强大的酒店集团购并多家酒店，形成联锁经营等就属于这一战略。

5. 全球营销战略

在国内旅游市场日益全球化的今天，国内旅游市场与国际旅游市场的疆域界线日趋模糊，包括旅游产品在内的服务贸易自由化程度进一步提高。无论是服务语言、服务流程还是服务理念，都朝着国际化发展。

三、旅游市场营销组合

（一）传统市场营销组合

20 世纪 60 年代初由美国人鲍勃提出了市场营销组合的概念。最常用的旅游市场营销策略是美国市场营销专家麦肯锡提出的 4P 策略，即产品（Product）、渠道（Place）、价格（Price）与促销（Promotion）策略。

（二）现代旅游市场营销“7P”营销组合

由于旅游市场营销明显区别于一般的有形产品的营销，以麦肯锡为代表、归纳提出的以“4P”为中心的营销组合理论已不足以涵盖现代旅游市场营销的现实问题。因此，现代旅游市场营销服务在“4P”基础上扩充了下列因素，构成以“7P”为核心的新型现代旅游市场营销体系，如表 6-2 所示。

表 6-2　“7P”现代旅游市场营销组合

产品（Product）	实体商品特性，质量水平，附属产品，包装，产品线，品牌等
价格（Price）	灵活性，价格水平，期限，区别对待，折扣，折让等
渠道（Place）	渠道类型，产品陈列，中间商，店面位置，运输，仓储，管理渠道等
促销（Promotion）	促销组合，销售人员，挑选，培训，激励，广告，媒体类型，广告类型，促销活动，公共关系，互联网等
人员（People）	员工，招聘，培训，激励，奖励，团队，顾客，教育等
有形展示（Physical Evident）	设施设置，设备，招牌，员工服装，其他有形要素，报告，名片，声明，保证书等
过程（Process）	活动流程，标准化，定制化，步骤数目，顾客参与等

任务四　旅游市场格局及发展趋势

一、世界旅游市场格局及发展趋势

（一）世界各旅游市场的概况

1. 欧洲市场

欧洲是世界上最大的旅游市场。作为资本主义发源地，欧洲的人文旅游资源非常丰富，其中地中海沿岸是世界上开发最早、最发达的海滨度假旅游地。2001 年该地区接待国际游客占全世界总量的 55%，旅游收入占全世界旅游总收入的 50%。随着亚洲旅游市场的崛起，其市场份额有所下降，但仍稳居世界第一位，这充分说明欧洲一直是全世界国际旅游的中心地区，因而也是世界上最大的旅游市场。

同时，欧洲也是世界最大旅游客源市场。2001 年全世界出国旅游人数为 6.89 亿人次，而欧洲地区便有近 3 亿人次，其中 89% 在洲内和地中海沿岸旅游，还有近 400 万人赴亚洲和大洋洲旅游。

2. 东亚和太平洋市场

东亚和太平洋是目前世界第二大旅游市场。该地区的市场规模在过去 20 多年中一直稳居世界第三位，接待人数每年以 17% 的速度增长，是世界旅游业发展最快的地区。该地区接待国际旅游人数占全世界的份额从 1995 年的 14.2% 上升为 2010 年的 21.7%，超过美洲，跃居世界第二。

（1）东亚区。主要国家有中国、朝鲜、韩国、日本，是世界上人口最多的地区。自然旅游资源以温带、亚热带季风气候景观为主，温带、亚热带森林景观占优势。文化方面以儒家文化为主，深刻影响人们的思想观念；同时受佛教文化影响较大，物质文化方面反映佛教等宗教内容的建筑、石刻等人文景观占较大优势。

（2）东南亚。主要国家有缅甸、泰国、柬埔寨、老挝、越南、马来西亚、印度尼西亚、菲律宾。自然旅游资源以热带季风气候景观和热带雨林气候景观为主，热带森林自然景观占优势。文化方面，中南半岛信仰佛教，马来半岛及马来群岛信仰伊斯兰教，菲律宾信仰天主教。

（3）太平洋地区。主要国家有澳大利亚、新西兰及太平洋群岛国家。自然旅游资源方面属于热带、亚热带风光，多火山岛和珊瑚岛。居民多为欧洲移民，文化属于西方文化区，80% 的人信仰基督教。

3. 美洲市场

美国的名胜古迹虽然不多，但旅游资源开发很好。一是充分利用自然风光，如世界闻名的大峡谷和国家公园；二是修建了许多人造景观，像世界闻名的“迪斯尼乐园”、环球影城等；三是开放了白宫、国会山、众参两院、宇航馆、联邦调查局、制币厂等比较特殊的参观点。加拿大的情况和美国相似。

墨西哥由于是文明古国，又有美丽的海滩、神奇的印第安文化、古代金字塔、宫殿遗址和巨幅壁画，每年吸引数百万的外国游客。

美洲也是世界第二大旅游客源市场，为世界旅游市场大约提供 20% 的客源。还有世界上最大的旅游客源输出国——美国。每年有近 6 000 万人次到国外旅游。

4. 非洲市场

非洲地区近年国际旅游接待量增长较快，由于非洲一些主要旅游接待国的货币大幅度贬值，低廉的旅游价格增强了对欧美和日本旅游者的吸引力；同时，又利用当地的独特自然环境及旅游者的猎奇心理，开展奇特风光欣赏、野生动物探险、体验民族风情等专项旅游，吸引世界各地旅游者。其中，突尼斯、摩洛哥的旅游业发展较快。而世界上最穷国家之一的坦桑尼亚，也凭借丰富独特的旅游资源优势，加大开发和引进外资的力度，以求后来居上。

近几年来，随着政治局势的趋于稳定，制约非洲旅游发展的主要障碍已由政治因素转为经济因素，因而，在发展旅游业的策略上突出三个重点：一是以更优惠的政策引进外资；二是全面引进外国先进的管理方式和机制；三是进行旅游资产重组，扩大合资规模，从而加快旅游业发展的速度，这些正预示着非洲地区旅游发展的黄金时代的到来。但是非洲在国际旅游客源产生方面，其市场规模还有待开发。

5. 中东市场

中东是连接欧、亚、非三洲的中间地带，对发展国际旅游本应是一种有利条件，在20世纪70年代以前曾经是国际旅游重要接待地区之一。但由于战乱频繁，旅游经济发展起伏较大，占世界旅游市场的份额较小。该地区的国际旅游接待总数占世界市场份额从20世纪60年代的1.08%增至1990年的2.1%，1991年受海湾战争的沉重打击，以致当年的国际旅游接待人数大幅度下降。从1992年开始恢复和发展，其中埃及、以色列的旅游业发展较快。以色列民族喜爱旅游，出境旅游人数占总人口的44%。多数旅游者都受过高等教育，修学旅游成为时尚，奖励旅游和宗教旅游十分盛行。

自海湾战争结束后，由于中东和平进程的发展，以及许多国家放宽出境旅游的限制，因此，从1990~1995年期间，中东地区以年均8.5%的增长率领先于世界各大旅游市场。到2000年，中东地区的国际旅游接待人数和旅游外汇收入占世界市场份额已上升到2.95%和2.04%。但中东毕竟是一个非常敏感的旅游市场，2003年又受伊拉克战争的影响，其国际旅游业的发展不但缓慢，而且忽高忽低不稳定。据世界旅游组织预测，2030年中东地区接待国际旅游人数将占全世界份额的8.2%。

但其作为国际客源的旅游市场一直为世界所重视，因为该地区的很多产油国都是经济上富有的国家。

6. 南亚市场

南亚地区主要是指印度、巴基斯坦、孟加拉国等国家，旅游业的发展比较落后且不稳定。该地区的国际旅游接待人数占世界市场份额从20世纪60年代的0.26%增至20世纪80年代的0.8%，从20世纪80年代初至80年代末经常出现负增长，直到进入90年代以来才加快发展的步伐。

印度旅游是南亚市场的支柱。印度作为世界文明古国之一，具有丰富的历史文化遗产和独特的文化旅游资源，是世界上发展旅游较早的国家。

（二）世界旅游市场发展趋势和特点

1. 世界旅游市场出现新格局

经济全球化和区域经济一体化的进程深刻地影响着世界旅游业的发展轨迹，打破了原有的旅游市场格局。东亚太经济的崛起，为世界旅游热点向亚太转移创造了经济平台。亚太地区接待国际旅游人数占世界的份额从第三位跃居世界第二。欧、美主宰世界旅游市场的局面已被打破，全球旅游市场已形成欧、亚、美三足鼎立的新格局。据世界旅游组织预测，2030年世界各主要旅游区接待国际旅游人数占世界的份额分别为：欧洲41.1%，亚太地区29.6%，美洲13.7%，中东地区8.2%，非洲7.4%。

2. 世界旅游的休闲化趋势

随着世界各国经济的发展和生活水平的提高，众多旅游者旅游的目的也从传统的开阔眼界、增长见识向通过旅游使身心得到放松休息、陶冶生活情趣等转变。度假旅游活动成为现代人生活的重要组成部分。在美国，美国人已有1/3的休闲时间，2/3的收入用于休闲，1/3的土地面积用于休闲。休闲度假已成为现代社会人们的重要生活方式。

休闲经济成为经济社会发展的重要经济形态。休闲经济在21世纪的头20年将占有世界GDP的半壁江山。

3. 世界旅游的生态化趋势

无论是发达国家还是发展中国家，各国纷纷从社会进程中逐渐认识到发展旅游与环境之间的关系，可持续发展成为所有产业包括旅游业发展战略的出发点和归宿。不仅仅欧美国家大力推出生态旅游，拉美、非洲各国也纷纷把生态环境保护同人类休闲娱乐相结合，把旅游文化传播与地区经济持续发展相协调。如阿根廷的“南极探险”、旅游创汇大国巴西的“亚马逊流域生态游”、墨西哥的“蝴蝶之家”等等。走向自然、回归自然、绿色消费的生态旅游必定在全球旅游发展中占据重要地位。

4. 世界旅游的区域一体化趋势

由于地缘和文化的原因，对大部分国家来说，邻近市场仍将是本国旅游客源的主体市场。区域经济一体化会以其“地利、人和”的优势，推动区域旅游业以更高的速度增长。在不久的将来，东南亚海域将成为世界滨海游乐业蓬勃发展的地区之一，中国—东盟自由贸易区以及东北亚的中日韩将是亚太地区重要的旅游度假区域接待板块。

5. 世界旅游的本质安全化趋势

民族冲突、宗教冲突、国际恐怖主义、政局动荡、传染性疾病、旅游目的地社会不安定等，都会随时对国际旅游业的发展形成局部威胁。在具备闲暇时间和支付能力的条件下，唯一能使旅游者放弃旅游计划的因素就是对安全的顾虑。旅游安全和旅游目的地的社会和谐将被越来越重视。

二、中国旅游市场格局及发展趋势

我国的旅游市场包括入境、国内、出境旅游市场三大部分。

（一）入境旅游市场

根据世界旅游组织的解释，入境旅游是指非所在国的居民在该国的经济疆域内进行的旅游。根据我国目前对来华海外旅游者的界定，我国旅游业的海外客源市场由三部分组成，即外国人（包括外籍华人）、海外华侨和港澳台同胞。

1. 入境旅游市场的基本状况

从1949年到1978年，我国入境旅游业初具雏形，但尚未形成产业。1978年以后，在改革开放政策的推动下，中国入境旅游业迅猛发展。

改革开放以来，我国的入境旅游业有了巨大的发展。1978年，我国入境旅游人数180.92万人次，其中外国旅游者为22.96万人次，增长19.6%；港澳台同胞为157.96万人次，旅游外汇收入为2.63亿美元，世界排名第41位。2005年我国入境旅游人数为12 029.23万人次，比上年增长10.3%，是1978年的66倍。其中：外国人2 025.51万人次，增长19.6%；香港同胞7 019.38万人次，增长5.5%；澳门同胞2 573.41万人次，增长17.6%；台湾同胞410.92万人次，增长11.5%。入境过夜旅游者人数为4 680.90万人次，比上年增长12.1%；2005年实现旅游外汇收入292.96亿美元，比上年增长13.8%。

2. 入境旅游市场的客源分布

我国的入境旅游市场主要集中在亚洲国家。

外国人来华旅游市场按照规模大小排列依次为亚洲市场、欧洲市场、美洲市场、大洋洲市场和非洲市场。同20世纪80年代的情况相比，欧洲市场由原来的第3位进至第2位，这是因为传统的西欧来华旅游市场中的英、德、法旅华客流量自进入20世纪90年代以来都已经超过了10万人次，而且意大利等西欧国家的旅华人数也都有显著的增长。另一方面，随着前苏联的社会变化，俄罗斯也从过去的潜在市场转变为来华旅游的现实市场。

表6－3　2011年入境旅游外国人人数

亚洲		美洲		欧洲		大洋洲		非洲及其他国家	
国别	人数（万人次）	国别	人数（万人次）	国别	人数（万人次）	国别	人数（万人次）	国别	人数（万人次）
日本	365.82	美国	211.61	英国	59.57	澳大利亚	72.62	非洲	48.88
韩国	418.54	加拿大	74.8	德国	63.7	新西兰	12.09	其他国家	0.19
朝鲜	15.23	墨西哥	5.37	法国	49.31	其他	1.22		
蒙古	99.42	其他	28.32	意大利	23.5				
菲律宾	89.43			俄罗斯	253.63				
泰国	60.8			瑞士	7.53				
新加坡	106.3			瑞典	17.01				
印尼	60.87			荷兰	19.75				
马来西亚	124.51			挪威	5.14				
巴基斯坦	9.25			奥地利	6.69				
印度	60.65			比利时	7.04				
尼泊尔	3.19			西班牙	13.99				
斯里兰卡	3.8			葡萄牙	4.7				
哈萨克	50.62			其他	59.49				
吉尔吉斯	4.76								
其他	191.82								
小计	1 665.02	小计	320.1	小计	591.08	小计	85.93	小计	48.88
总计									2 711.2

3. 我国在国际旅游市场竞争中存在的问题

（1）地理位置远离主要国际客源

我国的地理位置距世界上大多数主要国际客源产生地较远，这一因素的不利之处主要表现在以下两个方面：

第一，欧美游客旅华的交通费用昂贵。欧洲各主要客源国与中国之间的距离平均也在2万公里左右。据我国旅游部门的调查，北美游客来华旅游的国际间往返交通费用约占旅游全程费用的40%，欧洲游客来华旅游的国际间往返交通费用约占1/3~1/2。因此，很多欧美家庭难以有经常前来我国旅游度假的支付能力。同时，从西欧乘坐火车前来中国的旅费（往返约509美元），虽然较航空票价便宜，但仅从莫斯科到北京就要7天时间，连同从西欧主要城市乘火车到莫斯科的时间加到一起，国际间往返旅行总共需要15~25天。此外，从西欧乘火车来中国要办理多次签证，从而增加了旅行手续的麻烦。因此，对于这些客源地中带薪假期有限的游客来说。时间、距离都将成为前来中国旅游的一大障碍。

第二，容易遭受经济和油价上涨的打击。距离主要客源国较远的旅游目的地最容易遭受经济危机和世界油价上涨的打击。特别是对于以接待观光旅游和疗养旅游为主的旅游目的地来说，由于不少国家都有这方面的类似资源，因此在出现与客源国有关的经济危机和运输价格上涨情况下，首先受到打击的便是距离客源国较远的旅游目的地。

（2）周边国家和地区旅游业的竞争激烈

我国旅游业所处的区域性国际环境为东亚和太平洋地区，这一地区的主要旅游目的地所面对的国际客源市场有着惊人的共同性，而这些竞争对手比我国的旅游业起步早，在从业经验、服务质量、交通运输和产品价格方面有着一定的优势。虽然目前一次多国旅游的发展为区域内旅游目的地之间的合作提供了可能的条件，但美国和日本的调查材料表明，其出国游客一次出游平均逗留的国家不超过1.8个，这意味着除少数情况外，区域内的合作是相当有限的，更多的是竞争。

在争夺客源市场方面，国际上的主要竞争对手有韩国、新加坡、菲律宾、泰国等周边国家。我国的香港和台湾地区也是我国内地旅游业的有力竞争对手。例如，在1986年，韩国接待了日本游客79万人次，香港地区接待了727万人次，台湾地区接待了696万人次，而中国内地则只接待了484万人次，占该年日本出国旅游人次（约5 516万）的8.7%，到20世纪整个90年代也与此大体类似。虽然近年来我国在接待日本游客来访人次的增长速度上不时处于领先地位，但在接待人次的数量上仍然落后于邻近的不少国家和地区。在吸引北美和西欧游客方面，我国旅游业也面临着同样的竞争问题。

（3）我国旅游产品的开发和质量存在问题

旅游营销工作是以旅游产品随时迎合并满足市场需求为基础的，如果产品本身不能迎合满足市场的需求，无论怎样强化销售工作也难以获得成效。

长期以来，我国入境旅游市场的经营一直依赖于接待团体观光旅游，这种产品类型上的单一性已落后于国际旅游潮流的变化。就一个旅游目的地的观光而言，单是这一产品本身就不足以吸引游客多次购买或经常故地重游，除非该目的地能够年年推出对游客有吸引力的新的观光路线或内容。此外，我国旅游产品在质量方面仍存在着清洁卫生条件差、旅行日程和交通安排变化多、接待散客旅游的条件不足等问题，这在很大程度上影响着客源的扩大。

(4) 市场宣传和海外促销工作仍有待改进

近些年来，我国旅游业的对外宣传和海外促销工作已有较大的发展。除了在主要客源地设立驻外旅游办事处外，参加国际旅游博览会、展销会，邀请外国旅游栏目记者来访，制作有关中国旅游的电影、录像带、幻灯片，编印旅游宣传册等推销宣传手段也都被较多地采用。但是同竞争者相比，我国旅游业的对外宣传和海外促销工作仍存在很多问题，其中最突出的问题是营销经费不足和技术水平不高。

(二) 国内旅游市场

国内旅游市场是我国旅游市场的重要组成部分。我国的国内旅游市场是在改革开放以后逐渐发育起来的，20 世纪 90 年代开始呈现迅猛发展的局面。

1. 国内旅游市场的发展历程

国内旅游需求的发展是国民经济持续快速健康发展、人民生活水平不断提高的体现和必然结果，也是社会进步的重要标志。

1985 年，我国的国内游客数量仅为 2.4 亿人次，国内旅游收入为 80 亿元人民币。1998 年，中国居民参与国内旅游活动的人数达到 6.9 亿人次，成为世界最大的国内旅游市场国，国内旅游收入已占我国旅游总收入的 2/3。2002 年，我国国内旅游人数已达 8.78 亿人次，全年国内旅游总收入为 3 878.36 亿元人民币，国内旅游收入在全国旅游收入中的比重已经达到 69.5%，国内旅游收入在国民生产总值中所占的比重，以及在第三产业增加值中所占的比重也有显著的提高。2003 年，中国旅游业遭受“非典”的打击后，国家和地方迅速出台了一系列的扶持旅游业发展的措施。2004 年，中国国内旅游人数达 11 亿人次，国内旅游收入 4 711 亿元，占总收入的 67%。2005 年，中国国内旅游人数达 12.12 亿人次，国内旅游收入 5 286 亿元。国内旅游的兴旺发达有力地拉动了内需，促进了消费，带动了相关产业的发展。

到 2011 年，我国国内旅游人数达 26.4 亿人次，比 2010 年增长 13.2%；国内旅游收入达 1.93 万亿元，增长 23.6%。因此，国内旅游市场在我国有着相当大的发展潜力，国内旅游在本世纪必将有更大的发展。

2. 国内旅游市场的特点

(1) 城镇居民在国内旅游市场占主导地位。虽然农村居民的出游总量高于城镇居民，但是同农村居民相比，我国城镇居民的国内旅游无论是从出游率，还是从消费水平方面，在国内旅游市场中一直占据主导地位。2011 年，我国城镇居民国内旅游出游人数 16.87 亿人次，出游率 253.5%，出游花费 14 808.61 亿元，游客每次出游人均花费 877.80 元/人次。

(2) 农村居民外出旅游增长快。随着农村经济条件的改善和消费观念的改变，农村外出旅游处于快速增长阶段。2011 年，我国农村居民国内旅游出游人数 9.54 亿人次，出游率 141.5%，出游花费 4 496.78 亿元，游客人均花费 471.40 元/人次。考虑到农村居民庞大的人口基数和农业经济的未来发展，应该说农村居民的旅游市场极具发展潜力。我国已成为世界上最大的国内旅游市场。

(3) 国内客源以短距离为主。据上海、成都、西安、长春等城市的实证研究表明，城市客源市场随距离分配的基本规律是：城市一级客源市场，即本城居民，出游空间

80% 集中在距离城市 500 公里范围内；二级客源市场，即来本城的非本城的居民，出游的范围主要集中在距离城市 250 公里的范围内。环城旅游带的兴起正是这一规律的具体体现。

（4）国内旅游流向热点景区。从居民出游的流向方面分析，国内旅游者多流向重点旅游城市和国内知名度高的热点地区。特别是黄金周的旅游流向，使得国内的知名度高的热点景区超负荷接待，主要有北京、天津、承德、沈阳、大连、长春、吉林、哈尔滨、上海、杭州、南京、无锡、苏州、宁波、黄山、厦门、青岛、洛阳、武汉、张家界、广州、深圳、桂林、海口、三亚、重庆、成都、贵阳、昆明、西安、银川等 31 个重点城市，以及平遥古城、五台山、周庄、普陀山、乌镇、九华山、武夷山、庐山、井冈山、泰山、曲阜孔庙、武当山、南岳衡山、峨眉山、九寨沟、玉龙雪山、布达拉宫、华山、敦煌莫高窟、天山天池等 20 个重点景区。

（5）消费水平低和消费行为的多样性。我国国内旅游消费尚处于初级阶段，已经普及但消费层次低，国内观光度假旅游者人均花费相对偏低，主要是由于在外停留时间较短，而探亲访友游客居住在亲友家，住宿花费较低，人均花费较高的是就医疗养、交流、专业访问和商务、会议、公务旅游者。

从国内旅游消费结构看，以交通、购物、餐饮和住宿为主，门票有时也占较高比重。从性别看，国内旅游者男性出游人数比重几年来呈上升趋势。从职业来看，国内旅游者以商务人员、军人、企业管理人员和政府职员的花费较高。从年龄结构来看，25～44 岁的人均花费水平较高，国内旅游者人均花费随文化程度的增高而呈上升趋势。从国内旅游者出游的区域来看，经济发达地区和沿海城市的居民出游率远高于内陆和边远城市。

3. 国内旅游市场的开发

随着我国经济的持续发展，国民收入和生活水平的不断提高以及闲暇时间的增多，我国国内旅游市场将以更快的速度发展扩大。国内旅游市场开发应做好以下几个方面的工作：

（1）制定和实施国民旅游计划。所谓国民旅游计划是指在市场机制的运作基础上，各级政府通过各种方针、政策和措施，最大限度的适应人民群众日益增长的旅游需求，使旅游真正成为人民的普及消费行为，成为国民的基本生活要素之一。制定和实施国民旅游计划，可以全面适应旅游消费需求，刺激扩大内需；增加旅游总收入，拉动经济增长；丰富人民精神生活，提高生活质量；推动各地之间和城乡之间的沟通和交流，促进社会全面发展。实施国民旅游计划应由三个部分组成：一是改善旅游供给，搞好假日旅游；二是改革休假制度，推动旅游的消费；三是提高产品适应性，促进旅游发展。

（2）搞好旅游产品的配套、组合、开发。努力开发针对国民旅游的产品，以适应国内旅游需求的发展。目前，国内旅游市场从总体上来说是大众型的消费市场，但客源的层次划分越来越清晰，每一个细分市场的特定需求也越来越明确，因此，要研究市场和细分市场，有针对性的开发旅游产品。国内旅游产品，大致分为大众产品和专项产品两大类，我们要搞好这两大类产品的开发，树立品牌意识，推动国内旅游业再上新台阶。

(3) 搞好国内旅游的整体促销。随着旅游者市场细分化，旅游产品的不断创新，促销媒体也愈趋进步。因此，要适合不同旅游者的需求，采取不同的促销方法。

(三) 出境旅游市场

中国公民出境旅游从“八五”期间开始产生，“九五”期间逐步兴起，这是我国综合国力增强，人民生活水平提高，对外开放的必然结果。虽然其历史不长，但发展很快，已经形成了一定的规模，并继续保持较好的发展势头。

1. 出境旅游的形式

我国公民出境旅游包括出国旅游、边境旅游和港澳台地区的旅游三部分。

(1) 出国旅游

出国旅游是指我国公民自己支付费用，经国家旅游行政主管部门批准，由特许经营我国公民自费出国旅游业务的旅行社组织的，以旅游团的方式前往经国家批准的我国公民自费出国旅游目的地国家或地区旅游的活动。

1997 年 7 月 1 日，《中国公民自费出国旅游管理暂行办法》发布实施。我国公民自费出国旅游正式开始。这个管理办法将我国公民出境探亲旅游正式改变为我国公民自费出国旅游，同时明确了我国公民自费出国旅游的方式、管理原则，特许经营此项业务的旅行社和旅游者责任、权利、义务以及对违法行为的处罚措施等，随着这个《管理办法》的发布实施，出国旅游的管理工作力度明显加强，出国旅游市场秩序大为改观，逐步走上了健康发展的轨道。2002 年 7 月 1 日，《中国公民出境旅游管理办法》的实施标志着我国旅游业进入了一个全面发展的新时期，开始由非常规发展转向常规发展的新阶段。

(2) 边境旅游

边境旅游是指经批准的旅行社组织和接待我国及毗邻国家的公民，集体从指定的边境口岸出入境，在双方政府商定的区域和期限内进行的旅游活动。一般地说，我国的“边境游”指的是中国边境地区的居民到相邻国家的边境城市所做的短期旅游活动。

边境旅游活动是先从地方上开始的，但与出国旅游有着明显的区别。一是目的地限制。出游的目的地一般是边境地区和对方的边境城市。二是时间限制。在境外的旅游活动为“当日往返”，即使是多日游，往往也有时间上的限制。三是证件不同。边境旅游者不需要使用护照，也不用办理正式的签证，而是双方认可的边境通行证。此外，边境旅游经常和边境贸易结合在一起，因此并不要求使用外币结算，经常使用人民币或记账的办法进行结算。

目前，几乎所有的边境省区都已经开展了各种形式的边境旅游活动。特别是有些边境旅游还开展得有声有色，如中朝边境游可以到平壤、板门店，多到了 4 日游；中俄边境游到达了莫斯科；中缅边境游到达了仰光；中越边境游有陆地和海上旅游。实际上，不少边境旅游活动已经和出国旅游没有多大的差别。

(3) 港澳台游

港澳游是指经国家特许经营此项业务的旅行社组织内地居民以旅游团的方式前往香

港、澳门地区旅游的活动。

为了方便内地的港澳眷属到香港、澳门地区探亲访友，广东省旅游公司于1983年11月15日开始组织广东省内的居民“赴港探亲旅游”，产生了积极的影响。为此，1984年3月经国家批准，由中国旅行社统一组织归侨、侨眷和港澳台眷属赴港澳地区探亲旅行团的全部工作，港澳游从此拉开序幕。

2008年，国家旅游局在全国范围内指定部分旅行社为大陆居民赴台旅游进行组团服务，台湾游首团于2008年7月4日正式成行，这标志着中国公民赴台旅游正式开放。

2. 出境旅游的市场特征

（1）环境趋于宽松。在入境、国内和出境三大旅游市场中，出境旅游历来是中国政府管制最严格的市场。从政策走向来看，尽管总体的战略取向没有改变，但是出境旅游市场环境正在趋于宽松，或者说放松管制已经成为主导性政策取向。

（2）港澳台游持续升温。2003年7月，港澳两地特区政府同时出台了“自由行”政策，极大地刺激了内地居民赴港澳游的热情。台湾游的正式开放，也吸引了大批国内游客。

（3）欧美游快速增长。受欧洲整体开放的影响，2004年欧洲成为中国公民出境旅游增长最快的目的地，赴欧洲旅游的人次约为2003年的9.9倍。另一个值得注意的是美洲，特别是美国，2004年中国公民赴美旅游人次为2003年的近2倍，旅游人次约为44.39万，成为一个最值得关注的远程旅游目的地。

（4）旅游目的地国家和地区促销力度明显增强。随着我国出境人次和消费能力的快速增长，在世界旅游版图上，中国已经不再仅仅扮演一个目的地的角色，而且以其强劲增长的消费能力引起各主要旅游目的地国家和地区的高度重视，越来越多的国家和地区的旅游促销部门开始把中国作为其工作的重点。这充分表明各目的地国家和地区对中国出境旅游市场的关注和重视，也将会加剧围绕中国出境旅游市场的竞争。

课后训练

关键术语

旅游市场　需求与供给　旅游市场细分　旅游市场定位　市场调研
旅游市场战略　旅游市场营销

学以致用

一、讨论分析题

1. 旅游市场的需求与供给分析。
2. 旅游市场细分的方法有哪些？
3. 假如你要在校园里成立一家旅行社，你的市场定位是？

4. 请为你所在城市的知名景点设计一份旅游市场调研问卷。

5. 请为你所在城市的知名景点制定市场营销策略。

二、案例分析题

2012 年 7 月 21 日的暴雨对北京旅游造成了严重影响，市旅游委最新数据显示，目前北京旅游因灾直接损失已达 10 亿元。而据粗略估计，因游客减少而导致的景区收入损失一个月或将超过 30 亿元。

今日，市旅游委相关负责人表示，由于近期北京周边仍然有降雨，部分景区周边及内部持续出现滑坡、塌方等安全隐患，目前暂时关闭的 A 级景区已增加到 40 家。目前，全市旅游因灾直接受损约 10 亿元左右，涉及旅游景区、旅游饭店、生态观光园、民俗村等多种旅游业态。其中景区损失占 60% 以上。

市旅游委相关负责人表示，导致景区暂时关闭的原因主要是特大暴雨袭击致使景区周边的道路、桥梁被毁，游客无法到达或者前往景区途中有危险；特大暴雨直接袭击导致景区内部设施受损严重，无法正常开放。此外，一些景区的排险自查仍在继续，为保证游客安全暂时关闭。

市统计局数据显示，2012 年平均每月北京旅游接待国内游客量为 833 万人次，每人在京旅游花费 1 530 元。记者依据此数据计算，如果北京各景区接待量持续减少一个月，全市旅游收入损失或将超过 30 亿元。

资料来源：中国旅游信息网

http：//www. cntour2. com/viewnews/2012/08/01/7bMQRvNGE0GZfcti8VKY0. shtml

根据以上材料信息，请回答下面问题：

1. 预计暴雨过后北京的旅游市场会呈现什么样的状态？

2. 请你为暴雨中关闭的景区重启进行市场营销。

3. 通过上述案例，综合分析影响旅游市场的要素有哪些？

知识拓展

电子商务环境下旅游市场调查问卷

随着社会经济的发展，电子商务已经成为当代生活中的热门话题。同时，出游也成为当今社会文化的主流趋势，为了进一步理解电子商务下旅游市场的发展形势，提高我们为广大旅游消费者服务的质量的认知，也为了顺利完成本次实训的任务，现就电子商务下旅游市场方面一系列相关问题特组织此次调查，希望能得到您的支持与协助。

祝您全家生活越来越好。

1. 您的职业是？

□ 学生

□ 职员

□ 自由职业者

- 其他

2. 您是否有旅游的经历或者意愿？

- 是
- 否

3. 您平均每年旅游的次数：

- A. 1次
- B. 2~3次
- C. 4~5次
- D. 5次以上

4. 您一般从哪里获得旅游资讯？

- A. 网络
- B. 电视
- C. 旅行社
- D. 报纸杂志
- E. 朋友推荐
- F. 其他

5. 您外出时会选择什么方式参团？

- 电话预定
- 网上预定
- 社门店咨询
- 其他

6. 您使用过哪些旅游网站？[多选题]

- 携程网
- 金华旅游网
- 乐途网
- 随机

7. 您一般使用旅游网站的哪些业务？[多选题]

- 酒店预定
- 机票预订
- 度假预定
- 商旅预定
- 旅游咨询
- 其他

8. 如果您在旅游网站类电子商务网站消费，您会考虑哪种支付方式？[多选题]

- 支付宝
- 银行汇款
- 到目的地付款
- 其他

9. 您对电子商务旅游网站发展持有怎样的态度？[多选题]

- 支持
- 没感觉
- 不支持

10. 您如何看待我国电子商务下旅游业的发展？

模块七　旅 游 产 品

课前准备

【任务驱动】

本环节主要介绍旅游产品的构成与开发。学生通过学习认识旅游产品的构成要素，掌握旅游产品特性，可以针对市场需求进行旅游产品的开发，并进行产品组合满足消费者需求。

【导入案例】

国内奥运旅游产品出炉热销　七万元畅游伦敦奥运

有人说体育无国界，可比赛只能在一个地方举办，尤其是像奥运会这样举世瞩目的赛事，四年才轮换到一个国家，在现场参与的难度更大。不过随着旅游业的发展，距离现场十万八千里的我们除了起早贪黑地守着电视机，还多了另一种选择，那就是给自己放一周的假，顺便去伦敦亲眼见证奥运盛况。

随着伦敦奥运票务系统开始运转，国内的伦敦奥运观赛旅游套餐也已出炉。中国奥委会也授权独家代理机构推出了一系列的伦敦奥运会旅游产品。为了满足体育迷不同的观赛口味，旅行社还推出了个性化的比赛套餐和自由行线路，出发时间从 7 月下旬到 8 月上旬不等，可以选择的比赛包括田径、游泳、体操、乒乓球、羽毛球、网球、艺术体操、拳击、跆拳道等多个项目。其中不乏男子 110 米栏第一轮、体操男子全能决赛等比较受中国观众欢迎的赛事。所以如果隔着电视屏幕看比赛满足不了你的要求，现在就可以开始安排今年夏天的时间表了。

以"激情奥运——伦敦 7 日观赛之旅"为例，出发地有北京、上海和广州三种选择，报价都是 69 999 元，但观看的比赛各不相同。从北京出发可以观看的比赛是游泳预赛、乒乓球男单 1/4 决赛和网球混双半决赛；上海团将观看乒乓球男团半决赛、男子 3 米跳板半决赛和田径比赛；而从广州出发的线路包含羽毛球预赛、体操男子全能决赛和男篮预赛。除了前往现场观看比赛，行程中还有不少自由活动的时间，同样有机会饱览英伦风情。

资料来源：http：//2012. sohu. com/20120116/n332294234. shtml

问题：

1. 通过上述材料，你认为旅游产品由哪些内容构成？
2. 试分析奥运旅游产品的特点。

教学内容

任务一　旅游产品概述

一、认识旅游产品

（一）旅游产品的概念

旅游产品，是由旅游经营者针对旅游需求而设计和整合而成的有关物质性、精神性东西的组合体，它是旅游市场的核心。

旅游产品是一个综合性概念，有广义和狭义之分。这里所指的旅游产品是广义的旅游产品，即旅游产品是指通过交换能满足旅游者在旅游过程中所需的产品和服务的总和。它既包括旅游资源、旅游设施，以及可供旅游者使用的各种物品，也包括各种形式的旅游服务，其典型的市场形象是旅游线路。例如“香港—福建武夷山七日游”就是一种具体的旅游产品，其内涵就是该产品的购买者——香港旅游者，经厦门入境，乘飞机直抵武夷山，再转乘火车（汽车）到福州，经泉州回厦门，再从厦门出境返回香港，其间要在各地停留（或过夜）进行游览和各种活动，这就是旅游经营者对应于旅游需求而设计、安排的集食、住、行、游、购、娱于一体的一条旅游线路，即方便旅游者一次购买的一种旅游产品。

因此，没有旅游需求，就没有旅游需求（客源）市场；而没有旅游产品，也就不存在旅游供给市场。只要在旅游市场上形成一种需求，就会相应地产生一种旅游产品去满足这种需求，所以我们说旅游产品除包括有形的实物外，还包括无形的服务，甚至在一定程度上无形的服务更能决定一个旅游企业的成败，其在旅游产品中所占的比重将会越来越大。

（二）旅游产品的特点

旅游产品是一种特殊商品，它是由旅游资源、设施和各种服务组合起来的“组合型产品”。它同一般的商品有着许多相通的共性，但又存在着自身的个性特征，主要表现在以下几个方面：

1. 组合——连续性

旅游产品主要是由旅游资源（旅游对象）、设施（主要是交通、住宿）和服务三大部分构成的，这就是组合性，但却不是旅游产品的独特个性。因为一般的商品也需要组合，如一个简单的面包，也需要有面粉、油、糖等原材料并经加工制造而成。旅游产品组合性的特征主要表现在构成旅游产品的各种要素中大都可以独立存在，但又必须在旅游者的旅游过程中进行连续性的提供。如交通、住宿、景点导游、旅游商场服务等构成部分，虽然都存在着自身的独立性，都可以独立地出售给旅游者，但它们仅仅是构成整体旅游产品的某个侧面、某个部分或环节，即旅游者所需要的全部旅游消费资料中的个别部分。因此旅游业经营者在与旅游者进行旅游产品交易时并不像在一般商场柜台前可以由一次性的“一手交钱，一手交货”的简单买卖程序来完成，而是必须分阶段进行，即构成整体旅游产品的各种要素，不可能做一次性的组合，而是需要连续性的组合、连续性的提供。这种特殊的旅游市场交易形式，是由旅游产品本身的特殊性所决定的。它要求旅游业的供给要配套成龙、完整无缺、环环紧扣，才能使旅游产品达到尽善尽美。所以，旅游供应系统要充分发挥各机构、各部门和企业的职能，密切配合、协调运行，才能保证旅游者的旅游生活愉快和满足，实现其美好的旅游愿望。

2. 购买——租借性

作为商品，旅游产品同一般商品一样均必须通过市场交换才能实现其价值和使用价值。一般的商品一旦被消费者购买后，它的所有权就随之转移并被占有。然而，旅游产品被旅游者购买后，其价值和使用价值得以实现，但产品却原地不动，并未被旅游者带走，即没有发生所有权的转移。旅游产品在旅游市场交易中体现出来的固有特征，说明旅游产品的“出售”实质上不是一般意义上的买卖，而是租借。从旅游经营者角度说是出租，从旅游消费者角度说是租借。如旅游者支付一定费用购买到某风景区游览的权利，实际上就是通过租借一定时间的旅游地空间的交易方式来实现。又如旅游者购买一次飞机票，他只得到了从出发点到目的地的对飞机座位的使用权，同样，他居住一日饭店也仅得到了该日对客房的使用权而已。

3. 价值——时效性

旅游产品是通过对具体的物品、各种资源设施和服务的有机结合来满足旅游者的需要的，只有当旅游者购买并在现场消费时，各种资源、设施、物品和服务的结合才表现为产品，并实现其使用价值和价值。它的时效性很强，一天无人购买，这一天的价值就白白丧失了，它不能像其他产品一样，暂时没人购买，其价值和使用价值可以贮存起来。如一间客房、一个飞机座位，今日未被旅游者所购买、所占用，这一日里应转移的使用价值便不可能实现，应该实现的价值就无形地损失了。

4. 使用价值——无形感受性

旅游者外出旅游的动机可能各不相同，旅游形式和内容也不断翻新变化，但都有一个共同点，即都有追新求异和寻美的欲求，都有满足兴趣、追求完美的愿望。这就决定了旅游消费主要不是获得物质上的享受，更多的是通过旅游获得一次不寻常的人生“经历”或“记忆”。所以，旅游产品的基本功能应是能让旅游者得到文化精神性的最大享受，即提供给旅游者的使用价值最主要的是一种无形的效用，是一种体验和感受。因而，对旅游产品质量的评价也就难以进行量化的评定，往往出现不同旅游者对同一个产品和服务或对整体产品作出不同的结论。正因如此，旅游业发达国家都千方百计地开发和生产独具特色的旅游产品，并十分重视对旅游从业人员的训练，力求尽善尽美的服务，不断深化和丰富旅游产品的内涵，塑造旅游产品的美好形象，以博得旅游者的青睐。

5. 产品——替代性

旅游产品是满足人们精神享受的非生活必需品。人们对精神产品的需要不仅可以通过消费旅游产品获得，也可通过教育、体育、健身等方式获得。如果旅游产品不尽如人意或其他产品吸引力更强，那么一部分旅游产品被取代的可能性就越大。当然随着经济的发展，对旅游产品消费的增长速度会加快。

旅游产品的替代性强，还表现在它们之间存在相互替代的可能。如新酒店取代老酒店成为游客新宠，经营不善且脏、乱、差的旅游景点渐渐衰落而被新景点取代也不乏其例；旅游交通工具之间也存在一定的替代性，一些传统的旅游交通工具如船舶等逐步被飞机、动车、汽车取代；还有一些旅游产品受季节变化影响被暂时替代，如冬季时，中国南方一些旅游地游客纷至沓来，而北方大部分旅游地则进入淡季。

（三）旅游产品的类别

旅游产品内容非常丰富，它不仅包括社会中一些物质资料生产部门生产的劳动产品，而且包括一些非物质资料生产部门创造的精神产品，不仅包含了旅游部门与社会向旅游者提供的各种服务，而且包含了非社会的自然创造物。

旅游产品的构成可从不同角度进行分类，常用的主要有如下几种：

1. 按物理形态区分

旅游产品包括旅游资源、旅游设施、旅游服务与旅游购物品。旅游资源，包括自然旅游资源与人文旅游资源两大类，它们是旅游的对象物，对旅游者起着吸引作用。旅游设施包括各种建筑设施，如供电供水系统、饭店、机场、车站、餐馆、娱乐设施等，它们对旅游活动提供了保证作用，是一个国家或地区旅游业发展的物质基础。虽然广义的旅游资源也包括旅游设施，但在物理形态和所起的作用上两者存在差异。旅游服务分为辅助服务与基本服务两大类，前者为理发服务、医疗服务、修理服务等，后者为客房服务、餐饮服务、交通服务，这些旅游服务项目共同对旅游活动起保障作用。旅游购物品，是旅游者在旅游活动中购买的各种日用品、纪念品与礼品，他们也是综合的旅游商品中一个必要的组成部分，用以铭记旅游经历，具有纪念意义。

2. 按旅游目的区分

旅游产品包括观光游览型产品、度假保健型产品、商务会议型产品、文化知识型产品、主题节目型产品等。

（1）观光游览型产品

观光游览型产品是指为满足旅游者观光游览之目的而开发的旅游产品，如自然风光、名胜古迹、城市风光等。我国在开发观光游览型旅游产品方面具有竞争力优势。

（2）度假保健型产品

度假保健型产品是指为满足旅游者度假、保健、休养的需求而提供的旅游产品，如海滨、山地、温泉、乡村、野营等。

（3）商务会议型产品

商务会议型产品是指为满足公务旅游者的需求而提供的旅游产品。

（4）文化知识型产品

文化知识型产品是指为满足旅游者了解文化、增长知识的需求而开发的旅游产品。世界传统的文化旅游产品主要有博物馆旅游、艺术欣赏旅游、怀旧旅游。怀旧旅游是指专门为寻觅古代社会风情、古代建筑、古代生活用具、古代歌舞文化、古代名人故居或墓地等的旅游活动。其主要种类有怀古旅游、寻古旅游、寻根旅游、仿古旅游、古堡旅游等。

(5) 主题节目型产品

主题节目型产品是指满足特定旅游需求的旅游产品。这类旅游产品一般都有一个明确的主题，整个旅游活动都是围绕这个主题来进行的，如国际美食节、潍坊国际风筝节等。旅游目的地适时推出主题节目产品，是招徕旅游者、取得良好经济效益的绝佳途径。

3. 按劳动表现形式区分

旅游产品包括三个部分：一是以物化劳动表现的旅游产品部分，它包括以自然形态存在的人文旅游资源、旅游设施与旅游购物品，其主要特征是都具有一定的几何形状，是一个个或一件件具体的实物，是人类过去或现在的劳动产物。二是以活劳动形式表现的旅游产品部分，它包括在现场向旅游者提供的各项旅游服务与辅助旅游服务，其特点是不以任何具体形态表现出来，而只存在于服务过程中，一旦服务完毕，这部分产品也被消费了。三是完全不包含劳动消耗的旅游产品部分，它包括纯自然的旅游吸引物与社会习俗，其特点是完全没有人类劳动的投入。

4. 按消费形式区分

旅游产品包括住宿、餐饮、交通、游览、娱乐、购物和其他服务 7 个部分。住宿、餐饮与其他服务，是向旅游者提供旅游活动过程中所需要的生活与环境条件；游览与娱乐，是旅游者旅游活动的主要目标；交通是实现旅游活动的手段；购物在某种意义上是旅游活动的扩大或延长，具有铭记每次旅游活动的作用。一般说来，一次典型的观光或游乐旅游，都包含了 7 个方面的消费内容。当然，不同旅游者由于旅游目的不同，对这 7 大部分的需求和消费会各有侧重，商业旅游者不同于观光旅游者，观光旅游者又不同于修养旅游者等。

5. 按旅游产品各部分在旅游活动中需要的程度与变化情况区分

旅游产品包括基本旅游产品部分与非基本旅游产品部分。前者是指在对任何旅游活动都必需的、需求伸缩性小的旅游产品构成部分，如旅游住宿、饮食、交通、游览、娱乐等；后者指并非每次旅游活动都迫切需要的，因而需求伸缩性较大的旅游产品构成部分，如旅游购物、医疗服务、修理服务等。而非基本旅游产品，不同旅游者的需求差异较大。尤其是购物，一个旅游者同另一个旅游者会表现出很大不同的消费倾向。同样，一个身体健康的旅游者在一次旅游活动中可能完全不必去看医生，而另一个旅游者可能因重病住院而花去了大笔医疗费用。将旅游产品分为基本旅游产品和非基本旅游产品，有助于旅游目的地国家或地区根据旅游活动的需要与接待的旅游者的构成，分别作出相应发展规划。

二、旅游产品的构成

一般说来，旅游产品由以下三个方面构成。

(一) 旅游产品的核心部分

旅游者购买某项产品，最主要目的不是得到产品本身，而是要得到某种核心利益。

如一位饥肠辘辘、疲惫不堪的观光旅游者所追求的核心产品很可能是一杯饮料、一餐能很快解决饥饿的简便饭菜，一件可供其休息的客房。从核心产品看，不同旅游企业提供的不同产品核心往往有很大差别。旅行社提供的是“旅游经历”，旅游交通部门提供的是车船机舱的座位，旅游饭店提供的是食品、饮料、客房床位等。当然仅仅考虑产品核心层是不够的，因为同样的产品在不同时间、地点，对不同的旅游者可能有不同的认知。如一个在沙漠旅行、干渴难耐的旅游者和一位普通游客对一瓶矿泉水的认知是不一样的。因此，还要从其他的角度来综合考虑旅游产品的设计。

（二）旅游产品的形式部分

旅游产品的形式部分包括旅游产品质量、风格、特点、式样、品牌和包装。旅游产品核心层是旅游整体产品的最基本内容，而形式层是核心产品的实现形式。旅游产品中服务产品占有较大成分，更能说明服务产品的形式部分是展示层，如饭店的建筑风格、气氛、员工态度和员工仪表、仪态等。旅游产品质量稳定可靠、风格独特、品牌有一点知名度、实物产品式样新颖、包装精良对游客有很强的吸引力。例如，一次包价旅游，它是以何种风格、何种特色举办的，它的质量如何（即游览的景点及其组合，食宿交通方面的配合达到何种标准），它给旅游者带来的满意程度有多高，这就是旅游产品的外在表现形式。

（三）旅游产品的附加部分

旅游产品的附加部分是指为旅游者提供附加利益和附加服务，如旅游消费信贷、优惠付款政策、旅游信息咨询、免费接送服务、购物折扣等等。旅游企业可以利用这些附加利益和附加服务，来提高游客的满意度。

核心旅游产品、形式旅游产品、附加旅游产品之间的关系，见图 7－1。

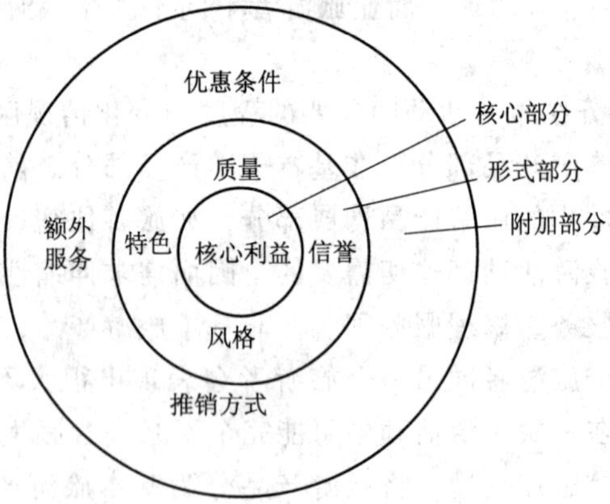

图 7－1 旅游产品的构成

三、旅游产品的生命周期

旅游产品在旅游市场上也有类似于动植物那样的有“生、长、衰、亡”的生命周期。旅游经营者研究旅游产品生命周期，有利于认清其规律并据此制定不同的市场营销策略以适应旅游市场要求。

（一）旅游产品生命周期概念

旅游产品从投放市场开始，到最后被市场所淘汰为止的全部过程所经历的时间，称为旅游产品的生命周期。旅游产品在市场上经济生命有长有短、表现形态各异，一个完整的旅游产品生命周期一般包括四个阶段：引入期、成长期、成熟期、衰退期。

如果以时间为横坐标，销售额、利润额为纵坐标，则产品生命周期销量、利润等指标表现的曲线，如图 7－2 所示。

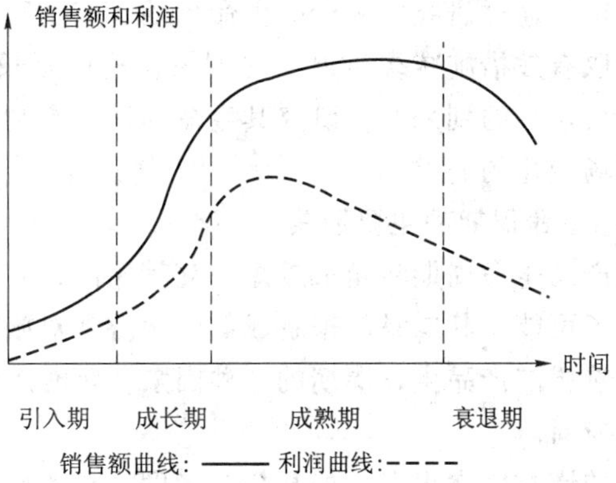

图 7－2　旅游产品生命周期

1. 旅游产品的引入期

这一时期旅游企业将组合的新产品投入到旅游市场进行试销，并根据市场反映，确定新产品。消费者只能是试探性购买，因此销售量较小。而同期企业投入的开发费用和广告宣传费用较大，因此企业的利润极小，甚至是零或亏损。此时，市场上的竞争者还不多，甚至没有竞争对手。

2. 旅游产品的成长期

成长期的旅游产品已为广大用户所熟知，因此已经有所需求，并且购买，甚至重复购买，旅游市场需求量迅速增加。这一阶段的旅游产品已经历了试验阶段而基本成形，并且由于前一阶段的宣传促销而在市场上有一定的知名度。此时，由于广告费用相对减少以及销量的增加，因而成本费降低，旅游企业开始赢利。市场上也出现了模仿者，从而产生了竞争。

3. 旅游产品的成熟期

这一时期旅游产品的销售量最大，旅游市场处于饱和相对稳定阶段。旅游产品的销售量虽然有所增加，但速度缓慢，甚至增长率趋于零。此时由于旅游产品利润较高，因而吸引了大批的企业参与竞争，使竞争更加激烈，促进了旅游产品质量的提高。同时，旅游企业极力降低成本，增强竞争力。企业利润也增长到最高点，并有逐渐下降的趋势。

4. 旅游产品的衰退期

这一时期旅游产品已经陈旧，新的旅游产品已经进入市场替代老产品。旅游者对老产品的兴趣逐渐降低，因而需求降低，产品的销售量下降，并逐渐被市场所淘汰。由于需求减少，因而价格开始下跌，使得利润迅速减少，甚至亏损，许多企业被迫退出竞争。

（二）研究旅游产品生命周期的意义

随着科技的进步、社会经济的发展、需求变化节奏的加快，大多数旅游产品生命周期呈现越来越短的趋势。因此旅游产品不能一成不变，而应适应需求变化不断更新换代，使旅游者常见常新。

研究旅游产品生命周期，有利于经营者根据旅游产品生命周期不同阶段的不同特点，制定不同的营销策略；通过研究旅游产品生命周期，有利于经营者发现导致旅游产品衰退的各种因素，采取有效措施减缓衰退期的到来，从而延长旅游产品的生命周期；当旅游产品的衰退期不可避免的到来时，研究其生命周期，有利于更好地开发旅游新产品，更好地适应旅游市场变化的需求。

（三）影响旅游产品生命周期的主要因素

从总趋势看，旅游产品生命周期将越来越短。究其原因，其一是科学技术的进步为旅游产品推陈出新提供了可能；其二是越来越成熟的旅游者对旅游产品的兴趣在不断改变。旅游企业应了解影响旅游产品生命周期的各种因素，审时度势，正确判断旅游产品所处的阶段，以便灵活应对。

旅游产品生命周期的影响因素很多，如某个知名度很高的旅游目的地，因所在国家发生内乱而无旅游者敢去问津，或因一场地震而元气大伤；再如颇具吸引力的自然景观，却因一件突发性治安事故而导致旅游者人数剧减；等等。旅游企业了解这些影响因素，采取针对性营销策略，应对措施得当会使旅游产品生命周期延长，否则，旅游产品生命周期会缩短。

1. 服务与设施因素

服务质量的高低和设施的完备情况将影响旅游产品的生命周期。服务质量越差，设备设施越陈旧，给旅游者留下的印象就越差，因而重复购买的可能性就小。因此，旅游产品的生命周期越短。

2. 环境因素

环境污染也会影响到旅游产品的销售。因为旅游活动是旅游者求新、求异的一种审美活动，旅游者希望进入视野的每一件事物都符合他的审美期望。因此，脏、乱、差的旅游环境将影响旅游者的旅游需求，进而影响旅游产品的生命周期。

3. 自然因素

自然灾害的发生大多会造成旅游资源的破坏，从而使旅游产品打破原有的生命周期规律而提早进入衰退期。例如，如果旅游资源国发生大的自然灾害，其旅游资源必然会减少，从而影响旅游产品的生命周期。

4. 政治、军事因素

旅游目的国的政治、军事因素也会影响旅游产品的生命周期。例如两伊战争的爆发，大大影响了两个国家旅游业的发展，同时严重影响了旅游产品的生命周期，使旅游产品提早退出市场。

此外，旅游产品的生命周期还将受到诸多社会因素的影响，如旅游目的地居民的文化素质、治安状况等等。

（四）旅游产品生命周期的特点和营销策略

1. 引入期

（1）引入期特点

在引入期内，旅游新产品正式向公众介绍、投放市场，具体表现为新的旅游景点的开发、新的旅游饭店和旅游娱乐设施的建成、新的旅游线路的开通、新的旅游项目或旅游服务的推出等。因为产品尚未被市场广泛了解和接受，旅游目的地或旅游企业的接待量很小，销售量增长缓慢而无规律；为了使市场了解和认识产品，需组织大量的广告和促销活动，投入较大的营销费用，单位成本较高；旅游者的购买多是尝试性的，企业也多采取试销态度，因而企业往往销售水平低，利润很少甚至出现亏损；市场上一般很少有同行竞争。

（2）引入期产品的营销策略

处于引入期的旅游产品，经营者所采取的营销策略应以尽量缩短引入期的持续时间为主要目标，以求迅速进入和占领市场。这一阶段的工作重点应该放在对该产品的介绍和宣传上，目的在于让旅游消费者了解并熟悉它，进而信赖并购买这种产品。但不应把眼光只是放在眼前的盈利上，应从整体上为产品的生命周期作出长远的规划。

① 产品策略。应根据旅游产品试销的结果改进产品，力求产品尽快定型；同时要注重质量的稳定，质量是旅游产品扩大知名度的基础。

② 促销策略。由于旅游产品刚进入市场，还未被广大旅游者了解和熟悉，因此需要综合运用广告、人员推销、销售促进等各种促销手段，宣传产品的特点及能给旅游者带来的利益，以使顾客（包括旅游中间商）尽快认识产品，从而迅速打开销路。

③ 价格策略。在考虑市场类型与特点的基础上，旅游产品的定价有高价和低价两种策略可以选择。很多旅游经营者对新投入的产品采取高价策略，以弥补较高的生产成本和推销费用，并为以后竞争激烈时留有降价的空间；而采取低价策略的旅游经营者认为低价有助于迅速占领市场，而且能减少潜在竞争者的数量。

④ 销售渠道策略。对于引入期的旅游产品适于采用全方位销售渠道策略。因为这时旅游经营者还难以判断何种销售渠道为最佳选择，同时全方位销售还有利于迅速扩大市场占有率。

2. 成长期

（1）成长期特点

在成长期内，旅游景点、旅游地开发已基本上初具规模，旅游设施、服务逐步配套，旅游产品基本定型并形成一定的特色。这时前期的宣传促销效果开始显现，产品在市场上拥有一定的知名度，销售量迅速增长，消费者对产品已有所熟悉，促销费用相对减少，单位成本大幅下降，利润迅速上升。在利润的吸引下，新的竞争者将会进入该市场，竞争趋势会逐渐加剧。

（2）成长期产品的营销策略

旅游企业在这一阶段的营销重点应放在提高产品质量上，尽可能延长成长期的时间，使产品的利润水平发展到最大。产品的特色和质量是稳定和扩大市场占有率的基础，因此要保持产品的特色。

① 产品策略。旅游产品提供者应注重提高产品质量，根据旅游产品在引入期的销售情况，及时发现和弥补产品的缺陷，进一步完善和改进产品，创立企业的名牌产品或拳头产品。由于旅游产品是组合产品，故而其改进和发展可通过变动原组合内容来实现，如在旅游线路中增加游客参与项目，或减少雷同内容的游览时间，可能会使整个产品更具吸引力。

② 促销策略。应以广告和人员推销为主，促销投入可适当减少，销售促进活动可相对减少。此时期的广告宣传应从单纯介绍产品转为宣传、树立旅游地和企业整体形象，提高目的地和企业声誉，创立名牌，并为企业以后开发系列产品做准备。如日本交通公社经营的旅游产品都以“展望”为标志对产品和企业进行促销。在服务业中，企业形象起着“过滤器”的作用，直接影响人们对产品质量的感知。因此，旅游企业在这一时期应把促销重点放在争取潜在游客和增强旅游者对旅游产品和旅游企业（目的地）的信任感。

③ 价格策略。对于高价旅游产品应适当降价，对团体旅游或包机、包船旅游给予一定的优惠，以合理的、有竞争力的价格，防止竞争者进入该市场。

④ 销售渠道策略。对处于成长期的旅游产品应采取选择性渠道策略，选出对生产商和产品销售都有利的中间渠道，并对选定的中间商给予相应的优惠。

3. 成熟期

(1) 成熟期特点

在旅游产品成熟期内，由于现实游客的迅速增加，潜在游客已很少，大多属于重复购买的市场，旅游产品的市场需求量已达饱和状态，销售量也达到最高点，后期的销售增长率趋于零甚至负增长。利润在前期也达到最高点，随着成熟期延续的需要，成本将逐渐上升，利润将出现逐渐下降趋势。很多同类旅游产品和仿制品此时都已进入市场，扩大了旅游者对旅游产品的选择范围，加之更新产品的替代性竞争，使市场竞争更趋激烈，差异化成为竞争的核心。

(2) 成熟期产品的营销策略

旅游经营者在产品成熟期应把经营重点放在维持现有市场和开拓新市场上，集中力量改进现有产品，增加产品的附加价值，用产品和价格的差异化来吸引游客，从而赢得竞争优势。

① 产品策略。应集中力量改进现有旅游产品，提高产品质量，增加产品的附加值，通过差异化的产品来赢得竞争优势；根据市场变化趋势迅速设计和生产旅游产品，或者根据主客观条件的分析，提前淘汰某一种前景不佳的产品，着力开发新产品，开创新市场。

② 促销策略。由于此阶段的竞争异常激烈，旅游经营者通常需要进行集中性促销，采用提醒式广告以保持和扩大市场，加强销售、公关等促销活动，力保名优旅游产品的领头羊作用。

③ 价格策略。应运用灵活的定价策略、多种定价技巧，实行优惠价格，以保持原有市场和扩展新市场。

④ 销售渠道策略。在此阶段要认真评价旅游中间商，对中间商进行检查、更换，

由选择性渠道策略向专营性渠道策略发展，进一步疏通销售渠道。同时，在促销方面对中间商提供帮助，鼓励他们支持企业的产品，如提供给中间商有关产品的宣传材料，为中间商培训推销人员，对绩效显著的中间商给予奖励等。

4. 衰退期

（1）衰退期特点

旅游产品所处的衰退期一般是指产品的更新换代阶段。在这一阶段，由于又有旅游新产品进入市场并成长起来逐渐替代老产品，或者旅游者的需求兴趣发生了变化，或者老产品已失去吸引力，原有产品中除少数名牌产品外，市场销售量日益下降。市场竞争突出地表现为价格竞争，价格被迫不断下跌，利润锐减甚至出现亏损。在此期间，旅游企业应适当保留尚有利润的项目，或对产品重新进行定位，积极进行产品的更新换代。

（2）衰退期产品的营销策略

维持衰退期产品通常有很大的市场风险，可能要付出高昂的代价，衰退期产品不仅会损失企业的利润，还会消耗企业的时间和精力，甚至会使企业在声誉上受到一定的影响。企业能否及时有效地调整营销策略，关系到企业的生死存亡。这一阶段，企业营销策略的重点应围绕“转”字做文章。衰退期一般有三种策略可供选择：

① 立即放弃策略。即果断决定撤出市场，不再生产原有的旅游产品。

② 收获策略。即旅游企业不主动放弃某一产品，继续用过去的市场、渠道、价格和促销手段，直至旅游产品的完全衰竭。

③ 逐步放弃策略。对那些仍有一定潜力可挖的旅游产品，旅游企业不是盲目放弃，而是分析销售量下降的原因，对症下药，扩大产品用途，提高产品质量，以期产品销售量的回升。

通过以上分析，旅游产品在生命周期不同阶段有其不同特点，旅游企业可以根据不同的特点采取相应的营销策略，见表7－1，表7－2。

表7－1　旅游产品不同生命周期的特点

特点	引入期	成长期	成熟期	衰退期
竞争者	少或无	有或较少	多	纷纷退出
市场认可度	低	较高	高	降低
旅游者成分	先锋型	大众型	普及型、保守型	怀旧型
销售渠道	单一	杂乱	不够通畅	阻塞
销售量	少	快速增长	平稳	快速下降
单位成本	高	降低	低	上升
利润	低或亏损	上升	较高	快速下降或亏损
产品质量	不稳定	较稳定	稳定	稳定

表 7-2 旅游产品不同生命周期的营销策略

营销策略	引入期	成长期	成熟期	衰退期
策略重点	扩大市场面	增加市场深度	维护市场面	收缩市场面
沟通与促销策略	介绍产品 功能与属性	塑造优质 产品形象	塑造知名企业	塑造知名企业
渠道策略	广泛性	选择性	积极疏通	选择性
质量策略	提升品质	名优品质	维持品质	维持品质
成本策略	适度降低	适度降低	适度降低	减少损失
价格策略	相机而定	相机而定	相机而定	相机而定

四、旅游产品的价值与价格

（一）旅游产品的使用价值和价值

劳动产品要成为商品，必须是能满足人们的某种需求，并能够用于交换的产品，即具有使用价值和价值的两重性。旅游产品虽然主要是以服务形式出现的无形产品，但它也和其他商品一样，是劳动产品，即使是自然景观也是经过人类开发后具有可进入性的吸引物。社会制度、风土人情、传统生活方式等社会现象更是经过漫长的社会演进积累而成的传统文化，是人类脑力和体力劳动的结晶，也具有一般商品所具有的基本属性，也是使用价值和价值的统一。

1. 旅游产品的使用价值

商品的使用价值是指能满足人们在物质或精神方面的某种需求，而旅游产品的使用价值除了同样具备这种属性外，还具备不同于其他产品的特殊性质。

（1）旅游产品使用价值的多效用性

一般商品的使用价值通常只满足人们一种主要需求，如一件皮大衣的使用价值主要是满足人们御寒的需要，虽然其外观美也能满足人们自我价值的实现，但它不是购买这件外衣的主要目的。所以说，一般商品的使用价值只有一个。旅游产品的使用价值则不同，它的使用价值能满足人们的旅游过程中多方面、多层次的需要，既包括人们参观、游览、娱乐、交流和参与活动等心理需要，又包括人们在旅游过程中食、住、行的基本生理需要。在旅游活动中人们对物质与精神两大方面需求的满足缺一不可，同时物质需求本身也不只为了维持生活或以保证旅游活动的顺利进行为目的，它同样要追求一种精神享受，因此旅游产品的使用价值具有多效用性，这是旅游产品使用价值的特点之一。

（2）旅游产品使用价值的多层次性

一个完整的旅游产品，应该根据旅游者的需要、旅游产品的成本及旅游市场的供求状况等，制定出高、中、低等若干档次的产品规格及相应的价目表，以满足不同消费层次的旅游者需求，但无论是哪一规格档次和价格的旅游产品，其使用价值都必须是多层次性和综合性的。

（3）旅游产品的使用价值包括基本部分和附属部分

在旅游产品使用价值构成中，既有构成旅游产品使用价值中必不可少的基本部分，如食、住、行、游、购、娱等，也有旅游产品使用价值中可有可无的附属部分，如旅游者在旅途中突发疾病，旅游经营者及时提供医护条件及相应服务，虽然这种服务不属于旅游产品使用价值的基本部分，但其属于附属部分，因为旅客在旅游中一旦发生疾病，旅游经营者也要义不容辞地提供服务。

2. 旅游产品的价值

价值是商品的社会属性，是凝结在商品中的一般人类劳动。旅游产品和其他有形产品一样，也是人类劳动的结晶，也具有价值。但旅游产品结构复杂，内容多样，其中自然资源系自然形成，本无劳动投入，但一旦被组合成旅游产品的一部分时，必然要经过开发，投入大量的人类劳动，才能使它成为具有可进入性的旅游吸引物；人文资源是古代人类的遗迹和现代人类活动的结合，也是经过历代人类劳动的成果，含有大量人的劳动和智慧；旅游设施更是当今人类劳动的成果，含有大量人的劳动和智慧；旅游服务则更是旅游从业人员付出的活劳动的消耗，在商品经济中，服务行为要以货币进行交换的，它具有价值。但所有这些，从价值决定和价格形成的角度看，旅游产品的价值同样具有若干特殊的性质。

（1）旅游产品价值量的确定主要以质量为标准

如前所述，旅游服务是旅游产品的核心，旅游产品通常主要是以服务形式表现出来的，旅游服务质量的好坏直接影响旅游产品价值的实现，在服务设施和服务条件相同的情况下，高质量的旅游服务反映旅游产品的质量好，价值大，低水平的旅游服务反映旅游产品的质量差，价值小。旅游服务质量的优劣通常是与从业人员的文化素质、性格修养、职业道德水平的影响密切相关，它在一定程度上反映了复杂劳动与简单劳动的差别，也直接与投入劳动量多少有密切关系。因此，只有提供高质量的旅游服务，才能保证旅游产品价值有效实现。

（2）旅游产品价值量的确定具有垄断性

旅游资源是旅游产品构成的重要基础，旅游资源的种类和特色，决定了在价值量的计算上存在较大的差异。如世所罕见独具特色的自然景观，经过开发其价值就不能以消耗多少劳动量去衡量；人文景观中的历史文物古迹，除了前人的劳动结晶外，历代人们的维护保养也付出了大量劳动，也具有无法替代的历史价值。这种价值也不能以消耗多少劳动量去衡量。这种价值的不可估量性，在价格上表现为一种垄断，其价格与价值有较大的背离。

（3）旅游产品的价值量随旅游产品的组合而变化

旅游产品中的旅游设施，同市场上的其他物质产品一样，其价值也是由凝结于其中的社会必要劳动量来决定的。但是，由于这些设施受经济活动的特点所影响，因而在旅游产品组合过程中其价值量也会发生变化而产生新的附加值。这是因为旅游者的旅游活动过程中享受这些设施的环境条件和服务内容要比其他活动优越得多，而这是旅游从业人员用劳动换来的，因而其价值和价格自然也就要高些。

因此，旅游产品的使用价值与价值的一些特点，使价值规律的作用除了以社会必要劳动时间决定以外，还更多地受自然、历史、社会因素的影响，这些因素虽然不是经济因素，但在具体的社会条件下通过经济因素发生作用，这是一种特殊的供求，是价值规律的特殊表现形式。

（二）旅游产品价格

1. 旅游产品价格的概念

旅游价格是旅游者为了满足其旅游活动需要所购买的旅游产品的价格，是旅游产品价值的货币表现形式；也是旅游产品价值、旅游市场的供求关系和一个国家或地区的币值三者变化的综合反映。

由于旅游者对旅游产品的消费与对其他产品的消费不同，旅游者完整的旅游活动，就是在一定时间内，消费不同旅游企业提供的诸多不同产品或服务，旅游者购买旅游产品时就可按其需要，购买整体旅游产品或单个旅游产品，旅游产品价格也就表现为两种形式：旅游包价和旅游单价。

在旅游活动中，旅游者通过旅游产品零售商购买的满足其全部旅游活动所需的旅游产品的价格，就称为旅游包价，它等于这些旅游产品单价之和再加上旅游零售商、批发商的自身经营成本和利润。但有的旅游者不通过旅游零售商购买旅游产品，而直接与旅游产品生产者接触，采取零星购买、多次购买的方式，旅游者每次购买的只是旅游活动诸多环节中的某一项或几项的产品，这种旅游产品的价格就称之为单价，如旅游者单独购买的车船票的价格、餐饮产品的价格、饭店客房的价格等。

2. 旅游产品价格的分类

（1）基本旅游价格和非基本旅游价格

根据旅游产品在旅游活动中需求程度的不同，可分为基本旅游价格和非基本旅游价格，基本旅游价格是旅游活动中必不可少的旅游需求部门的价格，包括食宿价格、交通价格、游览娱乐费。非基本旅游价格，是旅游活动中并非对每个旅游者都必不可少的商品价格，如日用工业品、医疗服务、邮电服务、修理等价格费用。这些商品与服务并不直接影响旅游活动的进行，不同的旅游者对其需求程度各异，因此这类商品的需求弹性较大。

（2）一般旅游价格与特种旅游价格

根据旅游产品的构成内容不同，可以分为一般旅游价格与特种旅游价格，一般旅游价格是指以价值为基础的旅游商品的价格，如住宿费、日用工业品和副食品价格等；特种旅游价格是价格与价值背离较大的旅游商品的价格，如旅游购物品中的古玩、名画等特种旅游商品的价格，这可以看作是一种垄断价格。这些商品一般为一个国家单独占有，这种产品在国际市场上没有竞争对手。其价格又不受成本高低、盈利最高限额的影响，主要根据旅游者的需求状况而定。

以上两种分类基本上是根据旅游商品的构成和旅游需求，这两种分类既互相联系又相互区别，如一般旅游价格既包括基本旅游价格，又包括非基本旅游价格中的日用工业品价格和副食品价格；而一些特种工艺美术品价格，既是非基本旅游价格，又是特种旅游价格。

（3）统包价、部分包价和单项价格

统包价也叫旅游包价，是指旅游者参加旅行社组织的旅游，按旅行社推出的某条旅游线路的价格一次性支付的价格。

部分包价是指旅游者通过旅行社购买旅游线路，但只一次性支付线路产品中的某一部分或几部分，其余部分由旅游者以零星购买的方式支付，旅游价格中只包括部分旅游项目价格。

单项价格是旅游者按零星购买方式所购买的旅游产品的价格，亦即是在一定时期内不同旅游经营者所规定的各种单项旅游产品的价格，如客房价格、餐饮价格、交通价格、门票价格等。

统包价、部分包价和单项价格的构成是不同的，其中统包价和部分包价都是通过旅行社实现的价格，可以通称旅行社价格，而单项价格则称为旅游企业价格。

（4）国内旅游价格和国际旅游价格

国内旅游价格是指为国内游客提供旅游产品所实行的价格。

国际旅游价格是指为国外游客提供旅游产品所实行的价格。国际旅游价格一般由三部分组成。一是往返交通费，即从旅游出发地到旅游目的地的往返交通费用，其费用多少取决于距离的远近及所使用的交通工具，交通费价格以航空公司、汽车公司、铁路等交通部门公布的价格为依据。二是旅游目的地向旅游者提供旅游商品的价格，其价格的高低取决于旅游者在旅游目的地逗留时间的长短及旅游活动的内容和距离，它包括自入境之时起到出境之时止在旅游目的地范围内的交通费、住宿费、餐饮费、参观旅游费、文娱费、行李搬运费、翻译导游费。三是旅游目的地旅行社的管理费用和盈利，管理费用也叫旅行社业务费用，包括旅行社的房租水电费、设备维修费、财产保管费、宣传广告费及旅行社人员的工资，旅行社的盈利，包括向政府和银行交的税金、贷款、利息及旅行社净利润。国际旅游中旅行社的管理费用及盈利一般占旅游包价的35%左右。

（5）旅游差价和旅游优惠价

旅游差价是指同种旅游产品由于时间、地点或其他原因而引起的不同价格。一般情况下，旅游差价主要有地区差价、季节差价、质量差价、机会差价和批零差价五种。

旅游产品经营者在不同的时间、设施、环境等条件下，提供的旅游产品质量、特殊吸引力等会有着显著的差异，而旅游消费者的需求在不同的时间、空间也各不相同，因而反映旅游市场供求关系的旅游价格应有一定的区别，以便利用价格的升降调节市场供求关系，更好地满足旅游消费者的不同需要。

① 批零差价

批零差价是指同种旅游产品在同一时间、同一市场零售价格与批发价格的差额。例如，同一种旅游产品，旅游景点给旅行社为16元/人次，但给散客为20元/人次。

② 地区差价

地区差价是指同种旅游产品在不同地区销售所形成的价格差额。例如，山东银座旅游推出的价格是6 988元，而在浙江推出的价格是4 950元，这主要是由于航空公司在不同的地区推出了不同的优惠方案。

③ 季节差价

季节差价是指同种旅游产品在同一市场不同季节销售所形成的价格差额。大多数旅游产品在一年中存在明显的淡旺季。如深圳锦绣中华平时门票30元，周末35元；世界之窗平时70元，周末、节假日80元。一方面，在淡季，可以用低价来吸引旅游者；在旺季，高价应对高需求，获得最大收益。另一方面，旺季高价，可以调节游客的时间分布，使得游客在一年内相对均匀。既可以弥补淡季维持正常经营的固定成本．又可以减少旺季游客对旅游地生态环境的压力。

④ 质量差价

质量差价是指同种旅游产品在同一市场上由于质量不同而形成的价格差额。例如，不同档次的酒店因为服务质量不同而制定不同的价格，比如，四星级酒店标准间680元/夜，但三星级酒店标准间580元/夜。

旅游优惠价是指在旅游产品的基本价格基础上，给予旅游产品购买者一定的折扣价格。一般情况下，旅游优惠价主要有对象优惠价、常客优惠价、支付优惠价和批量优惠价四种。旅游企业实行旅游优惠价的目的是为了吸引旅游产品购买者，争取客源市场，努力使企业的经营状况保持相对的稳定。

① 销量优惠

根据购买旅游产品数量的多少实行优惠，购买量越大，优惠越多。例如：旅游企业针对不同旅游者群体推出不同的旅游价格，比如团体价格、公司价格等，团体价格就相对的优惠。

② 同业优惠

销售对象非一般顾客而是同行业者。例如，2006年黄山对于国内外旅行商凭总经理上岗证来黄山踩线，经股份公司批准后可免收门票。再如，美国雷迪逊旅馆公司给予旅行社15%的佣金，以便增加来饭店的公务旅行者人数。

③ 常客优惠

旅游企业对经常有业务往来的单位及老顾客给予一定的价格折扣。例如，有的旅行社针对每年都与自己有业务往来的单位给予优惠价格。

④ 现金优惠

旅游企业为了鼓励旅游者以现金付款或提前付款，而给予旅游者一定折扣的优惠。例如，在交易合同中的付款方式上经常有这类的字样“2/15净30天”，这表示的是付款期为30天，如果买方在15天内付款，给予2%的折扣优惠政策。

旅游差价与旅游优惠价是有区别的。首先，旅游差价是价值规律的利用，它以价值为基础，利用价格来调节旅游供求关系；旅游优惠价一方面以供求关系为依据，另一方面又着重于业务关系，甚至私人关系。其次，旅游差价是旅游供给者规定的公开价格，见诸于广告和宣传品中；旅游优惠价由旅游供给者自定，但是并不公布于众。再次，旅游差价除价格上的差别外，没有其他的差别；而旅游优惠价，除价格上的优惠外，还能有其他方面的优惠。

3. 旅游产品价格的影响因素

旅游产品的价格确定，要以生产旅游产品或提供服务的社会必要劳动时间为依据，但由于旅游市场供求关系的变化较大，而影响旅游市场供求关系的因素甚多，因而旅游产品的定价，一般要考虑到以下因素：

（1）旅游产品成本

旅游产品成本是由产品的生产过程和流通过程所花费的物质消耗和人力资本所形成的，它是构成产品价值的主要组成部分。旅游产品成本是定价的基础，一般情况下，旅游产品的成本越高，旅游产品的价格相应也会提高。

旅游企业在制定产品价格时，不仅要考虑本企业旅游产品的个别成本，更重要的是把个别成本和社会平均成本进行比较，必须考虑自己的单位固定成本和单位变动成本，尤其是单位变动成本，要充分考虑企业成本与利润之间的关系，方能制定较为合理的价格。

成本的高低关系到旅游企业能否顺利地简单再生产，若成本高于价格，产品销售收入不足以弥补其劳动消耗，则旅游企业将出现亏损，企业的简单再生产也就出现障碍，更无力扩大再生产；反之，则旅游企业可能出现盈利，不断地市场扩张。

同时，不同的旅游产品，其成本构成也不相同，在一定的限度内，旅游产品的变动成本较大，对旅游产品总成本的影响也就明显。因而，旅游产品的成本是影响旅游产品价格最基本、最直接的因素。

（2）旅游消费者的需求

旅游产品成本决定了产品价格的最低限度，而产品价格的最高限度则取决于旅游消费者的需求程度，因而，旅游企业在对产品定价时必须考虑旅游消费者对价格的理解及这种理解对购买决策的影响；同时，旅游产品价格与旅游市场需求量成反比例，产品价格越高市场需求量越少，当然，也有一些旅游产品例外，如世界名人曾下榻过、富有传奇色彩的旅馆，在一定限度内其价格的上升反而会激发市场需求量的增多，原因就在于旅游消费者往往认为此类产品价格高，质量也就好。

例如：我国在改革开放之初，海外游客蜂拥而至，引起了我国旅游饭店业的需求量增加。而在1989年来我国的海外游客骤减，美国总统访华以后，一家旅行社就根据总统的旅游日程，推出了一个新的旅游项目，获得了巨大的成功。

在旅游市场上，不同旅游产品的市场需求量对价格变动的反应不同，一般来说，常规性的旅游产品项目如游览、观光的主要景观产品缺乏弹性，而食、宿等的产品却有较大的弹性。西藏开通铁路后带动的旅游发展更反映了人们对于神秘西藏的需求。

（3）旅游产品的生命周期

旅游产品在不同的生命周期阶段，所体现出来的价格也不同。在投入期，由于旅游企业投入的成本较高，旅游企业为了补偿旅游产品的成本而制定较高的价格；随着旅游产品知名度的提高，旅游产品在市场上有了一定的客源，这时候，旅游企业的产品销售量快速增长。

进人成熟期，在同行业之间激烈的竞争中经常出现一些价格战，各个企业靠降低价格来吸引旅游者；而真正进入衰退期，旅游产品的价格就会更低，旅游企业为了尽快收回资金可能采取低于旅游产品的平均价格来进行销售。

（4）旅游企业营销目标

旅游企业在市场营销中总是根据不断变化的市场需求和自身实际，选择一定的市场；并且出于短期或长期的发展考虑，对目标市场的营销重点不一。

旅游企业的营销目标主要有三种情况：

第一，是以扩大市场占有率为目标。采取这种营销目标的旅游企业就是为了扩大自己的市场份额，希望通过销售量的提高带来规模效益，从而挤垮一些小型的旅游企业，当将竞争对手推出市场的时候，它可以再提高价格从而获取自己的利润。为此，旅游企业就可能展开激烈的价格战，并且可能怀着“宁让利润不让市场”的心态。

第二，是以取得最大利润为目标。旅游企业利用潜在竞争者从研发到产品投放旅游市场之间的时间差，尽可能多地赚取利润。

第三，是以求生存为目标。当旅游企业在遇到经营困难时，为了维持生存，让企业可以渡过难关，就可能采取降低价格的策略，以较低的价格来吸引游客。

（5）非价格竞争策略

旅游产品的非价格竞争就是通过提升旅游产品品质、增强特色、提升形象等具体形式来影响旅游产品的价格。现在的旅游市场营销存在着两大缺陷，且日益凸显：

一是同质化、无特色的产品越来越多，市场上表现出的某些疲软现象，实际上是由没有特色和富有创新的产品所导致。

二是忽略产品本身的价值去进行所谓的营销，不是以产品价值功能为核心，以满足旅游消费者的需求为导向。

因此，目前国内旅游市场价格战硝烟此起彼伏，旅游企业在市场上的博弈，似乎到最后都要演变为产品与服务的价格竞争。随着旅游市场竞争的白热化，旅游市场的价格竞争十分惨烈，许多旅游企业不得不卷入价格战。

（6）政府的宏观管理

政府对旅游市场中旅游产品的价格管理，主要是通过行政、法律以及货币供给、工资和物价政策等手段来调控和体现的。政府对旅游产品价格干预和管理的目的在于通过法律限制旅游企业不正当竞争，牟取暴利，损害旅游消费者的利益，因而政府主要以行政手段、法律手段制定旅游产品的最高或最低限价，如一些旅游企业在暴利心态驱使下的价格欺诈行为就受到了法律的惩处。

我国曾经把旅游业作为一项事业来看待，在制定价格政策时，不考虑成本和经济效益，一味实行以政治为目的的低价策略，严重违背了价值规律，束缚了旅游业的发展。改革开放以后，国家把旅游业纳入国民经济和社会发展计划之中，明确了旅游业的产业性质和产业地位，在制定价格政策和旅游价格策略时也开始遵循价值规律，基本做到了按质论价。

例如：率先允许中外合资饭店自行定价，实行市场价格，而后逐渐下放饭店自行定价的权限。鉴于近年来我国旅游饭店供过于求，许多饭店盲目削价竞争，国家有关部门又对涉外饭店的客房租金实行了最低价，规定了价格浮动的幅度，保护了饭店业的整体利益。

（7）汇率变动

汇率即一国货币单位用另一国货币单位所表示的价格，也称汇价。汇率的变化不仅关系到一个国家的对外贸易，而且也影响到旅游产品的价格。

通常本币升值，旅游企业要考虑提高外币定价；本币贬值，旅游企业要考虑适当降低外币定价。如某五星级标准客房以美元计价为每天 100 元，假定美元与某国货币比价为 1∶5，本币定价应为每天 500 元，当本币升值，如假定本币与美元比价为 1∶4，该企业为保持原有收入不变，就会把标准客房房价定为每天 125 美元。

相反，当本币贬值，如假定美元与本币比价为 1∶5.5 时，标准客房就应定为每天 90 美元了。这也就是说，本国汇率下调有利于旅游产品的销售，因这时外国货币的购买力相对增强，对国际旅游者来讲，可以用比过去更少的外币购买同样的旅游产品。反之，汇率上调则有可能减少旅游产品的销售。

（8）通货膨胀

通货膨胀是纸币流通的产物。当纸币发行过多，流通中的货币超过了社会商品的需要时，就会导致物价上涨，国内货币购买力下降，必然会引起货币对外贬值，从而使其货币汇率下降。下跌幅度取决于各国通货膨胀程度的差异。

旅游目的地的通货膨胀会造成单位货币购买力下降，使旅游企业的产品生产、经营成本费用增加，因而就迫使企业相应地提高旅游产品价格，并且往往价格提高的幅度大于通货膨胀上升的幅度，这样才能保证企业不致亏损，但旅游产品价格的大幅度上升，客观上会在一定程度破坏旅游目的地的形象、损害旅游消费者的利益，从而致使旅游者人数减少、旅游收入下降。

4. 旅游产品价格制定的目标

旅游产品在定价之前，必须先确定企业定价的目标。定价目标是旅游企业营销目标的基础，是企业选择定价方法和制定价格策略的依据。由于每一个企业的营销目标不同，因此，旅游企业在选择自己的产品价格的时候，就会表现出不同的定价目标。

（1）以获取理想利润为目标

这是指旅游企业期望通过制定较高价格，迅速获取最大利润为定价目标。最大利润有长期和短期之分，还有单一产品最大利润和企业全部产品综合最大利润之别。一般而言，企业追求的应该是长期的、全部产品的综合最大利润，这样，企业就可以取得较大的市场竞争优势，占领和扩大更多的市场份额，拥有更好的发展前景。

对于一些中小型的旅游企业、产品生命周期较短的旅游企业、产品在市场上供不应求的旅游企业等，也可以谋求短期最大利润。最大利润目标并不必然导致高价，价格太高，会导致销售量下降，利润总额可能因此而减少。有时，高额利润是通过采用低价策略，待占领市场后再逐步提价来获得的；有时，企业可以采用招徕定价艺术，对部分产品定低价，赔钱销售，以扩大影响，招徕顾客，带动其他产品的销售，进而谋取最大的整体效益。

（2）以保持和扩大市场占有率为目标

这是指旅游企业从占领旅游市场的角度来制定旅游产品的价格。市场占有率的高低，对于价格的高低有很大影响，一般来说，在占有率既定的情况下，为了维护或提高市场占有率，要运用低价格策略。一个企业市场占有率的高低，反映出该企业的经营状况的竞争能力，反映出企业的产品在市场上的地位和兴衰，反映出企业长期经营效果的趋向。

市场占有率是企业经营状况和企业产品竞争力的直接反映。作为定价目标，市场占有率与利润的相关性很强，从长期来看，较高的市场占有率必然带来高利润。

(3) 以取得适当投资利润率为目标

这是指旅游企业通过定价，在一定时间有利于其获取一定的投资报酬水平。采用此类定价目标的旅游企业，一般是根据投资额规定的利润率，计算出各单位旅游产品的利润额，把它加在产品的成本上，就成为该产品的出售价格。但是采用此类目标的旅游企业必须注意两点问题：第一，要确定适度的投资利润；第二，旅游企业生产经营的必须是畅销的旅游产品。

(4) 以稳定旅游市场价格为目标

这是指旅游企业为了避免不必要的价格竞争，牢固地占有市场，在旅游产品的市场竞争和供求关系比较正常的情况下，以稳定的价格而取得合理的利润。稳定的价格通常是大多数旅游企业获得一定目标收益的必要条件，市场价格越稳定，经营风险也就越小。

稳定价格目标的实质即是通过本企业产品的定价来左右整个市场价格，避免不必要的价格波动。按这种目标定价，可以使市场价格在一个较长的时期内相对稳定，减少企业之间因价格竞争而发生的损失。

为达到稳定价格的目的，通常情况下是由那些拥有较高的市场占有率、经营实力较强或较具有竞争力和影响力的领导者先制定一个价格，其他企业的价格则与之保持一定的距离或比例关系。对大企业来说，这是一种稳妥的价格保护政策；对中小企业来说，由于大企业不愿意随便改变价格，竞争性减弱，其利润也可以得到保障。

(5) 以应付与防止竞争为目标

这是指旅游企业通过服从竞争需要来制定旅游产品的价格，一般是将对旅游市场价格有决定性影响的竞争者的价格作为定价的基础。在市场竞争日趋激烈的形势下，企业有意识地通过定价对付竞争对手。企业为了应付与防止竞争者，一般采用三种价格目标：

① 稳定价格目标

保持价格相对稳定，避免正面价格竞争（即指企业间的以竞相削价为压倒对方的手段）为目标的定价。

② 追随定价目标

以对市场价格有影响的竞争者的价格为依据，制定稍高或稍低于竞争者的价格。

③ 挑战定价目标

如果企业具备强大实力和特殊条件，可以主动出击，挑战竞争对手。实施“打击定价”、“特色定价”、“阻截定价”。

5. 旅游产品价格制定的策略

价格竞争是旅游市场竞争的重要武器，是企业贯彻定价目标和价格决策的具体措施。旅游企业在制定产品价格时应充分认识价格策略的重要性，根据不同的定价目标、市场状况、产品状况、游客状况，选择能赢得市场竞争优势的价格策略。目前，我国旅游企业通常采用的定价策略主要有以下几种：

(1) 新产品定价策略

新产品定价策略指为新产品制定基本价格的定价策略，是产品处于投入期的价格策略。新产品定价策略可以分为市场渗透定价策略、市场撇脂定价策略和满意定价策略。

市场渗透定价策略也称为低价渗透策略，指把新产品以较低价格投放市场，以求薄利多销吸引游客，打开销路，取得在市场上的主动权，以获取长期利润最大化。这种策略的使用有其前提条件，即新产品的需求价格弹性较大和新产品存在着规模经济效益。

市场撇脂定价策略又称为撇脂价格策略、高价厚利策略，它是利用消费者的求新心理，这是旅游企业对其效能高、质量优的新产品所采用的一种策略。

满意定价策略又称为中间路线策略、适中定价策略，是指企业将产品价格定在高价和低价之间，既能对消费者产生一定的吸引力，又能使企业弥补成本后还有盈利，以使企业和消费者双方都满意的一种定价技巧和措施。

（2）心理定价策略

心理定价策略是旅游企业为了迎合旅游者的心理需求而采取的一种灵活定价的措施。每一件产品都能满足消费者某一方面的需求，其价值与消费者的心理感受有着很大的关系。这就为心理定价策略的运用提供了基础，使得企业在定价时可以利用消费者心理因素，有意识地将产品价格定得高些或低些，以满足消费者生理和心理的、物质的和精神的多方面需求，通过消费者对企业产品的偏爱或忠诚，扩大市场销售，获得最大效益。常用的心理定价策略有整数定价、尾数定价、声望定价、招徕定价和习惯定价。

尾数定价策略，又称“奇数定价”、“非整数定价”，指企业利用消费者求廉的心理，制定非整数价格，而且常常以奇数作尾数，尽可能在价格上不进位。

整数定价策略指旅游企业在定价时，采用合零凑整的方法，制定整数价格。对于那些无法明确显示其内在质量的商品，消费者往往通过其价格的高低来判断其质量的好坏。但是，在整数定价方法下，价格高并不是绝对的高，而只是凭借整数价格来给消费者造成高价的印象。

声望定价策略是指针对消费者价高质必优心理，对在消费者心目中有信誉的产品制定较高的价格。声望定价可以满足某些消费者的特殊欲望，如地位、身份、财富、名望和自我形象等，还可以通过高价格显示名贵优质，因此，这一策略适用于那些经营时间长，在行业中居于领导地位并且名声极好的企业。尤其是一些传统的名优产品、具有历史地位的民族特色产品。

招徕定价策略是指将某几种商品的价格定得非常之高，或者非常之低，在引起消费者的好奇心理和观望行为之后，带动其他商品的销售。这一定价策略常为综合性百货商店、超级市场、甚至高档商品的专卖店所采用。

习惯定价策略是指根据消费者传统习惯制定价格。旅游产品中的基本消费就属于这种定价策略，另外，中间商的佣金，在多数情况下也有一个习惯的比例。

（3）折扣定价策略

折扣定价策略是指在旅游产品的交换过程中，旅游企业的基本标价不变，而通过对实际价格的调整，把一部分价格折扣转让给购买者，鼓动旅游者大量购买自己的产品和服务，促使旅游者改变购买时间或鼓励旅游者及时付款的价格策略。属于折扣价格策略的形式主要有数量折扣、现金折扣、功能折扣、季节折扣。

数量折扣策略指按购买数量的多少，分别给予不同的折扣，购买数量愈多，折扣愈大。其目的是鼓励大量购买，或集中向本企业购买。如有的旅行社推出 10 人以上集体报名参加旅行团价格优惠 10%，酒店推出 10 人以上入住价格优惠 20%，订宴席 10 桌以上免收一桌费用等就属于数量折扣策略。数量折扣包括累计数量折扣和一次性数量折扣两种形式。累计数量折扣规定顾客在一定时间内，购买商品若达到一定数量或金额，则按其总量给予一定折扣，其目的鼓励顾客经常向本企业购买，成为可信赖的长期客户。一次性数量折扣规定一次购买某种产品达到一定数量或购买多种产品达到一定金额，则给予折扣优惠，其目的是鼓励顾客大批量购买，促进产品多销、快销。

季节折扣就是指旅游企业的生产是连续的，而其消费却具有明显的季节性，为了在旅游淡季有所收入，旅游企业对于在这个时期购买的旅游者给予折扣，尽量使企业的生产和销售在一年四季能保持一定的收入。

功能折扣策略也称为同业折扣，是指旅游产品生产企业根据各类中间商在市场中所担负的不同职责，给予不同的折扣。功能折扣的比例，主要考虑中间商在分销渠道中的影响，包括对生产企业的产品销售的重要性、购买批量、完成的促销功能、承担的风险、服务水平、履行的商业责任以及产品在分销中所经历的层次和在市场上的最终售价等等。

现金折扣策略。现金折扣是对在规定的时间内提前付款或用现金付款的旅游购买者所给予的一种价格折扣，其目的是鼓励顾客尽早付款，加速资金周转，降低销售费用，减少财务风险。采用现金折扣一般要考虑三个因素：折扣比例、给予折扣的时间限制、付清全部货款的期限。

任务二　旅游产品的开发

一、　旅游产品开发原则

（一）共生性原则

旅游地的旅游产品总和构成旅游地的旅游产品共生体。要增强旅游地整体产品市场竞争力，旅游产品共生体必须发挥整合效益，这就要求旅游产品共生单元（即单个旅游产品）之间形成互惠对称型的共生关系，共同适应、共同激活，从而产生共生能量。

旅游产品开发的共生性主要表现为旅游项目之间的共生。旅游项目是外部性很强的项目，有正向和负向外部性之分。所谓正向外部性（即互补共生性），是指旅游项目之间是相容的、互补的、协调的，旅游者看了这一景点之后，有一种再去游览另一景点的渴望。所谓负向的外部性，是指旅游项目之间是相克的、雷同的，而不是呈现合作形态。旅游产品共生性，包括自然资源与自然资源之间、自然资源与文化资源之间、文化资源与文化资源之间的共生现象，而且不同的旅游项目，其共生现象是不同的。如展览馆与宾馆、商场、交通设施、自然景点、人造景点相互之间是共生的，所以要注意各种旅游景点在某一小区域的协调共生。另外是扩大化共生网络，例如，将山东省内的青岛、烟台、威海、日照等城市的旅游产品开发连线成网，要最大限度地利用别人的资源来弥补自身不足，将区域内旅游产品进行整合，取长补短，共同发展。

（二）特色性原则

现代旅游者外出旅游的心态越来越复杂，对旅游地的选择也越来越挑剔，加之各地都在大力发展旅游业，旅游市场的竞争愈发激烈。因此，要想在旅游市场竞争中立于不败之地，务必开发出“独一无二”的特色旅游产品。事实上，任何旅游地都有其独有的特色，旅游产品的开发，就是要将这种特色的旅游资源充分挖掘出来。因为旅游经济本身就是注意力经济，只有开发出来的产品有特色，才能在旅游者心中留下美好印象，抓住旅游者的注意力，因而也才有较强的吸引力。山东省烟台市在旅游产品开发过程中，就将注意力放在葡萄酒和葡萄酒文化上面，以张裕葡萄酒为着力点，进行深层次开发，突出自己的地方特色和文化特色。

（三）市场需求导向原则

市场是产品规划设计的出发点和归宿点，一切产品的开发设计必须遵循市场原则，否则必将遭受淘汰。现代旅游市场已由卖方市场转向买方市场，旅游市场呈现竞相争夺的格局。旅游产品本身所具有的不可转移性，不可贮存性等属性，使得旅游产品的市场依赖性特别强烈，一个旅游地的旅游产品只有能充分满足现代旅游者的动态需求，才不至于在市场竞争中被冷落。

我国目前旅游产品结构以观光旅游为主，这是我国观光旅游资源的优势所在，也形成了我国城市观光旅游为主的旅游拳头产品。随着我国旅游者的日趋成熟，他们已经不满足于游山玩水、走马观花，于是深层次的休闲度假旅游成为旅游者的需要。

（四）创新性原则

旅游消费是人们在满足基本生存需要之后的更高层次的消费方式，是一种精神享受型消费方式。而现代旅游者所追求的求新、求异、求奇等心理动机，对旅游产品的规划设计提出了更高的要求，那就是特别强调以旅游科技和文化创新为核心，提高旅游产品的科技含量和文化内涵，从而增强旅游产品的吸引力。

（五）游憩性和参与性原则

现代旅游需求已发生了变化，旅游者不仅追求的是游览美丽的自然风光和历史古迹，游憩活动逐渐变为人们生活的一部分。因此，在旅游产品的规划设计上首先要体现游憩的思想原则，让旅游产品成为人们闲暇时间消费的对象，同时，应当提高旅游产品的参与性，充分调动旅游者活动的积极性，多方面刺激旅游者的感官，提高旅游体验的内涵，从而增强旅游经济的效益。

（六）产品结构优化原则

旅游者由于旅游偏好、文化程度、经济能力等各方面因素不尽相同，其对旅游产品消费的类型选择也是不相同的，而且旅游者对旅游产品的消费意向也总是在不断变化的。这就要求我们对旅游产品的设计内容上要丰富，类型富于变化，最根本的是我们要根据旅游者的消费动向，随时更换旅游产品，合理配置旅游产品的比例结构，力争做到使旅游产品结构优化。

（七）注重质量效益原则

产品质量是企业的生命。旅游产品的质量水平直接影响旅游者的旅行体验满足度，也直接影响旅游产品的创收效益，因此，旅游产品质量必须有保证。同时旅游产品最终能否实现经济效益要取决于生产经营的成本收益核算，即产品能否盈利，在市场经济条件下，价格竞争是激烈的，空间也越来越小，因此必须注重产品效益，零收益和负收益是无法营运的。

（八）可持续发展原则

可持续发展是未来旅游发展的必然之路。30 年来旅游开发过程中所凸现的一系列问题，表明缺乏保护的开发，等于自己给自己葬送前程。实际上，保护是永续开发的前提，因此，旅游产品的开发必须坚持“以人为本”、“天人合一”的生态观点，综合协调经济、社会、环境的共生关系是形成旅游地可持续发展格局的保证。

二、旅游产品的形象定位

旅游产品是区域旅游业发展的基础。自 20 世纪 90 年代以来，我国的旅游业发展势头迅猛，旅游产品的开发也日趋多样。但是，我国大多数旅游地的旅游业发展现状还不理想。旅游产品缺乏明确的主题、尚未形成完整的旅游产品体系，难以适应不断变化的旅游市场需求和日趋激烈的市场竞争环境，近距离旅游产品雷同或重复的现象十分严重。造成这种不良状况的深层次原因是这些旅游地缺乏准确的旅游形象定位，或者未围绕旅游形象定位构建旅游产品体系。因此，只有对旅游地进行准确的旅游形象定位，并且围绕旅游形象定位构建主题鲜明、独具特性的旅游产品体系，才能改变目前我国旅游产品建设的不良状况，实现旅游地旅游业的持续、快速、健康发展。

（一）旅游形象定位指导下的旅游产品体系构建原则

1. 系统性原则

旅游产品是个宽泛的概念。不同类型的旅游资源可以开发不同的旅游产品，同一类型的旅游资源也可以开发不同的旅游产品；同时，同一类型的旅游资源可以开发同一旅游产品，不同类型的旅游资源也可以开发相同的旅游产品。在进行旅游产品体系的构建时，可以运用系统论和控制论的相关理论，将旅游产品体系看作一个整体，通过旅游形象定位对整体的有效控制，实现各旅游产品之间的协调发展。

2. 主题性原则

主题与特色是旅游产品的灵魂，是旅游吸引力的主要源泉和市场竞争的核心。旅游产品体系的构建必须遵循主题性原则，即必须在旅游形象定位指导下对众多的旅游产品要素进行筛选，选取那些直接体现旅游形象定位的旅游产品作为主题产品，进行重点建设。其他的旅游产品也必须围绕旅游形象定位进行建设。

3. 多样化原则

“旅游需求趋向多样化、个性化、自主化，游客对旅游产品的选择性越来越强。”因此，旅游产品体系的构建在突出和服从主题的前提下，还必须遵循多样化原则。在重点开发主题旅游产品的同时，还要适当发展多种类别、多种形式的旅游产品，从而形成主次结合、内容丰富、形式多样的旅游产品系统。

4. 可调控性原则

“旅游产品体系的设计与开发必须正视旅游市场需求的变化和旅游产品的生命周期。”一方面，要保持旅游产品体系的相对稳定性。在一定时期内旅游产品开发的主题和重点应该保持相对稳定，这样有利于旅游地开发体现旅游形象定位的旅游产品体系；另一方面，又要注意旅游产品体系动态的可调控性。根据市场需求的变化和旅游产品所处生命周期的不同，可以适当调整旅游产品的开发重点和主题。旅游产品体系的构建只有在保持系统稳定性的前提下，并具有动态的可调控性，才能实现旅游产品体系的可持续发展。

（二）旅游形象定位的考虑因素

旅游形象定位因素主要包括三个方面：地方性、客源市场、竞争环境。

1. 地方性分析

“任何旅游地都具有其自身的地方特性，或称地格。”旅游地旅游形象定位首先来源于地方独特性，是旅游地综合性、地域性的自然地理基础、历史文化传统和社会心理积淀的三维时空组合。因此，地方性的确定包括自然地理特征、历史文化特征和社会心理积淀三个方面的研究。

首先是自然地理特征的研究。一个地方是否在地理特征方面具有与其他地区截然不同的特征，或占有特殊地位，都有可能被强化开发为地方形象，成为吸引旅游者的事物。其次是历史文化特征的研究。地方性的研究还需要对旅游地的历史过程进行考察分析，寻找具有一定知名度和影响力的历史遗迹、历史人物、历史事件和古代文化背景，作为地方性的重要构成要素。最后是对社会心理积淀的研究。人类的发展具有历史延续性，生活在某一区域中的人代代相传，具有相对稳定性。相同的生存环境使得他们的社会观念形态、行为模式等呈现出相对一致性，而这些也是构成地方性的重要方面。

2. 客源市场分析

社会经济的飞速发展和人们生活水平的不断提高，使得新的旅游市场需求不断出现。在发展旅游业的过程中，旅游目的地需要认真分析、研究客源市场需求，生产适销对路的旅游产品。首先，需要从总体上把握当前旅游者的消费需求动态，理解旅游者的消费爱好；其次，确定目标消费者群体，认真分析潜在旅游者的社会构成、行为模式和心理状态等因素；最后，根据客源市场特征对旅游资源进行筛选，生产出适合旅游者旅游消费需求的旅游产品。

3. 竞争环境分析

旅游业的蓬勃发展，使得新的旅游目的地不断涌现，旅游目的地之间的竞争日趋激烈。目前，我国只有少数旅游地拥有发展旅游业的具有垄断性的旅游资源，具有较强的市场竞争能力，大部分旅游地旅游资源一般，并且近距离旅游资源类似的现象很普遍。这样，大多数旅游地在发展旅游业的过程中，必须找准自己的特色和优势，避免与那些和自己资源类型和条件相似的旅游地成为直接竞争对手。

（三）旅游产品形象定位的方法

旅游产品形象定位是一项复杂的工作，需要对旅游形象定位因素进行综合分析。首先，认真分析旅游地的自然地理基础、历史文化传统和社会心理积淀，挖掘出旅游地的地方独特性；其次，深入调查旅游客源市场，选定目标客源市场，针对目标客源市场的旅游需求，对旅游地的旅游资源进行筛选和加工；最后，分析旅游地的竞争环境，找出自己的竞争优势。

根据旅游形象定位因素综合分析结果的不同，可以采用不同的旅游形象定位策略。具体来说，有领先型定位策略、比附型定位策略、逆向型定位策略和空隙型定位策略，等等。在综合分析一个区域（旅游地）的旅游形象定位因素的基础上，运用适当的旅游形象定位策略就可以确定其旅游形象定位。

三、旅游产品开发策略

（一）旅游产品开发的必要性

随着不断变化的市场消费需求，科学技术的日新月异，市场竞争状况的逐渐加剧，使得全球市场一体化的发展趋势，特别是旅游产品生命周期越来越短，这就要求旅游企业要善于开发和管理新产品，旅游新产品的开发应成为旅游企业经常性工作之一，新产品开发计划应成为旅游企业的年度计划之一。

除少量的人文景观和自然景观外，大部分旅游者希望经常能消费其他旅游新产品。旅游者需求的变化既给旅游企业现有产品带来淘汰的威胁，也给旅游产品提供了新的市场机会。一般的旅游产品都有逐渐退出市场的过程，如何解决旅游企业发展与特定的旅游产品终究要退出市场的矛盾，成为每个旅游企业经营者必须正视的问题。没有新产品的旅游企业，必将随着现有旅游产品生命周期的终结而被市场所抛弃。这就要求所有旅游企业都必须保持对旅游新产品发展趋势变化的敏感性，并随时投入新产品的开发。

（二）旅游产品开发的风险防范措施

旅游产品开发是旅游企业永葆青春的发展之路，但旅游产品开发也有较大的风险性。新产品开发往往失败率很高，开发出来的旅游产品一旦不被市场接受，意味着开发费用的损失。又由于旅游新产品大多数不以实物形态存在，因而难以申请专利保护，旅游新产品投放市场获得成功后，众多的竞争者会蜂拥而至加入竞争，由于跟进者省去了研发费用，往往会以更优惠的条件夺走客源。

旅游新产品投入市场后，不仅与竞争对手的现有旅游产品形成竞争，而且也会挤占本企业现有旅游产品的部分市场，从而加快本企业现有产品“老化”速度，有时新产品在旅游市场尚未站稳脚跟，现有产品却被自己的新产品挤出市场。只有正确认识新产品开发的风险，方能防范于未然。风险防范的主要措施有：

1. 旅游新产品要适应旅游市场需求

这是取得成功的前提条件，也是避免研发费用浪费的前提条件。只有受旅游者欢迎的新产品，才能带来良好的经济效益。因此，旅游企业切忌闭门造车，以减少旅游产品开发的盲目性，如一些地方酒店已饱和而投资者却热衷于再投资兴建新的酒店，往往新酒店开业之际就是亏损之时。不少旅游企业盲目跟风，对旅游市场发展趋势缺乏分析，往往在新产品上市时，旅游者兴趣却已发生转移。因此，在开发旅游新产品之前，做好市场调研与预测工作就显得十分重要。

2. 量力而行，量入为出

旅游企业既要充分考虑市场需要又要根据自身的资金、人才、经营管理等条件，扬长避短开发新产品。中小旅游企业更不能遍地开花地乱上项目，而宜集中优势开发那些成功率高、市场潜力大、经济效益好的新产品。在开发新产品时应进行必要的风险评估，测算投入产出，量力而行、量入为出，建立必要的内部风险控制机制，尽可能避免“开而不发，开而受损”的情况发生，即使发生这种情况也能把损失控制在可承受的范围内。

3. 倡导联合开发的新模式

这也是降低开发风险、增加开发成功机会的有效途径。一些旅游企业联合开发、推出旅游景点，联合推出包机、包火车旅游线路，不成功时每家企业损失不大，成功时每家企业受益颇丰。联合开发之所以取得成功的机率较高，是因为集众家研发能力、推销能力之优势，有利于形成一定的声势，与独家开发相比客源市场也会更为广阔。

（三）旅游产品开发程序

旅游产品开发关系到旅游企业的生存和发展，据统计，2/3 以上的新产品开发是失败的，导致失败的原因之一是开发程序不合理、不科学，如一些旅游景点开发取得成功后，一些旅游企业经营者头脑发热、盲目跟风，结果导致巨额投资失败。开发旅游新产品要取得成功，产品必须是质量好、有特色、使用价值高，这就要求在开发的过程中应遵循科学的开发程序，缜密安排、紧密衔接、循序渐进。旅游新产品开发一般经过八个过程，即收集创意、创意筛选、产品概念的形成和测试、制定营销计划、业务分析、产品开发、市场试销、正式上市。

1. 收集创意

在开发旅游新产品过程中，旅游经营者要集思广益，创造宽松的环境、构建必要的创意激励机制，激发员工丰富的想象力。激发创意的方法很多，有头脑风暴法、角色扮演法、逆式思维法、相似类推法、连接联想法、焦点法等。旅游企业倡导员工创意，把员工创意与旅游新产品开发结合起来，把有用的建议收集起来。此外，旅游企业还可以从旅游者、同行竞争者、旅游中间商等处吸收新产品的创意。

（1）来自顾客的创意

顾客需求和欲望是寻找新产品构思的起点，几乎有 28% 的新产品创意来自顾客的观察和询问。这就要求旅游企业要采取多种方法和手段去了解和收集顾客的需求，如顾客调查、顾客座谈会、联谊会、顾客建议收集、顾客投诉的处理和整理等。旅游企业通过分析顾客的问题和投诉，可以发现能更好地解决顾客问题的新产品。

（2）来自竞争者的创意

大约 27% 的新产品创意来自对竞争对手的分析。旅游企业通过观察竞争对手的广告及其他信息，从而获得新产品线索；也可以购买竞争对手的新产品，观察了解产品的工作原理、构成、营销策略等，掌握其产品的优势和不足，从而有针对性地推出自己的新产品。企业管理人员可以通过买入并接受竞争对手的产品和服务，如到竞争对手的饭店就餐住宿，参加竞争对手组织的旅游团队等方式，来获取竞争者的信息。

（3）来自中间商的创意

供应商对新产品的发展趋势更为敏感和了解，掌握未来产品的新概念、新技术和新功能，可以为旅游企业提供新产品的创意。而经销商和代理商同消费者打交道，是市场第一线的力量，最了解顾客的需求和不满，最清楚各家企业的优势和劣势，因此他们的创意往往最符合市场的需要，也最有针对性。通过他们了解竞争对手的情况也是十分有效的方法。

2. 创意筛选

收集创意是为开发旅游新产品服务，收集来的各种创意绝大多数或可行性较差或与旅游企业发展目标不符。因此，旅游企业对收集来的大量创意需要进行筛选，以去粗取精。在筛选过程中旅游企业遇到的难题是可能把很有价值的创意筛选掉，本来应是“沙里淘金”，却变成“抛金留沙”，导致新产品开发的后续工作变成无价值、负价值的工作。

企业应选择高素质人员进行创意筛选，切忌“误弃”和“误用”。“误弃”即没有意识到创意的价值而将其舍弃。“误用”即将一个没有发展前途或不符合企业发展目标的创意选择并付诸开发。“误弃”和“误用”都会给企业带来巨大的损失，导致新产品开发的后续工作变得毫无价值。

筛选创意时，一般要考虑以下因素：第一，该创意要与企业的战略目标相适应；第二，该创意要与企业内部条件相适应，如资金、设备、人才、技术、经营管理能力等；第三，该创意要与企业外部条件相适应，如市场需求和竞争状况、营销环境、自然与人文资源等条件。

3. 产品概念的形成和实践测试

新产品创意经过筛选后，还需形成产品的概念，并对这一概念加以评估和实践。在这里，需要我们明确地区分产品创意、产品概念和产品形象的含义。

产品创意仅仅是一种关于产品的设想，如提供顾客综合性的、具有高标准服务规格的住宿场所。产品概念既是一种有意义的消费术语，也是对创意通过语言、图像、文字描述出来，可使顾客形成对产品的印象，例如某饭店产品我们可描述为：五星级饭店，餐饮设施有咖啡厅、旋转餐厅、酒吧，休闲设施有健身中心、引进国外先进设备的桑拿，会议设施有 500 人以上的大宴会厅、多媒体厅，服务设施设商务中心、外币兑换、商场、接机服务，客房设施突出中式风格。一个产品创意可以形成几个产品概念。产品形象则是消费者对产品的勾画方式，如消费者会认为该饭店是本地区最高档的饭店。

产品概念实践是对若干目标顾客群组进行的，通常先将新产品的概念展示给被实训的目标顾客。展示方式可以是口头描述、图画、模型、多媒体等，尤其是高科技手段，使产品概念的展示尽可能地接近概念实训标的物，目的是让受众清楚地了解新产品的具体情况，以便接受实践。实践大多采用问卷的形式进行，问卷的答案有助于企业了解哪种产品概念更受欢迎，从而据此进一步完善新产品概念，争取使即将推出的旅游新产品更受市场欢迎，更符合市场需求。

尤其对于需投入大量资金的新产品，产品的概念实践更为重要，因为一旦决策失误，所造成的损失是相对较大的，甚至对于企业是灭顶之灾。因此，从长期来看，多花一些时间和资金进行产品概念实践，是非常必要的。

4. 制定营销计划

为了提高旅游新产品的市场成功率，旅游企业在形成新产品概念并经过测试后，就要制定相应的营销计划。这一阶段的营销计划只是初步的、粗线条的，需要进一步开发、逐步修改和完善。营销计划书通常包括三部分：

（1）确定市场目标、拟推出的新产品定位以及短期的预计销售、市场份额和利润目标。

（2）新产品投放市场的价格、分销渠道、销售预算等。

（3）预计长期的销售额、利润目标及营销组合策略。

5. 业务分析

旅游企业推出新产品是商业行为，必须讲求经济效益。因此在旅游新产品研制出来之前还必须进行商业业务分析。业务分析是指考察新产品的预计销售、成本和利润，以便查明他们是否满足企业的目标。要估计销售额，企业可分析市场上类似产品的销售情况，以此推出企业所推出新产品的预计销售额，也可以通过消费者调查来进行。但无论如何，企业应对销售的最好和最坏两种情况作出尽可能准确的预计，以对风险的范围有所准备。在销售预测的基础上，再进行成本和利润的预测，以考察新产品的盈利能力。

6. 产品开发

在进行业务分析之后，可行的创意即可进人新产品开发阶段，即将产品概念发展成为实体产品，以确保产品创意成为有商业价值的有用产品，把概念性的产品转化为现实旅游产品。

由于旅游产品的特殊性，在本阶段，旅游企业对实物旅游产品和服务产品在试制方面的要求有较大的差异。实物产品试制既要考虑需求水平，又要考虑在技术上有一定先进性，服务产品更多地要考虑服务技能所能达到的水平及旅游者兴趣变化的趋势。在这一阶段，可采取试用的方式，选取部分有代表性的顾客，如相关方面的专家、旅行社代表、同行业人士、目标消费者等，请他们试用新产品，然后通过各种方式了解他们对产品的意见和看法，在此基础上再进一步完善新产品。

7. 市场试销

市场试销即将旅游产品及营销方案拿到逼真的或真实的市场环境中去检验其销售效果，以进一步了解消费者的偏好及对产品质量、价格、销售渠道、促销等多方面的意见，及时发现新产品在市场上存在的缺陷。

市场试销规模的大小取决于投资风险的大小及试销成本和时间的长短。对投资较少，试销成本较低、成功率较有把握的新产品，可以免去试销阶段，以免给竞争者以可乘之机。否则，应进行大量的试销，这样虽然试销成本会很高，但和产品大规模上市后失效的损失相比，却是再划算不过的。

8. 正式上市

经试销成功的新产品，则可以正式推向市场，成为处于投入期的产品。在旅游新产品刚投放市场时，一般销售量较小，各种费用较高，往往会发生一定程度的亏损，这是正常现象。旅游营销管理人员此时的任务是把亏损控制在一定的范围内。旅游新产品正式投向市场，选择什么时机也十分重要，特别是时令产品，对时机的把握尤为关键，如酒店推出的圣诞派对、情人节狂欢等，就需要在节日到来之前的半个月提前宣传、造势。

选择适合的地点推出旅游产品也很重要。如一家地处大城市的某酒店推出以野菜为主的新菜系颇受游客欢迎，另一家地处小城镇的酒店效仿就不会取得同样的效果。地点不同，消费者的喜好也不同。

旅游产品正式进入市场后，应关注旅游者的态度，根据旅游者的要求对旅游产品进行改进，使之逐步完善。就我国目前旅游产品的现状来看，开发新产品成为旅游企业的当务之急，否则会影响甚至限制我国旅游业的发展。

四、旅游产品组合策略

（一）旅游产品组合的概念

1. 旅游产品组合

旅游产品组合也叫旅游产品搭配，指一个旅游企业提供市场的全部旅游产品线和旅游产品项目的组合或搭配，即经营范围和结构。它可以从旅游产品线的广度、深度和相关度上反映出自己的特征。旅游产品组合通常包括宽度、长度、深度及关联性等几个维度。所谓宽度，是指一个旅游地有多少旅游产品大类；长度是指一个旅游地的产品组合中所包含的产品项目的总数；深度是指旅游产品大类中每种产品有多少花色品种规格；而旅游产品组合的关联性，指一个旅游地的各个产品大类在最终使用、生产条件、分销渠道等方面的密切相关度。

2. 产品线

产品线指在使用功能、销售对象、分销渠道等方面类似的一组产品，即产品大类。如餐饮、住宿、运输、娱乐等，都可形成一条产品线，而每条产品线又包括若干产品项目。在划分过程中，往往同一产品线功能类似，消费上具有连带性，供给相同的顾客群，或属于同一种价格范围。

3. 产品项目

产品项目指产品大类中各种不同品种、档次、质量和价格的具体产品。在旅游产品线中，可分为旅行社产品项目，饭店产品项目，旅游产品专卖店产品项目，而这些产品大项目中又有具体的小项目可分，所有这些产品大类和项目按一定比例相互搭配，就形成了产品的组合。

4. 产品组合的关联度

产品组合的关联度，指企业产品组合中各产品线之间在最终用途、生产条件、分销渠道、顾客群或其他方面的相关程度。关联度并不是一个固定的概念，从不同角度看，会产生不同的评价，例如，对饭店而言，客房与餐饮在生产条件上绝不可能有较强的关联性，但在销售渠道和其服务功能及服务对象上，其关联度却相对较强。

（二）旅游产品组合的原则

旅游产品的组合应包括旅游者从开始旅行到结束的全部内容，其中包括：预定酒店和膳食、交通、导游、风味品尝、游览、娱乐等。有人把组合的旅游产品比作画家的调色板，其各项内容比作不同的颜料。颜料调配的好，绘制出的画面就生动、形象、逼真，为人赞赏，旅游产品组织得好，旅游者就得到一次满意、印象深刻的旅行，一次真正的经历。其中任何一项内容没有调配和组织好，那就像画家在一幅画面上有败笔一样，使整个旅游产品受到影响。因此，在进行旅游产品组合时，有必要遵循一定的原则，以达到提供一个完美的旅游组合产品的目的。

1. 旅游产品组合的针对性

根据产销对路的原则，针对不同的消费对象的需求，旅游企业要组合不同的旅游产品。各国游览者的游览兴趣不一样，例如，香港－广州－桂林－香港这条线路受日本旅游者欢迎而不为美国游客接受。因此，对于美国游客，应开辟或介绍新的能引起他们兴趣的游览路线，而不是把适合日本游客兴趣的路线也推销给美国游客。这就需要旅游经营企业改变单一产品模式，使产品多样化、系列化，以满足各种旅游者的消费需要。

2. 时间安排和交通工具使用的合理性

这是为了节约旅行者的时间，使他们在有限的时间内看到尽可能多的景点。因此必须在时间安排上进行合理编排，交通上尽量安排现代化的交通工具，能安排飞机尽量安排飞机，不要过多地安排超过 12 小时的火车班次，那样会浪费旅游者的很多时间，并容易使他们产生疲惫感，影响对目的地的游览。

3. 空间安排和旅游点的选择性要多样化

以我国目前接待国外旅游者的方式为例，一条旅游线路的安排，应注意两方面：一是劳逸结合，二是变化多样。一条旅游线路不宜安排过多的旅游点。旅游者参观、游览后，要给他们吸收、消化的时间。景点过多，容易流于形式，走马观花，旅游者得不到对景点的真正印象。并且由于旅游产品是一次经历的综合体，对于旅游产品的包含成分，不能单纯的理解为参观游览，而游览之余的休息、散步、娱乐也应包含进去，这样才能做到真正的劳逸结合。

另外，旅游点的选择还要注意项目不重复，如北京看了碧云寺，去武汉就不一定参观归元寺。如果一个包价团在中国游览 15 天，仅看寺庙就七八处之多，那么这个旅游产品的组合就是失败的。显然，各种寺庙都有一定的特色，然而除了专业旅游团之外，对于大多数旅游者而言，所有的中国寺庙都是一个模式，千篇一律的。还有，在选择游览点时，线路不可重复，如去一些名山大川进行游览，来回都经一条路走，去时会觉得很新鲜，而返回则会因重复而感到无聊。线路重复，等于花双倍钱买了一件产品，对于旅游产品的组合来说，同样是失败的。

4. 旅游产品组合要使旅游者和产品组合者都有利可图

在经济上，旅游组合产品使旅游者感到比单独购买各组合产品更为省钱；在效果上，组合产品使旅游者感到更为方便舒适，旅游产品才打得开销路。对于组合者而言，虽然单位产品的利润减少了，但由于进行购买消费的人多了，销售额的大幅度增长，也给产品组合带来巨大的经济利益和社会效益。另外，将多种产品组合在一起销售，能够减少销售时间和费用，使单位销售成本降低，从而达到销售规模经济。

5. 旅游产品组合要具有地方性特色

越是有个性有特色的旅游项目，越具有观赏价值，而要突出旅游项目的特色，地方性显得尤为重要。在比利时，距离布鲁塞尔市区不到 30 公里的南郊，是震撼世界的滑铁卢古战场，比利时把这一地点利用起来，设计了富有地方性的游览项目，昔日拿破仑一战败北的历史遗迹，被精心保存下来。当地一些普通农舍也得到充分利用，有的改为蜡像馆，展示作战双方的蜡制形象；有的改作中型电影院，专门放映有关滑铁卢战役的电影；有的改为小旅社，专门接待那些想在古战场上过夜的游客。由于这个旅游点的项目地方性相当突出，因而吸引了无数的游客。

6. 部分旅游项目的参与性

在旅游产品组合中，不仅要使旅游者游得尽兴，而且应该尽可能让旅游者体验参与的乐趣。如沿海有些地区推出的“渔家乐”组合旅游产品，让游客参与到出海打鱼的过程中，使其充分领略劳作及收获的乐趣。

（三）旅游产品组合决策的步骤

1. 分析企业外部环境

进行旅游产品组合决策，首先要对企业所处的外部环境进行分析，收集企业外部环境中对企业有利的市场机会和对企业构成威胁的不利因素，从而帮助企业作出正确的产品组合决策。

2. 分析企业内部资源

对企业内部资源进行分析的主要目的是通过对自身实力的分析，确切标示出自己能够提供的旅游产品的种类，从而为进行有效的旅游产品组合创造条件。如果没有对内部资源的分析，旅游企业可能对自身的能力没有一个准确的认识，高估或低估企业资源都会导致企业作出错误的决策。

3. 最佳旅游产品组合的评价及选择

最佳旅游产品组合是指能给旅游企业带来最大长期盈利的产品组合方式。最佳旅游产品组合的评价与选择方法主要有以下几种。

（1）四象限评价法

四象限评价法是美国波士顿公司于20世纪70年代首创的，也称为波士顿矩阵法，它是指根据市场占有率和销售增长率对产品组合进行分析、评价并实现优化的办法。四象限评价法的步骤是：第一，作出四象限坐标图；第二，把旅游产品根据上述标准分别列入各个象限；第三，确定对策。通过在象限中进行标注，一般把旅游产品分为四种：

处于第Ⅰ象限的是明星产品。由于销售增长率和市场占有率都很高，说明该产品市场潜力可观，属于成长期产品。企业应全力开发，在资源分配上应优先保证，力保优势。

处于第Ⅱ象限的是金牛产品。金牛产品虽然销售增长率不高，但市场占有率相当高，能给企业带来较多利润。金牛产品一般处于成熟期。对该类产品，若其销售增长率下降，则应努力改进产品和销售；若销售增长率提高，应设法稳定现状和采取增加盈利的对策。

处于第Ⅲ象限的是问题产品。问题产品一般销售增长率高，而相对市场占有率低。对把握较大的问题产品应予以发展；对近期内需求不大，但远景看好的产品，应采取维持策略；对有生命力的产品，要积极扶持；对市场占有率很低，风险较大的产品，应慎重对待，争取较好的前途。

处于第Ⅳ象限的是瘦狗产品。对这种产品，应采取淘汰策略。

（2）产品获利能力评价法

根据产品资金利润率的大小来评价分析产品获利的能力，步骤如下：

① 计算产品的销售利润率和资金周转率；

② 制作图表；

③ 描绘各产品在坐标图中的位置；

④ 判断与对策。

（3）产品系列平衡法

产品系列平衡法是指选择企业实力和市场引力两大因素对企业各种产品进行综合分析，并依据分析结果进行产品组合优化决策。该方法的大致步骤是：

① 确定企业实力标准，即将产品的生产能力、销售能力、市场占有率等指标以一定的标准，采用打分的办法，划分为大中小三个等级。

② 确定市场引力标准。

③ 以市场引力为纵轴，以企业实力为横轴，画出产品系列平衡象限图。

④ 分析与对策。

⑤总体分析。

4. 确定产品组合策略

（1）扩大产品组合策略

扩大产品策略主要有两种方式：

第一，增加产品组合的宽度，即增加产品线，如某酒店集团建立了酒店管理咨询机构；

第二，增加产品组合的深度，即增加产品项目，如某酒店的康乐产品线在原有的美容美发和歌舞厅的基础上又增加了健身房。

（2）缩小产品组合策略

缩小产品组合策略有两种方式：减少产品组合宽度和深度。主要是淘汰放弃处于衰退期的过时产品，没有发展潜力及盈利能力差的产品，或企业出于求精、求专的考虑，有意放弃某些产品线或产品项目。

（3）完善产品组合策略

① 向上延伸。企业在原有中低档产品和服务的基础上，增加高档产品和服务的推出以及提高企业及产品形象，增加销量。

② 向下延伸。企业在原有高档产品和服务的基础上推出中低档产品和服务，以占领这部分市场，为更多的消费者服务，但要注意避免负面影响。

③ 双向延伸。企业在原有中档产品的基础上，发展高档和低档产品和服务，完善产品的结构。

5. 具体实施产品组合

在策略的实施过程中，应解决两个问题，即实施的方式和时机。确定策略实施的时机，就是要确定产品组合变化的时间点。如春节将至，各旅游企业都有针对性地推出了新的旅游产品组合，推出时间过早，可能会使企业的营销动机提前暴露于竞争对手面前，推出时机过迟，则可能错过最佳的市场时机。产品组合策略的实施方式是要找出旅游产品组合可行的方法，而且这种方法的实施成本应该是较低的。

课后训练

关键术语

旅游产品　开发原则　形象定位　开发策略　组合策略

学以致用

一、讨论分析题

1. 旅游产品的构成要素是什么？
2. 沙滩旅游的产品特性是什么？
3. 试为北京欢乐谷进行新的产品开发策略。
4. 结合你所在城市旅游产品特点，讨论产品组合实施的可能性，并举例说明。

二、案例分析题

修改旅游线路　北上南下叫卖

在四川汶川大地震后，重庆旅游市场受到较大波及。2008 年 6 月，重庆市政府召开“在抗震救灾中激活重庆旅游市场座谈会”，市政府副市长谭栖伟表示，重庆要根据客源变化情况，优化旅游线路，争取形成固定的有影响力的旅游产品，改变过境游的尴尬局面。

新线将以三峡游唱主角，此次大地震，重庆被波及后，直接经济损失达 5.03 亿元。重庆市旅游局常务副局长孙逸民介绍，在地震发生后，重庆市紧急向国家旅游局、全国各省市及驻外机构发布公告，解释了重庆旅游的安全和可靠，并向他们发出组客赴重庆旅游的邀请。孙逸民介绍，由于重庆市旅游以过境游为主，长江三峡线路大都与四川九寨沟、黄龙组成连线向外界推介，造成“一损具损”的尴尬。为此，重庆市启动新线路的制定，谭栖伟说，长江三峡是重中之重，要以长江三峡为主，向外界推出全新的旅游线路。同时，将重庆与西藏、张家界、桂林等地联系起来，组成新的旅游大环线，向外界推介。重庆游船协会会长罗世柏介绍，如针对“小黄金周”增多的情况，制定 3～4 天的长江三峡游线路。

资料来源：重庆商报

问题：

1. 通过上述材料，你认为重庆旅游产品有哪些缺点？
2. 分析重庆旅游产品线路重组的意义。
3. 设计你所在城市的旅游线路。

知识拓展

中国生态旅游景区

中国的生态旅游是主要依托于自然保护区、森林公园、风景名胜区等发展起来的。1982年，中国第一个国家级森林公园——张家界国家森林公园建立，将旅游开发与生态环境保护有机结合起来。此后，森林公园建设以及森林生态旅游突飞猛进的发展，虽然这时候开发的森林旅游不是严格意义上的生态旅游，但是为生态旅游的发展提供了良好的基础，至1999年初全国已经建起不同类型、不同层次的森林公园近900处。从1956年开始建立第一批自然保护区以来，至1997年底，共建各类自然保护区932处，其中国家级的有124处，被正式批准加入世界生物圈保护区网络的有14个。中国共有512处风景名胜区，总面积达9.6万平方公里。

1999年昆明世博会和1999年国家旅游局的“99生态环境旅游”主题活动大幅度推进了中国的生态旅游实践，在1999年，四川成都借“世界旅游日”主会场之机推出了九寨沟、黄龙、峨眉山、乐山大佛等景点，开发生态旅游产品。随后，湖南张家界国家森林公园举办国际森林保护节，推出武陵园等生态旅游区。以湖南和四川为起点，生态旅游逐渐在全国范围内发展起来。在2001年对全国100个省级以上自然保护区的调查结果显示，已有82个保护区正式开办旅游，年旅游人次在10万人以上的保护区已达12个。但是在具有众多生态旅游资源的县级城市，生态旅游由于受到旅游市场的冷落、缺少推介和宣传，并没有提升旅游经济，更没有把具体的资源进行展示的机会。

目前，在国内，开放的生态旅游区主要有森林公园、风景名胜区、自然保护区等。生态旅游开发较早、开发较为成熟的地区主要有香格里拉、中甸、西双版纳、长白山、澜沧江流域、鼎湖山、广东肇庆、新疆哈纳斯等地区。按开展生态旅游的类型划分，中国目前著名的生态旅游景区可以分为以下九大类：

1）山岳生态景区：以五岳、佛教名山、道教名山等为代表。

2）湖泊生态景区：以长白山天池、肇庆星湖、青海的青海湖等为代表。

3）森林生态景区：以吉林长白山、湖北神农架、云南西双版纳热带雨林等为代表。

4）草原生态景区：以内蒙古呼伦贝尔草原等为代表。

5）海洋生态景区：以广西北海及海南文昌的红树林海岸等为代表。

6）观鸟生态景区：以江西鄱阳湖越冬候鸟自然保护区、青海湖鸟岛等为代表。

7）冰雪生态旅游区：以云南丽江玉龙雪山、吉林延边长白山等为代表。

8）漂流生态景区：以湖北神农架等为代表。

9）徒步探险生态景区：以西藏珠穆朗玛峰、罗布泊沙漠、雅鲁藏布江大峡谷等为代表。

资料来源：百度百科

第四篇

旅游活动管理篇

模块八　旅游组织与管理

课前准备

【任务驱动】

通过本章学习，了解政府支持发展旅游和旅游业的动机以及对旅游发展行使干预的必要性；熟悉政府干预旅游发展的主要手段；掌握国家旅游组织的概念及其主要职能；熟悉我国旅游组织的基本状况并了解同我国有关系的主要国际旅游组织；了解旅游组织的分类和建立的必要性；掌握主要的国际和国内旅游组织；了解旅游行政组织对旅游业管理的主要途径。

【导入案例】

中国政府官方鼓励外资和民营资本进入云南旅游业

国家旅游局已确定云南省作为中国旅游产业改革发展的试点省份，并于当日与云南省人民政府共同签订了《关于推进云南旅游产业改革发展试点省建设的合作协议》。云南省高级官员27日表示，推进云南旅游产业改革发展，加大招商引资力度，凡法律法规未禁入的投资领域，一律向国内外资本开放。

云南省副省长刘平当日在北京说，加强旅游招商引资项目库建设，策划包装和推出一批资源禀赋高、市场效果好、带动能力强的重点招商引资项目，吸引国内外知名企业通过各种方式投资云南旅游业。同时，探索和推进云南省国家公园、休闲度假基地、旅游小镇和特色旅游村、旅游文化示范县、旅游会展商务基地的建设，启动实施一批旅游重大重点项目，研究破解旅游大项目在土地、项目审批等方面的政策性难点、重点问题，加快旅游发展方式转变步伐，提高旅游产业要素规模化和集约化水平，不断拓展旅游产业链条。

2008年，云南省接待入境旅游者510万人次，实现旅游外汇收入10亿美元，接待国内旅游者1亿人次，旅游业总收入达660亿元人民币。到2015年，云南省力争接待海内外游客2亿人次，旅游总收入达到1 300亿元人民币，使云南成为中国一流、世界知名的旅游目的地。

2002 年国务院曾发出通知指出："风景名胜资源是不可再生的国家资源，严禁以任何名义和方式出让或变相出让风景名胜区资源及其景区土地。"当时的建设部也要求，风景名胜区经营权转让不得突破四条底线，即政府的行政职能不能有任何的削弱，更不能做任何的转移；不能在核心景区推行任何实质性的经营权转让；对已经开发、成熟的景点以及其他重要的景点，不允许转让其经营权；风景区的门票不能让公司垄断。

问题：

1. 政府为什么要对旅游进行干预呢？
2. 政府对旅游业可以进行哪些调节呢？
3. 政府调节旅游业的手段有哪些呢？

教学内容

任务一 旅游业宏观管理

在经济发展过程中，政府的作用是显而易见的，这在我国旅游产业的发展实践中也不例外。随着我国旅游产业市场化的日臻成熟和完善，我国已经逐步成为世界旅游强国。在我国旅游产业市场化中，除市场自身的因素外，政府相关部门也对旅游产业运行产生了重要影响。各级政府应当从单一的政府行政管辖转向综合运用经济、法律及行政手段进行间接管理来进一步强化其对旅游产业的宏观调控能力。

一、旅游业宏观管理的必要性

旅游产业发展之所以受到国家和各级政府的高度重视，这是由旅游产业自身的特点和其在国民经济中无可替代的地位与作用决定的，也是弥补市场缺陷的必然要求，符合当前中国国情。因此，国家和各级地方政府关注、参与和投入旅游产业的力度在不断加大。

（一）旅游产业的自身特点

旅游业具有综合性、经济性、依赖性、关联性都很强的特点。首先，旅游业是集行、游、住、吃、购、娱等服务为一体的综合性产业，由此带来的复杂性与社会性必然要求政府干预行为的存在。其次，旅游业作为一项产业必然具有其经济性，而政府有着对经济的管理职能与发展经济的使命，因此政府干预的存在是十分必要的。再次，旅游业的生存和发展依赖于相关行业，依赖于自然、社会、经济、政治等多种因素。而政府在其中扮演着不可或缺的重要作用。最后，发展旅游业可以带动相关产业的发展，这就需要相关产业和政府部门的大力支持与配合，才能更好地带动其他产业的科学可持续发展。在此，政府干预行为主要是协调作用。

（二）旅游业在国民经济中的地位与作用

现代旅游业已经成为国民经济发展的重要组成部分，旅游产业对国民经济及其社会发展的促进作用日益增强，成为具有明显竞争力的产业之一。各个国家或地区都把旅游产业作为经济发展的一个重点，大力支持和引导旅游产业市场化。旅游产业之所以引起各国政府的高度重视，归因于旅游产业表现出来的非比寻常的产业作用：旅游产业是创汇的有效工具，发展旅游产业具有快速回笼货币，促进市场繁荣，保证国民经济稳定发展的重要作用；旅游产业在带动就业方面也有显著功能，它属于劳动密集型产业，随着市场化发展不仅能够提供更多的就业机会，为缓解就业压力作出巨大贡献，还会促进并带动其他产业发展，改善国民经济结构，从而有力地保障社会稳定；发展旅游业有利于增强国民文化交流，促进精神文明建设，提高人民生活质量，提高全社会的经济效益，振兴繁荣地方经济。正因为发展旅游产业有着种种好处，政府干预行为的存在也就十分必要，一些国家甚至加大了对旅游产业的干预力度，促进旅游产业最大限度地发挥其产业功能，促进国民经济增长。

（三）适应当前中国国情，弥补旅游市场的缺陷

旅游产业市场化要和其他行业一样，客观地遵循市场经济发展规律，依靠市场调节功能达到资源优化配置。由于市场经济这只“看不见的手”自身存在缺陷，其调节机制并不完善，政府必须充当“社会人”的角色。即在充分发挥市场调节和政府干预的运行机制的同时，统筹规划，突出重点，要根据当前中国国情，如经济发展水平不高、资源分布广泛且不均衡、市场覆盖力有限、各种旅游基础设施不完善等，这些问题决定着旅游产业市场化发展需要政府干预行为，需要政府采取强有力的措施来弥补市场缺陷，加强对旅游市场的监管，惩处各种不利于旅游业发展的行为。

二、政府宏观管理的定位

（一）开拓者

在旅游业发展初期，政府利用手中的经济资源，大力开发旅游景区，特别是在核心景区兴建大批旅游配套设施。政府还通过制定财政、税收、出入境管理等一系列优惠政策，来引导、鼓励优先发展旅游产业，使旅游业空前发展，形成了较大规模和较强的竞争力。2006 年，我国共接待入境旅游者 1.25 亿人次，入境过夜旅游者 4 991.34 万人次，分别同比增长 3.87% 和 6.63%；国际旅游外汇收入达 339.49 亿美元，同比增长 15.88%。2007 年前 4 个月，入境人数 4 197.54 万人次，同比增长 5.82%；入境过夜旅游者 1 700.34 万人次，增长 9.59%；国际旅游外汇收入 115.85 亿美元，同比增长 12.44%。随着旅游产业的蓬勃发展，市场化进程逐步加快，产业经济迅速增长，我国已经迈向世界旅游强国的行列，政府成功地扮演了开拓者的角色。

（二）规范者

在旅游业逐步发展后，国家为了规范旅游市场，颁布了一系列法规和条例，我国开始逐步建立适应市场化的法律体系和相关制度。1985 年，国务院发布《旅行社管理暂行条例》与《风景名胜区管理暂行条例》；1988 年，国家旅游局发布《中华人民共和国评定旅游涉外饭店星级的规定》；1999 年，国家旅游局发布《导游人员管理条例》；2001 年，国家旅游局发布修改后的《旅行社管理条例》。导游资格考试制度等也促进了我国旅游产业市场化的健康发展，旅游法制建设全面推进。地方旅游主管部门大力贯彻中央精神，在自己权限范围内出台了一系列的地方性旅游法规，地方旅游立法成果显著，并积极有效地得到贯彻落实。政府不仅用法律法规来约束和规范旅游产业开发行为，也以此来规范旅游经营行为，制定景区娱乐场所的经营规范。这一阶段，政府在旅游产业中扮演着规范者的角色。

（三）协调者

我国旅游产业市场化尚未成熟，旅游企业的规模相对较小，还无力承担国家整体形象宣传。因此，政府必须承担这一重任。从1992年起，国家旅游局每年推出一个主题，进行中国主题旅游年的形象宣传活动，比如2005红色旅游年、2006中国乡村游、2007和谐城乡游、2008中国奥运游等。这些活动的举办，不仅向世界各国宣传了中国作为旅游目的地的形象，在旅游者的心中留下美好的印象，吸引各国旅游者前来旅游，而且显示了政府的统筹兼顾、协调各部门共同办好主题宣传活动的能力。诸如北京奥运会这样的重大节事，就是国家整体旅游形象宣传的一次重大机遇，国家和各级政府都给予了高度重视。又如中国优秀旅游城市评选活动，通过政府出面举办，突出地方特色，各地市的形象都得到了改善和优化，使国家整体形象得到改善。从中可以看出，这些大规模的宣传、组织和监督工作，惟有政府才能承担。除此之外，政府的作用还表现在解决旅游产业外部性信息不对称的问题，通过建立公正权威的旅游产品信息系统，向消费者提供关于旅游产品的正确信息。政府在协调社会各方面力量进行国家整体形象宣传，改善旅游环境，促进旅游产业不断走向成熟等方面，成功地扮演着协调者的角色。

三、旅游业宏观管理的手段

（一）制定相关的法律法规，对旅游产业实行法制化管理

健全的旅游立法是旅游产业良性发展的法律前提和基本保障。我国旅游立法与西方发达国家相比，还存在着比较严重的滞后性。虽然政府为了规范旅游市场，颁布了一系列法规和条例，但是国家性的法律法规相对较少，并未从全局角度来规范旅游产业，而地方性旅游立法又各自为政、缺乏统一性和协调性，大多具有浓厚的地方保护主义色彩。因此，各级政府应当致力于完善和健全相关的法律法规，全面考虑旅游行业立法的整体性和完善性，各部门要依照法律法规严格执法，对旅游产业实行法制化管理。通过政府出面，制定出规范旅游市场发展的法规条例，进一步强化对旅游产业市场化发展的法治管理力度，加强行政监督和法律制约，加大执法力度，用完善的法律法规来规范旅游企业和个人的经营行为，实行“依法治旅”。

（二）培育旅游市场，规范旅游秩序，创造良好的竞争环境

在旅游产业市场化发展过程中，由于市场竞争秩序尚未得到全面规范，旅游企业在经济利益的驱使下，损害消费者权益以及因政府不恰当行为而造成市场不正当竞争等问题时有发生，有时还十分严重。针对这些问题，政府应该进一步开展旅游市场秩序综合整治工作，保证旅游产业的正常有序运行。一方面，依靠立法手段，进一步加强旅游市场竞争秩序的全面规范；另一方面，政府应该通过大量的宣传活动，提高旅游从业人员的公平竞争意识，力图做到规范竞争秩序的长效化，创造良好的、公平的旅游市场竞争环境。

（三）制定发展旅游规划，引导旅游投资方向

没有规划的开发旅游资源、缺乏地方特色的低水平建设等问题，是造成我国旅游产业市场化步履维艰的一个主要原因。这要求政府必须科学制定旅游发展规划，致力于解决上述问题。根据旅游发展规划，正确引导社会资金增加对旅游产业的投入力度。

1. 引导投资方向

政府在旅游产业市场化发展过程中应该充当投资顾问的角色，制定和出台相关的优惠政策措施，吸引社会资本的恰当投入，避免因行业过度进入而造成竞争激烈和经济效益低下。各级政府应该通过财政手段，增加旅游开发资金，调整政府财政对旅游产业的投入比例，缓解旅游产业中因资金不足而造成的发展困扰。目前，我国政府对旅游产业的投入仍然明显不足，各级政府可以考虑借鉴国外经验，适当征收旅游税；也可以通过制定财政金融政策，为旅游业提供更多的融资机会，增加对旅游产业资金投入的同时，各级政府还要正确引导这些资金的投资方向，保证旅游产业市场化运作的正常进行。

2. 投资基础设施

旅游基础设施建设所需资金十分巨大，需要各级政府强有力的支持和引导。目前，我国各级政府大多是通过招商引资的形式来支持和开展旅游基础设施建设。近年来，旅游基础设施条件在各级政府加大财政投入后有了明显改善，旅游综合服务功能也得到明显增强。例如，四川省建设了通往九寨沟景区的旅游快速通道，进一步完善了周边交通网络，提高了景区的可进入性，增强了景区吸引力。

3. 指导开发新景点

在新景点的规划开发中，不仅要利用市场机制来解决当前所面临的问题，更需要依靠政府行为进行总体规划，积极引导，综合治理。各级政府部门应当发挥自身强大的资金、技术、信息和人才等优势，做好旅游资源调查、市场需求调查、客观评价，提供景区开发的可行性分析报告，作出正确的投资决策，科学可持续的开发新景点。

任务二　旅游组织

旅游组织是指为了加强对旅游行业的引导和管理，适应旅游业的健康、稳定、迅速、持续发展而建立起来的具有行政管理职能或协调发展职能的专门机构。不同类型和层次的旅游组织在地方、国家乃至世界旅游业发展的进程中都起着不可忽视的推动作用。

一、旅游组织的分类

旅游组织的组织形式很多，同时它们所拥有的权力和地位也往往存在很大差别。但总的来说，旅游组织主要包括旅游行政组织和旅游行业组织两大类。

（一）旅游行政组织

旅游行政组织是由国家各级政府设立的、行使国家旅游行政管理职能的机构。它主要是运用行政命令和相关法规而履行对各级各类旅游经济组织及其活动进行组织、协调、指挥和控制、监督的职能。按照它们管理权限范围的差异，旅游行政组织一般又可分为国家旅游组织和地方旅游组织两个不同层次。

1. 国家旅游组织

根据世界旅游组织的解释，国家旅游组织是指在一个国家中，为国家政府所承认，负责管理全国旅游事务的组织。就一般而言，一个国家的最高旅游行政管理机构通常代表这个国家的国家旅游组织。

从以上解释中可以发现，世界各国的国家旅游组织未必都是这个国家的政策制定部门。综观世界各国的情况，由于世界各个国家的具体国情不同，国家旅游组织的设立形式也存在巨大的差异。但是一般情况下，国家旅游组织主要存在以下三种情形。

（1）官方性质的组织。这种形式的国家旅游组织通常由国家政府直接设立，并且还常常作为国家政府的一个部门或机器而存在。当然在不同国家或地区，这种形式的国家旅游组织又呈现出以下不同的情况。

① 设立为一个完整而独立的旅游部或相当于部的旅游局，如墨西哥、菲律宾、泰国等国家中的最高旅游行政组织就属于这种形式。

② 与其他部门合并而成为一个混成部，如法国为工业、邮电与旅游部，意大利为旅游与娱乐部，葡萄牙为商业与旅游部等。

③ 设为某一部的下属机构，如美国旅游管理局隶属于商业部，加拿大的旅游管理局隶属于工商贸易部，日本在运输省下设立国际观光局，韩国在交通部下设旅游管理局。

（2）半官方性质的组织。这种形式的旅游行政管理机构或组织也要经国家政府承认，代表国家政府执行全国性旅游行政事务。之所以说它是半官方性质组织，是因为在这些国家里，有关国家旅游发展的重大决策虽然划归国家政府的某一个部来负责，但是这个部通常并不承担具体的旅游行政管理事务。因此，为了旅游管理的需要，通常在这些国家的政府部门之外，另外设立某一组织或机构来执行全国性的旅游行政管理工作。但是，这个组织在行政编制上并不属于政府机构，除该组织的主要负责人需由国家政府中分管旅游的部任命外，其他工作人员都不属于政府雇员，只是该组织的部分经费由国家政府拨款。英国、爱尔兰、瑞典、挪威等欧洲国家的国家级旅游局都属于这种法定组织。

（3）民间组织。民间组织即获得国家政府承认，代表国家政府行使旅游行政管理职能的民间组织。这种民间组织多为具有较大影响力，由民间自发组成的全国性旅游协会。政府同意其代行旅游行政管理职权后，通常会向它提供一定的财政拨款。但是该组织的领导并非由政府指定，而是由该组织的会员通过民主的方式选举产生。德国和新加坡的国家旅游组织都是由这种民间组织兼任。

2. 地方旅游组织

地方旅游组织是指在一个国家内的某地区设立的负责管理国内特定地区的旅游事务，以促进地区旅游业发展的政府机构或组织，它是地方的旅游行政管理机构。根据地方旅游组织所管理的区域范围的不同，这类旅游组织又可分为不同的层次。在我国有省、自治区、直辖市一级的地方旅游组织和计划单列市、县一级的地方旅游组织。地方旅游组织主要职能是：在当地政府的支持下，通过与上级旅游组织有效协调与合作，对当地旅游事业的发展进行有效的组织、协调和管理。

（二）旅游行业组织

旅游行业组织是由旅游企业、团体、个人自愿联合组成的社会性组织，是一种民间的社会团体。它们以自愿和不盈利为原则，积极参与旅游活动，为按计划保证满足旅游者需要的大量经济活动和非经济活动创造良好的条件。根据其组织活动范围的不同，旅游行业组织可分为世界性的旅游行业组织，如国家旅行社联合会（UFTAA），区域性的旅游组织，如东亚旅游协会（EATA）和国家或地方旅游行业组织。这些类型的旅游行业组织在旅游各行业的发展过程中起着重要的协调作用，目前在一些旅游业比较发达、私人企业非常活跃的国家和地区，旅游行业组织往往带着半官方性质。

二、国家旅游局

中华人民共和国国家旅游局（简称“国家旅游局”），是国务院主管旅游工作的直属机构。

国家旅游局的职能主要包括以下几点：

（一）统筹协调旅游业发展，制定发展政策、规划和标准，起草相关法律法规草案和规章并监督实施，指导地方旅游工作。

（二）制定国内旅游、入境旅游和出境旅游的市场开发战略并组织实施，组织国家旅游整体形象的对外宣传和重大推广活动。指导我国驻外旅游办事机构的工作。

（三）组织旅游资源的普查、规划、开发和相关保护工作。指导重点旅游区域、旅游目的地和旅游线路的规划开发，引导休闲度假。监测旅游经济运行，负责旅游统计及行业信息发布。协调和指导假日旅游和红色旅游工作。

（四）承担规范旅游市场秩序、监督管理服务质量、维护旅游消费者和经营者合法权益的责任。规范旅游企业和从业人员的经营和服务行为。组织拟订旅游区、旅游设施、旅游服务、旅游产品等方面的标准并组织实施。负责旅游安全的综合协调和监督管理，指导应急救援工作。指导旅游行业精神文明建设和诚信体系建设，指导行业组织的业务工作。

（五）推动旅游国际交流与合作，承担与国际旅游组织合作的相关事务。制定出国旅游和边境旅游政策并组织实施。依法审批外国在我国境内设立的旅游机构，审查外商投资旅行社市场准入资格，依法审批经营国际旅游业务的旅行社，审批出国（境）旅游、边境旅游。承担特种旅游的相关工作。

（六）会同有关部门制定赴港澳台旅游政策并组织实施，指导对港澳台旅游市场推广工作。按规定承担大陆居民赴港澳台旅游的有关事务，依法审批港澳台在内地设立的旅游机构，审查港澳台投资旅行社市场准入资格。

（七）制定并组织实施旅游人才规划，指导旅游培训工作。会同有关部门制定旅游从业人员的职业资格标准和等级标准并指导实施。

（八）承办国务院交办的其他事项。

三、国内性旅游组织

（一）中国旅游协会

中国旅游协会是全国性的旅游行业的社会团体。中国旅游协会由旅游部门与旅游业有关部门的人员和从事旅游实际工作、研究工作的专家学者组成，于1986年1月30日成立。协会的主要任务是：

（1）对旅游业发展的战略、管理体制和有关方针政策、国内外旅游业发展态势和实践经验等进行调查研究，向国务院、国家旅游主管部门和有关方面提供建议和咨询。

（2）联系各旅游专业行业组织、旅游学术团体以及旅游企事业单位，交流情况和经验，研究有关问题，探索解决方法，促进旅游经营管理水平的提高。

（3）加强旅游经济等理论研究，开展学术交流活动。

（4）编辑出版有关刊物、资料，传播交流国内外旅游信息和研究成果。

（5）开展与国外旅游同行业组织的友好交往，促进旅游科技交流与合作。

（6）向政府有关部门反映国内外旅游者的意见和建议，承担政府和旅游主管部门交办的任务，接受旅游企事业单位委托的当办事宜等。

（二）中国旅行社协会

中国旅行社协会（英文名称：China Association of Travel Services，缩写：CATS）成立于1997年10月，是由中国境内的旅行社、各地区性旅行社协会或其他同类协会等单位，按照平等自愿的原则结成的全国旅行社行业的专业性协会，经中华人民共和国民政部正式登记注册的全国性社团组织，具有独立的社团法人资格。协会接受国家旅游局的领导、民政部的监督管理和中国旅游协会的业务指导。协会的主要任务是：

（1）宣传贯彻国家旅游业的发展方针和旅行社行业的政策法规。

（2）总结交流旅行社的工作经验，开展与旅行社行业相关的调研，为旅行社行业的发展提出积极并切实可行的建议。

（3）向主管单位及有关单位反映会员的愿望和要求，为会员提供法律咨询服务，保护会员的共同利益，维护会员的合法权益。

（4）制订行规行约，发挥行业自律作用，督促会员单位提高经营管理水平和接待服务质量，维护旅游行业的市场经营秩序。

（5）加强会员之间的交流与合作，组织开展各项培训、学习、研讨、交流和考察等活动。

（6）加强与行业内外的有关组织、社团的联系、协调与合作。

（7）开展与海外旅行社协会及相关行业组织之间的交流与合作。

（8）编印会刊和信息资料，为会员提供信息服务。

（三）中国旅游饭店业协会

中国旅游饭店业协会成立于1986年2月25日，是由经营接待国内外旅游者的饭店及其主管部门和相关部门组成的行业性组织。旨在研究改善旅游饭店的经营管理，帮助提高服务质量和经济效益，促进旅游饭店业的发展。协会面向基层，为会员饭店服务。其主要任务是维护旅游饭店的合法权益；研究交流旅游饭店管理经验；举办专业讲座，提高旅游饭店管理人员的业务水平；开展饭店经营管理方面的咨询服务；组织与国外饭店业之间经验交流与合作；向旅游饭店的行政管理部门提出建议及出版有关旅游饭店经营管理的刊物。

中国旅游饭店业协会挂靠在国家旅游局，受国家旅游局的指导。中国旅游饭店业协会已接受委托，协助国家旅游局检查旅游涉外饭店星级评定工作。

中国旅游饭店业协会成立以来，组织机构逐渐健全，会员队伍逐渐扩大，具有越来越大的凝聚力，在中国旅游饭店行业的发展和壮大中，发挥着越来越重要的作用。

（四）中国旅游车船协会

中国旅游车船协会是由全国各旅游汽车和游船企业自愿组成的联合组织，该协会挂靠国家旅游局。

该协会的宗旨是：加强对旅游车船行业的理论研究和经验交流；组织旅游车船行业在信息、人才、物资诸方面的协作；促进我国旅游车船事业的改革与发展，更好地为旅游事业服务。

（五）中国乡村旅游协会

中国乡村旅游协会，原名中国农民旅游业协会，于1987年12月成立。1990年10月29日协会第六次常务理事扩大会议上原则同意更名为“中国乡村旅游协会”。该协会是由广大乡村旅游事业的专家、学者、知名人士和有关的单位、团体等组成的乡村旅游领域中的全国性行业组织。协会挂靠国家旅游局，业务上受国家旅游局领导，具有社会团体法人资格。该协会是中国旅游协会团体会员。

该协会的宗旨是：大力发展具有中国特色的乡村旅游事业，探索国际、国内旅游业发展的新趋势，促进我国乡村精神文明和物质文明建设，为中国旅游业的全面发展作出贡献。协会在政府有关部门和会员之间，发挥桥梁与纽带作用，为会员提供信息、经验和服务，维护会员合法权益。

四、国际性旅游组织

目前，世界性的旅游行业组织主要有以下几个：

（一）世界旅游组织（World Tourism Organization——UNWTO）

世界旅游组织是联合国下属专门旅游机构，最早由国际官方旅游宣传组织联盟（IUOTPO）发展而来。1925年5月4日至9日在荷兰海牙召开了国际官方旅游协会大会。1934年在荷兰海牙正式成立国际官方旅游宣传组织联盟。第二次世界大战中停止活动。1946年10月1日至4日在伦敦召开了首届国家旅游组织国际大会，并成立专门委员会研究重建该联盟。1947年10月在巴黎举行的第二届国家旅游组织国际大会上决定正式成立官方旅游组织联盟（International Union of Official Tourist Organizations——IUOTO），即世界旅游组织的前身，总部设在伦敦，1951年迁至日内瓦。1975年5月该组织改为现名，总部迁至马德里。1976年成为联合国开发计划署在旅游方面的一个执行机构。2004年，该组织成为联合国下属专门机构。为了避免混淆，从2005年起，世界旅游组织的英文缩写由原来的“WTO”改为“UNWTO”，以示与世界贸易组织（WTO：World Trade Organization）的区别。

世界旅游组织的宗旨是：促进和发展旅游事业，使之有利于经济发展，国际间相互了解，和平与繁荣以及不分种族、性别、语言或宗教信仰，尊重人权和人的基本自由，并强调在贯彻这一宗旨时，要特别注意发展中国家在旅游事业方面的利益。

世界旅游组织的主要任务及活动是：世界旅游组织近年来的工作任务主要围绕技术合作、信息、统计、教育培训、简化旅游手续、旅游者安全及旅游设施保护、旅游环境保护等方面进行。该组织负责收集、分析旅游数据，定期向成员国提供统计资料、研究报告，制定国际性旅游公约、宣言、规划、范本，提供技术专家援助，组织研讨会、培训班、召集国际会议。

1971 年，世界旅游组织的前身国际官方旅游组织联盟根据非洲国家官方旅游组织的意见，提出创立世界旅游日的设想。1979 年 9 月 27 日，世界旅游组织第三次代表大会正式决定将每年的这一天（9 月 27 日）确定为世界旅游日，它是旅游工作者和旅游者的节日。创立该节日的目的在于给旅游宣传提供一个机会，引起人们对旅游的重视，促进各国在旅游领域的合作。其由来是因为国际官方旅游组织联盟于 1970 年 9 月 27 日在墨西哥城的特别代表大会上通过了将要成立的世界旅游组织的章程。此外，这一天恰好是北半球的旅游旺季刚过去，而南半球的旅游季节即将到来的时候，正是世界人民旅游、度假的好时节。

世界旅游组织为每年世界旅游日提出了一个宣传口号，以便突出一个旅游宣传的重点。世界各国根据这一口号的精神，开展旅游宣传，从而推动世界旅游业的共同发展。

（二）世界旅行社协会（WATA）

世界旅行社协会（World Association of Travel Agencies）经瑞士法律批准，于 1949 年正式成立，总部设在日内瓦。

世界旅行社协会是一个由私人旅行社组织而成的世界性非营利组织，其宗旨是将各国可靠的旅行社建成一个世界性的协作网络。

协会现有 240 多个会员，来自 100 多个国家和地区的 230 多个城市。凡财政机构健全、遵守本行业规定的旅行社均有资格成为其会员。超过 300 万人口的城市可有 1 名旅行社代表参加该组织，400 万人口以上的城市可增加 1 名。会员旅行社必须同时经营出境和入境旅游业务，如果同一城市内没有同时经营入、出境旅游业务的旅行社，协会可以指定一家专营出境旅游业务和另一家专营入境旅游业务的旅行社为其会员。

协会帮助会员享有一定的优惠权。会员可凭预订交换证在世界任何地方为其顾客预订饭店和旅行社的服务项目。

（三）世界旅行社协会联合会（UFTAA）

世界旅行社协会联合会（Universal Federation of Travel Agents' Association）于 1966 年 11 月 22 日成立于意大利的罗马。它由 1919 年在巴黎成立的欧洲旅行社组织和 1964 年在纽约成立的美洲旅行社组织合并而成，总部设在比利时的布鲁塞尔。

世界旅行社协会联合会是一个专业性和技术性组织，其会员是世界各国的全国性旅行社协会，每个国家只能有一个全国性的旅行社协会代表该国参加。其宗旨包括以下几个方面：

（1）团结和加强各国全国性的旅行社协会和组织，并协助解决会员间在专业问题上可能发生的纠纷。

(2) 在国际上代表旅行社会员同旅游业有关的各种组织与企业建立联系，进行合作。

(3) 确保旅行社业务在经济、法律和社会领域内最大限度地得到协调，赢得信誉，受到保护并得到发展。

(4) 向会员提供所有必要的物质上、业务上和技术上的指导和帮助，使其能在世界旅游业中占有适当的地位。

联合会共有近100个国家的全国性旅行社协会参加，代表1 500多家旅行社和旅游企业。此外，联合会还接纳有营业执照的旅行社为“联系会员”。

联合会的组织机构包括全体大会、理事会、执行委员会和总秘书处。主要活动为每年一次的世界旅行代理商大会，并出版月刊《世界旅行社协会联合会信使报》(Courrier UFTAA)。

(四) 国际饭店协会 (International Hotel Association——IHA)

国际饭店协会是旅馆和饭店业的国际性组织，于1947年在法国巴黎成立，总部设在巴黎。下设8个委员会：财务委员会、法律委员会、经济政策研究委员会、出版发行委员会、宣传推销委员会、旅行社业务委员会、旅馆专业培训委员会、会员联系事务委员会。

国际饭店协会的宗旨是：联络各国饭店协会，并研究国际旅馆业和国际旅游者交往的有关问题；促进会员间的交流和技术合作；协调旅馆业和有关行业的关系；维护本行业的利益。

该协会的会员分为正式会员和联系会员。正式会员是世界各国的全国性的旅馆协会或类似组织；联系会员是各国旅馆业的其他组织、旅馆院校、国际饭店集团、旅馆、饭店和个人。该协会的主要任务是：通过与各国政府对话，促进各国政府实行有利于旅馆业发展的政策，并给予旅馆业支持；参与联合国跨国公司委员会有关国际旅馆跨国企业方面的工作；通过制定和不断修改来完善有关经济法律文件；协调旅馆与其他行业的关系；进行调研、汇集和传播市场信息，提供咨询服务；为各会员提供培训旅馆从业人员的条件和机会。

该协会出版发行信息性双月刊《对话》、月刊《国际旅馆和餐馆》和季刊《国际旅馆评论》以及年刊《国际旅馆指南》、《旅行杂志》和《旅游机构指南》等。

任务三　旅游行业管理

旅游行业管理是指政府通过规划、法律、政策，引导市场趋势，建立市场规则，进而协调、监督、维护市场秩序，以规范企业行为，维护旅游者的权益，为旅游产业快速、健康、持续发展树立良好形象，创造良好的经营环境。简言之，旅游行业管理就是在遵循市场经济规律的前提下，协调和规范旅游行业内各经营主体的关系，解决各经营主体无法自行解决的行业性问题，提供各种有效服务，以实现旅游行业利益的最大化和行业的健康发展。旅游行业管理和旅游规制既有区别又有联系，二者都体现了对旅游经济和旅游市场主体行为的干预，但前者的管理主体既有政府各职能部门，又包含各类行业性组织（如行业协会），后者仅仅包含政府机关；前者更强调利用市场经济规律，培育旅游市场，对企业的行为进行引导，以实现整个行业的良性发展，而后者则侧重于政府对市场失灵的补充，以实现产业内的公平竞争，资源的有效配置，保护旅游消费者和社会公共利益的目的。对旅游市场主体的规制，可以涉及众多的政府职能部门，如工商、质监、环保、物价等，而旅游行业管理，主要是由旅游行业主管部门和行业协会牵头负责。实际上在一些场合，旅游行业管理和旅游规制常常被看作是对同一事物的不同侧面的认识。

一、旅游行业管理的特征

旅游行业管理的主体是各级旅游行政部门和旅游行业组织。因此，旅游行业管理有以下主要特征。

（一）综合性

旅游行业管理具有综合性的特征。旅游业是一个关联性极强的行业，旅游业的六大要素“食、住、行、游、购、娱”使旅游行业管理涉及的面非常广泛，旅游行业管理不仅涉及旅游行业内部，还涉及其他相关行业。

（二）宽泛性

旅游行业管理幅度具有宽泛性特征。旅游活动是涉及多个地区、多个部门的活动，由此旅游行业管理涉及的职能部门广泛，旅游行政管理部门协调难度大，在现实中存在较为严重的“政出多门”“多头管理”的现象。

（三）动态性

旅游行业管理具有动态性特征。旅游行业管理是一个动态的管理，涉及旅游企业运行的全过程。比如，以旅行社为例，旅游行业管理从许可证的审批、质量保证金的收缴、年检、投诉处理、不合格企业的处理等，形成了一个动态的管理过程。

（四）脆弱性

旅游行业管理具有脆弱性的特征。旅游产业的综合性使旅游部门的行业管理应是一个综合性的管理，但目前我国旅游主管部门却没有综合部门的职权，其职权范围仅仅涉及旅行社、饭店、景区等级评定、旅行社准入等旅游核心领域，其他相关领域则由其他政府职能部门按相关法规和授权各自管理，没有形成大旅游、大市场的格局。这种情况使得旅游行业管理的困难较大，管理基础比较脆弱。

（五）滞后性

旅游行业管理方式和手段具有滞后性特征。我国目前旅游行业管理还带有一定的计划经济色彩，在行业管理过程中政府对市场主体的微观经营行为直接干预过多，行业协会的管理协调职能薄弱，政企不分等现象还较为突出。随着我国旅游市场的逐步发展，应对目前的行业管理模式进行相应的改革。

二、旅游行业管理的对象

一般来讲，旅游行业管理的对象有狭义与广义之分。狭义的旅游行业管理对象是指直接从事旅游经营活动的企业；广义的旅游行业管理对象不仅包括直接从事旅游经营活动的企业，而且还包括为旅游经营活动服务的社会机构。

根据经营业务范围来分，狭义的旅游行业管理对象可以分为旅行社业、以饭店为代表的住宿业、旅游交通运输业、旅游景区业等四大旅游经营行业的企业。广义的旅游行业管理的对象不仅包括上述四大行业，还包括娱乐业、旅游商品、旅游信息（通信、新闻媒体等传播机构）、旅游咨询业（诊断、策划、规划、设计、认证等机构）、旅游教育、法律服务、医疗服务等行业的社会机构。

三、旅游行业管理的主体

旅游行业管理的主体分为两大类：一是政府管理机构；二是行业组织。

政府的基本功能是行政管理。从所发挥作用的领域看，行政管理可划分为政治功能、经济功能、文化功能、社会功能等。其中，经济功能是通过政府管理经济的部门实施领导、组织和管理社会经济来实现的。行业管理也是政府经济功能的体现。

行业组织是行业成长和市场发育的自然结果，有很多种类型，如行业服务性组织、行业信息性组织、行业销售性组织、行业联谊性组织等，行业管理组织是其中之一。

行业管理组织作为行业管理主体之一，既是政府管理职能的延伸，又是行业整体利益的代表，因此，行业管理组织的实质是介于政府和企业之间的市场中介性组织。

完整的行业管理主体应当是政府的行业管理机构与市场自发形成的行业管理组织的有机结合。这是因为，市场自然形成的行业管理组织虽然有活力，但缺乏权威性；而政府的行业管理机构虽然有权威，但难以兼顾每一个具体行业的实际情况，缺乏应对市场竞争所必需的灵活性。

四、旅游行业管理的基础

旅游行业管理的基础是四种资源：体制性资源、政策性资源、信息性资源和市场性资源。

从发展的趋势看，体制性资源和政策性资源始终存在，但所发挥的作用将会逐步弱化；而市场性资源和信息性资源则会越来越多，所发挥的作用也将越来越大。利用得好，这两种资源也会产生权威性，而且，这种权威性是企业认同的，能够更有效地发挥作用。例如，我国国家旅游局组织开展的“饭店星级评定活动”、“内河旅游船星级评定”、“旅游景区评级活动”、“优秀旅游城市创建活动”等一系列活动，在旅游行业内引起了很大的反响，有力地促进了旅游业的发展。

五、旅游行业管理的内容

（一）促进旅游产业规范化

目前我国旅游供求存在着总量和结构的失衡，旅游竞争较为激烈、无序，市场处于相对混乱的状态，行业内外对维护旅游行业秩序的要求很强烈。因此，应加快旅游行业法制建设，加强对旅游行业的监督和执法力度，给旅游业的发展创造一个良好的环境。

（二）提供行业服务

随着我国市场机制的逐步成熟，旅游行政管理部门对旅游企业的直接干预应逐渐减少，行业管理的重点将向为旅游行业的健康发展提供行业性服务转移。这些行业性服务包括以下内容。

（1）旅游信息服务。包括旅游信息的统计和发布，旅游信息市场和信息平台的建设等，这是行业管理部门服务整个行业，提供公共产品的重要方面。

（2）旅游宣传。包括旅游产品的促销以及国家和旅游地的形象宣传。

（3）协调有关部门的关系。旅游业涉及众多的产业部门，旅游管理职能也涉及众多的政府部门，旅游行政主管部门应在这些错综复杂的关系中做好协调工作。

（4）旅游教育培训工作。对行业的从业人员进行教育培训是一个行业可持续发展的重要保证之一，因教育培训有较强的外部性和准公共物品的属性，旅游行业管理部门应加大这方面的投入，通过适当的机制鼓励市场主体的参与。

（5）旅游标准化工作。旅游标准化对于规范旅游企业的经营行为，明确旅游企业和旅游消费者之间的权利义务关系，形成统一的旅游市场等具有重要的意义，旅游主管部门和旅游行业协会应加大旅游行业标准的制订和执行力度。

（三）编制实施旅游规划

各国政府都重视旅游规划的编制和实施。旅游规划是旅游业发展的重要指导文件，是各级政府确定旅游业发展方向，实现旅游业发展目标和旅游生产力布局，实施宏观调控，引导企业行为的重要手段。

（四）促进旅游业的国际交流

在全球经济一体化的背景下，旅游市场的竞争已经不再仅仅局限于一国之内，而是上升为包括国家与国家之间，本国企业与外国企业之间的竞争。同时，旅游业的国际合作和交流也日趋紧密。提升本国旅游业的国际竞争力，促进旅游业的国际交流与合作，是旅游行业管理的又一重要内容。

（五）保护旅游资源，实现可持续发展

在旅游资源的开发和使用过程中，政府职能部门应对企业的行为进行有效的监督和管制。要协调好短期利益与长期利益、个别利益与公共利益的关系，为旅游业的可持续发展打下基础。

六、旅游行业管理的手段

（一）旅游市场准入手段

为了保证旅游经营者和从业人员的基本素质，确保旅游产品质量，我国旅游管理部门制定实施了相应的旅游政策和法规，建立了旅游市场准入制度，主要有旅行社许可证制度、导游人员资格证制度、旅游定点和饭店星级评定制度。旅游市场准入制度是通过授予相关主管部门行政审批权来实现的。

（二）旅游市场监督管理手段

对于已经进入旅游市场的经营者和从业人员，我国旅游行业管理部门也形成了一套规范监督其行为的机制。比如，旅游投诉制度、旅行社质量保证金制度、年检与复核制度、旅游市场专项整治制度等。旅游市场监督管理制度集中体现了政府运用行政权力对市场主体行为的规范和约束。

（三）旅游市场引导和服务手段

除强制性的行政管理手段外，我国还形成了一些引导旅游企业行为，服务旅游市场的制度和惯例，例如，制定出台各级各类旅游规划、开展旅游标准化工作、旅游市场推广和旅游信息服务等。旅游市场引导和服务手段，体现了政府职能和行业管理方式的转变，更适应我国市场经济体制的发展状况，在今后的工作中应该得到进一步的强化。

在我国现有的旅游行业管理制度中，行业管理的范围较宽，基本全由政府行使管理职能，政府主导明显，各级行业协会在行业管理中的作用非常有限。管理的手段以行政手段为主，在相当程度上一方面干预了市场主体的正常经营行为，另一方面在政府“失灵”存在的情况下，可能会出现决策失误、寻租、部门利益争夺等现象，降低了行业管理的有效性和效率。随着我国市场经济的逐步完善，我国旅游行业管理体系需要作出相应的改革。

课后训练

关键术语

政府干预与调节　国家旅游组织　旅游行业协会　国际旅游组织　旅游政策　旅游法规

学以致用

一、讨论分析题

1. 政府干预旅游发展的必要性何在？
2. 政府干预旅游发展的主要手段有哪些？
3. 政府为推动旅游业的发展而可能采取的投资鼓励政策有哪些？
4. 国家旅游组织的基本职能包括哪些？
5. 简述我国的旅游管理体制。
6. 了解我国旅游行业组织的目前状况。
7. 试介绍世界旅游组织和太平洋亚洲旅游协会。

二、案例分析题

暑假期间，某旅行社在当地媒体刊登广告，组织中小学生夏令营活动，有许多小学生在家长的陪同下，来到旅行社门市部报名参加夏令营。其中两位四年级（9 周岁）的小学生结伴来到旅行社门市部，也要求参加夏令营旅游团。门市部业务人员查看这两位小学生提供的有关户口资料后，就和他们签订了夏令营旅游合同，并收取了小学生交纳的旅游团费。就在夏令营旅游团准备出发的前两天，两位小学生的家长发现了他们签订的旅游合同，不同意自己小孩独自参加夏令营。第二天，家长来到旅行社门市部，要求与旅行社解除旅游合同，并退还全额旅游团款。旅行社门市部负责人得知情况后，首先说明旅行社已经做了精心准备，夏令营绝对安全可靠，劝说家长放弃解除旅游合同的念头。在家长的一再坚持下，旅游门市部只得解除旅游合同，但要求家长承担违约责任。

问题：

1. 旅行社是否可以直接和这两位小学生签订旅游合同？为什么？
2. 旅行社是退还家长全额旅游团款，还是可以向家长收取违约金？为什么？

知识拓展

世界上著名的绿色旅游组织

多伦多绿色旅游协会

多伦多绿色旅游协会的宗旨是：引导多伦多的旅游业走向可持续的未来，把旅游业发展成为生态良好、促进与支持地方经济、欣赏与尊重多元文化与自然遗产的产业。该协会认为绿色意味着：生态的责任（Ecological Responsibility）；地方经济的活力（Local Economic Vitality）；文化的敏感（Cultural Sensitivity）与体验的丰富（Experiential Richness）。

多伦多绿色旅游协会倡导的绿色旅游的10条途径是：

① 想绿色梦绿色：时刻准备，为它发狂。

② 准备生态游的行装。

③ 绿色行走：选择绿色交通（步行、乘坐人力车、火车、公共汽车、自行车等）。

④ 绿色驻留：选择绿色住宿。

⑤ 绿色饮食：食用当地有机食品。

⑥ “3R”：减量化、再使用与循环利用。

a）减少你的生态足迹（Ecological Footprint）：少做；少买：只购买少量当地的工艺品、有机食品以及环境产品。

b）再使用：多伦多是充满再使用机会的土地（Toronto：a land of reused opportunity）。

c）再循环：一起帮助多伦多减少垃圾：蓝色垃圾桶装罐头、塑料、玻璃等，灰色垃圾桶装报纸、卡片等。

⑦ 绿色购物、绿色消费与做绿色生意。

⑧ 沉湎于绿色与健康的事物（与大自然交往）。

⑨ 传播分享绿色旅游理念。

⑩ 采取行动。

英国旅游与环境论坛

英国有一个世界著名的旅游与环境论坛向旅游企业推广绿色经营理念。鼓励旅游企业参加绿色旅游企业计划，类似英国的BS7750计划和欧盟的生态管理与审计计划（Eco-

Management and Audit Scheme)，企业参加这个计划是自愿的，但必须承诺自己以对环境负责的方式经营旅游业务，要确立自己的环境改善目标然后接受公众的评审。苏格兰旅游与环境专门工作组制定了5项绿色准则：任何企业生产行为不得伤害环境；通过高标准设计，以代表地方历史与文化传统的方式生产；使用当地员工，采用当地工艺；以可持续利用地方特定资源的方式生产；监控项目的环境影响，必要时采取纠正措施。

模块九　旅 游 效 应

课前准备

【任务驱动】

通过本章的学习，掌握旅游影响的概念、旅游影响的类型；熟悉旅游和旅游业的发展对旅游目的地的经济、社会文化以及环境产生一系列的积极和消极影响，了解其产生的基本原因以及决定其程度大小的条件，掌握旅游的发展对目的地环境的影响；掌握实现旅游可持续发展的关键因素，从而为探讨和认识实现可持续旅游发展的途径打下基础。

【导入案例】

我国入境旅游的综合功能作用调查分析

与所有发展中国家一样，我国的旅游业从启动入境旅游起步，其首要目的是增加国家外汇收入、促进经济发展。

一、从国家外贸经济层面看，入境旅游在国际贸易中属于“出口服务贸易”范畴。入境游客在境内的行、游、住、食、购、娱等综合消费，实际上转化为“国内消费”。在此意义上，入境旅游是拉动“消费”与“出口”两大要素的重合。同国内旅游一样，开发满足境外游客需求的高端旅游产品和基础设施的投资，也具有拉动投资的作用。2011 年，中国旅游业保持快速发展势头。国内出游人数 26.4 亿人次，比上年增长 13.2%；国内旅游收入 19 306 亿元，增长 23.6%。入境旅游人数 13 542 万人次，增长 1.2%。国内居民出境人数 7 025 万人次，增长 22.4%。其中因私出境 6 412 万人次，增长 24.5%，占出境人数的 91.3%。目前，中国成为世界第三大入境旅游接待国和出境旅游消费国，并形成全球最大的国内旅游市场。

二、从国家公共外交层面看，入境旅游的吸引力是一个国家的形象美誉度、国际竞争力的重要标志，是展示国家经济活力、文化魅力、民族气质与国家形象的舞台，是汇聚人流、提升人气、网络人脉、争取人心最具优势、最易见效的战略外宣资源。每年数以千万外国旅游者亲身体验与国人的直面交流，对传播中华文明、提升国家形象方面具有无可替代的作用，是公共外交的重要渠道。

三、从入境旅游的规模层面看，正如我国的GDP居世界第二位、但人均GDP却居世界百位一样，目前我国入境旅游的总量虽然位居世界前列，但如果以国际上通行的以人口为基数的人均接待入境游客量、人均旅游外汇收入为衡量指标，在入境旅游的数量、收入上仍列世界中等地位。从每年5 500多万人次入境过夜旅游者、2 600多万人次外国旅游者的市场规模上看，我国成为国际旅游的第一接待国还有很长的路要走。

四、从入境旅游的地域层面看，港澳台同胞占入境客源市场的大部分；在外国客源市场中，亚洲客源占3/5左右，并以韩国、日本和俄罗斯东部的东北亚市场为主；世界客源的大本营西欧北美地区只占3/10左右。中南美洲、西亚非洲远程市场还有待开拓。

五、从入境旅游对国内旅游的导向层面看，从观光游览走向休闲度假，从团队游到自助游，从常规旅游到冰雪、自驾车、邮轮、高尔夫球场等特种旅游，从节假日集中出游到自主安排带薪休假旅游，从国内旅游走向出境旅游，从传统的风景名胜景点到综合性的主题公园，从旅游住宿的单个经营到品牌酒店的连锁经营，从旅馆、招待所式接待到星级制酒店服务，以及正在起步的分时度假、产权酒店等消费方式等，从旅游产品供给与旅游消费方式的嬗变过程中，人们不难看到入境游客的旅游行为与方式对国人的某种示范与影响。入境旅游带动国内旅游与出境旅游的发展的引领作用，今后仍将继续存在，继续推动我国入境、国内与出境旅游在国际化水平上的一体化发展。

六、从旅游市场的结构层面看，作为旅游业的三驾马车，国内旅游、入境旅游与出境旅游虽然面对不同的客源层面，具备不同的社会功能，但都是旅游经济不可缺少的组成部分。入境旅游是永远不可忽视的。以国内旅游市场为主体、以入境与出境旅游市场为两翼，这种“一体两翼”的格局是我国旅游业可持续发展的市场基础。

七、从建设世界旅游强国的层面看，环视当今世界旅游发达的国家，无一不是国内、入境与出境三大市场互相衔接、协调发展的，行、游、住、食、购、娱等环节基本上是不分国内游客还是外国游客的。拓展入境旅游、提升国内旅游、发展出境旅游，是促进三大旅游融合的必由之路。

从某种意义上，国内、入境与出境三大旅游市场的经营管理、服务接待方面在国际化水准上对接、统一之际，正是中国建成世界旅游强国之时。

资料来源：http：//www. chinairn. com/doc/70310/759860. html

问题：

1. 结合案例分析人境旅游对我国有哪些方面影响？
2. 结合案例分析旅游业的发展如何带动其他行业的发展？
3. 怎样才能使旅游业得到稳定可持续发展？

教学内容

旅游影响又称旅游效应，是由于旅游活动而引发的各种利害关系，主要指旅游对经济、社会文化、环境等方面的影响。现代旅游活动规模之大，普及速度之快，发展势头之强劲，已经成为全世界关注的社会现象，旅游业在推动经济发展中起着越来越重要的作用。发展旅游和旅游业不仅可以促进经济发展，而且可以通过旅游增进国家和人民之间的相互了解和友谊，塑造旅游目的地的良好形象，更重要的是发展旅游还可以提高人民的生活质量，也有助于提高一个国家或地区的人口素质。可见，旅游业具有经济、社会、环境和文化四大功能。我们要对旅游及其后果有客观切实的认识与理解，调解各方的矛盾与冲突，促进旅游者与目的地居民之间的交流，推进旅游业的健康发展，尽可能使各方关系协调高度和谐是旅游业的至高境界。

任务一　旅游影响的概念和类型

一、旅游影响的概念

旅游影响，又称为旅游效应，产业效应。是指在旅游产品开发与经营过程中，以及旅游者的旅游活动中，对所在地区的经济、环境和社会文化所引发的种种利害影响。它不仅表现在对旅游活动主体本身的影响，还包括旅游主体在实施行为的过程中，对主体之外对象的影响，也就是旅游的外部效应，旅游外部效应也是旅游学研究着重关注的重点之一。现代旅游影响研究大多站在国家或社会的角度进行全局性的思考。

在现实生活中，旅游效应可以有许多表现形式，下面以旅游的经济效应为例来解释旅游效应。假设一名旅游者由甲地前往乙地进行参观游览，无论他是个人前往还是随旅游团前往，他都要为抵达乙地所使用的交通工具支付一定的费用。在到达乙地之后，他还要为就餐和住宿支付费用，还可能发生的就是购买当地旅游商品的花销等。该名旅游者的这些活动直接的表现为拉动了旅游目的地的消费，增加了目的地的经济收入。除此之外，还要考虑旅游者行为的外部效应。例如，多数旅游者对某种商品的大量购买行为，可能会影响其他旅游者对该种商品的消费，从而更大地增加目的地的收入。这里所提到的都是旅游者行为对当地经济的积极影响，同样，旅游者的行为也会对当地经济产生消极的影响。例如，促使当地的产业结构畸形化，引起当地物价上涨等等。

当然，旅游效应并非只表现在经济方面，其社会文化效应和环境效应也是人们关注的核心，尤其是旅游环境效应。狭义来说，生态环境对旅游活动的实施是有很大影响的。旅游目的地的气候、环境、卫生等情况都是旅游者进行旅游行为所要考虑的重要因素。良好的卫生环境，适宜的气候会吸引大量的旅游者，也会吸引大量的旅游开发商，一旦他们的行为不当，就会对当地的旅游环境造成负面的影响，而这种影响往往是不可逆转的。举例来说，开发商在某地建造大型水上游乐场，这自然会为当地带来大量的经济收入，但同时也会改变当地的生态环境。例如，游乐场内蓄积的水池改变了当地的水蒸发量，从而引起一系列的反应，如空气湿度加大、雨量增多等等。另外，纷纷涌来的旅游者对自己的行为不加约束，乱扔垃圾、随地吐痰，又会加剧当地生态环境的恶化。虽然这种影响并不会即时的表现出来，但其对环境负面影响的积累效果是值得我们关注的。

二、旅游影响的类型

同其他事物一样，人们可以从不同的角度，按照不同的需要对旅游影响进行分类。

（一）按照旅游影响的内容结构划分，旅游影响可以分为经济影响、社会文化影响和生态环境影响

1. 旅游的经济影响

旅游的经济影响是指旅游活动对国民经济的影响，诸如增加外汇收入，促进经济发展，调整产业结构，增加就业机会，改善投资环境等。

2. 旅游的社会文化影响

旅游的社会文化影响是指旅游活动对目的地社会结构、价值观念、生活方式、民风民俗和文化特征等方面的影响。

3. 旅游的生态环境影响

旅游的生态环境影响是指旅游活动对生态环境的种种影响。

（二）从旅游影响的社会价值的性质划分，旅游影响可以分为积极的旅游影响和消极的旅游影响

1. 积极影响

积极影响即正效应，是指旅游活动对社会所产生的有价值的影响。

2. 消极影响

消极影响即负效应，是指旅游活动对社会所产生的有害的影响。对于旅游地来说，其所能承受的旅游压力往往是有限的，因此就可能在同一旅游地会产生旅游影响在社会价值属性上的交叉现象。

（三）按照旅游影响的作用来源可以分为旅游者影响和旅游产业活动影响

1. 旅游者影响

旅游者影响是指来自旅游者的种种直接影响，它是旅游影响最直观的表现形式。旅游者的大量聚集导致旅游地拥挤现象。

2. 旅游产业活动影响

旅游产业活动影响是由旅游企业的生产经营活动造成的影响。它们都是旅游大众化之后的必然结果。两者存在着直接相互依存关系，但旅游产业活动影响无论是规模上还是强度上都比旅游者影响更为有力，而且它对旅游者活动影响具有导向作用。多数情况下我们用旅游影响来涵盖这两个不同的方面，而在探讨旅游的经济影响时，显然从旅游产业活动影响的角度出发更为现实，也更有意义。

（四）按照旅游影响产生的时间划分，可分为即时影响和滞后影响

1. 即时影响

即时影响是旅游活动或旅游业的生产经营活动发生时就立刻相伴随发生的效应。例如：随着旅游者的流入而直接向当地经济注入的货币收入。旅游者丢弃各种废物或无用的包装物等都会立刻造成旅游景区视觉上的污染。

2. 滞后影响

滞后影响一般是指旅游即时影响从量变到质变过程的结果，也包括一些单纯性的暂时潜伏而不发生、要在以后适当时机暴露出来的某些影响形式。前者如局部环境污染的发展而最终导致旅游地全局性生态系统受到破坏，后者如因旅游而引起的技术转移或某些示范效应。

（五）从旅游影响的表现形式上来划分，旅游影响可以分为隐形影响和显露影响

1. 旅游的隐形影响

旅游的隐形影响是指因旅游活动而产生但却无法观察到其直观的物质形态的影响。例如：直接由于旅游业发展而潜移默化地改变了旅游地居民的价值观念和生活方式，改变了当地的社会结构，这些都属于隐形影响。

2. 旅游的显露影响

旅游的显露影响是指那些外在化的、具有明显的数量结构或物质形态的影响。例如：在旅游景区发生的交通流量的持续增长和交通堵塞现象、地皮价格上涨等，都属于显露影响。

三、旅游效应的评价中应注意的问题

对旅游效应的评价可以源于不同的角度。对旅游效应进行评价时，要注意以下几点：

（一）定性分析与定量分析相结合

旅游效应表现在经济、社会文化和环境三个方面。旅游经济效应可以通过常用和专用指标来体现，如旅游业收入占国民收入的比重，旅游企业的投资项目的收益率等。但对于旅游社会文化效应和旅游环境效应来说，很难将旅游对其的影响量化为确定的数量指标，这就需要运用定性分析与定量分析相结合的方法来进行旅游效应的评价。首先，确定旅游对社会文化和环境的影响途径和方式，其次，再对这些途径所涉及的主体或因素进行考察，采用对比（横向对比和纵向对比）等方法来定性评价旅游对它们的影响。当然，对于环境污染的情况来说，有一些指标可以用来衡量环境质量，这些指标可以作为旅游环境效应分析的依据。

（二）对旅游效应的分析既要全面系统，又要真实可靠

在进行旅游效应分析时，一定要明确旅游效应分析的目的是要客观的评价旅游对经济、社会文化和环境等多方面的影响，以此作为规划旅游发展的基础。因此，我们在分析过程中，务必要本着全面系统的原则，认真分析旅游活动对经济、社会文化和环境的正面和负面影响，并将二者进行对比，从成本效益和可持续发展的角度出发，真实地反映旅游活动所带来的好处和危害。这就要求我们不能仅看到其对经济增长的巨大拉动作用而忽视其对环境和传统文化的破坏。但要注意的是，以旅游活动为代表的人类活动对环境造成的破坏是不可弥补的，其成本也就无法估计，在进行分析时也就很难找到确切的评判标准。

（三）对旅游效应的分析要结合其他产业的发展来进行

旅游业的发展对其他行业的发展有带动作用，其他行业的发展也为旅游活动的开展提供了更加便利的条件。在评价旅游效应时，要结合旅游之外的其他产业的发展情况、发展速度和规模等因素来进行。首先，要将旅游业对这些产业的影响分离开来。其次，还要看到这些产业的壮大会给旅游业的长远发展带来怎样的帮助。此外，还要将旅游业及其他产业的发展状况进行对比，从而客观地衡量旅游业对社会发展的贡献。

（四）对旅游效应的分析要做到因果对应

考虑到分析旅游效应的目的，我们在具体分析过程中一定要做到因果相互对应，即引起旅游效应的因素与旅游效应的结果相对应，以此来作为我们下一步工作的指导。例如，在分析旅游环境效应时，尽量找出引起环境污染的直接原因，再据此采取适当的措施来减少这种污染活动。在实际操作中，许多旅游效应都很难与确定的旅游活动相对应，这也是旅游效应评价工作中的难点。

任务二　旅游对经济的影响

现代旅游活动在旅游目的地的影响不仅为当地的旅游企业提供了商机，还通过其带动功能对当地的其他产业产生间接的影响。实际上，旅游消费的经济影响是双方的，既会影响到旅游目的地的经济，也对旅游客源地的经济产生影响。本节主要讨论的是一个国家的国内旅游和海外入境旅游对该国经济的影响。当然，这种影响有积极的和消极的两个方面。

一、影响旅游经济效应的主要因素

旅游产业对地区经济的发展影响是十分显著的，这些影响又会因为旅游目的地情况的不同而呈现出差异。总的来说，影响旅游经济效应的因素有以下几个方面。

（一）旅游目的地的经济水平

旅游目的地的经济水平高低影响着其满足旅游者的旅游消费的能力。一方面，经济水平较高的地区可以承担因旅游业发展需要而投入的大量基础设施建设费用，为旅游者的游览和出行带来很大方便。这种良好的环境会吸引很多旅游者前来，从而加强旅游对经济的影响。另一方面，经济水平高意味着商品种类齐全，劳务服务多样，居民的商业意识较强，这也会大大满足旅游者对商品和服务的需求，增加目的地的吸引力。

（二）旅游资源和设施的吸引力

旅游资源和设施的吸引力是影响旅游企业开发和宣传力度以及旅游者数量的主要因素。无论是自然旅游资源还是人文旅游资源，其欣赏、娱乐价值越高就越可能吸引更多的旅游企业对其进行开发和宣传，从而改善资源的基础设施环境，突出资源特色，以吸引大批旅游者到来。同样，旅游娱乐设施的娱乐性也会影响其对旅游者的吸引力。而旅游辅助设施，如饭店等辅助设施的质量也会影响到旅游者的消费预期，更高档次的饭店会带来更多的旅游者消费。

（三）旅游设施的所有权归属

旅游目的地对区域内的旅游设施的占有程度也会影响旅游经济效应。如果区域内的旅游设施，如饭店、餐馆等大都属于外来投资者，那么旅游收入中的一大部分就会流出目的地而形成经济漏损，这对目的地的经济发展是不利的。

（四）非本土旅游从业人员比例

在前面对旅游增值效应的分析当中已经提到，旅游收入的分配当中有一项是人员工资的支付，这一项也是容易造成经济漏损的支出项目之一。漏损额的大小取决于企业雇员是否是本地人员，本地人员越多，则漏损越小，旅游收入还会在目的地的经济体内循环。反之，则会造成资金的外流，从而减弱旅游经济效应。

（五）政府投入

政府在旅游业发展中的地位是十分重要的，表现在政府对旅游基础设施的提供方面。目的地旅游业的发展首先以一定的基础设施为条件。旅游企业一般只关注旅游娱乐设施和辅助设施的投资，而道路交通、垃圾处理站、公共卫生、医疗设施等公益设施都需要由政府来提供。这种投资的多少将影响到目的地的可进入程度，从而影响旅游业对经济发展的促进作用。

（六）政府与产业政策影响

政府对旅游业的影响还表现在政策制定方面。支持旅游业发展的政策会提供良好的法制环境和投资环境，能充分保障旅游投资企业的利益，并给予适当优惠，以此来吸引企业投资，增加旅游产品的供给。

（七）旅游者的类型

旅游者作为旅游需求的主要方面对旅游经济效应有很大影响。旅游者数量越多、消费水平越高，对目的地的经济影响就越大。一般来说，旅游者可以分为购物型和康乐型两种。购物型旅游者追求的是购物带来的满足感，在消费过程中对价格不太敏感，这类旅游者较容易增加目的地旅游商品的销售收入。康乐型旅游者追求身心的放松和娱悦，不会为获取某件商品而花费太多的金钱，对目的地的商品销售收入影响也就不会太大。

二、旅游对经济的影响的主要形式

（一）直接效应

旅游对经济影响的直接效应就是与旅游者的直接消费活动相对应的效应。表现为旅游者所带来的当地商品销售的收入、设施使用的收入、住宿收入、餐饮收入等。直接效应衡量的是以旅游者为中心的第一轮消费活动所带来的经济变化。

（二）间接效应

间接效应是指在旅游者的消费活动中获得收入的旅游企业或其他相关人员所从事的第二轮消费活动所带来的经济变化。表现为相关主体的消费支出和经营开支，例如，企业为维持或扩大经营而追加的固定资产投资（设施维护、新建）和流动资产投资（雇员工资、水电费用等）等，旅游服务人员进行的生活资料消费等。当然，这些消费又会引起新一轮的消费活动，这也正是消费乘数效应的作用过程。

（三）诱导效应

随着目的地旅游业的发展，其经济水平显著提高，居民生活水平和消费水平也会同步上升，这种消费总量的上升会影响到其他产业的发展，使得其他产业相关企业的规模扩大，收入增加，从而提高企业对劳动力的需求水平，增加了当地居民的就业机会。这种效应就是诱导效应。

（四）经济漏损

所谓经济漏损是指旅游直接或间接收入中没有进入当地经济的下一轮流通的税金收入、储蓄或流出目的地的资金。

三、旅游对经济积极方面的影响

旅游业是第三产业的龙头产业。长期以来，人们对第三产业尤其是劳务性劳动不但抱有偏见，而且不尊重认为它不能创造价值。然而，旅游业却以其惊人的发展速度和巨额的经济收入使世人对它刮目相看。倘若说在第二次世界大战以前的旅游业与其他行业相比，在国民经济中的地位还无足轻重的话，那么，经过战后几十年间的高速发展，从经济收入和税收以及所提供的就业岗位来看，旅游业已使其他行业自叹不如。旅游业已成为全球规模最大的产业，一跃成为第三产业的龙头产业，并同石油、汽车工业一起成为国际贸易的三大支柱。

（一）增加外汇收入，平衡国际收支

就接待国入境旅游而言，其最重要的经济作用之一便是可以增加一个国家的外汇收入，提高该国的支付能力，从而有助于平衡其国际收支。

1. 外汇与国际收支

外汇是用于国际间经济结算的以外币表示的一种支付手段。一个国家拥有外汇数量的多少体现着其经济实力的强弱和国际支付能力的大小。

国际收支，是指一个国家在一定时期内（通常为一年）同其他国家发生经济往来的全部收入和支出。国际收支通常由三部分组成，即贸易收支、非贸易收支和资本往来收支。对于发展中国家来说，赚取外汇收入主要有两条途径：一是对外贸易的外汇收入，二是非贸易外汇收入亦称无形贸易外汇收入。前者指物质商品出口所带来的外汇收入，后者指国际间有关保险、运输、旅游、利息、居民汇款、外交人员费用等方面带来的外汇收入。所以，在创汇的意义上，接待国际入境旅游同海外出口商品没有什么区别，因而接待国入境旅游也是一种出口，通常称之为旅游出口。同传统的商品出口所不同的是，在旅游出口中，旅游者与支付款项的流动方向是相同的；而在传统的商品出口中，出口商品与支付款项的流动方向是相反的。

国际收入与支出两者总计须达到平衡，相互抵消。但在实际中，经常会出现不平衡的情况。当一个国家在规定时期内的国际收入多于国际支出时，其国际收支差额中便出现顺差或剩余；反之，则出现逆差或不足。造成这种不平衡的原因是多种多样的。对于大多数发展中国家来说，由于技术经济比较落后，物质商品出口量有限，但为了发展本国经济，又必须进口一些外国的先进技术和设备，因而往往造成国际收支平衡出现赤字。

2. 旅游创汇与传统商品相比，具有如下优势

（1）旅游业是无形贸易，换汇率较高。旅游业提供的是服务产品，不必付出很多的物质产品，不需要消耗很多能源即可以创汇。旅游产品的换汇成本低于外贸商品的换汇成本，因而换汇率较高。旅游地在国内提供劳务服务就可以赚取外汇，旅游者必须到旅游产品的生产地点进行消费，所以可以节省掉商品外贸过程中所必不可少的运输费用、仓储费用、保险费用、有关税金等各项开支以及与外贸进口有关的各种繁杂手续。而且，它不存在外贸出口商品运输过程中的损耗问题，因此换汇成本较低。旅游风景出售的仅是观赏权而不是所有权，可重复多次出售，永续利用。

此外，在国际贸易市场上，生产和技术比较落后的发展中国家的出口商品在价格上常常处于不利地位。特别是在进口国家实行贸易关税壁垒的情况下，出口国为了获得外汇，有时甚至不得不以低于成本的价格出售。而国际旅游者在我国旅游时，其外币则须完全按我国公布的外汇牌价兑换成人民币。因此，同传统的商品出口换汇的情况相比，旅游产品的换汇要合算得多。

(2) 就地创汇，不受对方国家或地区贸易保护的限制。在传统的商品出口中，进口国往往会对进口商品实行配额限制，超过一定数额，便会提高进口商品的关税。此外，在对进口商品没有配额限制的情况下，为了控制商品进口量，进口国也会以提高进口关税为常用手段。这就是所谓的关税壁垒。而旅游产品的出口就不存在这种壁垒。只要旅游者符合出国条件并办理了相关证件就可以进行国外旅游消费，也就为旅游产品出口国的创汇工作创造了条件。

(3) 旅游出口是现汇贸易，有利于旅游接待国的资金周转和安全。外贸商品出口从发货到结算支付往往要间隔很长时间，有的甚至会长达好几年；而在旅游出口中，买方往往要采用预付或现付的方式结算，于是卖方即接待国能立即得到外汇。显而易见，同一数量的外汇收入，迟到与早到的意义大不相同。它们之间不但有利息差额问题，在接待国急需外汇的情况下尽早结算则可使得外汇发挥更大的效用。

由于旅游产品出口创汇具有上述优点，所以，通过发展旅游业来帮助赚取外汇，对于支援国际贸易、弥补贸易逆差和平衡国际收支来说，乃是一种理想的方法。

(二) 拓宽货币回笼渠道，缓解市场压力

国家货币回笼的渠道有：财政回笼，即通过征税回笼；信用回笼，即吸收存款、收回贷款、发放国债等方式；商务回笼，即销售商品回笼货币；服务回笼，即服务收费回笼货币。由于旅游消费是一种较高水平的综合性消费，比日常消费能更快地回笼货币，从而减轻由于人们手头货币过多对市场造成的压力，促进市场稳定和繁荣。

进入市场经济阶段，任何国家都要通过货币的投放和回笼来调节市场上的货币量，使之与市场中的商品数量相适应，从而稳定经济发展。货币的投放量和回笼量大致应有一定的比例，即货币投放于社会之后，必须有一定数量的回笼。由于流通的货币数量必须与流通的商品数量相适应，所以如果在商品投放量不变或增加不大的情况下，社会上流通的货币量过多，则会出现通货膨胀，产生货币贬值的可能，因为随着人们手中货币量的增加，他们的购买需求也会相应提高。这种购买能力的增加将对有限的商品市场构成威胁，即使人们将积蓄的钱存入银行而暂不投入市场，由于这些钱可自由存取，所以仍会对市场构成一种潜在的威胁。如果有效的商品供给不能增加，则这种节余存款的数量越大，其潜在的威胁也愈严重。鉴于上述原因，国家投放货币后都要设法将其回笼。回笼货币的方法一是要向市场投入相应数量的物质商品，再则是供应服务性消费品。在国家的物质商品生产能力有限、一时难以扩大国家的物质商品投放量的情况下，转移人们的购买去向、鼓励人们多消费服务性产品，例如旅游和娱乐，则成为必要的货币回笼渠道。在这个意义上，通过发展国内旅游来促进货币回笼，不仅可以起到稳定货币流通量和商品供应量之比例的作用，同时也是稳定物价的一种手段。

旅游产业的发展有效地吸引了人们的消费，一方面促进了收入的分配，另一方面缓解了国家的生产压力。

（三）调整和优化产业结构，带动相关行业发展

旅游业是一项综合性的产业，与相关行业之间既有依托性又有关联带动作用。旅游业的发展一方面有赖于目的地的很多其他行业和部门的配合和支持，同时也可带动和促进其他经济部门或行业的发展，

首先，旅游活动高消费的特点，决定了旅游者对消费品和消费服务的要求在质量、数量和规格上都是比较高的，这就成了推动生产发展的新动力。生产和服务部门要尽量采用新技术、新材料、新设备，生产出符合旅游者需要的、品种齐全的新产品。再加上这些产业市场上存在的竞争，更促使相关企业不断创新和加大科研开发力度，从而促进了本企业乃至本行业的发展。

其次，在社会化大生产的条件下，国民经济各部门和各行业是有机联系在一起的。旅游业并不是独立发展的，而是与其他产业的发展相适应的。旅游者的食、住、行、游、购、娱等活动的实现，需要相关的设施和产品，这就会刺激与此相关行业的发展，如建筑、建材、交通、水电等等。同时，又通过这些行业间接带动其上下游产业的发展，如种植业、林业、机械制造业等等。发展旅游业还能有效地扩大和促进城镇化建设，带动相关产业的发展。

由此可见，旅游业不仅促进了国民经济现有部门、行业的发展，而且对调整国民经济的产业结构、促进产业结构合理化和综合发展起到了非常积极的作用。

（四）增加政府税收

无论是发展国际旅游接待业还是发展国内旅游业，都可起到增加国际税收的作用。

国家的旅游税收目前主要来自两个方面：一是从国际旅游者获取的税收，主要包括入境签证费、出入境时交付的商品海关税、机场税和执照税等等；二是从旅游业有关营业部门获取税收，包括各旅游企业的营业税和所得税等等。此外，由于旅游业涉及许多其他有关产业部门的支援并可带动各经济部门的发展，当所有这些部门的生产和经营因旅游业的发展和带动而扩大业务量时，国家也可以从这些部门得到更多的税收。

（五）平衡区域经济繁荣，缩小地区差别

旅游业的发展，会带来国内财产的移动和再分配，收入高的地区的居民通过旅游把钱流向收入低的地区，从而缩小地区差异。

如果说国际旅游可将客源国的物质财富转移到接待国，在某种程度上起着对世界财富进行再分配的作用，那么国内旅游则会带来国内财产的移动和再分配，收入高的地区的居民通过旅游把钱流向收入低的地区。如果把地区作为目的地或客源地的单位，那么国内旅游中也存在着“入境”和“出境”两种类型的旅游。对一个地区来说，出区旅游所产生的是该地区的旅游支出，人区旅游所带来的则是该地区的旅游收入。就一般情况而言，经济较发达地区的出区旅游人次较多，而经济落后地区的出区旅游人次较少。当经济落后地区的某些旅游资源足以吸引经济发达地区居民前去旅游时，这些旅客在旅游目的地的消费，即经济落后地区的旅游收入，对当地来说显然也是一种外来的“经济注入”。这种外来的“经济注入”当然可以刺激和带动当地的经济发展，加速当地经济发展的步伐，从而有助于缩小地区差别。特别是那些物质资源贫乏、限制了物质生产

的发展但却拥有较好旅游资源的地区，发展旅游业在经济上尤其具有重要意义。旅游还为贫穷落后地区更新了观念，培育了新的经济增长点，改善了投资环境，促进了对外开放。

（六）提供更多就业机会，增加旅游目的地人民经济收入

旅游业作为第三产业的重要组成部分，是劳动就业的支柱。因为，旅游业是一个劳动密集型的行业，直接从业人员量大；同时，旅游业也是一个跨地区、跨行业的综合性产业，它的发展有赖于交通、建筑、工业、商业、农副业、财政、文化教育、体育卫生等各行各业的协调运行，所以旅游间接从业人员是直接从业人员的5倍。由此可见，旅游业需要的人才门类之广、数量之大是其他产业所不可比拟的，因此，各国政府都十分关注此产业。

旅游业是以提供服务为主的劳动密集型产业，需要大量的服务人员，这首先就解决了目的地居民的就业问题。在旅游接待工作中，许多工作都必须靠员工手工操作，而且需要面对客人提供富有人情味的直接服务，因而需要大量的劳动力。如果再进一步考虑到其他非直接旅游企业或者与旅游有关的其他行业的情况，特别是由于旅游业职工及其家属又需要购买生活消费品、服务、教育……从而进一步导致在当地工商及教育、卫生部门创造就业机会的情况，那么发展旅游所提供的就业机会就更多了。旅游业是一项关乎民生的社会事业，具有较强的社会功能，能够满足人民群众日益增长的物质和精神文化需求，改善社会就业和增加人民收入，有助于“老、少、边、穷”地区尽快脱贫致富，提高人民的文明素质和促进社会的全面进步。

旅游业中很多工作并不需要很高的技术，就业岗位层次众多。所以可为广大的家庭妇女和尚不具备技术专长的青年提供就业机会。旅游业这种对低技能劳动力的大量吸纳的特点，同我国目前教育不发达的情况相适应，在解决我国社会大量富余劳动力就业方面作用巨大。当然，这并不是说旅游业就业不需要知识和技术。为了保证旅游产品的质量，也需要对从业人员进行适当的教育和训练。但是同技术程度要求较高的制造业就业相比，上述人员只需要接受短时间的培训便可胜任工作。

（七）改善投资环境，扩大国际间合作

旅游业的发展可以从多方面改善投资环境，吸引外资，扩大出口，加深国际间经济交流与合作。

（1）旅游业是发展中国家引进外资发展最快的产业，也是多数发达国家的投资商乐于投资的行业。其投资成本低、见效快。由于国际入境旅游的发展，促进了许多发展中国家与发达国家的国际交流与经济合作。同时，以旅游吸引外资也是我国对外经济贸易的重点之一。

（2）旅游业的发展推动了基础设施和旅游娱乐设施的建设，这就为外商投资创造了良好的投资环境，有助于当地的招商引资工作。

四、旅游对经济消极方面的影响

虽然旅游业的发展对国民经济有很大的促进作用，但是如果旅游接待国（或地区）不是量力而行，而是片面强调发展旅游经济，那么则会扩大发展旅游业所可能带来的副作用，甚至会得不偿失。旅游业对旅游目的地经济有可能产生的不利影响包括：

（一）游客大量涌入引起通货膨胀，物价上涨

就一般情况而言，由于外来旅游者的收入水平较高或者他们为了旅游而长期积蓄的缘故，使旅游者的消费能力高于旅游目的地的居民。从供求关系看，游客的涌入，大大增加了需求的总量，引起旅游目的地商品价格上扬；在经常有大量旅游者来访的情况下，则难免会引起物价的上涨。这势必损害当地居民的经济利益。此外，随着旅游业的发展，地价也会迅速上升。很多国家的大量事实证明，在某些最初来访游客不多的地区兴建旅馆时，对土地的投资只占全部投资的1%。但是在这一地区旅游业发展起来之后，兴建旅馆地皮投资很快上升到占全部投资的20%。由此而造成的地价上涨，显然会影响到当地居民的住房建设与发展。

（二）影响产业结构发生不利变化

例如在有的原先以农业为主的国家或地区，由于从个人收入来看，从事旅游服务的所得税高于农务收入，因此常使得大量的劳动力弃田从事旅游业。这种产业结构不正常变化的结果是，一方面旅游业的发展扩大了对农副产品的需求，另一方面却是农副产品产出能力的下降。当地居民失去了赖以生存的基本生产方式，一旦旅游业由于种种原因不能满足他们生活的基本需要，如果再加上前述农副产品价格上涨的压力，就会产生社会问题，还可能会影响到社会和经济的安定。

（三）过分依赖旅游业会影响国民经济的稳定

旅游业在国民经济各行业中不是关系国民生计的行业。一个国家或地区不宜过分依赖旅游业来发展自己的经济。对旅游业的过度依赖，将导致经济发展偏离良性循环轨道，特别是对于像我国这样一个大国更是如此。这主要是因为：

1. 旅游活动有季节性

作为现代旅游活动主要组成部分的消遣度假旅游有很大的季节性，季节性波动加大了供需之间的矛盾——劳动力闲置；当地物质剩余而导致大降价；居民收入减少。虽然需求方面的这种季节性波动有时可通过旅游业的营销努力减小，但毕竟不可能完全消除。因而，旅游接待国或地区在把旅游业作为基础产业的情况下，淡季时不可避免地会出现劳动力和生产资料闲置或严重的失业问题，从而会给接待国或地区带来严重的经济问题和社会问题。

2. 旅游活动受制于市场

旅游需求在很大程度上取决于客源地居民的收入水平、闲暇时间和有关旅游的流行时尚，而这些都是旅游接待国或地区所不能控制的。如果客源地出现经济不景气，其居民对外出旅游的需求势必会下降。在这种情况下，接待地区很难保住或扩大市场。此外，一旦客源地居民对某些旅游地的兴趣爱好发生转移，会使原接待地区的旅游业衰落，甚至是相当长一段时间的萧条。特别是从长远的观点来看，这些问题都难免发生。

3. 旅游业受到接待地区各因素影响，是易受冲击的脆弱的产业

旅游业是易受冲击的脆弱的产业，从供给一方来看，其需求还会受到接待地区各种政治、经济、社会乃至某些自然因素的影响。一旦这些旅游业所不能控制的因素发生不利变化，也会使旅游需求大幅度下降，旅游业乃至整个经济都严重受挫，造成严重的经

济和社会问题。因此，任何一个大国的旅游业的发展都应适应经济发展的需要，不能盲目开发。

上述可能性的存在只是从国家或地区安全的角度说明了旅游业的发展要加强宏观调控和总体规划的必要性。我国是社会主义市场经济国家，我国旅游业的发展也必须体现这一特点，对于应当开发和优先开发的地区应大力支持和扶植，对于不宜发展旅游业的地区则应加以限制。

五、旅游对经济影响的评价方法

旅游的发展对目的地经济的推动作用到底有多大?，这就必须对旅游的经济影响作出客观的评价。在众多的评价方法中，旅游收入乘数分析法是运用最广泛的一种方法。

（一）乘数的有关概念

1. 乘数的概念

“乘数”的概念最早是英国经济学家卡恩于 1931 年提出的，它是指“公共支出或私人资本投资增长对收入所产生的放大效应的连锁反应”。其后，凯恩斯又将这一理论进一步加以完善。乘数（Multiplier）又译作倍数，主要指经济活动中某一变量与其引起的其他经济量以及经济总量变化的比率。

乘数理论说明，在经济活动中，一种经济量的变化可以引起其他经济量的变化，最终使经济总量的变化数倍于最初的经济变量，我们把这种现象称为乘数效应。在经济活动中，之所以会产生乘数效应，是因为国民经济的各个行业是相互关联、相互促动的。通俗地讲，由于国民经济和部门的相互联系，其中每一个部门最终需求的变化都会自发地引起整个经济中产出、收入、就业以及政府税收等方面水平的相应变动，后者的变化量与引起这种变化的最终需求变化量之比即是乘数。简言之，乘数即收益增值率，表示国民收入（GDP）的变动与引起这种变动的最初注入量之间的比率。根据凯恩斯的乘数原理，乘数的计算公式如下：

$$K = \frac{1}{1 - MPC} \text{ 或 } K = \frac{1}{MPS + MPM}$$

式中：MPC—边际消费倾向；

MPS—边际储蓄倾向；

MPM—边际进口倾向。

从上式中可以看出，乘数与边际消费倾向成正比，与边际储蓄倾向和边际进口倾向成反比。例如，当一笔资金流入某地区的经济系统时，就会引起一系列企事业单位的经济运转，产生经济活动中的连锁反应，导致该地区社会经济效益的增加。如果把这笔资金储蓄起来或用来购买进口物资，使资金离开本地区的经济系统，则减少了本地区经济发展的力度，本地区的乘数效应就会降低。

2. 旅游收入乘数

（1）旅游乘数。旅游乘数是用以测定单位旅游消费对旅游接待地区各种经济现象的影响程度的系数，它是指产出、收入、就业和政府税收的变化与旅游支出的初期变化之比。

(2) 旅游收入乘数。旅游收入乘数指旅游目的地对旅游行业的投入所导致的本地区综合经济效益最终量的增加。无论是国家对旅游业的投资还是入境游客或国内游客在某旅游目的地的消费都是对旅游行业的投入，当这笔资金流入到旅游目的地的经济运行中，就会直接或间接地引起一系列生产资料和生活资料生产部门及提供其他服务的企业或部门的经济运转，从而通过社会经济活动的连锁反应，导致社会经济效益的成倍增加。但在旅游收入的运转过程中由于居民储蓄（金融机构用于投资支出除外）和纳税（政府将税收重新用于投入除外）、进口等行为，旅游收入会流出国民经济的运转过程，减少对国民经济的影响。而旅游乘数正是衡量旅游目的地的旅游投入所导致的国民经济的增加。通常旅游经济活动因为其综合性，故各部门间的关联性较强，因而旅游乘数要大于其他行业。

3. 旅游收入的乘数效应

旅游收入的乘数效应是指旅游目的国或旅游目的地对旅游行业的投入引起各个经济部门的连锁反应，导致本地区经济总量的成倍增加。需要指出的是，旅游收入的乘数效应必须以一定的边际消费倾向为前提，而边际储蓄倾向和边际进口倾向则降低了旅游收入在本地区经济系统中的作用，使得该地区的乘数效应减少。

4. 旅游外汇漏损

旅游外汇漏损是指旅游目的国或旅游目的地的有关部门和企业，为了发展旅游业而进口商品、对外贷款、引进劳务等，因此导致了旅游外汇收入的减少。

从 $K=1/(1-MPC)$ 及 $K=1/(MPS+MPM)$ 的公式中可以看出，旅游乘数效应与边际储蓄倾向和边际进口倾向均有关系，MPS 或 MPM 越大，旅游乘数效应就越小，反之，旅游乘数效应就越大。

在经济欠发达的国家或地区，旅游综合设施比较落后，为了发展国际旅游业务，需要从国外进口有关的物资设备，需要引进国外的先进技术和管理人才，这些都要花费大量的外汇，由此造成了旅游外汇的流失。具体来说，旅游外汇漏损主要源于以下五个方面：

(1) 为建设旅游基础设施，进口必要的设备和原材料而花费的外汇。

(2) 为新建旅游饭店，进口必要的设备和原材料而花费的外汇。

(3) 支付旅游企业外方的管理费和外籍人员的工资，由此造成了大量外汇的流失。

(4) 为发展旅游业，除国家投资、国内融资外，还需要对外贷款，逐年还本付息，由此造成了大量外汇的流失。

(5) 为满足旅游者及部分旅游企业员工的需求而进口有关的消费品，此项花费也造成了大量外汇的流失。

旅游外汇漏损的程度显示了一个国家的经济实力和科技水平。为了减少旅游外汇漏损，首先要大力发展本国经济，提高本国产品的品质和科技含量。其次要积极培养旅游业的现代化管理人才，逐步减少外方管理集团和管理人员的数量。再次要加强国际收支的宏观监管机制，完善外汇管理法规，防止外汇流失。

总之，旅游接待国的经济实力越强，科技水平越高，旅游收入的乘数效应就越大，旅游外汇漏损就越少；反之，旅游收入的乘数效应越低，旅游外汇漏损就越多。因此，大力发展经济，增强国家的综合国力，是旅游业持续发展的根本保证，只有如此，旅游收入的乘数效应才能最大化，旅游外汇漏损才能被减少到最低限度。

（二）旅游收入的乘数效应的作用过程

可以将旅游收入乘数效应的作用过程分为以下三个阶段性：

1. 直接影响阶段

直接影响阶段即旅游者在旅游目的地的各项消费，将资金直接注入了各个核心旅游企业和部门，饭店、旅行社、餐厅、商店、景区、交通及通讯部门在旅游收入的初次分配中获得了一定量的收益。

2. 间接影响阶段

间接影响阶段即旅游核心部门和企业在再生产过程中向有关部门和企业购进生产和生活资料，各级政府把从旅游核心企业收缴的税金又投资于其他企事业项目，使有关部门和企业在旅游收入的再分配中获得了收益。

3. 扩大影响阶段

扩大影响阶段即旅游相关部门和企业在再生产过程中购进大量的生产资料和生活资料，从而促进了更多部门和企业的发展。旅游收入正是通过多次的分配与再分配，对国民经济不断产生着连带作用和综合效益。

一个国家或地区的旅游收入如果增加，即会引起该国或该地区国民收入的增加，这种关系可用 $y = kx$ 来表示，其中 y 为增长的国民收入总量，x 为旅游收入量，k 为两者之间的比例系数，即乘数。例如，某地区的边际消费倾向为80%，即80%的旅游收入在本地区的经济系统中运转，而20%的旅游收入则存储起来或用于进口物质，即有20%的旅游收入离开了本地区的经济系统，按照乘数的计算公式 $K = 1/(1-0.8)$ 或 $1/0.2 = 5$，表明该地区的旅游收入经过初次分配和再分配，产生了5倍于此的经济效益。假若该地区的边际消费倾向为70%，边际储蓄倾向为10%，边际进口倾向为20%，则 $K = 1/(1-0.7)$ 或 $1/(0.1+0.2) \approx 3.3$，表明该地区的旅游收入经过初次分配和再分配，产生了约3.3倍的经济效益。

（三）旅游收入乘数的类型

我们还可以用以下几类乘数模式来分析旅游收入对社会经济各个方面的影响：

1. 营业收入乘数

营业额或营业收入乘数是用以测定单位旅游消费对旅游目的地国家或地区经济活动的影响。这一乘数表示的是单位旅游消费额同由其所带来的旅游目的地国家或地区全部有关企业营业收入增长量之间的比例关系。

2. 产出乘数

产出乘数是指外来游客的消费同由此引起的旅游目的地国家或地区全部有关企事业单位经济产出水平增长程度之间的比例关系。与营业收入区别在于：不光指直接的营业性收入，还考虑了企业库存量的变化，反映了经济总额的增长情况。

3. 就业乘数

就业乘数即旅游收入增加量与其所创造的直接和间接就业人数之间的比率关系。该乘数表明某一地区通过一定量的旅游收入，对本地区的就业机会所产生的影响，具体来说，一定时期内旅游从业人员的增加量与同期旅游收入的增加量之比，即为单位旅游收入可提供的就业机会。

4. 旅游收入乘数

旅游收入乘数是指单位旅游消费额对目的地相关部门和利益主体所产生的连锁反应所导致的收入增量之间的比例关系。旅游收入乘数分为旅游企业收入乘数、目的地居民收入乘数和目的地政府收入乘数。

政府收入乘数即旅游收入增加量与当地政府收入净增量之间的比例关系。政府收入的净增量是指政府从旅游业获得的税收及各项收益减去政府向旅游业投资后的余额，该乘数主要用来衡量旅游经济活动对国家和地区财政收入的影响程度。

5. 进口额乘数

进口额乘数即旅游收入增加量与由此导致的进口额增加量之间的比率关系。该乘数显示了相关部门和企业向国外进口物资、设备的增加量与旅游收入增加量之间的互动关系。

（四）旅游收入乘数的计算

旅游收入乘数效应，可通过计算旅游收入乘数来判定，通常用 K 表示旅游收入乘数。根据一定的投入增量和收入增量，即可计算旅游收入乘数，计算公式如下：

$$K=\frac{\Delta Y}{\Delta I}$$

式中：K——旅游收入乘数；

ΔY——收入增量；

ΔI——投入增量。

旅游收入乘数表明了旅游目的地对旅游行业的投入所导致的本地区综合经济效益最终量的增加。应该指出，乘数效应的形成必须以一定的边际消费倾向为前提。因为无论是海外游客还是国内游客在某旅游目的地的消费都是对旅游行业的投入，当这笔资金流入旅游目的地国家或地区的经济运行中时，就会对生产资料和生活资料生产部门以及其他服务性企事业单位产生直接或间接影响，进而通过社会经济活动的连锁反应，导致社会经济效益的增加。如果把这笔资金的一部分储蓄起来或用于购买进口物资，使资金离开经济运行过程或流失到国外，就会减少对本地区经济发展的注入和作用，也就是说，边际储蓄倾向和边际进口物资倾向越大，对本地区的经济发展的乘数效应就越小。根据以上乘数原理，计算乘数的公式可进一步表述为：

$$K=\frac{1}{1-MPC}=\frac{1}{1-0.7}=3.3$$

式中：MPC——边际消费倾向；

MPS——边际储蓄倾向；

MPM——边际进口物资倾向。

上述公式表明：乘数与边际消费倾向成正比，与边际储蓄倾向成反比。边际消费倾向越大，乘数效应就越大；边际消费倾向越小，乘数效应就越小。边际储蓄倾向越大，乘数效应就越小；边际储蓄倾向越小，乘数效应就越大。

例如，某旅游目的地旅游边际消费倾向为70%，即表示在这个地区的旅游收入中，70%的资金在本地区的经济运行系统中运转，而余下30%的资金用于储蓄或购买进口物资，或是离开了本地区的经济运行，则：

$$K=\frac{1}{1-MPC}=\frac{1}{1-0.7}=3.3$$

或

$$K=\frac{1}{MPS}=\frac{1}{0.3}=3.3$$

即旅游收入经过初次分配和再分配获得了3.3倍于原始收入量的经济效果。如果把80%的资金投入经济运行中，仅有10%的资金用于储蓄，10%的资金用于购买进口物资，则：

$$K=\frac{1}{1-MPC}=\frac{1}{1-0.8}=5$$

或

$$K=\frac{1}{MPS+MPM}=\frac{1}{0.1+0.1}=5$$

例如：某市2012年旅游收入消费额比上年增加了1亿元，与旅游相关的全部有关企业营业额增长了4.5亿元，全部企业的库存增加了0.5亿元；旅游企业的收入增加了2亿元，居民收入增加了1.5亿元，政府收入增加了1亿元，则相关的各种乘数分别为：

营业收入乘数 =4.5/1 =4.5

产出乘数 =(4.5 +0.5)/1 =5

旅游企业收入乘数 =2/1 =2

居民收入乘数 =1.5/1 =1.5

政府收入乘数 =1/1 =1

表9－1

目的地国家或地区	个人收入乘数	目的地国家或地区	个人收入乘数	目的地国家或地区	个人收入乘数
土耳其	1.96	北爱尔兰	1.10	开曼群岛	0.65
英国	1.73	百慕大	1.09	冰岛	0.64
爱尔兰	1.72	中国香港	1.02	英属维尔京群岛	0.58
埃及	1.23	毛里求斯	0.96	所罗门	0.52
牙买加	1.23	安提瓜	0.88	贝劳共和国	0.50

续表

目的地国家或地区	个人收入乘数	目的地国家或地区	个人收入乘数	目的地国家或地区	个人收入乘数
多美尼加	1.20	巴哈马	0.79	西萨摩亚	0.39
塞浦路斯	1.14	斐济	0.72	算术平均值	1.002 5

资料来源：http://wiki.mbalib.com/wiki/%E6%94%B6%E5%85%A5%E4%B9%98%E6%95%B0

总之，根据旅游收入的乘数效应，可以全面衡量旅游业发展对国民经济的影响，更加科学地确定国民经济的发展目标和旅游业的发展战略。

（五）影响旅游乘数效应大小的主要因素

对旅游目的地来说，游客在当地消费所带来的旅游收入通过该地旅游经济的运行和社会经济活动的连锁反应，都会导致社会经济效益的增加。但是旅游消费中留在经济系统内继续转手花费的数额高低和在该地再消费中轮转次数的多少却会影响到旅游乘数效应的大小。具体来说有以下几个关键因素：

1. 边际消费倾向和边际储蓄倾向

当每增加一单位旅游收入中用于消费的比例越大，就说明边际消费倾向越大，这样能够在经济系统中转手花费的数额就越高，从而乘数效应就越大；反之，当每增加一单位旅游收入中用于储蓄的比例越大，就说明边际储蓄倾向越大，这样就使这部分资金脱离了本地区经济系统的循环过程，从而对本地区经济发展的乘数效应就越小。可见，旅游乘数效应的大小与边际消费倾向成正比，与边际储蓄倾向成反比。

2. 边际进口物资倾向和旅游收入漏损

即使是边际消费倾向足够大，但是若消费活动的购买对象不是目的地国或地区企业的产品或服务，而是其他国家或地区的产品或服务，就会形成旅游收入漏损，这部分漏损掉的收入就脱离了本国或本地区的经济系统运转过程，从而就减少了收入在本国或本地区的流转额和流转次数，这样旅游乘数效应就会大大地降低。可见，边际进口物资倾向越大或旅游漏损越多，旅游乘数效应就越低，两者成反比例变化。

入境旅游的发展既可以创造大量外汇，同时也需要耗费大量外汇，尤其是发展中国家在外汇漏损方面表现得更为突出，因此，要提高旅游乘数效应就必须多关注外汇漏损问题。在一个国家的不同地区间，虽然不存在外汇漏损问题，但是对目的地地区来说同样要关注收入漏损问题。

国外旅游研究专家S. 麦克加海（McGahey）认为造成漏损的原因很多，有些可以通过适当的规划管理加以避免，有些则受当地经济环境制约而无法克服，他归纳出造成漏损的12项原因，国内一些学者将这些原因进一步归纳为以下几类：

（1）直接漏损。主要包括购买旅游开发建设与经营运转所需要的各种进口物资的外汇支出；向国外贷款的利息及合资独资旅游企业中外国投资者所获利润的外流；雇佣外国雇员的薪金及劳务费用；在国外进行旅游宣传推销发生的各类支出。

(2) 间接漏损。主要有向旅游业供应各种物资和服务的各有关企事业单位从国外进口商品和劳动力所造成的外汇流失及其伴随旅游业发展在这方面增加的开支。

(3) 无形漏损。由于各种公共设施磨损加剧而产生的维护、弥补、清除时对进口物资和人力需要而产生的外汇流失。

(4) 黑市漏损。即通过外汇黑市交易而形成的流失于目的地官方之外的外汇收入。

(5) 后续漏损。也称诱导性漏损，是指旅游从业人员个人生活消费中所涉及的外汇外流。

(6) 先期漏损。是指境外旅游经营商向旅游者销售某国旅游产品所获得的全部收入中未进入这一旅游目的地国的那部分收入。造成这部分漏损的原因包括旅游预订方式、旅行距离、使用何国交通工具及交通工具的类别、旅游者进入旅游目的地国的线路等。

要提高旅游乘数效应，不仅需要完善市场经济体系，创新旅游产品，提高旅游供给数量和质量，更需要从产业结构的协调性与完备性上多下工夫。因为旅游经济乘数效应的发挥源于旅游行业与相关行业的关联度，联系越紧密，则旅游经济乘数效应越大。只有国民经济各产业之间具备协调的关系，才能更好地带动相关产业的发展；而产业结构的完备程度则在很大程度上决定着旅游经济运行中漏损程度的高低，产业结构的完备性越强，则越有可能使游客的旅游消费所带来的收入更多地留在目的地经济系统内，从而减少对进口商品和服务的购买。自给的程度越高，旅游乘数效应就越大。

课堂讨论：

有观点认为，对于一个大国来说，其经济不宜过重依赖旅游业。请论述你对这一观点的看法。

任务三　旅游对社会文化的影响

现代旅游业的蓬勃发展，对旅游目的地乃至全人类的社会文化也具有不可忽视的影响。大群外来人口在接待地之间流动，在与当地主人的接触中产生了一系列交流活动和复杂的人际关系。这些活动和关系对客人和主人两方面都将产生影响。然而由于客人在接待地活动的时间短暂而分散，对外来旅游者和个人和其所属社会产生的影响远不如接待地居民和社会所受影响那样集中和深刻。旅游活动带来的社会接触和文化交流对旅游者和目的地社会文化的影响既有其积极的一面，也有其消极的一面。

一、旅游活动的开展对社会文化影响的原因

旅游活动的开展之所以会对社会文化具有影响作用，主要是因为：

(一) 旅游是科学文化交流的纽带

自古以来，旅游与文化有着不可分割的关系，而现代旅游本身就是一种大规模的文化交流。在现代世界的旅游者中，有专家、学者、教授、工程师等各行各业的文化人数以万计，他们在旅游过程中都乐于接触同行，进行广泛的科技、文化和艺术的交流活动。而旅游业的一个特殊贡献就是可使不同文化背景、不同价值观念的人群不期而遇，

为之提供异域文化交流和思想沟通的机会和环境。同时，随着旅游的重心越来越多地向文化方面转移，从宏观上说，异域的历史文化、建筑文化、民俗文化、饮食文化、宗教文化等就越来越具有吸引力，许多专为文化交流而来的教育、文艺、美术、音乐、书法、建筑、美食等文化专业考察团的不断增多就是例证。而这种异域性、世界性的科技、文化的交流是以旅游业为中介，是通过旅游业的组织、协调并提供各种各样服务和方便才得以实现的。可见，现代科技、文化交流的广泛开展并卓有成效是与旅游业的发展密切联系的。

（二）旅游所导致的文化交流具有不平衡性

主客双方交流不平衡表现为接受过程的不平衡。对于发展水平并不对等的双方，其接受模式常见为垂直接受。在垂直接受的模式中出现文化的强弱差别，强势文化更多地将自己的观念、思维和价值标准加于弱势文化，使后者在文化上有适应，而这种适应与传播过程并不对等，在强势文化的主导下，弱势文化短时间内较难取得平等交流的机会，许多旅游目的地正是处于这种弱势地位，他们从提高旅游业收益的宗旨出发，往往被迫从属于外来旅游者的态度和价值观。与强势文化交手的另一结果是在目的地居民中产生一种模仿和示范作用，而其中一部分是消极的、有害的。

（三）现代旅游活动发展的规模之大，已使其成为重要的社会现象

虽然就单个旅游者而言，同旅游目的地居民之间的接触是短暂的，似乎不足以对当地的社会和文化产生实质性的影响，但是随着成千上万的旅游者的不断来访，旅游者与当地居民之间的个体接触便会演化成为群体性的社会接触，其规模之大、历时之久，使得旅游活动的开展对社会文化产生了重要的影响。

二、旅游社会文化效应的影响因素

（一）旅游者的动机

旅游者的动机是旅游需求的基础，旅游需求又是旅游产品供给的主要影响因素。若旅游者出于对目的地文化的向往的动机进行旅游活动，这就会促使旅游企业对当地的传统文化进行开发和挖掘，从而利于传统文化的发扬和保护，而且，出于这种动机的旅游者个人也会担负起保护传统文化的责任。但是，若旅游者对当地文化资源提出过度的要求，就会诱使企业急功近利，导致对社会文化资源的破坏。

（二）目的地居民与旅游者的素质水平

目的地居民和旅游者的素质水平对文化交流的内容、方式和效果都有很大的影响。人们素质越高，对先进文化的理解和接受就越容易，这也就更加便于科学技术和优秀文化的传播，促进各国人民的理解和友好往来。此外，素质高的旅游者会在旅游活动中考虑到当地的实际情况，限制个人不适当的行为和言语，不会出于个人私利对当地居民提出超出其接受范围的要求。同样，当地居民也会尽量为旅游者提供方便，对旅游者的不良行为持宽容态度，从而营造出和谐、融洽的旅游环境。

（三）文化差异与交融度

旅游客源地与目的地的文化差异影响着两种文化的交流速度和效果。这种差异可以表现为，处于不同文明程度的不同文化背景之间，处于相同文明程度的不同文化背景之间，以及处于不同文明程度的相同或近似文化背景之间的差异。这种差异越大，文化的交流就越难实现，时间就越长。文化交流的效果可以用不同文化的交融度来衡量。若两种文化毫不相容，旅游者的行为就会遭到唾弃，旅游者所代表的文化就会遭到排斥，旅游活动也就很难开展，当地居民很可能对外来的陌生旅游者报以敌对的态度。如果两种文化能够相容，旅游活动就可能深入和广泛的开展，旅游的文化传播功能就会发挥作用。

（四）政府引导与政府沟通

从某种程度上来说，旅游活动属于民间活动，其发展方向和思想意识方向都或多或少的带有盲目性。例如，目的地居民因部分旅游者的恶劣行为而彻底地排斥所有外来人员，显然不利于旅游业和当地经济的发展。这时就需要政府进行协调、引导和沟通，逐渐化解居民与旅游者之间的矛盾和冲突。此外，政府还可以采取有力的宣传和保护措施，保护和管理当地传统文化，并通过科学的预测和规划，约束旅游企业的行为，引导旅游业的稳步有序发展。

（五）目的地旅游资源的性质

旅游资源可以分为自然资源和人文资源。其中，人文资源的性质对旅游的社会文化效应有一定的影响。若资源是易损的和不可修复的，那么出于文物保护的目的，就要严格约束旅游企业和旅游者的行为，以限制旅游活动的消极影响。若资源是可复制和可仿造的，如工艺品等，那么就会出现文化曲解的现象。相反，如果资源是复杂而不可仿制的，那么目的地的文化就更易得到保护并能正确地对外传达。

三、旅游对社会文化积极方面的影响

（一）有助于增进国际间的相互了解，促进各国人民的友好往来

国际旅游的发展大大促进了国际间的相互了解，增进了各国人民之间的友谊。由于旅游者和目的地居民之间的交流是不同国度、不同民族、不同信仰和不同生活方式的人群之间的交流，这对加深国际间的友好关系，促进国际事务的实行和国际问题的圆满解决有很大的积极作用。这种民间交流的促进作用往往会收到政府外交行为所达不到的效果。主要表现在以下三方面：

一是旅游交往的广泛性。由于旅游者的成分可以是任何阶层、职业、年龄，可以具有各种不同的信仰，打破了人与人之间的身份界限，参与旅游者的阶层成分广泛，身份平等。是一种多层次、全方位、少限制、无顾忌的自由民间外交。

二是自由灵活，无私坦陈。旅游是“暂时的自由”，旅游者与目的地居民的交流是抛弃了各自本来的官职、职业等社会身份的交流。这种交流无需条条框框的约束，没有了平时的身份，上下级关系，利益关系，竞争关系，所以自由、坦陈而灵活。

三是互相善待，关系融洽。旅游是人类寻求愉快的外出活动。旅游交往向人们公平地提供了充分表现自己善良品质的机缘，具有不同文化背景的人们可以采取任何能够让对方理解的方式来表达自己的感受，而这种交流的效果往往是不可能通过正式的外交活动所达到的。

（二）有助于提高国民素质

首先，旅游对旅游者个人身心健康的影响很大。旅游者出于追求身心放松和休闲娱乐的目的进行旅游活动。在城市化程度不断提高的现代社会中，都市的公害、紧张的工作和生活节奏迫使人们更加向往能够经常地适时地改变一下生活环境，回到安逸、优美的大自然中去，以便重新“充电”，恢复体力，焕发精神，增加人们对人生的热爱，在自然美景和人文历史和艺术中去获得审美享受，提高审美鉴赏能力，获得极大的精神享受，这也是大众旅游的重要动机之一。

其次，旅游活动也给目的地居民和旅游者以相互学习的机会，使人们开阔眼界，增长知识，积极向上，不断提高自己的文化素质水平。伴随着旅游活动的开展，外来人员大量涌入，随之也带来许多新鲜事物和外来文化。当地人们从主动抵制到完全认可，甚至去接纳旅游者的文化，这是一个视野逐渐拓宽的过程。从而他们心理上对外来文化的容忍和接纳能力也逐步增强。一个民族文化的世界化程度越高，对该民族的发展就越有利，该民族文化就能获得更广泛的生存空间和发展空间。视野的拓宽，使民族地区人们有了更全面的心理准备，在全球化过程中能采取更主动的姿态，获得更多机会。

（三）有助于促进民族文化的保护和发展

民族文化是一个国家或地区的重要旅游资源。随着旅游业的发展和接待外来旅游者的需要，当地一些原先几乎被人们遗忘了的传统习俗和文化活动重又得到开发和恢复；传统的手工艺品因市场需要的扩大重又得到发展；传统的音乐、舞蹈、戏剧等重又受到重视和发掘；长期濒临湮灭的历史建筑重又得到维护和管理，等等。所有这些原先几乎被抛弃的文化遗产不仅随着旅游的开发而获得了新生，而且成为其他旅游接待国或地区所没有的独特文化资源。它们不仅受到旅游者的欢迎，而且使当地人民对自己的文化增添了新的自豪感。旅游需要民族文化。具有个性特征的民族文化构成了旅游吸引物，旅游促进了不同民族文化的融合，旅游促进了民族文化的保护与发展。

外来游客也会在不同程度上“暂时借鉴”接待地的主人文化，称为“文化漂移”现象。在短期接触中，主客双方都会在表面的行为上有所改变，但这种表面行为对主人社会文化可能是持久的，而对客人社会或文化的影响是暂时的。文化漂移在外来游客行为上的表现，常常体现为在旅游过程中对接待地某种文化要素的偏爱。穿文化衫、戴文化帽、租当地的服装照相；用旅游地的服饰回家后招摇过市、买纪念品等。文化漂移在接待地的表现为，模仿客源地风格的建筑；乡土餐饮城市化；本国餐饮西餐化；语言“外语”化等等。回到日常生活中即恢复本性。文化漂移现象是旅游民间文化交流的独特形式。

此外，旅游业的发展丰富了目的地的收入来源，使文化保护有了充足的资金，使传统文化得到了社会各界更多的支持。通过旅游企业的宣传和开发，还使旅游者和当地居民认识到文化的重要性，唤起人们的保护意识。

（四）有助于推动科学技术的交流和发展

科学技术的发展是旅行和旅游产生和发展的前提条件，同时，旅游也是科学研究和技术传播与交流的重要手段。在旅游发展的各个阶段，都曾有人以科学考察为主要目的，客观上也起到了传播和交流知识与技术的作用。现代商务旅游、专业会议旅游以及消遣旅游中的访问同行活动，都使得交流的广度和深度不断获得新的发展。此外，旅游在发展过程中也不断对科学技术提出新的要求，尤其是在交通运输工具、通讯以及旅游服务设施和设备方面，要求更加快速、便利、舒适和安全，从而推动了有关领域科学技术的发展。

（五）增加目的地人们的经济收入，促进目的地生活环境的改善

为了适应客观上旅游业发展的需要，旅游接待地区的基础设施会得以改进，生活服务设施和其他方便旅游者的设施也会有所增加。旅游业带来外汇收入，增加地方政府财政税收，提供当地人更多的就业机会，他们的家庭收入增加，走上脱贫致富的道路。旅游业的发展需要有一定的基础设施和旅游设施，它们在供旅游业使用的同时，亦供当地居民享用。这样就会改变民族地区人们原有的生活方式和生活观念，如交通设施、照明设施、家庭住宿环境和条件等的改变，让他们有了更文明的生活方式，逐渐走上“现代化”的道路。此外，外来旅游者与本地居民的交流也使本地人接触到了丰富多彩的外来文化和生活方式，使他们开阔了视界，增添了生活乐趣。

（六）有助于培养人们的爱国主义情感

无论是在国内旅游时亲眼目睹的各地的自然名胜、历史文化和建设成就，还是在国外旅游时看到或听到对祖国历史和建设成就的称颂，都会激发和增强人们的民族自尊心和自豪感，从而会加深人们对自己祖国的热爱。

旅游能增强旅游者所属民族的内聚力。来自同一地区的旅游者往往具有本民族的某些特征和共性，当他们与目的地居民接触时，文化的差异与冲突便突显出来，于是某种一致和亲近感出现在旅游者群体中，冲突又促进着群体的团结，整合着他们内部的一致性。来自同一国家或地区的旅游者会自觉使用内部的语言或其他的交流方式，这种小集团的共性与其他集团之间形成了鲜明的差异性，因此在旅游活动过程中每个成员更多地趋向于团体活动而非个人活动，无形中整合了集团内部的一致性。世界旅游组织 1981 年颁布的一项考察报告也表明：从社会文化观念出发，旅游对输出国的影响是积极的，它能增强旅游者所属民族政治共同体的内部一致性。

在 20 世纪 80 年代以前，“现代话语对民间的、边缘的、非主流文化的排斥，使之赋予了一系列迷信、落后、愚昧的形象，民间的、边缘的、非主流文化的持有者也已经将这一系列迷信、落后、愚昧的形象内在成为自我认同的一个方面”。而在 80 年代以后，随着旅游业的开展，民族文化被开发利用，且倍受青睐，唤起了民族地区人们的自尊心、自信心和自豪感，促使他们去重新认识和评价自己的文化。这种民族自尊心和自信心的唤起，以及经过重新认识和评价之后对自我文化的重新肯定，激起他们去恢复原有的现已消失或几近消亡的民族传统文化的巨大热情，推动了传统民族文化的复兴。反过来，这也促进了民族旅游的发展。

四、旅游对社会文化消极方面的影响

（一）有不良的“示范效应”，社会问题剧增

旅游活动中，旅游者不可避免地会将自己的生活方式带到旅游目的地。特别是在国际旅游方面，旅游者来自世界各地，他们身上表现的不同的价值标准、道德观念和生活方式，会在旅游目的地无形地传播和渗透，对目的地社会产生“示范效应”。虽然说，旅游者和当地居民是在相互作用和相互影响，但是实际上，旅游者带给目的地社会的影响比他们接受目的地社会影响的程度要大得多。主要是因为旅游者与当地人的接触是短暂的，接触的范围也十分有限，他们与当地人的接触是一种相对肤浅的经历。而对于当地居民来说，他们同旅游者的接触都是长期不断的，他们接触的是持续不断前来访问的旅游者群体。所以，旅游者所带来的思想和文化对当地社会的影响是一种潜移默化的长期影响。具体表现在：

1. 喜新厌旧，崇洋思想的泛滥

在发展中国家，旧时代“洋人”、富人的特权、高傲、种族优越的遗毒仍未完全灭绝。受旅游者“奢侈”生活方式的诱导，使得在有些人看来，西方旅游者乃是发达资本主义国家经济财富力量的活象征，是资本主义成功的物质证明，从而在过高地评价西方资本主义的同时，贬低自己本国社会，认为外国的一切都好，自己国家的一切都不如外国。外国文化的入侵，也会冲淡当地文化的特色，损耗其文化价值和民族特色，失去旅游吸引力——传统朴实的乡风民俗被不正当地商业化，逐步失去了传统的意义和价值。

2. 良莠不分，传统的道德观念受到冲击

来自世界各国各地的旅游者，他们各自具有不同的政治信仰、道德观念和生活方式，有的可能表现出良好的道德品质和友好的态度，有的可能带来消极的颓废意识和生活方式，可能对旅游景区的人民造成不良影响。具体表现在：有些人通过对来访旅游者行为的观察，逐渐在思想和行为上产生消极变化。他们开始对自己的传统生活方式感到不满，向往来访旅游者的生活方式，先是在装束打扮和娱乐方式方面盲目模仿，继而发展到有意识的追求，从而使赌博、卖淫、投机诈骗、贪污受贿、走私贩毒等犯罪和不良社会现象增多，影响社会秩序的安全。此外，由于受西方自由思想的影响，传统的道德观念、价值标准受到冲击，其结果是导致婚姻破裂的增多和离婚率的上升等。

（二）干扰当地居民的生活

任何旅游目的地的承载能力都是有限的。随着外来旅游者的大量拥入和游客密度的增大，当地居民的生活空间相对缩小，因而会干扰当地居民的正常生活，侵害当地居民的利益。更为严重的是，有些地区出现了一些愿意支付高额地价和赋税的外来定居者，而曾长期生活在那里的人们被迫离家而去。这种情况发展到一定程度时，当地居民在旅游发展初期阶段中对外来游客热情欢迎的友好态度便会转化为不满甚至怨恨。不容否认，旅游者所希望得到的是某种特定的经历并要求享受符合其本国水准的生活条件，而目的地旅游业所看中的很大程度上是营业利润，在当地物质供应能力有限的情况下，往往把质量上乘的旅游消费品有限供应给肯出高价并且以外汇支付的旅游者，水电供应亦有限保证旅游者的需要。这种直接同当地居民争夺有限数量消费品的情况，大量旅游者涌入后，势必与当地居民争夺有限的生活空间，致使交通、商店、公共娱乐场所变得拥挤不堪，从而给当地居民的工作和生活带来诸多不便，使他们产生厌恶情绪。加之某些旅游者高傲自得和对当地风俗不屑一顾的蔑视态度，难免会激发当地居民的怨恨，甚至产生了对旅游的抵制，从而造成旅游者与当地居民之间人际关系的紧张。

（三）当地传统民族文化的变异和衰退

传统民族文化包括六大门类：衣食住行方面的生活文化；婚姻家庭和人生礼仪文化；民间传承文化，包括民间文学艺术、民间歌舞、民间游乐等；科技工艺文化；信仰、巫术文化；节日文化。它是那个民族长期发展形成和遗留下来的有形或无形遗产，是其精髓、象征和代表。民族旅游是对那些可以对旅游者产生吸引力，为旅游业所利用、并能产生经济、社会和生态效益的传统民族文化进行旅游开发来满足旅游者需求的形式。根据国际著名旅游人类学家、耶路撒冷希伯莱大学科恩教授的定义，民族旅游是观光旅游的一种变体；其目标所指的人群是在自己居住的范围内不完全属于该国政治或社会意义的主体民族；由于在自然生态的文化特性方面的与众不同，这类人群便贴上了旅游性标志。即“把古雅的土著习俗以及土著居民包装成旅游商品以满足旅游者的消费需求”，是以少数民族传统文化为特色的观赏、娱乐、商品及服务。民族文化是非资源性的，有其自身的发展方向和运行机制，沿着历史所提供的特定条件和环境发展、演变。它是民族旅游发展的源泉和动力。主要表现是：

1. 民族文化同化

民族文化同化是指原来的民族文化特征在内部和外部因素的共同作用下逐渐消失，被异族异地的文化所取代。我国大部分少数民族都居住在偏远的西部地区，一般与外地交往少，生活环境相对封闭。而随着现代社会的发展，尤其是旅游业的推动，他们也开始与外部世界的互动。在这种互动过程中，异族、异地文化与当地文化只是短时间的或部分的接触，主体部分并未受影响，而当地文化却要以其几乎全部的去与异地文化随时接触，传统文化逐渐被同化，甚至消亡。

2. 民族文化庸俗化

传统民族文化本来有其真实性、淳朴性和神秘性的一面，有其自身的发展规律和运行机制。但由于在旅游业的发展过程中，为了满足一部分游客落后的、不健康的或低俗的需求，有些开发商在开发民族文化时，把一些项目庸俗化，从而改变了民族文化的真实面貌，出现了一些伪造的民俗。或不尊重少数民族，开发一些触犯其禁忌的活动。且民族地区许多活动的展开，都是为了吸引游客，目标和价值单一，原有民俗的内涵和存在价值改变了或消失了，失去了真实的存在环境和意义，传统民族文化被庸俗化了。

3. 民族文化商品化

传统的民间习俗和庆典活动都是在传统特定的时间、传统特定的地点，按照传统规定的内容和方式举行的。但是，很多这种活动随着旅游业的开展逐渐被商品化，它们不再按照传统规定的时间和地点举行，为了接待旅游者，随时都会被搬上“舞台”，为了迎合旅游者的观看兴趣，活动的内容也往往被压缩，并且表演的节奏明显加快。因此，这些活动虽然被保留下来，但在很大程度上已经失去了传统上的意义和价值。如傣族的泼水节被搬到昆明“郊野公园”作旅游文化活动项目开发时，却成了“倒水节”：游客各自拿着水桶、水盆，将水从对方的头上浇到脚底，或是将人推到水池中，一圈人围着“泼”，完全失去了“柳枝洒水”，以示祝福的文化意境。

综上所述，旅游业在社会文化中的作用已受到各国政府和有关行业人士的重视，旅游污染问题不容忽视。但是，我们不能因噎废食，限制旅游业的发展。关键是提高全民对旅游业作用的正确认识，防微杜渐，增强自我保护和自我发展能力，并把发展旅游业纳入到整个国民经济的战略规划当中，充分调动其积极因素，趋利避害，化害为利，引导旅游业健康、有序发展，造福于全世界。

五、正确认识旅游的社会文化影响

（一）树立正确的观念

1. 用发展的观点看待传统民族文化

文化是人类适应自然、改造自然、解决人类生存问题的手段。文化不是一成不变的，正如美国人类学家格林伍德所指出的：一味谈论文化是“传统的”，这是不可取的。所有的文化都会随着社会的变化而不断变化。在旅游开发中，我们不能也不应原汁原味地保护传统文化，而应不断创新，因为传统文化并不等于先进文化和优秀文化，自身有某些缺陷，要致力于用先进思想、先进文化对旧文化进行改造，实现传统民族文化的发展、创新，全面提升传统民族文化的现代价值。

2. 树立文化认同的观念

文化认同是实现民族文化多样性保护的前提条件。文化认同是指“各民族间文化的相互理解与沟通，彼此依赖和尊重”。作为旅游开发者，就必须认识到：当地民族才是文化的创造者，才是民族文化的主人。任何一个民族、族群都拥有平等发展本民族或本族群文化的权利。

开发者要了解他们的本土文化，知道他们的价值观、审美观，知道他们的喜好，并能从较高层次上去理解他们的精神世界。在开发中要尊重他们的权利，获得文化主人的认可。作为旅游者，也要学会尊重和理解民族文化，不可过分强调自己追寻的那份“真实”、“神秘”或某种低级趣味的要求，不能以自己的文化价值观去衡量他们的文化甚至试图去改变他们的文化，要尽量避免“新殖民旅游”或“帝国主义式的旅游”的出现。

（二）旅游的文化影响是自然而有限的

旅游活动对目的地社会文化的影响是自然而有限的。开展国际旅游的国家，给游客留下的印象并非是自己期望宣传的形象。如果要实现这一点，很大程度上要取决于国际游客在接待国旅游期间是否实现了自己预期的愿望，取决于他们是否通过旅游产生或加深了对接待国的好感。如果他们在旅游期间没有获得预期的满意，甚至发生不愉快的经历，那么他们带回本国的非但不是对接待国的好感，甚至是牢骚、怨恨和批评。。

同样，外出旅游也未必都能获得理论上预见的效果——陶冶情操和增长知识。早在18世纪时，亚当·斯密在观察了当时欧洲青年学生的修学“大旅游”（Grand Tour）之后便曾指出，“人们通常认为，这些年轻人通过旅游，回来以后会有很大的长进”。但是实际上，这种“大旅游”的结果是令人失望的。虽然在这些年轻人的旅行过程中，他们通常都会学到一两门外语知识，但其掌握程度之肤浅使他们很少有能力正确地用来谈话或写作。世界旅游组织对青年旅游的研究也曾指出，虽然青年旅游行为是一种教育手段，可起到开阔眼界、学习知识、了解世界、培养和增强好的个人习惯和社会习惯的作用，但在现实生活中，如果计划不周或采取的形式有误，青年旅游同样可能导致产生反面的教育结果。所以，青年旅游能否产生积极的效果在很大程度上取决于外出旅游的主旨和具体的旅游方式。比照我国的一些“素质教育旅游”、“革命传统教育旅游”，往往是以此为借口，流于形式，期望与结果大相径庭。

（三）旅游对文化的消极影响并非必然结果

在旅游对目的地社会文化的消极影响方面，它们也并非是发展旅游的必然结果。西方很多社会学家在论及旅游目的地社会文化的影响时，往往偏重于消极的一面，并且以已经发生了的大量事实作为结论的依据。事实上，在世界各地旅游发展过程中，特别是在一些发展中国家，的确也因此出现了这样或那样的消极问题。但是，这些问题的形成和严重化不是没有条件的，也并不是不可克服或不可控制的。任何问题的形成都有一个从量变到质变的发展过程。在这个意义上，旅游对社会文化的消极影响一般应指其潜在性或可能性而言。这些消极影响在某些旅游接待国或地区导致了社会问题的形成，而在其他一些旅游目的地则可能并未形成社会问题。这些情况说明，如果说旅游对社会文化的潜在影响是绝对的，那么它们能否在当地形成社会问题则至少是有条件的，否则便不能解释为什么在某些地方形成了社会问题，而在另外一些地方则没有。

（四）旅游规划是减少旅游消极影响的有效途径

当然，促使旅游的消极影响形成社会问题的条件是多种多样的。现实中很重要的一点便是同旅游接待国或地区的旅游规划工作有很大的关系。随着旅游者的大量拥入和游客密度的不断增加，旅游带给目的地社会的消极影响的程度也会随之加深。游客来访的数量一旦超过了当地的承载能力，这些消极影响的增长速度便会成倍地增加。这些社会心理问题的膨胀和加剧会进一步造成真正的社会问题。所以，根据当地的自然条件和社会经济条件制定相应的旅游规划，防止和控制接待量饱和或超负荷是非常重要的。它并非单纯的经济问题。更重要的是通过制定量力而行的发展计划，既要尽量缩小和纠正大规模旅游所带来的消极影响，同时又要保证和维护扩大旅游者与当地居民之间的文化接触与交流所带来的好处。

古今中外的历史证明，一个国家或地区的文化需要得到外来文化的促进才能不断完善、发展和前进。面对大规模旅游带来的消极影响，我们不能因噎废食而反对发展旅游，其主要原因一是因为旅游对经济和社会文化毕竟有其众多的积极作用，二是因为很多消极问题的产生未必是发展旅游的必然结果，三是因为一些消极问题是可以通过我们的努力去控制和改变的。

认识旅游对社会文化的影响，主要目的是要在澄清问题的基础上采取措施，发展旅游对社会文化的积极作用，抵制和最大限度地缩小其消极影响。我国是社会主义国家，完全有条件使自己的旅游业沿着健康的道路发展。这不仅是发展旅游业的需要，同时也是社会主义精神文明建设的需要。

（五）用科学的知识和手段去保护和开发民族文化

合理保护和开发民族文化旅游资源，需要依靠一批民族学家、民俗学家、社会学家等多学科 的专家学者队伍。与保护和开发民族文化旅游资源的客观需要相比，理论的研究还比较滞后，还有待于科学化、系统化，实践中有许多课题尚待解决。这种局面迫切需要培养一大批专家队伍，运用各学科的理论知识、研究方法，站在时代的高度上，对民族文化进行全面的考察，正确的认识，促进民族文化良性发展。

旅游规划是旅游建设事业中的重要工作，民族旅游的规划除了完成合理配置旅游资源的中心任务外，还有保护民族文化旅游资源的中心任务。根据已有资源的配置情况，划定资源的保护范围，确定资源保护的轻重缓急，制定相应的保护措施。对于古老的、奇特的、濒临灭绝的民族文化，如传统印染艺术、根雕工艺等，应首先抢救，不能让其消失，否则有愧于历史，有愧于子孙。对现存的，但已受到或正受到破坏、冲击的，我们要加强保护，确保民族旅游的持续发展。在抢救和保护的基础上，大力开发民族文化，充分发挥其旅游价值。

（六）重视宣传教育，提高人们保护民族传统文化的自觉性和责任感

造成民族文化变异、消亡的原因有很多，旅游开发不当或过度是一个方面，而因为宣传教育不够，人们普遍对传统民族文化的价值认识不清更是很大一方面的原因。所以，我们要开展广泛的宣传教育，让人们明白，一个国家，一个民族，一个地区，在其发展过程中，其他任何东西都可以创造，唯独以往的历史及其遗迹和传统文化不能再创造，它们一旦被破坏、污染或消亡、退化，就难以复原；除极少数陋俗之外，文化没有优劣好坏之分，只有个性不同；文化的交流、碰撞不可避免，在与外来文化的接触交流中，不能一味模仿或吸纳外来文化，也不能完全封闭自己，而是要有选择地吸取外来文化精华，发展自己的文化。通过宣传教育，培养人们的责任感和自觉性，从要求群众保护到群众自觉保护。

总之，在处理传统民族文化与现代旅游开发的关系时，要注意开发与保护的平衡，在开发和创新的过程中，既要保护原有文化的特色，又要给现代旅游和传统民族文化注入新的活力和生命力。

任务四　旅游对生态环境的影响

一、旅游与环境的关系

在环境科学中，环境被认为是围绕着人群的生活空间的，可以直接、间接地影响人类生活和发展的各种自然因素的总和。旅游生态环境大体包括两部分：一是相对永久不可再生的部分，人们只要保护好就可以永续利用，如山、石、洞、文物古迹等。二是可再生部分，如动物、植物、地下水、地表水等。人们在旅游活动过程中，不断与生态环境发生互动的物质与能量的循环。

旅游与环境之间有着非常密切的联系，是一种相互依赖又相生相克的关系。一方面，环境资源为旅游产品的生产提供了最基本的成分。由于大多数旅游资源，无论是自然资源，还是历史遗留下来的和当代新建的人造资源，其本身就是目的地环境的组成部分，加之旅游者的访问活动的开展无一不是以目的地的环境为依托，所以旅游目的地的环境是构成当地总体旅游资源最基本的要素。它不仅是吸引旅游者来访的重要决定因素，而且其质量还将影响来访游客的访问经历和满意程度。另一方面，旅游业生产出了诸多“副产品”——垃圾、废气、废水等。随着旅游业的开发和旅游者的来访，一些旅游带来的副产品被直接排放到环境中去，旅游目的地的环境因此不可避免地会发生变化。这种旅游对目的地环境的影响从一开始就不是潜在性的影响，而是事实上的影响。正因为如此，随着大众旅游的发展，人们对于旅游对环境的影响也愈加关注。时至今日，在不少国家中，保护环境和有助于改善环境已经成为旅游开发决策时首先要考虑的问题。

旅游项目的开发和旅游活动的开展在导致环境发生变化方面既有其积极的影响，也有其消极的影响；既有其直接的影响，也有其逐渐和诱导的影响。

二、旅游环境效应的影响因素

（一）生态系统的恢复能力

生态系统有其自我修复的能力，其恢复速度和程度取决于内部动植物等系统的数量和质量。一般来说，人文气息越重的地区，如城市中心，越容易恢复到原来的面目。相反，自然成分较多的景区，如森林、山岳、海滩等，一旦遭到破坏，其恢复是十分困难的。旅游活动大都集中在最脆弱的生态系统之中，包括海岸系统、山地群落和湿地等等。这些地方既是旅游开发所热衷的区域，又是恢复能力较差的地区。频繁的、不加限制的旅游活动最终会造成上述系统的崩溃和灭绝。

（二）旅游资源的开放程度

这里所说的旅游资源多指应受到保护的自然景区，其开放程度与其受到损害的程度密切相关。最初的一些自然保护区是严格的无人区，其中濒临灭绝的动植物受到了良好的保护，随着旅游业的发展，出现了以教学为目的的旅游活动，学生和游客开始涉足保护区的内部。这种行为虽然缩小了动物群体的活动空间，但其影响并不十分严重。然而，伴随着旅游企业盲目的旅游开发行为，使本应受严格保护的区域也开始对外开放，而且游客的成分、素质不一，其行为很难约束，这些都对动植物的生存空间造成了巨大伤害，也给旅游资源带来不可估计的损失。

（三）景区的使用强度

旅游景区的使用强度可以通过旅游流的流量和时间，游客的活动类型以及旅游辅助和娱乐设施的发展水平来衡量。这些因素与旅游活动对生态环境的负面影响成正相关关系。旅游流的流量越大，持续时间越长，对环境破坏的累积效应也就越明显，留给生态系统的自我恢复时间也就越少，破坏也就越严重。游客所进行的活动如果是独立于生态环境之外的、单纯的人的活动，对环境的伤害就不会太大，反之，就会出现践踏、采摘等行为，从而对动植物造成影响。旅游辅助设施和娱乐设施越发达就意味着对自然环境的破坏越大，因为这些设施代替了大块的自然产物，严重扰乱了生态系统的平衡和恢复。

（四）旅游开发的动机

一般来说，旅游开发都是对旅游目的地的自然产物和人文遗产的经济开发，是以这些资源作为吸引物来刺激旅游消费，从而获取经济价值。但是，旅游企业在进行旅游开发的同时，往往只看到旅游所带来的经济利益，而忽视了对旅游资源的保护，更谈不上恢复和重建。而且，随着旅游业的不断发展，越来越多的企业步入这一行业，激烈的竞争迫使企业千方百计地争相对目的地的资源进行更深入的开发，再加上地方政府片面地追求经济增长的政绩而对这些行为的放纵，更加剧了旅游开发对环境的破坏。究其原因，就是旅游企业，包括有些地方政府的领导者在内，都没有顾及到旅游业长远发展的利益，也没有意识到环境对旅游业可持续发展的重要性。

（五）旅游者的行为

旅游者的行为对环境的影响是直接而严重的。个别素质较低的游客随地吐痰、乱扔乱画、采摘植物枝叶果实、吸烟取火，这些行为直接危害了动植物的生存，也对环境造成了巨大的破坏。除此之外，为了容纳更多的旅游者，越来越多的旅馆、饭店进驻旅游区，这些设施在满足了游客需要的同时也产生了许多生活垃圾，降低了旅游区的空气质量。

（六）政策规定与政府引导

由于环境质量的下降引发的生态问题日益突出，许多国际组织和政府组织都制定了限制旅游企业和旅游者行为的政策和法规，旨在保护濒危的环境。政府在环境保护中扮演着重要的角色。如果地区政府片面追求地区的经济发展，大力支持旅游业，为旅游企业的开发行为大开方便之门，而无视旅游对环境的破坏，其结果必然是地区的生态系统遭到严重破坏，甚至使人类因环境的恶劣而被迫迁移。因此，政府在发展旅游业的同时，一定要重视环境保护。政府要通过正确、有效的方式约束旅游企业和旅游者的行为，定期举办宣传教育活动，激发人们的环保意识，争取在保护现有生态环境的基础上，促进环境的恢复。

三、旅游对生态环境积极方面的影响

（一）有利于历史建筑和古迹遗址得到维护、恢复和修整

旅游业对环境的积极作用是以有效地的旅游业规划和管理为基础的。发展旅游业有助于对本地区内的宝贵自然景观的发掘和保护，有助于保护作为旅游景点的文物古迹。此外，旅游业为环境保护提供了充足的资金，使环境保护设施和辅助设施得以施建，措施得以施行。如果没有旅游业，这些资源很可能被盲目无知的民众损坏而造成巨大损失。

（二）使休闲和娱乐场所以及相关设施的数量得以增加

旅游交通等基础设施是旅游活动得以实现的前提条件。这些基础设施不仅为旅游者服务，也改善了当地居民的生活质量，优化了他们的生活环境。

（三）有利于对旅游接待区的环境保护和绿化工作的重视和维持

旅游业的发展是融入整个地区的经济和社会发展之中的，好的旅游环境是旅游业发展的前提。为了美化环境而投资建设的基础设施既为旅游者创造了清新洁净的活动场所，也为环境保护作出了贡献。

四、旅游对生态环境的消极影响

旅游对环境的消极影响主要表现在：对大气的影响、对水体环境的影响、噪音污染、对动植物的破坏和干扰、对景观环境的破坏等方面。大量事实表明，旅游已成为环

境污染源之一，因此有必要对于旅游污染环境的主要途径及其特殊性作一总结，归纳出旅游影响环境的基本规律，从而为从旅游管理角度加强环境保护提供依据。

（一）危及历史古迹，破坏原始风貌

大量旅游者来访，破坏历史古迹的原始风貌甚至其存在寿命受到威胁。

游客的不文明旅游行为。有的旅游者在旅游过程中除了眼看、耳闻、鼻嗅之外，还有在古树、碑刻、石头等上刻字画画的不良习惯。刻字留念可以说是最常见的游客恶习，不仅破坏景观，而且会影响一些植物的生长，降低文化旅游资源的价值。比如，我国许多风景名胜区的岩壁上，本可欣赏大自然鬼斧神工的雕刻技巧，却常可见到“××到此一游”，或“×爱×”的心型图案，给人大煞风景的感觉。再如，我国黄山风景区非常盛行同心锁，情侣买来同心锁挂在树木旁的铁链上，可怜的巨树身上围绕成串的金属，古木参天的天然意境也全然被破坏了。

旅游业的不合理开发建设，会使当地原有的景观环境遭到破坏，即所谓的“开发污染”。旅游开发的实质是在自然山水或原有风景区的基础上添加人工建筑，使之适应旅游活动开展的需要。但现今很多的旅游开发，只考虑迎合其主观上认定的旅游者的兴趣所在的审美特点，忽视或根本不顾及该项目建设同周围景观环境的协调，从而造成对该地景观环境的侵害。如山东泰山、北京西山、中岳嵩山森林公园等，索道悬空，电线杆插天，严重破坏了山岳风景区的原有神态；浙江普陀山是我国四大佛教名山之一，昔日“见屋皆寺庵，逢人尽僧尼”，现在山上山下，摊店林立，现代化娱乐设施遍布全山，流行音乐已淹没了寺院传来的梵音，洋楼与寺殿争高，摇滚与梵音共鸣，此情景，与佛教圣地相去甚远；黄果树瀑布下游 7 公里处的天星景区，其内修了一个体积很大、黄色琉璃瓦屋顶的茶室，与景区的一个天然喀斯特盆景公园特色很不协调，破坏了自然美，违反了自然法则。

（二）增加污染来源，降低环境质量

随着旅游者的大量涌入和由此而导致的排污量的增加以及机动船只使用量的加大，当地的水质污染问题会更加严重；旅游交通运输量的增大和机动交通工具废气排放量的增多以及因旅游接待设施（特别是空调和冷藏设备）用电量的增大而导致发电燃油废气排放量的增多，都会加重当地空气质量的下降；随着游客进入旅游区以及供游客乘坐的交通工具蜂拥而至，汽车排放的大量有毒尾气、扬起尘埃和众多游人呼出的二氧化碳，以及旅游区内的宾馆、饭店等生活锅炉排放的废气，都会对旅游区的大气环境造成严重的污染；夜总会和迪斯科舞厅的增多，会加重当地（特别是城市中）的噪声污染程度；在很多风景名胜区，人们随处都可见到游客丢弃的各种固体废弃物垃圾。垃圾污染现已成为我国很多风景名胜地区的一大祸害，是一个十分普遍而又棘手的问题。

（三）人口密度增大，居民生活空间缩小

游客的数量相当于当地居民的数量，甚至超过数倍当地居民的数量是旅游地常见的情况。人口密度的增大，侵占了当地居民的生活空间，无论怎样都会对社区生活产生消极的影响。居民的私秘空间受到威胁，社区的和谐被打破，舒适度被降低，居民生活的习惯被强行改变等。

（四）损害自然环境，破坏生态环境

随着各自然区域内旅游活动的开展，旅游设施开发与日俱增，已使很多完整的生态地区被逐渐分割，形成岛屿化，使生态环境面临前所未有的人工化改造，如地表铺面、植被更新、外来物种引入等。无论是陆地还是水域表面都可能受到旅游活动的影响，岩岸、沙滩、湿地、泥沼地、天然洞穴、土壤等不同的地表覆盖都可能承受不同类型的旅游冲击，尤其是地表植物所赖以生存的土壤有机层往往受到最严重的冲击。如露营、野餐、步行等都会对土壤造成严重的人为干扰。土壤一旦受到冲击，物理结构、化学成分、生物因子等都会随之发生变化，并最终影响土壤上植物的种类与生长，昆虫、动物也会随之迁徙或减少。

对植物的影响。人类的旅游活动对地表植被和植物的影响可分为直接影响和间接影响两大类。直接影响行为包括移除、踩踏、火灾、作为引火材料采集和对水生植物的危害。间接影响包括外来物种引入、营养盐污染、车辆废气、土壤流失等问题，这些都会间接地影响植物的生长和健康。

对动物的影响。旅游区的开发可能会破坏野生动物的栖息地或庇护所。游客到达旅游区后，无论是旅游活动本身或是游客所制造的噪音都会干扰野生动物的生活和繁衍。而且一般游客总喜欢“有吃又有拿”，嗜吃各种山珍海味，又偏爱收集各类野生动物制品，以显示自己的霸气，这样野生动物的生命就受到了威胁。

五、旅游生态环境的保护对策

如何合理开发和有效保护旅游资源和生态环境，已成为正确发展我国旅游业必须解决的一个重大课题。对旅游生态环境的保护对策应从以下几个方面做起：

（一）克服短期行为

确立旅游业可持续发展的观念。自然资源和历史人文资源都是发展旅游业的基础，这是老天爷和老祖宗给我们的恩赐。但这些资源一般都具有不可再生的特性，一旦破坏就难以恢复。只能在保护的前提下合理地加以利用，并在利用时尽可能加以保护，以保证旅游业的可持续发展。为此首先要对旅游开发者和经营者进行教育，并作出相应的规定，防止各种掠夺性的旅游开发和经营。

（二）做好旅游开发的科学规划

做好旅游开发规划，并在其中贯彻资源和环境保护的思想，这不仅是使开发取得成功的保障，也是预防资源和环境遭受破坏的重要措施。迄今为止，我国的旅游规划工作还处于初始阶段，还缺乏一个制定旅游规划的统一标准，缺少旅游规划的专业机构和一支高水平的专业队伍，也还存在不做规划就盲目上马或虽有规划而无环保内容等现象，这些亟需加以改进。

（三）加强旅游管理

既要利用资源开发旅游，又要保护好资源，这是一个不易处理的矛盾。根据世界上旅游业发达国家的经验，加强旅游管理是非常重要的一环，而管理工作的基础在于完善的法制。例如对生态保护区的开发，要根据环保法律，规定哪些部分严禁开发，哪些部分可以开发以及开发的规模、开放的季节和可接待的人数，等等。又如，规定哪些地区禁止带入火种，禁止狩猎和毁坏林木，禁止遗弃垃圾和生活用品等。另一方面，经济手段也可以用来为管理工作服务，例如为了使环保规定得到贯彻，有些旅游区采取对旅客预收押金的办法，在旅游完毕后证明对环境没有损害才予退还；还有些地方用提高或降低门票价格的办法来控制游客人数，等等。这些都是值得我们借鉴的经验。

（四）加强生态保护的宣传教育

事实证明，在旅游过程中联系眼前景物，对旅游者进行生动活泼的生态学教育，不仅能增加游客的知识和游兴，还能有效地提高他们的生态意识，从而自觉地保护旅游地的生态环境。这是旅游从业人员、特别是导游人员的责任。目前，我国的导游人员往往偏重于从历史文化的角度进行导游，不大重视生态学、地学、生物学等科学知识的宣传普及，导游内容的科技含量不够。特别是对自然景观的导游词，往往充满着形象比喻和神话传说，显得内容空泛，品位不高。为了做好旅游环境保护，必须在旅游过程中加强生态学的科普教育。为此要充实旅游从业人员、特别是导游人员的科技知识，并使他们成为生态保护的积极宣传者。

（五）加强旅游界与生态环保部门的合作

鉴于发展旅游与保护环境之间相互制约与依存的关系，加强旅游与生态环保部门的协作就成为十分必要。过去，在历史人文资源的利用与保护问题上，我国旅游界和文物、宗教等部门曾经经历了一个从认识不一致到逐步达成共识的过程，由此建立起了比较协调的合作关系，对发展旅游与保护资源都是有益的。现在生态保护问题越来越引起人们的关注，生态旅游也提上了旅游业的重要议程，在此情况下，加强旅游界和环保、林业、城建等部门的沟通和合作就显得越来越迫切。旅游部门应争取这些部门的专业指导和工作配合，共同做好生态环境的保护工作，以利于各自业务的顺利开展。

任务五　旅游可持续发展

旅游与环境之间的关系是十分密切的。一方面旅游的发展要以良好的环境为前提，一定的环境所能容纳的旅游流量也是有限度的。另一方面，旅游的发展又会给环境造成巨大的负面影响，因此，关于旅游可持续发展的问题逐渐受到人们的关注。一些国家的政府和国际性组织都提出和制定了环境保护政策、法律和措施，这在一定程度上有助于生态系统和优质环境的恢复，也为旅游产业的长远发展奠定了基础。

一、旅游可持续发展含义

（一）“可持续发展”的提出

对于旅游发展带给目的地的各种消极影响，特别是对目的地物质环境的消极影响，人们早有所察觉。美国女海洋学家 R·卡逊的著作《寂静的春天》在 1962 年的出版，是人类对生态环境问题开始关心的标志。卡逊提出了人类必须与其他生物共同分享地球，在人与生物之间建立合理的协调，才能维持人类健康生存的看法。1972 年 3 月，罗马俱乐部发表了由 D·米都斯主持的第一个研究报告《增长的极限》，在这里已经提出了可持续发展的思想。1972 年 6 月，在斯德哥尔摩召开了第一次“人类与环境会议”。会议期间，出版了经济学家 B·奥德和生物学家 R·杜博的报告《只有一个地球：对一个小小行星的关怀和维护》。会议还通过了《人类环境宣言》，这些著述都对旅游所带来的消极影响表示过种种担忧或提出过警告。

20 世纪 80 年代初，随着旅游活动规模的扩大和一些旅游接待地区接待能力饱和现象的出现，人们对旅游活动的消极影响开始注视，并逐渐有了较为全面的了解和认识。80 年代中期至末期环境保护主义的兴起与“绿色”意识的形成和普及，进一步提高了人们对环境问题的关注程度。所有这一切都使得人们开始重新评价旅游对目的地的作用和价值，也正是在这一重新评价过程中，人们发现并引进了“可持续发展”这一概念。

1987 年，由布伦特兰担任主席的联合国环境与发展委员会以《我们共同的未来》为标题，提出了一份研究报告，该报告对当前人类在经济发展与环境保护方面存在的问题作了系统而全面的评价，并正式提出了“可持续发展”这一术语和口号。这就是著名的《布伦特兰报告》（The Brundtland Report）。该报告中对“可持续性”概念做了简短而明确的解释，即“满足当代人的需要而又不损害子孙后代满足其自身需要的能力”。也就是说，所谓“可持续发展”既要以满足当代人的需要为目的，同时也要以不损害后代人为满足其自身需要而进行发展的能力为原则。所以，就其所主张的社会发展观而言，可持续发展强调的是代际公平分配，以使当代及未来人类的需要都能够有条件得到满足；就其经济观而言，强调经济发展和增长必须建立在维护地球自然系统这一基础之上；就其生态环境观而言，强调人类应与大自然和谐相处，使人类赖以生存的自然环境能够切实得到保护，等等。由此可见，可持续发展观念的提出是对传统发展模式的挑战，是为谋求新的发展模式而创立的新的发展观。

世界旅游组织（WTO）对“可持续发展”的定义：“指在维持文化完整、保护生态环境的同时，满足人们对经济、社会和审美的要求。它能为今天的主人和客人们提供生计，又能保护和增进后代人的利益并为其提供同样的机会。”

1995 年《可持续旅游发展宪章》指出：“可持续旅游发展的实质，就是要求旅游与自然、文化和人类生存环境成为一个整体”，即旅游、资源、人类生存环境三者的统一，以形成一种旅游业与社会经济、资源、环境良性协调的发展模式。

综上所述，旅游可持续发展是指在满足当代旅游者和旅游地居民的各种需要的同时，保持和增进未来发展机会，其实质是要求旅游与自然、社会、文化和人类的生存环境成为一个整体，以协调和平衡彼此间的关系，实现经济发展目标和社会发展目标的统一。

（二）可持续旅游发展的目标

1990 年，在加拿大温哥华召开的 1990 年全球可持续发展大会旅游组行动策划委员会会议上，提出旅游业发展的目标是：

（1）增进人们对旅游所产生的环境影响与经济影响的理解，加强人们的生态意识；

（2）促进旅游的公平发展；

（3）改善旅游接待地区的生活质量

（4）向旅游者提供高质量的旅游经历；

（5）保护未来旅游开发赖以生存的环境质量。

从这些目标可以看出，旅游可持续发展的含义是多层面的。但其最核心的一点，便是要确保在从事旅游开发的同时，不损害后代人为满足其旅游需求而进行旅游开发的可能性。换言之，就是要从长远观点出发，全面认识旅游的影响，在满足人们开发旅游业和开展旅游活动的需要方面，实行代际平衡。

二、可持续旅游发展的核心问题——旅游承载力

（一）旅游承载力概念

旅游承载力是指一个旅游目的地在不至于导致当地环境和来访游客旅游经历的质量出现不可接受的下降这一前提之下，所能吸纳外来游客的最大能力。

显然，旅游承载力决定着可持续旅游发展的规模极限。由于随着旅游者来访数量的增加，旅游带给目的地环境和社会文化的消极影响的程度也会随之加深，因而，游客来访量的增加一旦超过当地的旅游承载力，这些消极影响的程度便会突破当地环境和社会文化的自净或免疫能力，从而极易使原来的潜在影响转化成为现实的严重问题。在这个意义上，我国在发展旅游业之初所提出的关于“量力而行”的发展原则——不论当时人们怎样去理解——在推行可持续发展的今天，仍然具有重要的指导意义。

（二）旅游承载力所涉及的内容

旅游承载力所涉及的内容很多。综合国际学术界的普遍看法，一个旅游目的地的承载力由多个方面共同构成和确定，其中主要包括：

1. 旅游设施用力地的承载。

旅游设施用力地的承载是指适合用于建造旅游设施的土地数量以及这些旅游设施的最大综合接待能力。

2. 物质环境承载力

物质环境承载力是指在不至于导致当地旅游环境的对外吸引力出现下降的前提下，所能接待来访游客的最大数量。

3. 生态环境承载力

生态环境承载力是指在不至于导致当地的生态环境和生态体系发生不可接受的变化这一前提下，所能吸纳来访游客的最大数量。

4. 社会承载力

社会承载力亦称社会心理承载力，是指在不至于导致当地社会公众的生活和活动受到不可接受的影响这一前提下，所能接待来访游客的最大数量。

旅游承载力在理论上不难为人们所理解，但在实践中往往不大容易被重视。这主要是由于环境质量下降到何种程度才是“不可接受的”，以及旅游经历的质量下降于何时发生等问题是由旅游目的地的管理者和旅游者来决定的。换言之，一个旅游目的地的承载力水平既取决于该地的客观条件，在一定程度上也取决于该地管理者的决策。

三、生态旅游可持续发展

（一）生态旅游概念

1993 年，国际生态旅游协会把生态旅游定义为：具有保护自然环境和维护当地人

民生活双重责任的旅游活动。1994 年成立“中国生态旅游协会”。1995 年召开第一次“中国生态旅游研讨会”。1999 年主题确定为“99 生态环境游”。

可见，生态旅游的内涵更强调的是对自然景观的保护，是可持续发展的旅游。它是以自然、生态资源为依托，以生态保护为核心的旅游活动。组织者不但要严格地管理好游客，使之不要因游览而破坏生态，更应该用丰富的生态和环保知识感染游客，教育游客，让游客不但“游”出快乐，也“游”出知识和责任。

真正的生态旅游是一种学习自然、保护自然的高层次的旅游活动和教育活动，单纯的盈利活动是与生态旅游背道而驰的。同时，生态旅游也是一项科技含量很高的绿色产业，需要生态学家、经济学家和社会学家的多学科的论证，方能投产。需要认真研究生态环境和旅游资源的承受能力。否则，将对脆弱的生态系统造成不可逆转的干扰和破坏。同时，生态旅游应该把环境教育、科学普及和精神文明建设作为核心内容，真正使生态旅游成为人们学习大自然、热爱大自然、保护大自然的大学校。生态旅游是一种正在迅速发展的新兴的旅游形式，也是当前旅游界的一个热门话题。

（二）我国生态旅游的现状

我国具有发展生态旅游的良好条件：一是拥有巨大的客源市场，且随着人们生态意识的觉醒，对生态旅游的需求将不断增长；二是拥有丰富的生态旅游资源。但由于我国的旅游业开发历史较短，目前尚为发展中国家旅游开发模式。人们对旅游与环境之间的关系，尚缺乏科学理解，那种“旅游业是无烟工业”的观念还较流行，生态旅游的发展大多还停留在初级阶段，强调到大自然中旅游，强调对旅游资源的开发而忽视了旅游本身对环境的影响和资源的破坏。实际上，我国旅游业的发展已经给环境带来较严重的污染，具体表现在以下几个方面：

1. 旅游资源的粗放开发和盲目利用

许多地区的政府有关部门在开发旅游资源时，缺乏深入的调查研究和全面的科学论证、评估与规划，便匆忙开发。特别是新旅游区的开发，开发者急功近利，在缺少必要论证与总体规划的条件下，便盲目地进行探索式、粗放式的开发。开发中重开发、轻保护，造成许多不可再生的贵重旅游资源的损害与浪费。

野生动物也是极其珍贵的旅游资源。许多地方在开发这一旅游资源时，管理不善，执法不力，不少野生动物遭到乱捕乱杀，有的宾馆饭店甚至以野生动物作为美食招揽游客，使不少珍稀品种濒临灭绝。

2. 风景区生态环境系统失调

我国风景名胜区已越来越受到建设性的破坏。由于在景区内开山炸石，砍树毁林，水土流失严重。或因山洪暴发，塌方挡路，毁景伤人；或因久旱无雨，水源枯竭，饮用水短缺。更有一些建筑毁景障景，导致自然和人文景观极不协调，破坏了景观的整体性、统一性。

有的风景区出于经济目的，热衷于旅店、餐馆的建设，盲目扩大旅游区、修建旅游设施。以索道为例，世界各国在作为国家公园的名山上修建索道都是严格控制的，其中美国、日本是明令禁止的。日本富士山海拔 3 776 米，公路只修到 2 000 多米，游人再多，也是自己一步步登上去的。但在我国，有些古代名山上修建现代索道，甚至修几条。有的山相对高度不到百米，也修建索道。索道在国家名胜中心区域的建成，不仅破示了自然风景区的原貌，而且使游人大量集中于容量有限的山顶，导致景观和生态的破坏。随着自然保护区生态旅游热的掀起，保护区内脆弱的生态系统也遭到致命的打击。

由于城市建设的迅速发展，使区域和城郊的一些风景区受到冲击。有的地方在风景名胜区邻近盖工厂、办企业、浓烟滚滚，污水横流；有的景区对名胜古迹随意修葺，在山林古刹安置电器设备，铺设人造大理石、地砖，人工修整痕迹过重，与其“自然本色”极不和谐；有的景区不顾环境、条件，乱建寺庙、佛像和不伦不类的主题公园等等。这些不仅破坏了风景名胜、古迹文物的原始景观的文化内涵，也对旅游环境的生态格局和风景结构造成了破坏。

3. 风景名胜区环境污染严重

据旅游风景区提供的监测资料显示，这里的水土、大气都有程度不同的污染。噪音、烟尘都超过了规定的标准。大气中含有的有害物质及酸雨等情况比较普遍。由于我国人口众多，旅游业发展迅速，而又缺乏规划和管理，国民的生态意识较差，可以说旅游游到哪里，生态破坏和环境污染也就到哪里。风景区内生活污水增多，垃圾废渣、废物剧增。驰名世界的黄山、庐山，垃圾随处可见，甚至连世界屋脊喜马拉雅山，游客也留下了各种饮料袋、包装袋等垃圾。致使那里不得不花费巨资去清除。开办旅游的自然保护区环境污染问题也是日趋严重。

上述可见，在发展旅游与保护环境之间存在着相互矛盾的关系。那种把生态消费摆在首位，不惜以生态资源的消耗为代价来获取利润的作法，必须引起高度重视，走出生态旅游的认识误区已经成为我国旅游业开展生态旅游首先应解决的问题。

（三）生态旅游可持续发展对策

生态旅游要持续发展，应是一种不以牺牲环境为代价，与自然环境相和谐的旅游，必须把握适度的开发速度，控制接待人数，增强环境意识，否则，太多的游客会对目的地的环境造成过大的压力，破坏了生态旅游赖以生存的环境，生态旅游也就不可能持续发展。主要措施有：

1. 加强森林公园建设，保护森林资源

自然环境是由大大小小的生态系统组成的，必须保持相对平衡。森林是陆地最大的生态系统，是自然界物质和能量交换的重要枢纽，对于地上、地面、地下环境有多方面的影响，如果把森林看做单纯的木材生产基地去砍伐，而且是掠夺式的经营，不顾植被具有极为重要的防止环境恶化功能（涵养水源、保护水土、防风固沙、调节气候、维护生态平衡等等），那么最终破坏森林的恶果将是人类自身的灾难。从古巴比伦王国的消失到全球性的温室效应，无不证明了这一点。

森林公园则是在社会文明的发展中形成的一个相对独立的生态经济系统，是以人类、生物和环境的协同发展为原则，以自然资源的持续利用和生态环境的改善为宗旨，它们所追求的目标是：即满足当代人的生活需求，且自身得到发展，又要保护生态环境，不对后人的发展构成危害。这就为在此基础上开展各项生态旅游活动提供了一个理想的区域环境。

2. 统一规划、有序开发

做好旅游开发规划，贯彻资源和环境保护的思想，这不仅是使开发取得成功的保障，也是预防资源和环境遭到破坏的重要措施。因此，在编制旅游区总体规划时，必须对旅游区的地质资源、生物资源和涉及到环境质量的各类资源进行认真的调查，以便针对开展旅游活动所带来的环境损害进行足够的准备，并采取积极措施，消除或减少污染源，加强对环境质量的监测。为保证生态旅游的环境质量的高品位，旅游区的有关建设必须遵循适度地、有序地、分层次开发的原则，不允许任何形式的有损自然的开发行动。每个项目都必须进行环境影响评估，要从生态角度严格控制服务设施的规模、数量、色彩、用料、造型和风格，提倡以自然景观为主，就地取材，依景就势，体现自然之美，对那些高投入、高污染、高消费等刺激经济增长的项目坚决制止。经济开发可以在风景区以外的广大土地上进行。即使是配合风景区的旅游，其主要服务设施也完全可以在风景区外围建设。古今中外名山、风景区和国家公园都是精神活动的场所而非经济场所。我国古代，五岳山下都设有“镇”，“镇”就是专门提供服务设施的。宋代规定泰山的外围7里内“禁樵采”。元代规定40里外的徂徕山禁止砍柴，都是为了保护泰山。美国规定商业开发要在国家公园以外的地方，其黄石国家公园自被发现建立后，不仅禁猎、禁伐，而且陆续迁走了居住其中的印第安土著人。德国阿尔卑斯山国家公园的面积达300多平方公里，公园内并无一条索道，若干条索道都是设在公园之外的。这些发挥功能区分、区内观景、区外经商的优良传统，我们可以借鉴。如将旅游设施建在山脚下，山上不修索道，这样游人势必在山脚下的宾馆住宿，当地赚取住宿费和餐饮费肯定高于索道费，而且游人分散于各处，大大缓解了因乘索道造成的山顶过分拥挤。在可持续发展的理论指导下，现有的生态技术，资金条件以及人们的环保意识还达不到维护生态平衡要求的情况下，必须将宝贵的生态资源留给子孙后代，而不是开发殆尽。旅游区的环境容量问题，应加强研究，在旅游区的环境容量未确定之前，必须控制旅游业的发展速度。对一些重点保护的景区，必须防止太多的游人进入，即使是一般旅游区，也应严格控制超容量吸引游人。因为，环境容量是有限的，破坏容易修复难，一旦旅游超过了环境容量，造成了巨大的环境破坏，再来治理就十分困难，甚至是不可能的。

3. 增强环保意识，强化法制观念

鉴于旅游作为一种产业对环境的特殊影响和累计性的破坏，生态旅游一定要加强环境立法和管理。严格执法和遵守我国的《环境保护法》、《森林法》、《文物保护法》、《野生动植物保护法》等与旅游密切相关的环境保护法律和法规，并针对旅游业对环境影响有潜在性、持续性和累计性的特点，增加补充规定。如增加对旅游的环境保护税收，用于修复被损环境的管理。地方政府和旅游有关部门应认真学习和贯彻执行有关的法律、法规，增强法制观念，例如对生态保护区的开发，要根据环境法律，规定哪些部分严禁开发，哪些部分可以开发以及开发的规模、开放的季节和可接待的人数等等。又如规定哪些地区禁止带火种，禁止狩猎和毁坏林木，禁止遗弃垃圾和生活用品。对违法侵害自然资源者，加大执法力度，使其承担相应的民事和刑事责任。

思想意识比法规更重要。我国在生态旅游的生态规划和生态教育方面都很薄弱，旅游业主要以盈利创收为目的，不少旅游区根本不进行环境影响评价就开始营业。在旅游景点，很少设立宣传生态意识的宣传栏，导游们的导游词中也很少触及生态道德教育的问题。而且，旅游业的干部及导游中的大多数人也未接受过系统的生态教育和生态道德教育。因此，我们在倡导生态旅游时，必须树立生态保护第一的思想，加强宣传教育，转变全民观念。具体做法：一是要通过立法，把对旅游区的环境影响评价及对策真正落实到每一个景点，并要求所有的旅游管理人员、导游都必须经过系统的生态教育，改变那种认为旅游业是“无烟工业”、“旅游资源可再生”的观念以及对旅游开发的环境效应评估认识不足的现象，切实把旅游环境当成旅游业的生命和形象。从可持续发展的战略眼光，把发展旅游业的目标与立足点建立在保证当代和几代、几十代人的旅游需要上，并以这种思想观念为指导，做好环境保护的各项具体工作。二是把生态教育和生态道德教育纳入国家教育计划，在小学、中学和大学国情教育中增设这方面的教育内容。使我们的子孙后代从小就开始重视自然资源的持续利用，爱护自然景观和人文景观，保护野生动物和植物，理解大自然、热爱大自然，使生态善恶观、生态良心、生态正义、生态义务成为青年的自觉行为和道德规范。三是充分利用旅游这一生动活泼的大学校，使生态旅游的全过程成为生态教育和生态道德教育的全过程。使旅游者在大自然中唤起绿色的激情，绿色的愉悦、绿色的思考，体验大自然的“天人合一”的传统文化，达到热爱自然、师法自然、启迪人生的目的。在大自然中接受生态教育和生态道德教育，使每一个旅游者从自己做起，从每一件保护自然的小事做起。

4. 加强政府干预与调控

致使旅游的潜在消极影响转化为严重的现实问题的另一影响因素是接待地区的旅游管理能力。有些目的地的旅游接待量可能并未超越当地的旅游承载力，但旅游的消极影响已经转化为严重的现实问题，其原因在很大程度上在于当地的旅游管理能力较差。

首先要端正认识。目的地管理者不能单纯从经济的观点看待旅游业的发展，对旅游的经济效应和环境影响应有全面的理解和认识，在追求经济收益的同时，强化环境意识和可持续发展思想。其次，加强旅游规划，防止超负荷发展。为了防止旅游消极影响的扩大，必须量力而行地进行旅游开发，将开发规模和旅游接待量控制在旅游承载力容许的范围之内。在制定规划时，应注意旅游开发的合理布局。在实施规划时，应注意根据情况的发展变化，行使有效的控制。三是健全法制，加强管理。目的地政府和旅游行政部门要建立和健全有关的法律和法规，将旅游企业和旅游者有害于环境的行为置于法律和法规的监督之下。四是加强宣传教育，进行旅游伦理建设。旅游接待地区应向旅游从业人员和当地居民进行保护环境的宣传教育，应使他们明白，如果当地人自己不注重和爱护环境，则无理由要求外来旅游者爱护当地的环境。同时，旅游接待地区应通过旅游企业向旅游者告知有关的法律法规和注意事项，使其了解哪些事情不可以做，以避免其危害环境行为的发生。

任务六 旅游经济发展模式

一、旅游经济发展模式的概念

旅游经济发展模式是指一个国家或地区在某一特定时期内旅游产业发展的总体方

式。具体地讲，旅游经济发展模式是以旅游经济发展的主要内容为目标，在一定的社会经济条件下所形成的旅游经济运行方式和管理体制。由于旅游经济发展是与社会经济的发达程度及发展水平密切联系的，因此世界各国在地理位置、资源条件及政治、经济、文化等方面的差异，必然使世界各国旅游经济的发展模式不尽相同。

旅游经济发展模式是对一个国家或地区在某一特定时期旅游产业发展的主要原则和方式的高度概括和总结，不同的国家或地区，虽然都把旅游业作为一项重要产业来发展，但是旅游经济发展模式可能是完全不同的。旅游经济发展模式具有如下几个显著特征：

1. 概括性

概括性是指旅游经济发展模式是对一个国家或地区旅游产业发展原则和方式的高度理论概括和理论抽象，它全面而概括地体现了旅游产业在一定时期发展的主导思想和本质特征，反映了旅游产业在一定时期的发展战略要求和发展方向。

2. 阶段性

阶段性是指旅游经济发展模式是对一个国家或地区旅游产业在某一特定时期的总体发展原则和方式。

3. 相对稳定性

相对稳定性来源于阶段性，即在特定的阶段内，旅游经济的发展模式一旦确立，其旅游产业的发展方式和方向应维持不变，使其保持相对稳定，以充分发挥该模式的功能，获得相应的旅游经济效果。

4. 特指性

特指性是指旅游经济发展模式应根据一个国家或地区的社会经济发展情况，经济发展模式，以及历史发展进程和自然环境状况来确定。

二、影响旅游经济发展模式的因素

（一）社会经济发展水平

不同国家或地区的社会经济发展水平存在着较大的差异。经济发达国家的社会经济发展水平高，科技发达，一方面使得社会基础设施和公共设施比较完善，另一方面又促成了居民收入水平的提高，两者为旅游业的发展奠定了坚实的基础，从而使旅游业的发展成为社会经济发展的必然结果。反之，在经济欠发达的国家或地区，其旅游业的发展方式必然与前者有所不同。

（二）社会经济制度和经济发展模式

不同国家的经济制度和经济模式不同。从社会经济制度来说，当前世界上主要有两大类型：社会主义经济制度和资本主义经济制度。不同的经济制度，其经济发展的根本目的是不同的，对旅游业的发展模式会产生重大影响。从经济模式而言，世界上绝大多数国家实行的是市场经济模式。在市场经济模式中，又分资本主义市场经济和社会主义市场经济，分别对应于不同的所有制形式，这对旅游业的发展模式也会产生重大影响。其中资本主义市场经济模式又有不同的模式，比如美国的垄断主导的市场经济、德国的社会市场经济、日本的政府主导型的市场经济、法国的计划经济及瑞典的福利市场经济等。这些不同的社会经济制度和经济发展模式对本国的旅游经济发展模式也会产生重要的影响。

（三）旅游业形成时期和所处的发展阶段

如果旅游业形成时期早，其发展就具有较好的基础，而形成时期晚，则基础薄弱，从而决定不同的发展模式。在欧美一些经济发达的国家，旅游业发展时间较长，加上旅游业发展的基础和社会经济条件较好，他们的旅游业发展模式就比较顺其自然，遵循事物发展的一般规律。而像中国这样的国家，由于旅游业起步较晚，加上社会经济条件的制约，所以选择了一条具有中国特色的旅游发展模式。

三、旅游经济发展模式的类型

（一）从旅游业的形成、发展及其与国民经济的关系出发，可分为超前型旅游产业发展模式和滞后型旅游产业发展模式

1. 超前型发展模式

是指旅游业的形成与发展超越了国民经济总体发展的一定阶段，通过发展旅游业来带动和促进国民经济中与其相关联的其他产业和地区发展的一种发展模式。这种发展模式一般发生在经济欠发达的发展中国家，他们利用自己拥有的丰富的旅游资源，在本国政府的支持下首先发展入境旅游业，以获取经济发展所需要的外汇和推动相关产业和地区的发展。采取这种发展模式必须具备三个条件：第一，拥有足以吸引旅游者的旅游吸引物，它是确定发展模式的内部条件；第二，在境外存在着对其旅游资源相应的旅游需求，并有必要的外部资金的注入，这是确定发展模式的外部条件；第三，政府的政策支持，它是确定发展模式的前提条件。

2. 滞后型发展模式

又称自然发展型模式，它是由于国民经济发展到一定阶段后，旅游业便顺其自然地形成和发展起来的一种发展模式。由于这种发展模式是建立在国民经济发展的基础上，即随着经济的发展，人们的收入水平的提高，社会生产力水平的提高，人们的闲暇时间也随之增多，这样一方面在居民当中产生了对旅游的需求，另一方面社会也具备了适应这种需要的条件，因而滞后型旅游发展模式是一种常规的旅游产业发展模式，也反映了旅游经济活动发展的客观规律。

（二）市场型旅游产业发展模式和政府主导型旅游产业发展模式

从旅游业发展的调节机制出发，可分为市场型旅游产业发展模式和政府主导型旅游产业发展模式。

1. 市场型旅游产业发展模式

是指旅游产业的发展主要依靠市场调节机制来推动的一种发展模式。市场调节机制主要包括价格、供求关系和竞争等。在这些机制的作用下，实现旅游产业资源的有效配置，推动旅游产业内部的自行调节和自行均衡，在供求不均衡——均衡——不均衡的适应和不适应的矛盾运动中实现发展。所以这种发展模式具有如下三个特点：第一，旅游产业的发展主要依靠市场机制来实现旅游产业内部的自行调节和自行均衡；第二，政府的作用是间接的，主要通过一定的市场参数来实现调节；第三，国家产业政策对旅游产业的影响主要侧重于市场需求。

2. 政府主导型旅游产业发展模式

是指以各个时期旅游产业发展规划或通过制定旅游产业政策来实现其发展的一种发展模式。它通过制定旅游产业规划或旅游产业政策来制定各个时期旅游产业发展的战略、目标和实现战略目标的各种对策和措施，从而达到干预旅游产业发展的目标。这些对策和措施既有行政的、经济的和法律的，也不排除利用市场调节机制作用，然而相对于政府宏观调控来说，市场调节居于辅助地位。一般来说，这种旅游产业发展模式主要发生在下面两种情况：一种是具有传统干预和控制经济的国家或地区，另外一种是需要在短期内推进旅游经济速度发展的国家或地区。

（三）延伸型旅游产业发展模式和推进型旅游产业发展模式

从旅游产业发展类别的先后顺序出发，可划分为延伸型旅游产业发展模式和推进型旅游产业发展模式。

1. 延伸型旅游产业发展模式

是指旅游业的发展先以发展国内旅游为先导，在国内形成旅游产业的基础上，再发展入境和出境旅游，最终实现国内旅游、入境旅游和出境旅游全方位发展的模式。这种模式的特点是：它的发展是由境内向境外延伸的，而且它是在社会经济发展的基础上自然形成的。

2. 推进型旅游产业发展模式

是指先以发展入境旅游为主，在由初级入境旅游产业基本形成的基础上，逐步规范、扩大入境旅游产业，直接激活和发展国内旅游，最终实现入境旅游的规模化和效益化，进而推动国内旅游和适度出境旅游的全面发展。

（四）经济发展导向型旅游产业发展模式和创汇型创收导向型旅游产业发展模式

从旅游业发展的目标和基本任务出发，可划分为经济发展导向型旅游产业发展模式和创汇型创收导向型旅游产业发展模式。

1. 经济发展导向型模式

是指把促进本地区国民经济总体发展，作为发展旅游业基本考虑的目标和任务。

2. 创汇创收导向型模式

是指以获取旅游业的直接收入作为发展旅游业的基本考虑的目标和任务。

四、国外主要的旅游经济发展模式

由于各个国家在政策、经济上存在差别，导致旅游业发展的情况差异较大。但从总的情况来看，这些国家的旅游业发展与其经济基础、经济发达程度有十分密切的联系。根据这些国家旅游业发展的情况，大致可以分为以下几种模式：以美国为代表的经济发达国家模式、以西班牙为代表的旅游发达国家模式、以印度为代表的欠发达国家模式、以斐济为代表的岛国模式。

（一）美国模式

美国模式是经济发达国家旅游发展模式，它包括美国、德国、加拿大、比利时、荷兰、挪威、日本等国。这些国家人均国内生产总值高，一般在 5 000 美元以上；服务业在国内生产总值中所占比例高，一般在50%以上；旅游收入相当于商品出口总收入的比重一般在5%～10%之间；国际旅游收入小于旅游支出，旅游国际收支平衡呈逆差。美国模式有以下特点：

1. 旅游事业开展比较早，国内与国际旅游都比较发达

在这些国家中，旅游业是随着本国经济发展而发展起来的，一般都经历了由国内旅游到邻国旅游、国际旅游的常规发展过程，它们的国内旅游与国际旅游都发展到成熟阶段，国内旅游是整个旅游业的基础。

2. 发展旅游业是以扩大就业、稳定经济为主要目标

虽然旅游业在这些国家中是重要的经济活动，但追求外汇收入、平衡国际收支并非是它们发展旅游的主要目标，而是把发展旅游业作为促进经济稳定、改善国家形象、扩大就业机会、促进友谊与了解的手段。

3. 旅游管理体制以半官方旅游机构为主，而管理职能主要是推销与协调

由于旅游开展的历史比较长，旅游业比较成熟，各方面法规比较健全，因此相比之下旅游行政管理比较松散，不直接从事或干预旅游企业的经营。

4. 旅游经营体制以大公司为主导，小企业为基础，行业组织发挥着重要作用

在这些国家中旅游企业几乎全是私营或其股份以私营部门为主，由于旅游业的发展比较均衡，旅游业又是由为数众多的小企业组成，有着灵活的经营方式。

（二）西班牙模式

西班牙模式是旅游发达国家或地区不同于美国模式的一种，包括奥地利、瑞士、希腊、意大利、摩洛哥、埃及、突尼斯、泰国、土耳其、墨西哥、新加坡、以色列等国家或地区。这些国家的地理位置比较优越，与主要旅游客源国相毗邻；旅游资源丰富而独特，或是度假胜地，或是历史遗迹与风土人情旅游地；国民经济比较发达，人均国民生产总值一般在1 000美元以上；服务业占其国内生产总值的比重也在50%以上。这些国家或地区的旅游模式的特征有：

1. 地理位置具有优势

2. 旅游业是国民经济的支柱

这些国家，依托其地理位置与旅游资源的优势，旅游业已成为国民经济的支柱产业，一般国际旅游收入占其商品出口收入的10%以上，旅游业的收入相当于国内生产总值的5%～10%。

3. 旅游发展速度快

在这些国家中，虽然有的国家早就是驰名世界的旅游目的地国家，但大多数国家都是20世纪60年代以后才发展起来，20世纪70年代以来旅游业持续高速发展，无论在国际旅游者接待人次数上还是国际旅游收入上，其发展速度都高于世界旅游平均增长速度，也高于美国模式国家的平均速度。

4. 以大众市场为目标

由于这些国家的旅游资源集中，特点突出，而且又多靠近主要客源国，有便利的交通条件，因此这些国家的旅游业务多以邻国的大众旅游市场为主要目标，特别是邻国与本区域内的驾车旅游、周末旅游或短期度假旅游等。

（三）印度模式

印度模式是最不发达国家旅游的模式，包括巴基斯坦、尼泊尔、肯尼亚、坦桑尼业、卢旺达、冈比亚和不丹等国家。这些国家的国民经济相对落后，人均国内生产总值在500美元以下，农业仍是国民经济的主体，工业与服务业均处于较低水平。从旅游业发展的情况来看，其具有下列特点：

1. 有特殊的旅游资源，但旅游业的发展受其经济落后的制约

这些欠发达的国家中致力于旅游业发展的国家多是拥有一些独特的旅游资源，有发展旅游业的潜力，但由于国家资金短缺、旅游基础设施薄弱、人才缺乏等制约，旅游资源的潜力难以充分发挥出来。

2. 旅游管理体制不完善

这些国家虽设立了不同的管理机构，有的成立了独立或混合的部门或其他形式的旅游组织，但由于对旅游业的认识不一致，旅游业的发展不稳定，因而往往得不到各有关部门应有的重视与支持。

3. 国有企业发挥着主要作用

这些国家为了发展旅游业，国家专门成立旅游开发公司，从事资源开发和旅游服务设施的投资、建设与经营，由于旅游业规模小、范围窄，又涉及外汇收入与外国人的活动，这些国有公司在一定程度上占据着垄断的地位。

（四）斐济模式

斐济模式代表着岛国发展旅游的模式。这里的岛国不包括前面提及的诸如澳大利亚、日本、英国、新西兰等经济发达、面积比较大的岛国，而是指那些面积比较小、人口较少，历史上曾是西方某个国家殖民地的岛国。属于岛国模式的国家巴哈马、牙买加、巴巴多斯、塞浦路斯、马达加斯加、马尔代夫、多米尼加与海地等国家。这些岛国经济状况差异也很大，但一般为中等或偏上，有的国家人均国内生产总值达4 000多美元。斐济模式的主要特点有以下几个方面：

1. 有着发展旅游业的优越条件

岛国大多风光秀丽，气候宜人，是比较典型的阳光、沙滩和海水型的目的地。由于它靠近旅游客源国或地处交通要冲，又与西方发达国家政治、经济、文化与种族等方面存在着长期、紧密的联系，有着比较充裕的客源市场。

2. 旅游业逐渐成为国民经济的支柱产业

虽然有些岛国早在殖民主义占领时期就已是旅游胜地，但大部分国家的旅游业是在20世纪70年代才大规模发展起来的。现在旅游业在这些岛国中已经成为外汇收入的主要来源、国民经济最重要的产业部门；旅游收入一般都占国家外汇收入的20%以上，旅游业是国家经济的支柱和最大的产业。

3. 旅游行政管理机构地位高

由于旅游业对国家经济有至关重要的作用，这些国家的旅游行政管理机构在政府中的地位一般都比较高，权限比较大，而且多由国家首脑和政府要员直接管辖。

4. 在旅游业的经营中外国公司发挥着重要的作用

由于这些岛国地域狭小、人才缺乏，他们在发展旅游业中利用大批外资引进了外国

的管理，有的国家的旅游业主要靠外国企业来经营。特别是旅馆业，外国的旅馆联号、旅馆管理公司或外籍人员起支配作用。

五、我国的旅游经济发展模式

通过分析世界旅游经济发展模式，结合我国旅游业发展现状和基本国情，中国旅游经济发展模式应选择以下几种。

（一）旅游经济的超前发展模式

世界旅游经济实践表明，各国在旅游发展模式上，可以有两种选择：一种是超前型发展战略模式；另一种是滞后型发展战略模式。

滞后型发展模式是旅游经济发展滞后于国民经济总体发展的水平，即在国民经济发展达到一个相当高的程度，基础设施已形成较强体系后，自行带动旅游经济的发展。

超前型发展模式是旅游经济超越了国民经济总体发展阶段，通过率先发展旅游业来引起国民经济的相关行业的发展。基本含义包括两个方面：首先是发展速度、发展水平和人才培养超前。其次是适度，在发展速度上要略快于国民经济及工农业的发展，但必须是与旅游业密切相关的产业，如民航、铁路等产业的发展相协调，不能盲目超前。

超前型发展模式的适应条件是：旅游的自然和环境条件较好，旅游资源拥有量大且旅游吸引力强。适应范围主要是：经济基础较好的沿海地区和旅游资源丰厚且开发程度较高的地区。

根据我国的实际情况，我国采取的是超前型发展模式。由于这种超前型发展模式是建立在国民经济较低水平之上的，因此，该模式追求的不是本行业内的经济效益而是旅游经济的波及效益，即利用旅游经济的综合性的特点，通过对旅游业的高强度投入，全面带动国民经济相关行业的发展。旅游业发展与衰弱，已经不是旅游业本身的问题，而是国民经济全行业发展的问题。旅游业的作用不仅仅是获取外汇和回笼货币，而且它成为经济腾飞的突破口。我们常说的“旅游搭台，经贸唱戏”就是在这种模式下旅游业功能的形象化说明。

中国旅游业是伴随着我国对外开放政策的实施而发展起来的一个新兴产业，从产业运行环境来看，这种产业是建立在较弱的经济基础之上的，要使旅游业在短期内形成较强的产业体系，就要加大对旅游业的资金投入。因此，从短期效益分析，产业的投入与产出严重失衡，在这种情况下，旅游业本身所具有的“投资少，见效快，收益大”的经济特性难以充分体现。如果仅从旅游产业的自身效益分析，在国民经济基础较弱的条件下，旅游产业的引入，似乎是没有道理的。但是，如果我们从旅游产业的宏观功能去分析，以下三点是值得思考的：

首先，从1978年以后，我国逐渐改变对外封闭的政策，打开国门，向全世界开放。我国实行对外开放政策，必须寻找一个开放的“切入点”，而这个“切入点”就是旅游业。旅游业是一个具有特殊优势的外向型国际性产业，它的运行依赖于世界范围的客源不断地注入，通过旅游业的发展可以广泛地吸引世界各国的旅游者，向他们提供产品和服务。大量来自世界各国的旅游者通过旅游这个对外窗口，了解我国对外开放的方针、政策及投资的各种有利环境，有利于我国对外开放政策的落实。

其次，旅游业具有较强的综合性特点。旅游产业体系的形成，涉及众多的相关产业，对旅游业高强度的资金投入，可以带动一定区域范围内国民经济的全面发展。尤其对那些拥有较丰富旅游资源的地区，旅游业的带动作用更为显著。

最后，中国经济大发展的历史时期里，需要借助国外的先进技术与设备。从国外引进技术与设备，就必须建立一大批创汇能力大、见效快的产业，以满足技术与设备引进对外汇资金的需要。与其他产业相比较，作为外向型产业之一的旅游业，在获取外汇方面，具有得天独厚的产业优势。大力发展旅游产业，在一个较短的时期内，可以得到一定数量的外汇流人，对于亟需外汇又缺乏强有力创汇产业的国家，不失为一种行之有效的举措。

综上所述，中国旅游经济发展现状和基本国情，使得中国的旅游业发展必须采取超前型发展战略。按照这种发展战略模式，在评价中国旅游产业运行质量时，不能就其产业内在效益去评价，而应从旅游产业外部效益，特别是从波及与连带效益方面去评价，只有这样才能对中国旅游业发展作出客观的评价，提高对发展旅游业的认识。

（二）旅游经济的发展方式

世界旅游业有两种发展方式，一种是国内旅游向国际旅游延伸方式，一种是国际旅游向国内旅游推进方式。

国内旅游向国际旅游延伸方式，它是一种先发展国内旅游，通过国内旅游的发展、旅游地域的延伸，形成出境旅游，然后再发展国际接待旅游的模式。

国际旅游向国内旅游推进方式，是一种先发展国际接待旅游，然后发展国内旅游，随着社会经济的发展和人民生活水平的提高，再发展出境旅游，最终形成以国内旅游为主、国内旅游与国际旅游协调发展的模式。

中国的社会条件、经济条件和消费条件决定了我国旅游业发展只能采用推进发展战略模式。由于我国经济发展水平同发达国家比较相对滞后，居民生活水平相对较低，国内旅游还未形成大量的需求。为了获取经济建设所需要的外汇和促进与旅游相关产业的发展，我国在改革开放初期，政府主要发展入境旅游，不提倡、不鼓励发展国内旅游。在国际入境旅游的影响和带动下，一部分收入水平较高的居民率先产生了国内旅游的需求，随着经济发展水平的提高，国内旅游的进一步发展，20 世纪 90 年代以来，随着我国人民生活水平的不断提高，出境旅游逐步产生，现已形成入境旅游、国内旅游和出境旅游三大市场，并且获得了显著发展。

中国的旅游发展采取推进式发展方式，使得我国旅游发展具有以下几个基本的特点：

一是旅游发展以基础与资源条件较好的城市为中心，由旅游城市向其他地区推进，逐渐形成我国的旅游体系。因此，旅游城市便构成中国旅游发展的基本框架。不论是资源的开发、设施的建设，还是线路的设置、区域的划分，都是以旅游城市为依托的。

二是旅游资源的开发是以现存的自然与人文景观为基础，由观光型旅游资源为主向混合型旅游资源推进。因此，目前中国旅游地大多是由人文景观较为丰富的地区所构成的。

三是旅游的组织方式是以全程旅游路线为主体，由路线型产品向板块型产品推进，逐步形成以路线型产品为基础，主题型产品与特种型产品为主体的旅游产品体系。

四是旅游设施的建设以高等级为主体，由高档设施向中、低档设施推进，最终形成以中档旅游设施为主体，高、中、低相结合的旅游设施体系。

我国旅游业发展的实践也证明了选择在政府主导下的适度超前的、推进型发展模式的正确性。首先，旅游经济发展模式的选择必须建立在现有经济状况的基础上，即从现时的经济实际情况出发。旅游经济是国民经济的一部分，它的发展必须以整个国民经济的发展为依托。很显然，在改革开放之前，我国经济的发展还不足以为国内旅游业的形成提供必要的条件，因而发展旅游业只能走吸引境外游客的路子。而改革开放正好为我国旅游业的发展提供了契机。一方面改革开放为旅游业吸引来大量客源；另一方面外资的流入又为我国旅游设施的建设注入了资金。从现代经济发展观来说，经济的发展必须以需求的增长为前提，即需求的不断增长是经济持续发展的原动力。其次，旅游经济的发展也必须以旅游需求的增长为前提。改革开放以前我国国内旅游需求很弱，而境外旅游需求却十分旺盛，这就促成我国旅游经济的发展自然以国际旅游业的发展为基础。随着改革开放的深入，国民经济的快速发展，人民生活水平的不断提高，国内旅游需求也开始兴旺起来。到目前，国内旅游的经济贡献率已达我国旅游经济产值的70%，成为我国旅游经济发展的主要推动力。所以，我国旅游经济的发展便在政府的主导下走上了超前的、推进型发展道路。

综上所述，中国的经济发展现状和基本国情，使得中国的旅游业发展成为一种超前型发展模式，按照这种发展模式，在评价中国旅游产业运行质量时，不能就其产业内存效益去评价，而应从旅游产业外存效益，特别要从波及与连带效益去评价，只有这样才能对中国的旅游发展作出客观的评价。

课后训练

关键术语

经济影响　社会文化影响　环境影响　生态旅游　旅游承载力　旅游乘数理论　可持续旅游发展

学以致用

一、讨论分析题

1. 如何理解国际旅游接待是一种就地“出口贸易”？

2. 试观察和归纳旅游对目的地社会文化的影响。

3. 旅游业的发展可能会带来那些不利的经济影响？在预防和控制旅游的消极影响方面，你认为应采取哪些措施？

4. 旅游对目的地环境的影响包括哪些方面？

5. 结合当地某一景点分析其旅游可持续发展的潜力和有利因素有哪些？

二、案例分析题

北京市“十二五”时期旅游业发展规划

北京作为中远程首次出游旅游者首选旅游目的地的地位进一步凸显。同时，多重因素驱动国内旅游市场更加活跃，商务会展、休闲娱乐、医疗健康等消费热点也将进一步升温。

1. 产业融合势头强劲。国家及北京市社会经济发展良好态势，使北京旅游业“十二五”时期将步入快速发展的阶段。旅游与文化、商业、医疗、教育、体育、农业、工业、水利等相关产业和行业的融合发展将进一步加强。一批文化创意产业基地的兴起和重大项目的推进，为北京文化旅游产业的发展提供了舞台。

2. 城市发展影响深远。建设“三个北京”、中国特色世界城市是北京市未来发展的首要任务。“人文北京、科技北京、绿色北京”行动计划的实施，对北京市旅游业的增长方式转变将产生重要影响；中国特色世界城市建设目标则对旅游业发展提出了新的要求；“智慧北京”作为实现世界城市的动力元素和“智慧旅游”的发展平台，为北京旅游业管理的高效化奠定了基础。

3. 政策支持加强。党的第十七届委员会第五次会议《关于制定国民经济和社会发展第十二个五年规划的建议》提出，“十二五”期间要“加快转变经济发展方式”，要“经济结构战略性调整取得重大进展”。国务院《关于加快发展旅游业的意见》将旅游业发展上升为国家战略并明确提出要“制定国民旅游休闲纲要”。北京市新成立了旅游发展委员会，并提出要努力把旅游产业培育发展成为首都经济的重要支柱产业和新的经济增长点，把北京建设成为亚洲商务、会展之都，国际一流旅游城市。“十二五”期间北京市旅游产业发展处在重大战略机遇期。

4. 快速交通网络建设。到2015年，我国将建成以北京为中心的“四横四纵”高速铁路专线网；首都国际机场将成为亚太地区主要的复合型国际枢纽，北京新机场一期工程力争建成；将基本形成北京到环渤海经济圈（京津冀）中心城市的“2小时交通圈”。全国高速交通系统的形成，区域重大交通基础设施的建设，将大大缩短北京与国内主要客源地的时空距离，为来京旅游创造更高效舒适的条件。

5. 利好因素推动。北京城南行动计划，西部地区转型发展，CBD东扩，金融街拓展等功能区的战略提升；通州高端商务服务区、首钢高端产业综合服务区、丽泽金融商务区、怀柔文化科技新区等高端产业新区建设；第九届国际园林博览会（2013年）、世界种子大会（2014年）、世界田径锦标赛（2015年）、G20峰会等重大国际性活动项目落户北京，都将对北京市旅游业的创新发展提供良好契机。

然而，“十二五”期间北京市旅游业也面临着国内外的严峻形势和各种挑战。国际金融危机影响深远，世界经济增长速度减缓，人民币不断升值，重大突发事件呈现常态化趋势对入境旅游的掣肘作用明显。城市人口、资源、环境与交通的巨大压力，传统旅游景点环境容量的限制，国内其他省市对高端客源市场的竞争等因素都将对北京旅游的应对能力提出巨大挑战。加上旅游产品更新慢，高端和新型旅游项目开发不足，机制体制有效整合不足致使一些旅游资源未得到扩展利用，旅游公共服务体系不完善，北京建设国际一流旅游城市目标任重道远。

资料来源：http：//www. bjta. gov. cn/xxgk/ghjh/350423. htm

问题：

1. “十二五”期间北京市旅游业可持续发展有哪些有利因素？
2. “十二五”期间北京市旅游业面临着国内外哪些严峻形势和挑战？
3. 国际旅游对扩大外汇收入具有什么优越性？

知识拓展

护照申请审批规定

1. 公民因私出国（境）申领护照的手续

（1）向本人户口所在地的市、县公安机关领取“公民因私事出国（境）申请表”一式二份，由公民本人填写完整，贴上本人近期正面免冠照片2张，规格为小2寸，32mm×40mm。

（2）交验居民身份证、户口簿或其他户籍证明。

（3）提交与出境事由相应的证明。

2. 出境事由的相应证明

（1）出国探亲访友，提交亲友的邀请信和邀请人在前往国的居住证明。邀请信指正式邀请信和有邀请内容的普通信件，具备其中之一即可。居住证明是指邀请人在前往国的居留资格证明，邀请人在前往国正在使用的有效身份证明的复印件，其他经出入境管理部门认可的能证明邀请人在前往国合法居留的证明，具备其中之一即可。

（2）个人出国旅游，提交旅行所需外汇费用证明，如申请人银行存款证明。出入境管理部门认为必要时，申请人还应提交境外亲友的邀请或担保信函。

（3）自费出国留学，提交接受学校出具的入学通知书，出入境管理部门认为必要时，申请人还应提交必需的经济担保证明。具有大专以上学历人员申请自费出国留学，提交省一级教育主管部门出具的“自费留学资格审核证明”。

（4）出国定居，提交拟前往国家政府主管机关或驻华使、领馆的定居许可证或拟定居地亲友同意去定居的证明。

（5）出国继承财产，提交有合法继承权的证明。

（6）个人出国就业，提交有前往国具有法律效力的（经前往国公证机关或我驻外使、领馆认证）聘请、雇用单位或雇主的聘用、雇用证明。

（7）出国从事其他非公务活动，提交国外相应的邀请函件。

3. 出境申请审批时限

公安机关出入境管理部门对出境申请应当在20个工作日（大、中城市在15个工作日，地处偏僻、交通不便的应在40个工作日），作出批准或不批准的决定，并通知申请人。申请人在规定时间内未接到审批结果通知的，有权查询，受理部门应作出答复；申请人认为不批准出境不符合《中华人民共和国公民出境入境管理法》的，有权向上一级公安机关提出申诉，上级机关应当作出处理和答复。

4. 护照有效期

护照有效期为5年，可延期两次，每次不超过5年。

5. 护照申请延期

持照人在护照有效期期满前6个月内，可申请延期，无须提交证明材料。特殊情况（如有效期不够外国签证期限）可持有关签证证明提前申请办理。超过有效期的护照为实效护照，不办理延期手续。护照的延期，在国内由原发照机关或户口所在地公安机关出入境管理部门办理；在国外，由驻外使、领馆办理。

6. 护照的换发、补发

护照因已延期两次即将期满或签证页用完不能再延长有效期限，或被损坏不能继续使用的，可申请换发，无须提交证明材料。护照遗失的，在取得护照遗失地公安机关所出具的报失证明并登报声明护照作废后，可申请补发新护照，无须提交其他证明材料。

7. 出境登记卡

公安机关在批准、颁发护照同时，附发出境登记卡。出境登记卡的出境事由分别填“定居”、“短期出境”、“旅游”（指组团出国旅游）。持“定居”事由出境登记卡者，除团体旅游签证外，获得任何签证都可出境。持“短期出境”事由出境登记卡，而后获得长期定居签证的，提交所在单位或派出所同意的意见，即可换发“定居”事由出境登记卡。领取护照后首次出境前变更前往国的，凭签证换发出境登记卡，无须提交其他证明材料。

8. 护照收费标准

工本费100元人民币；手续费5元人民币；护照延期、护照加注，每人次20元人民币。

资料来源：http：//www. lvyou114. com/fagui/hz. html

附件：

《旅游规划通则》

General specification for tourism planning

2003－02－24 发布 2003－05－01 实施

中华人民共和国国家质量监督检验检疫总局发布

前　　言

本标准的附录 A 为资料性附录。

本标准由国家旅游局提出。

本标准由全国旅游标准化技术委员会归口并解释。

本标准主要起草单位：国家旅游局规划发展与财务司、清华大学建筑学院。

本标准主要起草人：魏小安、张吉林、郑光中、杨锐、邓卫、汪黎明、彭德成、潘肖澎、周梅。

引　　言

为规范旅游规划编制工作，提高我国旅游规划工作总体水平，达到旅游规划的科学性、前瞻性和可操作性，促进旅游业可持续性发展，特制定本标准。

本标准是编制各级旅游发展规划及各类旅游区规划的规范。

本标准的制定，总结了国内并借鉴了国外旅游规划编制工作的经验和教训，在体现中国旅游规划特色的同时，在技术和方法上努力实现与国际接轨。

旅游规划通则

1　范围

本标准规定了旅游规划（包括旅游发展规划和旅游区规划）的编制的原则、程序和内容以及评审的方式，提出了旅游规划编制人员和评审人员的组成与素质要求。

本标准适用于编制各级旅游发展规划及各类旅游区规划。

2　规范性引用文件

下列标准的条款通过本标准的引用而成为本标准的条款。凡是注日期的引用文件，其随后所有的修改单（不包括勘误的内容）或修订版均不适用于本标准，然而，鼓励根据本标准达成协议的各方研究是否可使用这些文件的最新版本。凡是不注日期的引用文件，其最新版本适用于本标准。

GB 3095—1996　环境空气质量标准

GB 3096—1993　城市区域环境噪声标准

GB 3838 地面水环境质量标准

GB 5749 生活饮用水卫生标准

GB 9663 旅游业卫生标准

GB 9664 文化娱乐场所卫生标准

GB 9665 公共浴室卫生标准

GB 9666 理发店、美容店卫生标准

GB 9667 游泳场所卫生标准

GB 9668 体育馆卫生标准

GB 9669 图书馆、博物馆、美术馆、展览馆卫生标准

GB 9670 商场（店）、书店卫生标准

GB 9671 医院候诊室卫生标准

GB 9672 公共交通等候室卫生标准

GB 9673 公共交通工具卫生标准

GB 12941—1991 景观娱乐用水水质标准

GB 16153 饭馆（餐厅）卫生标准

GB/T 18972—2003 旅游资源分类、调查与评价

3 术语和定义

下列术语和定义适用于本标准。

3.1

旅游发展规划 tourism development plan

旅游发展规划是根据旅游业的历史、现状和市场要素的变化所制定的目标体系，以及为实现目标体系在特定的发展条件下对旅游发展的要素所做的安排。

3.2

旅游区 tourism area

旅游区是以旅游及其相关活动为主要功能或主要功能之一的空间或地域。

3.3

旅游区规划 tourism area plan

旅游区规划是指为了保护、开发、利用和经营管理旅游区，使其发挥多种功能和作用而进行的各项旅游要素的统筹部署和具体安排。

3.4

旅游客源市场 tourist source market

旅游者是旅游活动的主体，旅游客源市场是指旅游区内某一特定旅游产品的现实购买者与潜在购买者。

3.5

旅游资源 tourism resources

自然界和人类社会凡能对旅游者产生吸引力，可以为旅游业开发利用，并可产生经济效益、社会效益和环境效益的各种事物和因素，均称为旅游资源。

3.6

旅游产品 tourism product

旅游资源经过规划、开发建设形成旅游产品。旅游产品是旅游活动的客体与对象，可分为自然、人文和综合三大类。

3.7

旅游容量 tourism carrying capacity

旅游容量是指在可持续发展前提下，旅游区在某一时间段内，其自然环境、人工环境和社会经济环境所能承受的旅游及其相关活动在规模和强度上极限值的最小值。

4 旅游规划编制的要求

4.1 旅游规划编制要以国家和地区社会经济发展战略为依据，以旅游业发展方针、政策及法规为基础，与城市总体规划、土地利用规划相适应，与其他相关规划相协调；根据国民经济形势，对上述规划提出改进的要求。

4.2 旅游规划编制要坚持以旅游市场为导向，以旅游资源为基础，以旅游产品为主体，经济、社会和环境效益可持续发展的指导方针。

4.3 旅游规划编制要突出地方特色，注重区域协同，强调空间一体化发展，避免近距离不合理重复建设，加强对旅游资源的保护，减少对旅游资源的浪费。

4.4 旅游规划编制鼓励采用先进方法和技术。编制过程中应当进行多方案的比较，并征求各有关行政管理部门的意见，尤其是当地居民的意见。

4.5 旅游规划编制工作所采用的勘察、测量方法与图件、资料，要符合相关国家标准和技术规范。

4.6 旅游规划技术指标，应当适应旅游业发展的长远需要，具有适度超前性。技术指标参照本标准的附录 A（资料性附录）选择和确立。

4.7 旅游规划编制人员应有比较广泛的专业构成，如旅游、经济、资源、环境、城市规划、建筑等方面。

5 旅游规划的编制程序

5.1 任务确定阶段

5.1.1 委托方确定编制单位。

委托方应根据国家旅游行政主管部门对旅游规划设计单位资质认定的有关规定确定旅游规划编制单位。通常有公开招标、邀请招标、直接委托等形式。

公开招标：委托方以招标公告的方式邀请不特定的旅游规划设计单位投标。

邀请招标：委托方以投标邀请书的方式邀请特定的旅游规划设计单位投标。

直接委托：委托方直接委托某一特定规划设计单位进行旅游规划的编制工作。

5.1.2 制订项目计划书并签订旅游规划编制合同。

委托方应制订项目计划书并与规划编制单位签定旅游规划编制合同。

5.2 前期准备阶段

5.2.1 政策法规研究。

对国家和本地区旅游及相关政策、法规进行系统研究，全面评估规划所需要的社会、经济、文化、环境及政府行为等方面的影响。

5.2.2 旅游资源调查。

对规划区内旅游资源的类别、品位进行全面调查，编制规划区内旅游资源分类明细表，绘制旅游资源分析图，具备条件时可根据需要建立旅游资源数据库，确定其旅游容量，调查方法可参照《旅游资源分类、调查与评价》（GB/T 18972－2003）。

5.2.3 旅游客源市场分析。

在对规划区的旅游者数量和结构、地理和季节性分布、旅游方式、旅游目的、旅游偏好、停留时间、消费水平进行全面调查分析的基础上，研究并提出规划区旅游客源市场未来的总量、结构和水平。

5.2.4 对规划区旅游业发展进行竞争性分析，确立规划区在交通可进入性、基础设施、景点现状、服务设施、广告宣传等各方面的区域比较优势，综合分析和评价各种制约因素及机遇。

5.3 规划编制阶段

5.3.1 规划区主题确定。

在前期准备工作的基础上，确立规划区旅游主题，包括主要功能、主打产品和主题形象。

5.3.2 确立规划分期及各分期目标。

5.3.3 提出旅游产品及设施的开发思路和空间布局。

5.3.4 确立重点旅游开发项目，确定投资规模，进行经济、社会和环境评价。

5.3.5 形成规划区的旅游发展战略，提出规划实施的措施、方案和步骤，包括政策支持、经营管理体制、宣传促销、融资方式、教育培训等。

5.3.6 撰写规划文本、说明和附件的草案。

5.4 征求意见阶段

规划草案形成后，原则上应广泛征求各方意见，并在此基础上，对规划草案进行修改、充实和完善。

6 旅游发展规划

6.1 旅游发展规划按规划的范围和政府管理层次分为全国旅游业发展规划、区域旅游业发展规划和地方旅游业发展规划。地方旅游业发展规划又可分为省级旅游业发展规划、地市级旅游业发展规划和县级旅游业发展规划等。

地方各级旅游业发展规划均依据上一级旅游业发展规划、并结合本地区的实际情况进行编制。

6.2 旅游发展规划包括近期发展规划（3～5年）、中期发展规划（5～10年）或远期发展规划（10～20年）。

6.3 旅游发展规划的主要任务是明确旅游业在国民经济和社会发展中的地位与作用，提出旅游业发展目标，优化旅游业发展的要素结构与空间布局，安排旅游业发展优先项目，促进旅游业持续、健康、稳定发展。

6.4 旅游发展规划的主要内容：

6.4.1 全面分析规划区旅游业发展历史与现状、优势与制约因素，及与相关规划的衔接。

6.4.2 分析规划区的客源市场需求总量、地域结构、消费结构及其他结构，预测规划期内客源市场需求总量、地域结构、消费结构及其他结构。

6.4.3 提出规划区的旅游主题形象和发展战略。

6.4.4 提出旅游业发展目标及其依据。

6.4.5 明确旅游产品开发的方向、特色与主要内容。

6.4.6 提出旅游发展重点项目，对其空间及时序作出安排。

6.4.7 提出要素结构、空间布局及供给要素的原则和办法。

6.4.8 按照可持续发展原则，注重保护开发利用的关系，提出合理的措施。

6.4.9 提出规划实施的保障措施。

6.4.10 对规划实施的总体投资分析，主要包括旅游设施建设、配套基础设施建设、旅游市场开发、人力资源开发等方面的投入与产出方面的分析。

6.5 旅游发展规划成果包括规划文本、规划图表及附件。规划图表包括区位分析图、旅游资源分析图、旅游客源市场分析图、旅游业发展目标图表、旅游产业发展规划图等。附件包括规划说明和基础资料等。

7 旅游区规划

7.1 旅游区规划按规划层次分总体规划、控制性详细规划、修建性详细规划等。

7.2 旅游区总体规划

7.2.1 旅游区在开发、建设之前，原则上应当编制总体规划。小型旅游区可直接编制控制性详细规划。

7.2.2 旅游区总体规划的期限一般为10至20年，同时可根据需要对旅游区的远景发展作出轮廓性的规划安排。对于旅游区近期的发展布局和主要建设项目，亦应作出近期规划，期限一般为3至5年。

7.2.3 旅游区总体规划的任务，是分析旅游区客源市场，确定旅游区的主题形象，划定旅游区的用地范围及空间布局，安排旅游区基础设施建设内容，提出开发措施。

7.2.4 旅游区总体规划内容：

7.2.4.1 对旅游区的客源市场的需求总量、地域结构、消费结构等进行全面分析与预测。

7.2.4.2 界定旅游区范围，进行现状调查和分析，对旅游资源进行科学评价。

7.2.4.3 确定旅游区的性质和主题形象。

7.2.4.4 确定规划旅游区的功能分区和土地利用，提出规划期内的旅游容量。

7.2.4.5 规划旅游区的对外交通系统的布局和主要交通设施的规模、位置；规划旅游区内部的其他道路系统的走向、断面和交叉形式。

7.2.4.6 规划旅游区的景观系统和绿地系统的总体布局。

7.2.4.7 规划旅游区其他基础设施、服务设施和附属设施的总体布局。

7.2.4.8 规划旅游区的防灾系统和安全系统的总体布局。

7.2.4.9 研究并确定旅游区资源的保护范围和保护措施。

7.2.4.10 规划旅游区的环境卫生系统布局，提出防止和治理污染的措施。

7.2.4.11 提出旅游区近期建设规划，进行重点项目策划。

7.2.4.12 提出总体规划的实施步骤、措施和方法，以及规划、建设、运营中的管理意见。

7.2.4.13 对旅游区开发建设进行总体投资分析。

7.2.5 旅游区总体规划的成果要求

7.2.5.1 规划文本。

7.2.5.2 图件，包括旅游区区位图、综合现状图、旅游市场分析图、旅游资源评价图、总体规划图、道路交通规划图、功能分区图等其他专业规划图、近期建设规划图等。

7.2.5.3 附件，包括规划说明和其他基础资料等。

7.2.5.4 图纸比例，可根据功能需要与可能确定。

7.3 旅游区控制性详细规划：

7.3.1 在旅游区总体规划的指导下，为了近期建设的需要，可编制旅游区控制性详细规划。

7.3.2 旅游区控制性详细规划的任务是，以总体规划为依据，详细规定区内建设用地的各项控制指标和其他规划管理要求，为区内一切开发建设活动提供指导。

7.3.3 旅游区控制性详细规划的主要内容：

7.3.3.1 详细划定所规划范围内各类不同性质用地的界线。规定各类用地内适建、不适建或者有条件地允许建设的建筑类型。

7.3.3.2 规划分地块，规定建筑高度、建筑密度、容积率、绿地率等控制指标，并根据各类用地的性质增加其他必要的控制指标。

7.3.3.3 规定交通出入口方位、停车泊位、建筑后退红线、建筑间距等要求。

7.3.3.4 提出对各地块的建筑体量、尺度、色彩、风格等要求。

7.3.3.5 确定各级道路的红线位置、控制点座标和标高。

7.3.4 旅游区控制性详细规划的成果要求：

7.3.4.1 规划文本。

7.3.4.2 图件，包括旅游区综合现状图，各地块的控制性详细规划图，各项工程管线规划图等。

7.3.4.3 附件，包括规划说明及基础资料。

7.3.4.4 图纸比例一般为 1/1 000 ~ 1/2 000。

7.4 旅游区修建性详细规划：

7.4.1 对于旅游区当前要建设的地段，应编制修建性详细规划。

7.4.2 旅游区修建性详细规划的任务是，在总体规划或控制性详细规划的基础上，进一步深化和细化，用以指导各项建筑和工程设施的设计和施工。

7.4.3 旅游区修建性详细规划的主要内容：

7.4.3.1 综合现状与建设条件分析。

7.4.3.2 用地布局。

7.4.3.3 景观系统规划设计。

7.4.3.4 道路交通系统规划设计。

7.4.3.5 绿地系统规划设计。

7.4.3.6 旅游服务设施及附属设施系统规划设计。

7.4.3.7 工程管线系统规划设计。

7.4.3.8 竖向规划设计。

7.4.3.9 环境保护和环境卫生系统规划设计。

7.4.4 旅游区修建性详细规划的成果要求：

7.4.4.1 规划设计说明书。

7.4.4.2 图件，包括综合现状图、修建性详细规划总图、道路及绿地系统规划设计图、工程管网综合规划设计图、竖向规划设计图、鸟瞰或透视等效果图等。图纸比例一般为1/500～1/2 000。

7.5 旅游区可根据实际需要，编制项目开发规划、旅游线路规划和旅游地建设规划、旅游营销规划、旅游区保护规划等功能性专项规划。

8 旅游规划的评审、报批与修编

8.1 旅游规划的评审

8.1.1 评审方式：

8.1.1.1 旅游规划文本、图件及附件的草案完成后，由规划委托方提出申请，上一级旅游行政主管部门组织评审。

8.1.1.2 旅游规划的评审采用会议审查方式。规划成果应在会议召开五日前送达评审人员审阅。

8.1.1.3 旅游规划的评审，需经全体评审人员讨论、表决，并有四分之三以上评审人员同意，方为通过。评审意见应形成文字性结论，并经评审小组全体成员签字，评定意见方为有效。

8.1.2 规划评审人员的组成：

8.1.2.1 旅游发展规划的评审人员由规划委托方与上一级旅游行政主管部门商定；旅游区规划的评审人员由规划委托方商当地旅游行政主管部门确定。旅游规划评审组由7人以上组成。其中行政管理部门代表不超过1/3，本地专家不少于1/3。规划评审小组设组长1人，根据需要可设副组长1～2人。组长、副组长人选由委托方与规划评审小组协商产生。

8.1.2.2 旅游规划评审人员应由经济分析专家、市场开发专家、旅游资源专家、环境保护专家、城市规划专家、工程建筑专家、旅游规划管理官员、相关部门管理官员等组成。

8.1.3 规划评审重点：

旅游规划评审应围绕规划的目标、定位、内容、结构和深度等方面进行重点审议，包括：① 旅游产业定位和形象定位的科学性、准确性和客观性；② 规划目标体系的科学性、前瞻性和可行性；③ 旅游产业开发、项目策划的可行性和创新性；④ 旅游产业要素结构与空间布局的科学性、可行性；⑤ 旅游设施、交通线路空间布局的科学合理性；⑥ 旅游开发项目投资的经济合理性；⑦ 规划项目对环境影响评价的客观可靠性；⑧ 各项技术指标的合理性；⑨ 规划文本、附件和图件的规范性；⑩ 规划实施的操作性和充分性。

8.2 规划的报批

旅游规划文本、图件及附件，经规划评审会议讨论通过并根据评审意见修改后，由委托方按有关规定程序报批实施。

8.3 规划的修编

在规划执行过程中，要根据市场环境等各个方面的变化对规划进行进一步的修订和完善。

资料来源：中华人民共和国国家旅游局

http：//www. cnta. gov. cn/html/2008 -6/2008 -6 -27 -20 -31 -36 -6. html

参考文献

参考网站

1. 中国国家旅游局：http：//www. cnta. gov. cn/
2. 中国旅游协会：http：//www. chinata. com. cn/
3. 中国旅游饭店业协会：http：//www. ctha. org. cn/
4. 中国旅游车船协会：http：//www. ctaca. com/newhtml/index. asp
5. 中国旅游出版社：http：//www. cttp. net. cn/
6. 旅游教育出版社：http：//www. tepcb. com/
7. 中商情报网：http：//www. askci. com
8. 中国旅游同业网：http：//www. 3atrip. com/
9. 人民网：http：//www. people. com. cn/
10. 西安旅游网：http：//www. alongtour. com/blog/09201148. html

参考书目

1. 李天元. 旅游学概论. 天津：南开大学出版社，2009.
2. 蔡洪胜. 旅游市场营销. 北京：清华大学出版社，2010.
3. 朱成强. 旅游市场营销. 北京：中国财政经济出版社，2006.
4. 吴金林. 旅游市场营销. 北京：高等教育出版社，2003.
5. 李肇荣. 旅游经济学. 北京：高等教育出版社，2003.
6. 杨载田. 现代旅游学概论. 北京：机械工业出版社，2010.
7. 杜有珍，吴洪亮，旅游概论. 长春：吉林大学出版社，2010.
8. 谢小云. 旅游概论. 保定：河北大学出版社，2010.
9. 刘扬林. 旅游学概论. 北京：清华大学出版社，2009.
10. 林移刚，杨文华. 旅游形象定位指导下的旅游产品体系构建. 产业观察，2007（36）.
11. 刘扬林. 网络经济学基础. 北京：北京交通大学出版社，2008.
12. 戈尔德耐·里奇·麦金托什. 旅游业教程：旅游业原理、方法和实践. 贾秀海译. 大连：大连理工大学出版社，2003.
13. 张伯双. 旅游政策法规. 北京：科学出版社，2005.
14. 谢彦君. 基础旅游学. 北京：中国旅游出版社，2004.
15. 中国旅游年鉴编辑委员会. 中国旅游年鉴. 北京：中国旅游出版社，2005.

工学结合新视野高职高专“十二五”规划教材

（一）基础课程

大学语文
高职实用英语（上册）
高职实用英语（下册）
西方经济学
计算机应用基础
计算机网络技术
C 语言程序设计
大学生职业生涯规划
大学生心理健康教程

（二）国际经贸

国际贸易实务
国际货运代理实务
报关实务
国际商法实务
国际商务英语
商检英语

（三）工商管理

管理学基础
商务礼仪实务与操作
市场预测与方法
管理心理学教程
公共关系
促销实务

（四）财会金融

财政与金融
会计电算化
经济法

（五）物流管理

物流基础
物流管理概论
仓储与配送管理实务
物流企业会计
物流信息技术
物流系统规划与设计
运输管理实务

（六）连锁经营

连锁企业市场营销
连锁企业物流管理实务
连锁企业采购管理
连锁超市经营管理与实务
连锁企业人力资源管理

（七）电子商务

电子商务概论
Internet 技术
电子商务安全
网络营销技术
数据结构
微机组装与维护
微机原理与接口技术
局域网组建与管理
网页制作技术
搜索引擎优化
网页设计

（八）旅游与酒店管理

导游实务
现代旅游管理法概论

（九）食品管理

发酵食品生产及管理
食品企业认证实务
食品质量管理与安全控制